针灸医籍考录

主　编　欧阳八四

副主编　高　洁　周　曼　杨晓辉

编　委　(按姓氏笔画排序)

孙　柳　吉玲玲　张　晖　张国栋

杨　熳　杨海洲　李　威　李嘉萍

吴元建　罗　莹　陆顺庠　欧阳怡然

胡天燕　唐容达　蒋亚文　戴琳俊

苏州大学出版社
Soochow University Press

图书在版编目(CIP)数据

针灸医籍考录 / 欧阳八四主编. —苏州：苏州大学出版社，2022.9

ISBN 978-7-5672-4030-8

Ⅰ. ①针… Ⅱ. ①欧… Ⅲ. ①针灸学—古籍—图书目录—中国 Ⅳ. ①Z88:R245

中国版本图书馆 CIP 数据核字(2022)第 150006 号

书　　名：针灸医籍考录
Zhenjiu Yiji Kaolu

主　　编：欧阳八四
责任编辑：倪　青
助理编辑：郭　佼
装帧设计：吴　钰

出版发行：苏州大学出版社(Soochow University Press)
社　　址：苏州市十梓街 1 号　邮编：215006
网　　址：www. sudapress. com
电子邮箱：sdcbs@suda. edu. cn
印　　装：苏州市深广印刷有限公司
邮购热线：0512-67480030
网店地址：https://szdxcbs. tmall. com/(天猫旗舰店)

开　　本：787mm×1 092mm　1/16　印张：19.5　字数：463 千
版　　次：2022 年 9 月第 1 版
印　　次：2022 年 9 月第 1 次印刷
书　　号：ISBN 978-7-5672-4030-8
定　　价：88.00 元

传统典籍与目录之学

（代　序）

马端临在《文献通考·自序》中言："凡叙事，则本之经史，而参之以历代会要，以及百家传记之书，信而有征者从之，乖异传疑者不录，所谓文也；凡论事，则先取当时臣僚之奏疏，次及近代诸儒之评论，以至名流之燕谈，稗官之纪录，凡一话一言，可以订典故之得失，证史传之是非者，则采而录之，所谓献也。"与南宋朱熹在《论语集注》中"文，典籍也；献，贤也"对"文献"的阐述，本质上是一致的。今天文献被定义为"记录有知识的一切载体"，从传统意义上讲，更多地被界定为"文献"中"文"的内容，这里的载体自然主要是指书本。对于中医学这样一门传统医学，文献的重要性自然毋庸置疑，尤其是中国古代医学典籍，称其为中医学术的渊薮是不为过的。

不只是传统中医，中国传统文化凡能以文字表述的，几乎全部被记载在各类典籍中。四书五经可以被称为中国传统文化的源头。何谓"传统"？"传统"本意乃指政统传承的纯粹性和系统性，其本在于"道"，且越是"原道""大道"越具有普适性。《文心雕龙·原道》有言："心生而言立，言立而文明，自然之道也。""玄圣创典，素王述训，莫不原道心以敷章，研神理而设教，取象乎《河》《洛》，问数乎蓍龟，观天文以极变，察人文以成化。然后能经纬区宇，弥纶彝宪，发辉事业，彪炳辞义。故知道沿圣以垂文，圣因文而明道，旁通而无滞，日用而不匮。《易》曰：鼓天下之动者存乎辞。辞之所以能鼓天下者，乃道之文也。"

由"道"而生"术"，以"术"而述"道"，卷帙浩繁的古籍由来矣。《庄子·天下》言："《诗》以道志，《书》以道事，《礼》以道行，《乐》以道和，《易》以道阴阳，《春秋》以道名分。"于是"道术将为天下裂"，成诸子百家书焉。如何将汗牛充栋的著作串联起来，惟目录之学执牛耳尔！

1. 目录之学，学中第一紧要事

目录类图书是在书籍总量达到一定程度的基础上出现的，并且随着图书的日益增多，目录类图书也越发显得重要。唐代学者毋煚在《古今书录》序中认为，书繁而不编目，"使学者孤舟泳海，弱羽凭天，衔石填溟，倚杖追日……不亦劳乎！不亦弊乎！"反之则能"览录而知旨，观目而悉词，经坟之精术尽探，贤哲之锐思咸识，不见古人之面，而见古人之心"。清代学者王鸣盛在《十七史商榷》中也说道："目录之学，学中第一紧要事，必从此问途，方能得其门

而入。""凡读书最切要者,目录之学。目录明,方可读书;不明,终是乱读。"近代学者王重民先生则说:"目录学就是阐述编制和使用目录工具的理论和方法的科学。"

我国古代的目录学发端于西汉成帝时期,因书籍散亡严重,汉成帝命大儒刘向校理图书。"每一书已,向辄条其篇目,撮其指意,录而奏之。"后来人们将刘向的单篇叙录编辑成书而成《别录》,此则目录书之先河。刘向之子刘歆在《别录》的基础上删繁节要,编撰成一部被称为我国最早的综合性目录书《七略》。《别录》《七略》虽已失传,其主要内容却在班固的《汉书·艺文志》中被保存下来了。"略",乃区划、区块之义。《七略》之第一略是"辑略",是叙例,被班固分别摘零编列在总序、六略序及各类小序中,所以"七略"实则是"六略"。是书开创了图书分类的"六分法",直至三国曹魏时期荀勖在《中经新簿》中将"六分法"改为甲、乙、丙、丁四部的"四分法",又至晋朝李充编撰《晋元帝四部书目》时,调整为经、史、子、集四部,一直沿用至今。医学类著作在"六分法"中列于"方技略",在"四分法"中列于"乙部",即后来的"子部",列子目"方伎"。

古代的目录学又被称为中国古典目录学,涵盖了现代学界的目录学、版本学和校雠学(校勘学)等内容,本着"辨章学术,考镜源流"的目的,将三者融为一体,对图书进行整理收录。就《汉书·艺文志》所保存的《七略》内容来看,分六略 38 种,著录 603 家,共 13 219 卷,创立了用撰写叙录、总序、大序、小序等方法来加以介绍。范文澜先生对《七略》有高度的评价:"它不只是目录学、校勘学的开端,更重要的还在于它是一部极可珍贵的古代文化史。"

2. 书目类图书的分类

历经漫长的历史发展,书目类图书本身也需要进行分类,有按编者身份分类者,有按目录结构分类者,有按编制目的与收录范围分类者,其间并无矛盾。如按编目者分类,则有以下类别:"曰朝廷官簿,曰私家解题,曰史家著录。"

第一类是历代官修目录,即"朝廷官簿"。如汉《七略》(残)、宋《崇文总目》(残)、明《永乐大典目录》、明《文渊阁书目》、清《四库全书总目》、清《天禄琳琅书目》等。其中最重要的是《四库全书总目》,其考据项目按书首《凡例》言:"先列作者之爵里以论世知人,次考本书之得失,权众说之异同,以及文字增删,篇帙分合,皆详为订辨,巨细不遗。而人品学术之醇疵,国纪朝章之法戒,亦未尝不各昭彰瘅,用著劝惩。"《四库》之后,又有胡玉缙《四库全书总目提要补正》、余嘉锡《四库提要辨证》等匡补著作,或辑录清人至近人校订《总目提要》的文字,或考辨《总目》种种错讹失当之处者。

第二类是史志目录,即"史家著录"。如《汉书·艺文志》《隋书·经籍志》《旧唐书·经籍志》《新唐书·艺文志》《宋史·艺文志》《明史·艺文志》《清史稿·艺文志》等,其中较重要的是《汉书·艺文志》与《隋书·经籍志》。历代史志目录遗漏者或未编撰者,后世学者有补其不足者,如清代姚振宗《汉书艺文志拾补》《后汉艺文志》《三国艺文志》、张鹏一《隋志经籍志补》等,其余二十四史中无艺文志者,如《晋书》《南北史》《南齐书》《五代史》《辽史》《金史》《元史》等,都有学者编撰补志,可备查考。此外也有被学者称为"通史式的史志目录"的两种类书书目,即南宋郑樵的《通志·艺文略》和元代马端临的《文献通考·经籍考》。

第三类是私家藏书目录,即"私家解题"。此类书目更为广泛,著录形式更为多样。较为著名的有:宋代晁公武的《郡斋读书志》、陈振孙的《直斋书录解题》、尤袤的《遂初堂书目》;明代朱勤美的《西亭中尉万卷堂书目》、叶盛的《菉竹堂书目》、陈第的《世善堂藏书目录》、晁瑮的《宝文堂书目》、李如一的《得月楼书目》、祁承㸁的《澹生堂藏书目》、徐惟起的《红雨楼书目》、钮石溪的《会稽钮氏世学楼珍藏图书目》、钱谦益的《绛云楼书目》、黄虞稷的《千顷堂书目》、赵用贤的《赵定宇书目》、赵琦美的《脉望馆书目》等；清代钱曾的《述古堂书目》《也是园藏书目》《读书敏求记》、毛扆的《汲古阁珍藏秘本书目》、孙殿起的《贩书偶记》《贩书偶记续编》、徐乾学《传是楼书目》、吴骞吴寿旸父子的《拜经楼藏书题跋记》、黄丕烈《百宋一廛书录》《荛圃藏书题识》(《士礼居藏书题跋记》)《荛圃藏书题识续录》《荛圃藏书题识再续录》、周中孚的《郑堂读书记》、李慈铭的《越缦堂读书记》、孙星衍的《孙氏祠堂书目》、汪远孙的《振绮堂书目》、张金吾的《爱日精庐藏书志》、瞿镛的《铁琴铜剑楼藏书目录》、杨绍和杨保彝父子的《海源阁书目》、杨保彝的《海源阁宋元秘本书目》、陆心源的《皕宋楼藏书志》、丁丙的《善本书室藏书志》、李盛铎的《木樨轩藏书题记及书录》、薛福成《天一阁见存书目》等。

3. 余嘉锡之《目录学发微》

考据之学并非笔者之所学专业，笔者转而学习是学始于余嘉锡之《目录学发微》，该书为余氏民国时期在北京各大学主讲目录学课程时的讲义，较为适合学习之用。全书共分四卷，卷一为目录学之意义及功用、目录释名；卷二为目录书体制，分四节论述；卷三为目录学源流考，分上、中、下三节；卷四为目录类例之沿革以及古今书目分部异同表。余氏“欲论次群书，兼备各门，则宜仿郑樵、孙星衍之例，破四部之藩篱，别为门类，分之愈细乃愈佳，亦樵所谓‘类例不患其多’也。”由此建立了自己的目录学体系。

清代史学家章学诚在《校雠通义》序言中曾说：“校雠之义，盖自刘向父子。部次条别，将以辨章学术，考镜源流，非深明于道术精微、群言得失之故者，不足与此。后世部次甲乙，纪录经史者，代有其人，而求能推阐大义，条别学术异同，使人由委溯源，以想见于坟籍之初者，千百之中，不十一焉。”如何在著述目录时做到“辨章学术，考镜源流”，余氏抓住了两个关键：一则是目录结构分类，另一则是目录体制。

对于目录结构分类，余氏言：“目录之书有三类，一曰部类之后有小序，书名之下有解题者；二曰有小序而无解题者；三曰小序解题并无，只著书名者。”第一类的书目，即有小序有解题的书目，现存的有《郡斋读书志》《直斋书录解题》《文献通考·经籍考》《四库提要》等。余氏总结这一类型书目，“其意大要有六：一、述作者之意，论其指归，辨其讹谬。二、览录而知旨，观目而悉词。不见古人之面，而见古人之心。三、一书大义，为举其纲，书有亡失，览其目录，犹可想见本末。四、品题得失，藉以求古书之崖略，辨今书之真伪，并核其异同。五、择撢群艺，研核臧否，为校雠之总汇，考镜之渊棷。六、阐明指要，资学者博识。凡此诸说，所以明目录学之功用详矣。”第二类者，即有小序无解题之书目，多为史志目录，现存《汉书·艺文志》《隋书·经籍志》便是。余氏认为此类目录在于“穷源至委，竟其流别，以辨章学术，考镜源流。”第三类者，即小序、解题皆无之书目，现存者如唐、宋、明《艺文志》《通志·艺文略》《书目答问》及各家藏书目录。“此类各书，不辨流别，但记书名，已深为《隋志》所讥。然苟出自通人之手，则其分门别类，秩然不紊，亦足考镜源流，示初学以读书之门径，郑樵所谓‘类例既分，学术自明’，不可忽也。”“属于第三类者，在类例分明，使百家九流，各有条理，并究其本末，以见学术之源流沿袭。”余氏综合道：“以此三者互相比较，立论之宗旨，无不吻合，体制虽异，功用则同。”

对于目录体制，余氏言：“综其体制，大要有三：一曰篇目，所以考一书之源流；二曰叙录，所以考一人之源流；三曰小序，所以考一家之源流。三者亦相为出入，要之，皆辨章学术也。三者不备，则其功用不全。”篇目亦即现在的目次，条别全书，举一书之纲目，览一书之概貌。以篇目考一书之源流的作用在于：一是便于检索，“按图索骥，不至聚讼纷纭”；二是便于了解图书内容，“就其篇目，可以窥见文中之大意。古书虽亡而篇目存，犹可考其崖略”；三是便于辑佚，“凡有篇目可考者，望文而知其义，则各归之本篇。其无可考者，则以所出之书为次序，亦或意为先后，文义凌乱，无复条理。使目录皆著篇目，则无此患矣”；四是考古书之真伪，“用篇目以考古书之真伪，则其功用尤为显而易见者矣”。叙录，又称解题、释、录、志，即今之内容提要，它是揭示图书内容的主要方法。余氏在对我国古代书目和理论作了一番深入考察后认为，叙录重在对作者的考察。他指出：“叙录之体，源于书叙。”书叙体制略如列传，“多叙其人平生之事迹及其学问得力之所在”，刘向、刘歆“校书诸叙论，既审定其篇次，又推论其生平，以书言之，谓之叙录可也，以人言之，谓之列传可也”。余氏指出，着力于论考作者之行事、时代、学术，通过论述作者的生平、时代、学术流派，书目就能较好地实现其辨章学术的目的了。小序是书目的另一种重要体制，余氏认为“小序之体，所以辨章学术之得失也”，自能“穷源竟委”，考镜源流。

综上所述，关于目录学之功用，余氏认为：“目录之书，既重在学术之源流，后人遂利用之考辨学术。”从使用价值的角度来说，目录之书，一曰以目录著录之有无，断书之真伪；二曰用目录书考古书篇目之分合；三曰以目录书著录之部次定古书之性质；四曰因目录访求阙佚；五曰以目录考亡佚之书；六曰以目录书所载姓名、卷数考古书之真伪。

在此分享一段《目录学发微》中震撼笔者的论述：“夫考证之学贵在征实，议论之言易于蹈空。征实则虽或谬误，而有书可质，不难加以纠正。蹈空则虚骄恃气，惟逞词锋。人心不同，各如其面，此亦一是非，彼亦一是非，互相攻击，终无已时。刘安谓屈原与日月争光，而班固谓其露才扬己。刘向谓董仲舒伊、吕无以加，而刘歆谓其未及乎游、夏，父子既分门户，前贤亦异后生。然则尚论古人，欲求真是，盖其难矣。故自揣学识未足衡量百家，不如多考证而少议论，于事实疑误者，博引群书，详加订正。至于书中要旨，则提要钩玄，引而不发，以待读者之自得之。若于学术源流确有所见，欲指陈利弊，以端学者趋向，则词气须远鄙倍，心术尤贵和平。读刘向诸叙录，莫不深厚尔雅，未尝使气矜才也。”

4. 医学专科目录类图书

医书被称为“活人书”，虽称不上是“原道”，然为历代文人志士所重视，以汗牛充栋来描述历代医书实不为过。中医古籍是知识的载体，不仅具有文物文献价值，其医学价值亦日益凸显。早在20世纪80年代，中国中医科学院屠呦呦研究员在提取青蒿素抗疟药物的筛选实验中，受到东晋葛洪《肘后备急方》“青蒿一握，以水二升渍，绞取汁，尽服之”古医籍中制备方法的启发，改变了青蒿素提取工艺，获得了我国首个诺贝尔医学奖，体现了古籍中所记载知识的有效性与珍贵性。由此，对古医籍的考录，辨其源流，明其得失，阐其幽冥，述其微旨，其价值自然不单单在“文道”之层面，更重要的是为医疗实践服务。

医学专科目录在宋代就被编制过，如《医经目录》《神医普救集目》《大宋本草录》等，均已

佚。现存最早医学专科类目录著作为明代殷仲春所编的《医藏书目》。殷仲春，明代医学家，字方叔，自号东皋子，秀水(今浙江嘉兴)人，约明神宗万历中后期在世，生卒年均不详。殷仲春是一位隐士，笃信佛教，通儒学，精通医道。殷氏《医藏书目》仿照佛家之说对医书进行分类，但具体书目采录中并无佛家色彩，分类涵盖了医经、伤寒、内科、外科、妇科、儿科、方书、脉学、眼科、本草、针灸、养生等中医各科，分群书为20大类，自成体系。之后清代较有影响的此类图书有《四库全书总目提要·医家类》，惜收录医籍不多。近现代此类著作层出不穷，收录医籍也越来越多。

以下简要介绍医籍考录及目录类图书：

《医籍考》 又名《中国医籍考》，日本人丹波元胤所编，成书于1819年。该书收辑我国自秦汉以降，至清道光初年的医籍约2 880余种(包括存目)。全书分医经、本草、食治、藏象、诊法、经脉、方论、史传及运气9大类，厘为80卷。每大类之下再分小类，每小类所列医书以时代先后为序。每书之下，注明其出处、卷数、存佚、序言、跋语、著者传略、诸家述评，以及历史考证等项，间有丹波氏按语。本书是历代医籍文献中较为完备、系统的专著，对研究与查考中医古籍具有较高实用价值。

《宋以前医籍考》 日本人冈西为人编，约成书于1936年。该书收集我国宋代以前医书1 860多种，按内容分为23类。每一条目之下辑录该种古医籍的出典、考证、序跋、版本等项，可供全面查考某一中医古籍的出处、卷数、存佚、作者、内容等情况，版本著录颇详，对研究我国宋以前中医古籍很有参考价值。

《四部总录医药编》 丁福保、周云青编，1955年由商务印书馆出版。该书是《四部总录》一书中医药书目部分的单印本，作者收录各种目录学著作中撰有书目提要的现存中医古书(其书虽存，但无书目提要的不收)约1 500种，加以分类汇编。书末附有现存医学书目总目、现存医学丛书总目及书名索引等。

《中医图书联合目录》 中国中医研究院、北京图书馆合编，成书于1959年。该书收录了全国59家主要图书馆及两位医学藏书家所藏的7 661种中医药图书(少数有重复)，其中大都为中医古籍。按类编排，每类之中按成书年代先后排列，同种书依不同版本的时间先后一一罗列，每种版本之后均有收藏单位的代号。其数量之大，收罗之广，分类之详，均超过以前各种医书目录。

《中国分省医籍考》 郭霭春主编，1984—1987年天津科学技术出版社出版。全书分上下两册，上册收录河北、河南、山东、江苏、浙江、江西6省医籍，下册收录山西、台湾等23省和地区的医籍及江苏、浙江2省医籍补编。所收医籍以全国各省地方志所载为据，共收录医籍7 166种，按省区为单位分类编排。上始先秦，下至清末，每种书目不仅著录了书名、卷数、朝代、作者、出处、存亡情况等，而且著录作者生平及学术思想，是一部很有价值的现代中医目录书。

《中国医籍通考》 严世芸主编，1990—1994年上海中医学院出版社出版。全书4卷，附索引1卷，是目前规模最大的一部中医古籍目录，上溯出土文物，下迄清末，旁及日本、朝鲜的中医古籍，凡见载于文献者，皆竭力搜罗，共收书9 000余种，其数量已数倍于《医籍考》。每书大体按书名、作者、卷数、存佚、序跋、作者传略、载录资料、现存版本等项著录，部分书还附有编者按语。该书规模宏大，资料丰富，为研究我国古代医学文献提供了很大的方便。

《全国中医图书联合目录》 薛清录主编，1991 年中医古籍出版社出版。该书收录了全国 113 个图书馆截至 1980 年所收藏的 1949 年前的中医药图书 12 124 种，分类体系以学科分类为主，兼顾中医古籍的体裁特征，划分为医经、基础理论、伤寒金匮、诊法、针灸按摩、本草、方书、临证各科等 12 类。主要内容包括：类名、总序号、著作年号、书名（包括卷数、异名、附录）、著者、著作方式、版本、馆藏代号等。该书基本上反映了新中国成立前的中医图书的现存状况，在共享文献资源方面发挥了积极作用。

《中国医籍大辞典》 裘沛然主编，2002 年上海科学技术出版社出版。该书收录了现存古医籍以及近代以来至 1999 年出版的有一定价值的中医药著作 2.3 万余种，采用了“书名实名制”的方法，即入编词目均为正条，凡后世流传的通用书名、重刊书名、别名或简称等均在正条中出现，不另列参见条。每词条下，既含有书目、卷次、作者、成书或刊行年代、版本存佚情况、藏书单位等目录学的基本要素，更着重于内容提要、学术特点或价值的介绍。

《中国中医古籍总目》 薛清录主编，2007 年上海辞书出版社出版。该书收录了来自全国 150 多个图书馆或博物馆 1949 年以前出版的中医图书 13 455 种，与 1991 年版《全国中医图书联合目录》相比增加了 2 263 种，古籍版本数量则增加了 3 652 个，其中不乏明以前的珍稀善本图书，如国宝级的明代宫廷彩绘本《补遗雷公炮制便览》和宋代杨介所撰《存真图》等，均为未见史志记载的珍稀孤本。为最大程度地满足读者查询中医古籍的需要，该书还收录了一批流失海外在国内已经失传的中医古籍影印本、复制本。该书在编撰后期，又收集到台湾 6 家图书馆馆藏中医古籍目录，以附录形式列于书后。

《中国古医籍书目提要》 王瑞祥主编，2009 年中医古籍出版社出版。该书收录了从马王堆帛书至 1911 年之间中医古籍 10 061 种，其中现存 7 028 种，亡佚书 3 033 种，而亡佚书的选择，均为流传、收藏有据可查的。正文内容包括类号、流水号、书名、著作年、著者、出典、提要、主要版本，并通过按语形式对疑点加以考证。

《中国医籍续考》 刘时觉编，2011 年人民卫生出版社出版。该书为日本丹波元胤《中国医籍考》的续作，收载自清道光元年（1821）至宣统末年（1911）90 余年间的中医古籍，分医经、本草、食治、养生、藏象、病机、诊法、明堂经脉、伤寒、温病、金匮、临床综合、方书、内科、外科、伤骨科、妇产科、儿科、喉科、眼科、医论医话、医案、法医、丛书全书、史传书目、运气、其他共 27 个门类，体例同《中国医籍考》，凡 3 068 种。其中现存 2 585 种，残阙 20 种，辑佚 6 种，为作者亲见亲读者计 2 611 种，未见 443 种，佚失 14 种。资料丰富，内容精专，立论严谨，考证周密。

《中国医籍补考》 刘时觉编，2017 年人民卫生出版社出版。该书以现存医籍为目标，收载书籍与《中国医籍考》同步，系统考证截至清嘉庆二十五年（1820）的现存中国医药古籍，以补《中国医籍考》之不足。全书收载书目 3 608 种，取《中国医籍考》原载的 1 101 种，新增 2 507 种。其中现存 3 244 种，残阙 73 种，辑佚 53 种，未见 223 种，已佚 15 种。收录材料更为丰富，规模比《中国医籍考》更为宏大。此书并载《续考补编》408 种（其中现存 396 种，残阙 4 种，未见 7 种，已佚 1 种），与《中国医籍续考》为姊妹篇。

目录之学源于浩瀚典籍的出现，是中国古代文明的产物。目录学正式产生于汉代，发展于唐宋，鼎盛于明清，分别以西汉刘向和刘歆编撰的《别录》和《七略》、宋代郑樵的《通志·校雠略》和清代章学诚的《校雠通义》为代表。尤其是清代，随着当时学术的兴盛，目录之学一度成了“显学”，我国古代著述最全、规模最大的目录学著作《四库全书总目提要》和《四库全书简明目录》就产生于清代。从最初的“纲纪群籍，簿属甲乙”，以使“天下无亡书”，到“鉴别旧椠，雠校异同”，满足“提要钩玄，治学涉径”之需，中国古典目录学逐渐形成了“辨章学术，考镜源流”的核心思想与理论体系，成为纲纪传统典籍的范式，也成为近代书目与目录学学科的基本支柱。

欧阳八四

2022 年 6 月

凡　例

一、本书为考据古代针灸医学著作之作，上及汉简，下止于清代(1911 年)。

二、本书共收录医学著作 648 种，分现存针灸专科医籍、综合性医籍之针灸和亡佚之针灸医籍三部分。其中现存针灸专科医籍共收录医籍 298 种，综合性医籍之针灸共收录医籍 77 种，亡佚之针灸医籍共收录医籍 273 种。

三、现存针灸专科医籍和综合性医籍之针灸两部分所收录著作，按一般书目例，首列书名，次列卷数，继则标注“阙”“未见”(未标注者皆为“存”)，末为成书年份(不能确定者加“?”，不详者标“撰年不详”)。“存”为现存全本著作(经查考落实)者，“阙”为存本不全者，“未见”为经查考未见者。其中“存”359 种，“阙”7 种，“未见”9 种。

四、亡佚之针灸医籍亦按现存著作体例收载，不再标注“亡佚”，亦不标注成书年份。

五、现存针灸专科和综合性医籍总体上按成书时间排序，针灸专科医籍“针法灸法”部分则相对按针法、子午流注、灸法、太乙神针分类后再按成书时间排序。亡佚之针灸医籍则按书名之音序排序。

六、现存针灸专科医籍正文部分录原书籍之序跋、后人对此书的评述以及笔者按语；综合性医籍之针灸则不录原书之序跋等内容，仅出笔者按语；亡佚之针灸医籍列此书出典，间加笔者按语。按语主要介绍本书的主要内容以及对书名、版本、馆藏等的考证内容。

七、书名采用通用名，别名不另列条目，在“按”中以“又名”字样著录。

八、著作者项著录朝代、里籍、姓名、字号、著作方式。朝代与里籍间加“·”间隔，里籍与姓名间不加标点，字号外加括号。一人跨越两个朝代者，则以主要生活的朝代为准，或以著作的成书年份为据加以确定。著作方式按撰、编、辑录、补注、校、传等表示。对于后人注释、发挥的著作，列出原著者，后缀以“原撰”字样。对于托名之著作，或有疑问者，则在著作者朝代前加“原题”字样，并外加括号。著作者佚名，则题为“亡名氏”字样。

九、对于不同年份、不同版本的同一著作的序、跋等原书内容，则尽量列出，为节约篇幅，对类似的内容，则加以节要，在文中标出“略曰”等字样。

十、对所录原文中与现今表述不一致的字词，如“藏府”“辨症”“症候”等，以及一些著者姓名，各书略有不同，如“杨上善”和“杨尚善”、“戴原礼”和“戴元礼”等，尽量保持原样，未作统一。

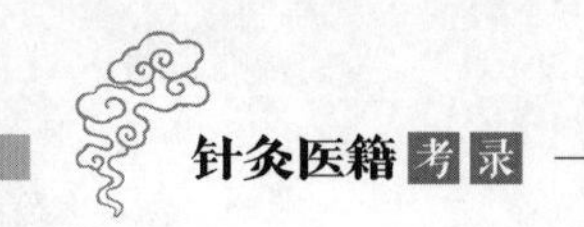

十一、本书附录“民国时期针灸医籍考录”，只录“针灸通论”“经络孔穴”“针法灸法”“针灸临床”等针灸专科类图书，包括国外译著。所录图书均“存”，以成书时间排序，不再按类分列，共231种。成书时间不详者，所指均在民国期间。清代以前在民国重版的图书不录，如民国时期中医书局发行的四明梅孤子著《针灸要旨》，底本为明代本，不录。丛书中部分涉及针灸者，只录针灸专著；丛书全部由针灸著作组成者，则一一录出。

十二、附录民国时期针灸医籍考录中的民国时期国外传入原文针灸图书部分，收录国外传入的原文针灸图书，主要涉及日本、朝鲜两国，计日本图书13种，朝鲜图书1种，共14种。

十三、本书附录部分列著者及书名索引，以方便查阅。原计划将亡佚书一并列入，考虑其条目众多，故分列现存著作与亡佚书两部分内容。现存著作别名、异名，亦一并列入，更利于查阅。

十四、所选日本、朝鲜有关针灸医籍，均为国内有存者。

目 录

卷一　现存针灸专科医籍

一、《灵枢》总述

《黄帝内经灵枢》　九卷　　战国・亡名氏撰　宋・史崧传 ………………… 2
《黄帝内经灵枢略》　一卷　　亡名氏撰 ……………………………… 6
《灵枢经脉翼》　三卷　　明・仁和夏英(时彦)撰 ………………………… 6
《黄帝内经灵枢注证发微》　九卷　　明・会稽马莳(仲化,元台)撰 ……………… 7
《灵枢心得》　二卷　　明・钱塘胡文焕(德甫,全庵,抱琴居士)辑撰 … 9
《黄帝内经灵枢集注》　九卷　　清・钱塘张志聪(隐庵)注 ………………… 10
《素问灵枢类纂约注》　三卷　　清・休宁汪昂(讱庵)纂 ………………… 11
《灵素合钞》　十五卷　　清・钱塘林澜(观子)撰 ………………… 14
《素灵摘要》　二卷　　清・吴县顾靖远(松园,花洲)撰 ………………… 16
《素灵微蕴》　四卷　　清・昌邑黄元御(坤载,研农,玉楸子)撰 …… 16
《灵枢悬解》　九卷　　清・昌邑黄元御(坤载,研农,玉楸子)撰 …… 17
《灵枢素问节要浅注》　十二卷　　清・长乐陈念祖(修园,良有,慎修)注 ……… 18
《灵枢识》　六卷　　日・丹波元简(廉夫)撰 ………………… 19
《灵素节注类编》　十卷　　清・会稽章楠(虚谷)编撰 ………………… 19
《素灵杂解》　三卷　　清・新化邹汉璜(仲辰,稼江)撰 ………………… 20
《素灵约囊》　六卷　　清・元和陆懋修(九芝,勉旃,江左下工,林屋山人)撰 ………………… 20
《明道藏本史崧灵枢音释》　一卷　　清・元和陆懋修(九芝,勉旃,江左下工,林屋山人)撰 ………………… 21
《灵素类言》　三卷　　清・会稽任越安(越庵)撰 ………………… 21
《灵枢校勘记》　一卷　　清・金山顾观光(宾王,尚之,武陵山人)撰 … 21
《黄帝内经灵枢提要》　一卷　　清・王鸿骥(翔鹤)编撰 ………………… 21

《素问灵枢合注》 二十卷 明·会稽马莳(仲化,元台) 清·钱塘张志聪(隐庵) 撰注 清·金陵王修卓(成甫)合纂 … 22
《黄帝内经灵枢注》 二十三卷 亡名氏注 …… 22
《素灵精义》 不分卷 清·仁和吴槐绶(子绂)撰 …… 22
《灵素五解篇》 一卷 清·井研廖平(季平,六译)撰 …… 22
《素灵汇萃》 一册 清·古吴汪宗淦(稚琢)辑 …… 23
《素灵节录》 一卷 亡名氏著 …… 23

二、针灸通论

《针灸甲乙经》 十二卷 晋·安定朝那皇甫谧(士安,玄晏)纂集 …… 24
《明堂五脏论》 不分卷 亡名氏撰 …… 32
《针左氏膏肓书》 一卷 汉·郑玄(康成)撰 …… 32
《铜人针灸经》 七卷 亡名氏撰 …… 32
《针灸资生经》 七卷 宋·东嘉王执中(叔权)撰 …… 37
《流注指要赋》 一卷 元·广平窦杰(子声,汉卿)撰 …… 41
《针经指南》 一卷 元·广平窦杰(子声,汉卿)撰 …… 43
《标幽赋》 一卷 元·广平窦杰(子声,汉卿)撰 …… 43
《重注标幽赋》 不分卷 元·兰溪王开(叔启,启元,镜潭,镜泽)注 …… 44
《针灸四书》 五种九卷 元·建安窦桂芳(静斋)辑 …… 44
《针灸杂说》 一卷 元·建安窦桂芳(静斋)撰次 …… 46
《盘石金直刺秘传》 不分卷 元·亡名氏编 …… 46
《扁鹊神应针灸玉龙经》 一卷 元·婺源王迪(子吉,国瑞,瑞庵)撰 …… 46
《子午经》 一卷 (原题)战国·扁鹊秦越人撰 …… 47
《窦太师秘传》 不分卷 亡名氏撰 …… 48
《神应经》 一卷 明·陈会(善同,宏纲)撰 明·刘瑾(永怀,恒庵)校补 …… 48
《大本琼瑶发明神书》 三卷 明·赐大师刘真人撰 …… 50
《琼瑶神书》 四卷 (原题)宋·琼瑶真人撰 …… 51
《针灸大全》 六卷 明·弋阳徐凤(廷瑞)撰辑 …… 52
《针灸捷径》 二卷 亡名氏撰 …… 53
《针灸择日编集》 一卷 明·全循义、金义孙合撰 …… 53
《针灸集成》 不分卷 元·亡名氏撰 明·亡名氏补注节抄 …… 54
《针灸集书》 二卷 明·长安杨珣(楚玉,恒斋)撰 …… 55
《针灸聚英》 四卷 明·四明高武(梅孤子)纂集 …… 56
《针灸节要》 三卷 明·四明高武(梅孤子)纂集 …… 57
《针灸问对》 三卷 明·祁门汪机(省之,石山居士)撰 …… 59

《针灸素难要旨》 三卷 明·四明高武(梅孤子)原撰 日·冈本为竹(一抱子)重订 …… 61
《针灸直指》 不分卷 明·祁门徐春甫(汝元,汝源,思鹤,东皋)编 …… 61
《针灸六赋》 一卷 亡名氏辑 …… 61
《针灸原枢》 二卷 明·分水吴嘉言(梅坡)撰 …… 62
《徐氏针灸全书》 四卷 明·弋阳徐凤(廷瑞)原撰 明·朱鼎臣重辑 …… 62
《秘传常山杨敬斋先生针灸全书》 二卷 明·建阳陈言(西溪)著 明·直隶长州张应试(怀仁)校正 明·安福欧阳惟佐录 …… 62
《神医秘诀遵经奥旨针灸大成》 四卷 明·盱江吴文炳(绍轩,光甫,沛泉)辑 …… 64
《针灸大成》 十卷 明·三衢杨济时(继洲)原撰 明·晋阳靳贤补辑重编 …… 65
《玉龙歌》 不分卷 亡名氏撰 …… 67
《铜人徐氏针灸合刻》 二种九卷 明·太医院参订 …… 67
《针方六集》 六卷 明·歙县吴崑(山甫,鹤皋山人,参黄子)撰 …… 68
《针灸诸赋》 一卷 明·会稽张介宾(会卿,景岳,通一子)辑 …… 70
《针灸要览》 一卷 明·会稽张介宾(会卿,景岳,通一子)撰 …… 70
《针灸问答》 不分卷 亡名氏撰 …… 70
《刺灸心法要诀》 八卷 清·歙县吴谦(六吉)奉敕纂 …… 70
《罗遗编》 三卷 清·陈廷铨(部曹,隐庵)编 …… 70
《针灸则》 一卷 附录一卷 日·菅沼长之(周圭)编著 …… 73
《重修针灸大成》 十卷 明·三衢杨济时(继洲)原撰 清·会稽章廷珪重修 …… 74
《针灸易学》 二卷 清·长葛李守先(善述)撰 …… 74
《针灸说约》 不分卷 日·石坂宗哲(文和,廷玉,竿斋)撰 …… 75
《针灸逢源》 六卷 清·吴县李学川(三源,邓尉山人)撰 …… 75
《针灸全生》 二卷 清·萧福庵(学正道人)撰 …… 77
《针灸便览》 一卷 清·万邑王锡鑫(文选,亚拙山人,席珍子)编 …… 77
《针灸要略》 不分卷 亡名氏撰 …… 78
《刺针家鉴集》 不分卷 日·亡名氏撰 …… 78
《针灸便用图考》 一卷 清·张希纯撰 清·中水苏元箴(右铭)编 …… 78
《黄帝神圣工巧甲乙经》 二卷 晋·安定朝那皇甫谧(士安,玄晏先生)编撰 清·昆山潘道根(确潜,潜夫,晚香,徐村老农,梅心老农)抄订 …… 79
《勉学堂针灸集成》 四卷 清·渌江廖润鸿(逵宾)撰注 …… 79
《扁鹊针灸纂要》 不分卷 清·金松亭、张鹤鸣合撰 …… 80

《针灸要法》 二卷 亡名氏撰 …… 80
《针家要旨》 不分卷 清·薛夜来撰 清·钱福林抄传 …… 80
《针灸集要》 不分卷 亡名氏撰 …… 80
《选针三要集》 二卷 日·杉山和一编集 …… 80
《备急灸法·针灸择日编集》 二种二卷 宋·槜李闻人耆年 明·全循义、金义孙原撰 清·上杭罗嘉杰(少耕)辑 …… 81
《邹氏针灸》 不分卷 亡名氏撰辑 清·邹于隽传 …… 82
《针灸灵法》 二卷 清·成都程兴阳撰 …… 82
《金针梅花诗钞》 不分卷 清·天长周丙荣(树冬)撰 裔孙周楣声重订 …… 83
《黄帝内经明堂》 一卷 隋·辽西杨上善原撰注 清·井研廖平(季平,六译老人)辑 …… 83
《安化弥圆祖遗针灸秘本》 不分卷 清·黄崇赞撰 …… 85
《内外针灸秘传》 不分卷 清·任辛岩撰 清·上虞张卓夫抄传 …… 85
《内外针灸图经》 不分卷 清·任辛岩撰 清·上虞张卓夫抄传 …… 86
《针灸秘传》 不分卷 亡名氏撰 …… 86
《针灸歌赋三种》 一卷 亡名氏辑 …… 86
《针灸要略》 八卷 清·长洲俞明鉴(世征)编 …… 86
《针灸摘要》 不分卷 亡名氏辑 …… 86
《针科全书妙诀》 不分卷 清·吴兴李昌仁(离尘子)辑订 …… 86
《针灸治法》 不分卷 亡名氏撰 …… 87
《针灸会要》 八卷 亡名氏撰 …… 87
《针灸拾录》 十二卷 亡名氏撰 …… 87
《针灸录要》 不分卷 亡名氏撰 …… 87
《奇传针灸》 三卷 亡名氏撰 …… 87
《针灸摘粹》 不分卷 亡名氏撰 …… 87
《针灸全书》 不分卷 亡名氏撰 …… 87
《针灸辑要》 不分卷 亡名氏撰 …… 87
《针灸秘本》 不分卷 亡名氏撰 …… 87
《针灸指元》 六册 亡名氏撰 …… 88

三、经络孔穴

《足臂十一脉灸经》 不分卷
《阴阳十一脉灸经》 不分卷 亡名氏撰 …… 89
《脉书(竹简)》 不分卷 亡名氏撰 …… 89
《天回医简·脉书》 不分卷 亡名氏撰 …… 90
《黄帝内经明堂类成》 十三卷 隋·辽西杨上善撰注 …… 90

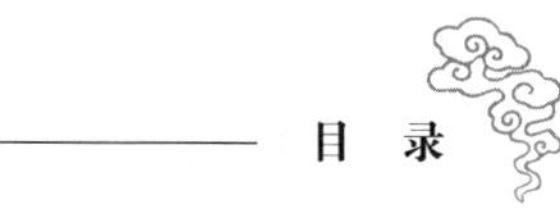

《铜人腧穴针灸图经》 三卷 宋·王惟一(惟德)撰 亡名氏附录 …………… 93
《(新刊)补注铜人腧穴针灸图经》 五卷 宋·王惟一(惟德)原撰 金·亡名氏补注 … 97
《十四经发挥》 三卷 元·许昌滑寿(伯仁,撄宁生)原著 明·吴县薛铠(良武)校刊 …………………… 100
《十四经穴歌》 一卷 元·许昌滑寿(伯仁,撄宁生)撰 …………… 104
《明堂图四幅》 不分卷 元·许昌滑寿(伯仁,撄宁生)撰 明·歙县吴崑(山甫,鹤皋山人,参黄子)校 ……………… 104
《全身百穴歌》 一卷 明·陈会(善同,宏纲)撰 ……………… 105
《八十一难经经络解》 四卷 明·建阳熊均(宗立,道轩,鳌峰,勿听子)撰 ………………………………………………… 105
《窦太师针经》 不分卷 元·广平窦杰(子声,汉卿)传 元·亡名氏重编补注 ……………………………………… 105
《神农皇帝真传针灸图》 二卷 明·亡名氏撰 ………………………… 105
《经穴发明》 不分卷 明·祁门徐春甫(汝元,汝源,思鹤,东皋)编 ………………………………………………… 105
《经络全书》 二卷 明·吴江沈子禄(承之)原撰 明·吴江徐师曾(伯鲁)删订 ……………………… 105
《奇经八脉考》 一卷 明·蕲州李时珍(东璧,濒湖)撰 …………… 107
《铜人明堂之图》 四幅 明·燕赵赵文炳(含章)重刊 ………………… 108
《明堂图》 四幅 元·许昌滑寿(伯仁,撄宁生)撰 明·歙县吴崑(山甫,鹤皋山人,参黄子)校 ……………… 108
《经络考》 一卷 明·应天张三锡(叔承,嗣泉,嗣全)撰 ………… 109
《循经考穴编》 二卷 明·亡名氏原撰 ………………………… 109
《经络汇编》 一卷 清·益都翟良(玉华)撰 ……………………… 111
《经络图说》 一卷 清·西吴张明(宿明)绘图集说 清·笠泽周思藻(含初)校订 ……………………… 112
《经络笺注》 二卷 明·乌程韦编(勤甫,警台,儆台)撰 明·乌程韦明辅、韦明杰校订 ……………… 112
《经穴指掌图》 一卷 明·华亭施沛(沛然,元元子,笠泽居士)撰 … 113
《步穴歌》 一卷 明·归安凌云(汉章,卧岩)撰 ……………… 114
《析骨分经》 一卷 明·绥安宁一玉撰辑 清·秀水计楠(寿齐)校 ………………………………………………… 115
《经外奇俞纠英歌》 一卷 明·归安凌云(汉章,卧岩)撰 ……………… 115
《经学会宗》 不分卷 明·归安凌云(汉章,卧岩)撰 明·凌振湖(士麟,成孺)汇编 明·凌一鹄(序贤)订正 ………………………………………………… 115
《足经图》 不分卷 亡名氏撰 ……………………………………… 115

《经络穴法》 二卷 明·亡名氏辑 …… 115
《明抄本十四经络图歌诀图》 不分卷 明·亡名氏辑 …… 115
《十四经发挥抄》 十卷 元·许昌滑寿(伯仁,撄宁生)原著
日·谷村玄仙编注 …… 116
《经穴解》 不分卷 清·博山岳含珍(玉也,思莲子)撰 …… 116
《重辑经络全书》 二卷 明·吴江沈子禄(承之)原撰 明·吴江徐师曾(伯鲁)删订 清·长洲尤乘(生洲,无求子)辑 …… 116
《黄帝秘传经脉发挥》 日·飨庭东庵(立伯)撰 …… 118
《身经通考》 四卷 清·高邑李潆(伯清,禹门,三希道人)撰 …… 118
《经络图解》 一卷 清·石邑澹庵老人撰辑 清·东垣守拙居士订录 …… 121
《经络歌诀》 一卷 清·休宁汪昂(讱庵)撰 …… 121
《经络图说》 不分卷 清·休宁汪昂(讱庵)编 …… 122
《经络穴道歌》 一卷 清·休宁汪昂(讱庵)撰 …… 122
《针灸阿是要穴》 五卷 日·冈本为竹(一抱子)撰 …… 123
《隧输通考》 六卷 日·堀元厚、衢昌柏合编 …… 123
《经络正统》 二卷 日·浅井正纯撰 …… 123
《引经口诀》 二卷 日·浅井正纯撰 …… 123
《经络门汇考》 五卷 清·闽侯陈梦雷(则震,省斋,天一道人)等原辑
清·常熟蒋廷锡(扬孙,西谷)等重辑 …… 123
《铜人图》 一册 亡名氏撰 …… 123
《铜人新图》 不分卷 亡名氏撰 …… 124
《经络歌诀》 一卷 清·山阴刘奂(礼门,礼道人)撰辑 …… 124
《骨度正误图说》 不分卷 日·村上亲方(宗占)撰 …… 124
《穴名备考》 不分卷 日·竹田景纯撰 …… 124
《灸点图解》 不分卷 亡名氏撰 …… 124
《挨穴捷径》 不分卷 日·杉原敦撰 …… 124
《腧穴折衷》 二卷 日·安井元越撰 …… 125
《经络诊视图》 不分卷 清·吴江徐大椿(大业,灵胎,洄溪老人)撰 …… 125
《考定经穴》 不分卷 清·吴超士撰 …… 125
《周身经络总诀》 不分卷 清·吴县唐大烈(立三,笠三)纂辑 …… 125
《经穴考》 不分卷 亡名氏撰 …… 126
《凌门传授铜人指穴》 不分卷 亡名氏辑传 …… 126
《周氏经络大全》 不分卷 清·宁乡周世教(孔四,泗斋)撰 …… 126
《医会元要》 一卷 清·攸邑蔡贻绩(乃庵)撰 …… 127
《经穴汇解》 八卷 日·原昌克(子柔)编著 …… 128

《假名读十四经发挥》 二卷 元·许昌滑寿(伯仁,撄宁生)原著 明·吴县薛铠(良武)校 日·长泽柳杏(丹阳轩主人)题 …… 130
《经穴纂要》 五卷 日·小阪元祐(营升)纂撰 …… 130
《骨度正穴考图》 二卷 日·冈田静默撰 …… 130
《脏腑正伏侧人明堂图》 四幅 亡名氏绘 …… 130
《针灸内篇》 不分卷 清·江上外史辑撰 清·凌声臣、宣沛九传 …… 130
《十四经穴法识》 不分卷 日·相忘亭本履撰 …… 131
《经穴指掌》 不分卷 日·谷其章(元圭)辑 …… 131
《经脉(穴)图考》 不分卷 清·武宁翁藻(稼江)撰 …… 131
《奇经八脉》 不分卷 清·武宁翁藻(稼江)撰 …… 131
《经穴备要》 一卷 日·谷其章(元圭)编 …… 132
《经穴图》 不分卷 亡名氏撰 …… 132
《藏府经络指掌》 二卷 亡名氏撰 …… 132
《经脉图考》 四卷 清·湘潭陈惠畴(寿田)撰 …… 132
《脏腑经络图注》 不分卷 清·缪云亭抄辑 …… 133
《十二经脉络》 一卷 清·沈绂撰 …… 133
《十二经脉歌》 一卷 清·枝江栗山痴叟辑 …… 133
《和汉三才图会》 阙 日·寺岛良安撰 …… 134
《考正周身穴法歌》 一卷 清·渌江廖润鸿(逵宾)撰 …… 134
《针灸穴法》 不分卷 亡名氏撰 …… 134
《针灸穴法》 不分卷 清·仲山氏编撰 …… 135
《经络穴位》 一卷 清·仲山氏撰辑 …… 135
《经络穴位》 一卷 亡名氏撰 …… 135
《经络全图》 一卷 清·樊舆马人镜(鉴心)撰 …… 135
《针法经穴编》 二卷 清·盘溪子木亢氏撰录 …… 135
《经络图说》 不分卷 清·江阴高思敬(憩云)撰 …… 136
《经脉表》 一卷 清·瑞安陈虬(志三,蛰庐,皋牢子)撰 …… 136
《脉度运行考》 不分卷 清·李彰五(盛卿)撰 …… 136
《中西汇参铜人图说》 一卷 清·湘乡刘钟衡(时育)撰 …… 137
《经脉分图》 四卷 清·名山吴之英(伯朅)撰 …… 137
《经穴考正》 一卷 清·成都何仲皋(汝夔)撰 …… 138
《十二经络图典义》 不分卷 亡名氏撰 …… 138
《考正穴法》 一卷 清·长洲王鎏辑校 …… 138
《杨氏家传针经(灸)图像》 不分卷 亡名氏撰 …… 139
《明堂孔穴针灸治要》 二卷 清·湘潭孙鼎宜辑 …… 139

《脏腑总论经穴起止》 一卷 亡名氏撰 …… 139
《十二经图并见症用药法》 不分卷 清·东武钟石顽(更叟)抄辑 …… 139
《十二经分寸歌》 不分卷 清·青浦陈秉钧(莲舫,乐余老人)辑 …… 140
《针灸穴法》 不分卷 亡名氏撰 …… 140
《经络汇编》 一卷 亡名氏编纂 …… 140
《经络考略》 三卷 清·乌程陶集(恂庵)编次 …… 140
《素灵约选经穴歌括》 一卷 亡名氏辑 …… 140
《延寿针治病穴道图》 一卷 清·项延寿(耐庵)撰 …… 140
《脏腑经络辑要》 一卷 清·毋自欺斋主人辑 …… 140
《治病要穴》 一卷 亡名氏编 …… 141
《针法穴道记》 不分卷 清·王崇一编 …… 141
《针灸图注》 不分卷 亡名氏撰 …… 141
《经穴辑要》 四册 亡名氏撰 …… 141
《明堂脏腑经络图解》 不分卷 亡名氏撰 …… 141
《十二经总歌》 不分卷 亡名氏撰 …… 141
《十二经奇经循行图》 不分卷 亡名氏撰 …… 141
《经络歌》 不分卷 亡名氏撰 …… 141
《奇经八脉总论》 不分卷 亡名氏撰 …… 142
《脉络真经》 不分卷 亡名氏撰 …… 142
《经络总括附方》 不分卷 亡名氏撰 …… 142
《医学简粹十二经脉起止诀》 不分卷 亡名氏撰 …… 142
《内经藏府经络穴名绘考》 二卷 亡名氏撰 …… 142
《十二经脉碎金》 不分卷 亡名氏撰 …… 142
《脏腑经络摘要》 不分卷 亡名氏撰 …… 142
《奇经八脉图歌》 不分卷 亡名氏撰 …… 142
《经脉直指》 不分卷 亡名氏撰 …… 142
《经穴摘要》 不分卷 亡名氏撰 …… 143
《十二经脉篇》 不分卷 亡名氏撰 …… 143
《铜人图考正穴法》 不分卷 亡名氏撰 …… 143
《经脉图》 不分卷 亡名氏撰 …… 143
《十二经络奇经八脉》 不分卷 亡名氏撰 …… 143
《经脉一览》 不分卷 清·岳尊撰 …… 143
《奇经八脉总说》 不分卷 亡名氏撰 …… 143
《节穴身镜》 二卷 清·新安张星余(澹初,白岳山人)纂著 …… 143
《经俞选》 三卷 残存 日·源常彧撰 日·源常斌校 日·源常言重订 …… 144
《脉络分明》 不分卷 亡名氏撰 …… 145

《经穴全集》　不分卷　徐青岑撰 …………………… 145
《十四经考》　不分卷　宫本家传 …………………… 145
《奇经八脉总歌》　不分卷　倪芳华编 …………………… 145

四、针法灸法

《针经节要》　一卷　元·亡名氏撰　元·铜鞮杜思敬(亨甫,散夫,醉经,宝善老人)辑 …………………… 146
《洁古云岐针法》　一卷　元·易州张璧(云岐子)原撰　元·铜鞮杜思敬(亨甫,散夫,醉经,宝善老人)辑 …… 147
《针经摘英集》　一卷　元·铜鞮杜思敬(亨甫,散夫,醉经,宝善老人)辑 …………………… 147
《治病针法》　一卷　明·六安李氏原撰　明·海陵何柬(文选,一阳)授正 …………………… 147
《医意》　二卷　清·奉天徐延祚(龄臣)撰 …………………… 148
《家传针灸秘诀》　不分卷　清·枝江曹廷杰(彝卿)编 …………………… 148
《针法图说》　不分卷　清·竹贤氏编 …………………… 148
《集英撮要针砭全书》　不分卷　亡名氏撰 …………………… 148
《流注指微赋》　一卷　金·庐江何若愚撰　金·常山阎明广注 …… 149
《子午流注针经》　三卷　金·庐江何若愚撰　金·常山阎明广注 …… 149
《子午流注图说》　一卷　明·归安凌云(汉章,卧岩)撰 …………………… 150
《黄帝虾蟆经》　一卷　亡名氏原撰　日·和气奕世传 …………………… 152
《灸法图》　残卷　亡名氏撰 …………………… 153
《新集备急灸经》　一卷　亡名氏撰 …………………… 154
《敦煌藏医灸法残卷》　残卷　亡名氏撰 …………………… 154
《吐蕃藏文针灸图》　两幅　亡名氏撰 …………………… 155
《灸经明堂》　残卷　亡名氏撰 …………………… 155
《黄帝明堂灸经》　三卷　宋·亡名氏撰 …………………… 155
《灸膏肓腧穴法》　一卷　宋·许昌庄绰(季裕)撰 …………………… 156
《实验特效灸法》　不分卷　宋·郑州张锐(子刚)撰　志学居士删订 …… 157
《备急灸法》　一卷　宋·檇李闻人耆年撰 …………………… 157
《痈疽神秘灸经》　不分卷　元·胡元庆(鹤溪)撰　明·吴郡薛己(新甫、立斋)校补 …………………… 159
《西方子明堂灸经》　八卷　(原题)西方子撰 …………………… 160
《采艾编》　三卷　清·新兴叶广祚(澄泉)撰 …………………… 163
《采艾编翼》　三卷　清·新兴叶广祚(澄泉)撰　清·岭南叶茶山重辑 …………………… 164
《艾灸通说》　一卷　日·后藤省(仲介,椿庵)撰 …………………… 164

《神灸经纶》 四卷 清·歙县吴亦鼎(砚丞)撰 清·歙县吴云路校订 …… 165
《传悟灵济录》 二卷 清·张衍恩(有恒,沛霖)撰 …… 166
《灸法秘传》 一卷 清·柯城金镕(冶田)抄传 清·三衢雷丰(松存,侣菊,少逸)补编 清·柯城江诚(抱一)校 …… 167
《灸法心传》 一卷 亡名氏原撰 清·石门徐宝谦(亚陶,矗斋)传 …… 167
《秘传经验灸法》 一卷 亡名氏撰 清·王馨远(心原)抄录 …… 168
《灸法集验》 一卷 清·钱塘姚襄(用孚)撰 …… 168
《灸科扎要》 不分卷 清·嵊县张树勋撰 …… 169
《经验灸法独本》 不分卷 亡名氏撰 …… 169
《灸法纂要》 不分卷 清·悔迟居士录 …… 169
《太乙神针》 一卷 (原题)宋·杜一针撰 …… 169
《太乙神针心法》 二卷 清·慈溪韩贻丰(芑斋)撰 …… 169
《太乙神针》 一卷 清·潮州范毓𬭎(培兰)编 …… 171
《太乙离火感应神针》 一卷 清·楚中虚白子、吴下七宝生校 …… 172
《仙传神针》 不分卷 亡名氏撰 …… 173
《太乙神针集解》 不分卷 清·萧山孔广培(筱亭)撰 …… 174
《太乙神针》 不分卷 清·松亭居士传 汪川如、陈士松增订 …… 174
《太乙神针方》 不分卷 亡名氏原撰 清·潮州范毓𬭎(培兰)传 清·蜀南龙文校订 …… 174
《秘传太乙神针》 不分卷 亡名氏撰 清·樊师仲抄传 …… 176

五、针灸临床
《刺数》 不分卷 亡名氏撰 …… 177
《针灸经验方》 三卷 朝·许任撰 …… 177
《推拿针灸仙术活幼良方》 二卷 清·会稽范士浩(其天)撰 …… 177
《针道秘诀集》 二卷 日·僧梦分撰 …… 178
《济世神针》 一卷 清·慈溪应侣笙(其南)撰 清·慈溪应遵诲(味农)录 …… 178
《百法针术》 不分卷 日·杉山和一撰 常熟缪召予译 …… 178
《针灸医案》 三卷 亡名氏撰 …… 179
《痧惊合璧》 不分卷 清·陈汝铨撰 …… 179
《历代针灸医案选按》 二卷 清·孔蔼如撰辑 …… 180
《秘本针灸医案》 不分卷 亡名氏撰 …… 180
《针灸症治诀要》 不分卷 亡名氏撰 …… 180

卷二　综合性医籍之针灸

《黄帝内经素问》 九卷　战国·亡名氏撰 …… 182
《黄帝八十一难经》 二卷　战国·勃海秦越人(扁鹊)撰 …… 182
《伤寒杂病论》 十六卷　东汉·南阳张机(仲景)撰 …… 182
《金匮要略》 三卷　东汉·南阳张机(仲景)撰 …… 182
《脉经》 十卷　魏晋·高平王熙(叔和)撰 …… 183
《脉经》 撰年不详　亡名氏撰 …… 183
《肘后备急方》 三卷　晋·句容葛洪(稚川,抱朴子)撰 …… 183
《刘涓子鬼遗方》 五卷　晋·京口刘涓子撰　南北朝·龚庆宣重修 …… 184
《真诰》 二十卷　南北朝·秣陵陶弘景(通明,华阳隐居,贞白先生)撰 …… 184
《都邑师道兴造石像记并治疾方》 一册　南北朝·都邑师道兴撰 …… 184
《小品方》 十二卷　南北朝·陈延之撰 …… 184
《黄帝内经太素》 三十卷　隋·辽西杨上善撰 …… 185
《诸病源候论》 五十卷　隋·巢元方撰 …… 185
《外台秘要》 四十卷　唐·郿县王焘撰 …… 185
《备急千金要方》 三十卷　唐·京兆华原孙思邈撰 …… 185
《千金翼方》 三十卷　唐·京兆华原孙思邈撰 …… 186
《普济本事方》 十卷　宋·真州白沙许叔微(知可)撰 …… 186
《伤寒百证歌》 五卷　宋·真州白沙许叔微(知可)撰 …… 186
《伤寒发微论》 二卷　宋·真州白沙许叔微(知可)撰 …… 187
《伤寒九十论》 一卷　宋·真州白沙许叔微(知可)撰 …… 187
《太平圣惠方》 一百卷　宋·睢阳王怀隐撰 …… 187
《圣济总录》 二百卷　宋·徽宗赵佶敕编 …… 187
《仲景伤寒补亡论》 二十卷　宋·洛阳郭雍(子和,白云先生,冲晦居士)撰 …… 188
《秘传眼科龙木总论》 十卷　明·葆光道人撰 …… 188
《苏沈良方》 十卷　宋·眉山苏轼(子瞻,和仲,铁冠道人,东坡居士)钱塘沈括(存中,梦溪丈人)撰 …… 188
《医说》 十卷　宋·新安张杲(季明)撰 …… 188
《伤寒总病论》 六卷　宋·蕲水庞安时(安常,蕲水道人)撰 …… 189
《扁鹊心书》 三卷　南宋·真定窦材辑 …… 189
《素问病机气宜保命集》 三卷　金·河间刘完素(守真,通玄处士,河间居士)撰 …… 189
《儒门事亲》 十五卷　金·考城张从正(子和,戴人)撰 …… 190

《内外伤辨惑论》 三卷 金·真定李杲(明之,东垣)撰 ………… 190
《脾胃论》 三卷 金·真定李杲(明之,东垣)撰 ………… 190
《兰室秘藏》 三卷 金·真定李杲(明之,东垣)著述 元·真定罗天益(谦甫)整理 ………… 190
《卫生宝鉴》 二十四卷 元·真定罗天益(谦甫)撰 ………… 191
《丹溪手镜》 三卷 元·义乌朱震亨(彦修,丹溪先生)撰 ………… 191
《丹溪心法》 五卷 元·义乌朱震亨(彦修,丹溪先生)述 明·浦江戴思恭(元礼,复庵)等辑纂 ………… 191
《局方发挥》 一卷 元·义乌朱震亨(彦修,丹溪先生)撰 ………… 192
《格致余论》 一卷 元·义乌朱震亨(彦修,丹溪先生)撰 ………… 192
《脉因证治》 二卷 元·义乌朱震亨(彦修,丹溪先生)撰 清·浙江石门汤望久(来苏)校辑 ………… 192
《此事难知》 二卷 元·赵州王好古(进之,海藏)撰 ………… 193
《景岳全书》 六十四卷 明·会稽张介宾(会卿,景岳,通一子)撰 ………… 193
《类经》 三十二卷 明·会稽张介宾(会卿,景岳,通一子)撰注 ………… 193
《类经图翼》 十一卷 明·会稽张介宾(会卿,景岳,通一子)撰注 ………… 194
《医学入门》 八卷 明·南丰李梴(健斋)编 ………… 194
《普济方》 四百二十六卷 明·周定王朱橚修撰 ………… 195
《红炉点雪》 四卷 明·金溪龚居中(应园,如虚子,寿世主人)撰 ………… 195
《寿世保元》 十卷 明·金溪龚廷贤(子才,云林,悟真子)撰 ………… 195
《万病回春》 八卷 明·金溪龚廷贤(子才,云林,悟真子)撰 ………… 196
《士材三书》 九卷 明·华亭李中梓(士材,念莪,尽凡居士)撰 清·长洲尤乘(生洲,无求子)增辑 ………… 196
《奇效良方》 六十九卷 明·会稽董宿编著 明·吴兴方贤、杨文翰补订 ………… 197
《补要袖珍小儿方论》 十卷 明·衢州徐用宣原撰 明·庄应祺补要 ………… 197
《薛立斋医案全集》 二十四种九十六卷 明·吴县薛己(新甫,立斋)撰 ………… 197
《名医类案》 十二卷 明·歙县江瓘(民莹,篁南)撰辑 ………… 198
《本草纲目》 五十二卷 明·蕲州李时珍(东璧,濒湖山人)撰 ………… 198
《医学六要》 十九卷 明·应天张三锡(叔承,嗣泉,嗣全)撰 ………… 199
《古今医统大全》 一百卷 明·祁门徐春甫(汝元,汝源,思鹤,东皋)辑 ………… 199
《乾坤生意》 二卷 明·宁献王朱权(臞仙,玄洲道人,涵虚子,丹丘先生)编 ………… 199
《医学纲目》 四十卷 明·萧山楼英(公爽,全善)撰 ………… 199

《潜斋医学丛书十四种》 三十六卷 清·海宁王士雄(孟英,梦隐,潜斋,随息居士,海昌野云氏,半痴山人)撰辑 …… 200
《串雅外编》 四卷 清·钱塘赵学敏(恕轩,依吉)编 …… 200
《急救广生集》 十卷 清·桐乡程鹏程(通清,南谷,诋叟)撰 …… 200
《医学指归》 二卷 清·高邮赵术堂(观澜,双湖)撰 …… 201
《医门法律》 六卷 清·南昌喻昌(嘉言,西昌老人)撰 …… 201
《徐灵胎十二种全集》 二十三卷 清·吴县徐大椿(大业,灵胎,洄溪道人)撰 …… 201
《冷庐医话》 五卷 清·桐乡陆以湉(敬安,定圃)撰 …… 202
《续名医类案》 三十六卷 清·钱塘魏之琇(玉璜,柳洲)编 清·海宁王士雄(孟英,梦隐,潜斋,随息居士,海昌野云氏,半痴山人)删订 …… 202
《医宗金鉴》 九十卷 清·歙县吴谦(六吉)等编撰 …… 202
《古今图书集成·医部全录》 五百二十卷 清·常熟蒋廷锡(扬孙,西谷,酉君,南沙,青桐居士)等辑 …… 203
《张氏医通》 十六卷 清·长洲张璐(路玉,石顽老人)撰 …… 203
《陈修园医书五十种》 清·长乐陈念祖(修园,良友,慎修)编 …… 203
《痧胀玉衡》 四卷 清·秀水郭志邃(右陶)撰 …… 203
《厘正按摩要术》 四卷 清·宝应张振鋆(醴泉,筱衫,惕厉子)编 …… 204
《外科大成》 四卷 清·山阴祁坤(愧庵,生阳子,广生)撰 …… 204
《大生要旨》 六卷 清·上海唐千顷(桐园)撰 …… 204
《保婴要言》 八卷 清·贵池夏鼎(禹铸,卓溪叟) 武进庄一夔(在田)原撰 清·昆山王德森(严士,鞠坪,岁寒老人)编 …… 205
《卫生鸿宝》 六卷 清·崇明祝勤(修来,补斋,西溪外史)撰 …… 205
《重楼玉钥》 二卷 清·歙县郑宏纲(纪原,梅涧,雪萼山人)撰 …… 205
《理瀹骈文》 不分卷 清·钱塘吴尚先(安业,师机,杖仙)撰 …… 205
《疫喉浅论》 二卷 清·江都夏云(春农,继昭,拙庵,希叟,耕云老人)撰 …… 206

卷三 亡佚之针灸医籍

《八法针》 明·阜阳卢晋(伯进,东�)撰 …… 208
《碧峰道人八法神针》 一卷 亡名氏著 …… 208
《砭焫考》 明·歙县吴崑(山甫,鹤皋山人,参黄子)撰 …… 208
《扁鹊偃侧针灸图》 三卷 战国·勃海秦越人(扁鹊) …… 208
《扁鹊针传》 一卷 亡名氏著 …… 208
《曹氏灸方》 七卷 亡名氏著 …… 208

《曹氏灸经》 一卷 亡名氏著 …… 208
《赤乌神针经》 一卷 东晋·前凉张子存撰 …… 208
《重刻明堂经络后图》 明·琼山邱濬撰 …… 209
《重刻明堂经络前图》 明·琼山邱濬撰 …… 209
《刺法》 一卷 亡名氏著 …… 209
《存真图》 宋·泗州杨介(吉老)著 …… 209
《大小金针八法》 清·云南尹丕著 …… 209
《大小铜人图经合册》 清·宁乡周晋钧著 …… 209
《点烙三十六黄经》 一卷 亡名氏著 …… 209
《发挥十二动脉图解》 明·芜湖刘继芳(养元)撰 …… 209
《飞腾八法神针》 亡名氏著 …… 209
《涪翁针经》 汉·涪翁撰 …… 209
《绀珠针法》 亡名氏著 …… 210
《骨蒸病灸法》 一卷 唐·鄗陵崔知悌撰 …… 210
《广爱书》 十二卷 明·陈会(善同,宏纲)撰 …… 210
《黄帝九经》 亡名氏著 …… 210
《黄帝九灵经》 十二卷 唐·灵宝注 …… 210
《黄帝九虚内经》 五卷 亡名氏著 …… 210
《黄帝流注脉经》 一卷 亡名氏著 …… 210
《黄帝明堂经》 三卷 唐·杨玄操注 …… 211
《黄帝明堂》 三卷 亡名氏著 …… 211
《黄帝明堂偃人图》 十二卷 亡名氏著 …… 211
《黄帝内经明堂》 十三卷 亡名氏著 …… 211
《黄帝岐伯论针灸要诀》 一卷 亡名氏著 …… 211
《黄帝岐伯针论》 二卷 亡名氏著 …… 211
《黄帝十二经脉明堂五藏人图》 一卷 亡名氏著 …… 211
《黄帝杂著针经》 一卷 亡名氏著 …… 211
《黄帝针经》 十卷 亡名氏著 …… 211
《黄帝针经》 一卷 亡名氏著 …… 212
《黄帝针经音义》 一卷 宋·汶上席延赏撰 …… 212
《黄帝针灸经》 十二卷 亡名氏著 …… 212
《黄帝中诰图经》 亡名氏著 …… 212
《活人妙法针经》 明·徐廷璋(公器)撰 …… 212
《甲乙经种记》 二卷 亡名氏著 …… 212
《甲乙义宗》 十卷 亡名氏著 …… 212
《洁古云岐针法》 一卷 金·易州张元素(洁古)撰 …… 212
《金兰循经取穴图解》 一卷 元·大都忽泰必烈撰 …… 212

《金縢玉匮针经》 三卷 三国(吴)·吕博撰 …… 213
《金针撮要》 清·惠州胡天铭撰 …… 213
《金针医学法门》 清·龙岩林鼎槐撰 …… 213
《经络》 清·黟县俞正燮(理初)撰 …… 213
《经络传》 清·太平韩士良(履石)撰 …… 213
《经络发明》 明·义乌金孔贤(希范)撰 …… 213
《经络汇纂》 清·郴州谢宜(南池)撰 …… 213
《经络考正》 明·鄞县赵献可(养葵,医巫闾子)撰 …… 213
《经络全解》 清·黄州陈其殷(楚奎)撰 …… 213
《经络十二论》 元·苏州葛乾孙(可久)撰 …… 213
《经络提纲》 清·衢县陈埙(声伯)撰 …… 213
《经络图解》 清·湘潭胡鼎(禹器)撰 …… 213
《经络图说》 清·益都钟魁伦(卓庵)撰 …… 214
《经络详据》 明·江阴吕夔(大章)撰 …… 214
《经络俞穴》 明·归安吴延龄(介石)撰 …… 214
《经络指南》 清·湘乡郑国器(用斋)撰 …… 214
《经脉流注孔穴图经》 亡名氏著 …… 214
《经脉药石》 明·钱塘孙纯(公锐,一松)撰 …… 214
《经脉指南》 清·新繁鄢孝先(伯埙)撰 …… 214
《经穴分寸歌》 清·婺源何第松(任迁)撰 …… 214
《经穴图解》 明·栖霞解延年(世纪)撰 …… 214
《经穴异同考》 清·番禺孔继溶(绍修,苇渔)撰 …… 214
《经血起止》 清·通州卫公孙(述先)撰 …… 214
《经验针法》 元·歙县鲍同仁(用良)撰 …… 214
《经俞图说》 四卷 清·平湖张苳臣撰 …… 214
《九部针经》 一卷 亡名氏著 …… 214
《九墟经》 亡名氏著 …… 215
《灸经背面相》 二卷 亡名氏著 …… 215
《灸经》 十卷 宋?·杨颜齐著 …… 215
《灸经》 五卷 南北朝(梁)·广平程天祚撰 …… 215
《灸经》 一卷 亡名氏著 …… 215
《考古针灸图经》 元·吴县姚良(长卿,晋卿)撰 …… 215
《烙三十六黄法并明堂》 一卷 亡名氏著 …… 215
《雷氏灸经》 一卷 亡名氏著 …… 215
《灵枢得要》 清·黄安王侯绂(燮堂)撰 …… 215
《灵枢解》 清·天津洪天锡(吉人,尚友山人)撰 …… 215
《灵枢经脉笺》 元·鄞县吕复(元膺,松风,沧洲翁)撰 …… 215

《灵枢经摘注》 十卷 明·鄞县高士(克学,志斋)撰 …………………… 216
《灵枢经注》 明·寿阳张鐇撰注 …………………… 216
《灵枢经注解》 清·金溪李相(作羹)撰 …………………… 216
《灵枢秘要》 明·江苏华湘撰 …………………… 216
《灵枢素问注》 清·杭州陈水治(北山)撰 …………………… 216
《灵枢悬解》 清·平度孙炎丙(次乙,文峰)撰 …………………… 216
《灵枢直解》 清·钱塘高世栻(士宗)撰 …………………… 216
《灵素表微》 清·南汇顾麟(祥甫)撰 …………………… 216
《灵素集解》 清·江宁田淑江撰 …………………… 216
《灵素集注》 清·丹徒陈世芳(菊坡)撰 …………………… 216
《灵素精采》 清·长乐郑葆仁(同亮,仲纯)撰 …………………… 216
《灵素精义》 清·井研朱嘉畅(葆田)撰 …………………… 216
《灵素精义》 清·杭州郑家学(伯埙,澄园)撰 …………………… 217
《灵素类述》 清·江宁田镛肇(肇墉)撰 …………………… 217
《灵素难经补注》 十二卷 清·江都于暹春(桐岗,不翁)撰 …………………… 217
《灵素内经体用精蕴》 清·阳朔黄周(达成)撰 …………………… 217
《灵素校注》 清·江宁田椿(锡龄)撰 …………………… 217
《灵素区别》 清·博山岳含珍(玉也,思莲子)撰 …………………… 217
《灵素晰义》 四卷 清·海宁朱仁荣(丙鱼)撰 …………………… 217
《灵素真诠》 清·江宁刘然(简斋,西涧)撰 …………………… 217
《灵素直指》 清·通州孙讷(吾容)撰 …………………… 217
《灵素志略》 清·怀宁杨銮坡(瑞甫)撰 …………………… 217
《灵素诸家要论》 清·嘉定沈以义(仕行)撰 …………………… 217
《灵应灵枢》 亡名氏著 …………………… 217
《流注辨惑》 一卷 明·归安凌云(汉章,卧岩)著 …………………… 217
《流注经络井荥图歌诀》 金·常山阎明广撰 …………………… 218
《流注针经》 一卷 亡名氏著 …………………… 218
《流注指微论》 三卷 金·庐江何若愚撰 …………………… 218
《流注指要》 金·李源(巨川)撰 …………………… 218
《六十六穴流注秘诀》 一卷 金·广平窦杰(子声,汉卿)著 …………………… 218
《龙衔素针经并孔穴虾蟆图》 三卷 南朝(梁)·徐悦撰 …………………… 218
《密活针经》 亡名氏著 …………………… 218
《明堂分类图解》 四卷 清·青浦卫朝栋(云墀)撰 …………………… 219
《明堂经》 三卷 宋·王惟一(惟德)撰 …………………… 219
《明堂经》 一卷 亡名氏著 …………………… 219
《明堂灸法》 三卷 亡名氏著 …………………… 219
《明堂灸经》 一卷 亡名氏著 …………………… 219

《明堂孔穴》　二卷　亡名氏著 …………………………………… 219

《明堂孔穴图》　三卷　亡名氏著 …………………………………… 219

《明堂孔穴》　五卷　亡名氏著 …………………………………… 219

《明堂流注》　六卷　亡名氏著 …………………………………… 219

《明堂论》　一卷　唐·朱遂（米遂）撰 ……………………………… 220

《明堂人形图》　一卷　唐·扶沟甄权撰 ……………………………… 220

《明堂三人图》　亡名氏著 …………………………………… 220

《明堂图》　三卷　南朝（宋）·秦承祖撰 ……………………………… 220

《明堂虾蟆图》　一卷　亡名氏著 …………………………………… 220

《明堂玄真经诀》　一卷　亡名氏著 …………………………………… 220

《明堂音义》　唐·杨玄操撰 ………………………………… 220

《明堂针灸经》　二卷　宋·清源庄绰（季裕）集 ………………………… 220

《明堂针灸图》　三卷　亡名氏著 …………………………………… 221

《募腧经》　三国（吴）·吕广（博，博望）撰 ………………………… 221

《南乾针灸书》　二卷　亡名氏著 …………………………………… 221

《内外二景图》　三卷　宋·归安朱肱（翼中，大隐先生，无求子）著 … 221

《岐伯经》　十卷　亡名氏著 …………………………………… 221

《岐伯灸经》　一卷　亡名氏著 …………………………………… 221

《岐伯针经》　一卷　亡名氏著 …………………………………… 221

《奇经八脉考》　清·嘉兴钱嘉钟（云庵）撰 ………………………… 221

《奇经灵龟飞腾八法》　清·长葛李万轴（邺三，春岩）撰 ………………… 221

《气穴考略》　清·吴江沈彤（冠云，果堂）撰 ………………………… 222

《琼瑶真人八法神针》　二卷　宋·琼瑶真人撰 ………………………………… 222

《人镜经》　八卷　亡名氏原撰　明·四明钱雷补录 ………………… 222

《人身经脉图》　清·安岳邹绍观（海澜）撰 ………………………… 222

《人身通考》　清·宁乡唐家圭（执镇，楚天）撰 ………………………… 222

《三奇六仪针要经》　一卷　亡名氏著 …………………………………… 222

《山眺针灸经》　一卷　亡名氏著 …………………………………… 222

《身经通考》　明·歙县吴崑（山甫，鹤皋山人，参黄子）撰 … 222

《神农明堂图》　一卷　亡名氏著 …………………………………… 223

《神应经百穴法歌》　一卷　清·益都王乾（健阳）撰 ………………………… 223

《神应针经要诀》　一卷　宋·开封许希撰 ………………………………… 223

《神针论补》　明·松阳徐自新（元白）撰 ………………………… 223

《神针诗赋歌诀》　一卷　亡名氏著 …………………………………… 223

《十二经络发挥》　明·娄东邵弁（伟元，希周，玄沙）著 ………………… 223

《十二经络分解》　清·高邮沙绍闻（又月）撰 ………………………… 223

《十二经络图像》　一卷　清·高邮赵术堂（观澜、双湖）撰 ……………… 223

《十二经络针灸秘法》　清·商水王广运(芥庵)撰……223
《十二经络治疗溯源》　明·吴县沈宗学(起宗,墨翁)撰……223
《十二人图》　一卷　亡名氏著……224
《十二时辰血脉歌》　清·丰城陈瀚琇(福坤)撰……224
《十四经发挥》　明·吴县过龙(云从,十足道人)撰……224
《十四经发挥合纂》　十六卷　明·吴江张权(浩然,知归子)撰……224
《十四经合参》　十六卷　明·吴江张权(浩然,知归子)撰……224
《十四经络发挥》　明·嘉定庄某编撰……224
《寿世金针》　清·南陵程东贤(昌基)撰……224
《素灵发伏》　清·江宁严长明(冬友)撰……224
《素灵广注》　清·嘉善金钓(上陶,沙南)撰……224
《素灵类纂集解》　十八卷　清·乌青陈世泽(我如)撰……224
《素问灵枢集要》　清·遵义李宝堂(森斋)撰……224
《素问灵枢集要节文》　元·钱塘沈好问(裕生,启明)撰……224
《素问灵枢直解》　六卷　明·黄州顾天锡(重光)撰……224
《孙思邈五藏旁通明鉴图》　一卷　唐·裴灵(元灵,元明)撰……225
《铜人腧穴针灸图经都数》　亡名氏著……225
《铜人图》　清·梅里王爱(力行)撰……225
《铜人图绘注》　清·湘乡郑国器(用斋)撰……225
《铜人图经》　亡名氏著……225
《铜人图经考证》　二卷　清·直隶冉广鲤(海容,松亭)撰……225
《铜人图说》　清·攸县陈金岐(小嵩)撰……225
《铜人穴经》　明·华亭李中梓(士材,念莪,荩凡居士)撰……225
《铜人针经密语》　金·广平窦杰(子声,汉卿)著……225
《铜人针灸方》　一卷　亡名氏著……225
《外科灸法论粹新书》　一卷　宋·徐梦符撰……226
《西方子明堂针灸经》　八卷　亡名氏著……226
《小儿明堂针灸经》　一卷　宋·吴复珪撰……226
《新撰针灸穴》一卷　亡名氏著……226
《玄机秘要》　三卷　明·三衢杨济时(继洲)撰……226
《玄秘会要针经》　五卷　宋·王处明著……226
《玄悟四神针经》　一卷　亡名氏著……226
《偃侧人经》　二卷　南朝(宋)·秦承祖撰……226
《偃侧图》　八卷　亡名氏著……226
《偃侧图》　二卷　亡名氏著……226
《偃侧杂针灸经》　三卷　南朝(宋)·秦承祖撰……226
《要用孔穴》　一卷　亡名氏著……227

《医学金针》　清·吴江翁纯礼(嘉会,素风)撰 …… 227
《医学金针》　清·临清童际昌(盛唐)撰 …… 227
《医学神法针经》　亡名氏著 …… 227
《易灸方》　亡名氏著 …… 227
《玉匮针经》　十二卷　三国(吴)·吕广(博,博望)撰 …… 227
《杂针经》　四卷　亡名氏著 …… 227
《增注针经密语》　一卷　元·兰溪王开(叔启,启元,镜潭,镜泽)撰 …… 227
《针砭证源》　清·吴江秦守诚(千之,二松)撰 …… 227
《针砭指掌》　四卷　清·嘉定郁汉京(吾亭)撰 …… 227
《针法辨》　明·潍县孙出声(振铎)撰 …… 227
《针法要览》　明·营山王宗谐撰 …… 227
《针法易简》　清·昌邑陈丕显(文谟)撰 …… 228
《针法指南》　明·巨野姚宏撰 …… 228
《针方》　一卷　唐·扶沟甄权撰 …… 228
《针经钞》　三卷　唐·扶沟甄权撰 …… 228
《针经订验》　明·余姚黄渊撰 …… 228
《针经》　六卷　南北朝(梁)·广平程天祚撰 …… 228
《针经》　一卷　亡名氏著 …… 228
《针经》　一卷　隋?·殷元撰 …… 228
《针经》　一卷　亡名氏著 …… 228
《针经》　一卷　金·洺州李庆嗣著 …… 228
《针经音》　唐·杨玄操撰 …… 229
《针经指南》　明·昆山褚祚晋撰 …… 229
《针灸便用》　清·交河卢梅(调卿)撰 …… 229
《针灸阐奇》　清·博山岳含珍(玉也,思莲子)撰 …… 229
《针灸撮要穴法》　一卷　亡名氏著 …… 229
《针灸发明》　清·虞乡邵化南(临棠)撰 …… 229
《针灸法剩语》　清·米脂高齐岱(青岩)撰 …… 229
《针灸服药禁忌》　五卷　亡名氏著 …… 229
《针灸服药禁忌》　五卷　清·成阳王方庆撰 …… 229
《针灸合编》　清·庄平单振泗(圣泉)撰 …… 229
《针灸汇稿》　清·历城冯应麟(余斋)撰 …… 229
《针灸会元》　一卷　清·吴县蒋示吉(仲芳,自了汉)撰 …… 229
《针灸集成》　一卷　亡名氏著 …… 229
《针灸集要》　明·双林凌贞侯撰 …… 230
《针灸辑要》　清·余姚胡杰人(芝麓,指六异人)撰 …… 230
《针灸揭要》　清·桓台王树愿撰 …… 230

《针灸仅存录》 明·祁门黄宰(敬甫)撰 …… 230
《针灸经》 宋·安福刘元宾(子仪,通真子)著 …… 230
《针灸经》 一卷 亡名氏著 …… 230
《针灸经》 一卷 隋·释僧匡撰 …… 230
《针灸经》 一卷 宋·公孙克著 …… 230
《针灸经考异》 亡名氏著 …… 230
《针灸诀歌》 清·婺源何第松(任迁)撰 …… 230
《针灸脉诀书》 一卷 辽·突厥直鲁古撰 …… 230
《针灸秘传》 ?·邓良仲撰 …… 231
《针灸秘传》 清·钱塘张志聪(隐庵)撰 …… 231
《针灸秘诀辨证》 清·花县朱珩(楚白)撰 …… 231
《针灸秘书》 亡名氏著 …… 231
《针灸秘要》 四卷 明·双林凌千一著 …… 231
《针灸全书》 清·曲沃卫侣瑗(友玉)撰 …… 231
《针灸全书》 一卷 元·兰溪王开(叔启,启元,镜潭,镜泽)撰 …… 231
《针灸书》 辽·突厥直鲁古撰 …… 231
《针灸述古》 清·长葛李万轴(郷三,春岩)撰 …… 231
《针灸图》 清·钟祥何惺(君慄,象山)撰 …… 231
《针灸图法》 亡名氏著 …… 231
《针灸图经》 十一卷 亡名氏著 …… 232
《针灸图》 四卷 清·江都葛天民(圣逸,春台)撰 …… 232
《针灸图要诀》 一卷 亡名氏著 …… 232
《针灸详说》 二卷 明·长安杨珣(楚玉,恒斋)撰 …… 232
《针灸小易赋》 元·昆山王履(安道,畸叟,抱独老人)撰 …… 232
《针灸要钞》 一卷 南朝(齐)·姑幕徐叔响(叔向)撰 …… 232
《针灸要览》 一卷 明·吴县过龙(云从,十足道人)撰 …… 232
《针灸易职》 亡名氏著 …… 232
《针灸摘要》 清·南皮张甘僧撰 …… 232
《针灸摘要六十二证》 清·长渭李行芳撰 …… 232
《针灸摘要图考》 清·大城刘钟俊撰 …… 233
《针灸摘要》 一卷 清·南皮张永荫(海飄)撰 …… 233
《针灸真诠》 清·合川李成举(玉林)撰 …… 233
《针灸正门》 亡名氏著 …… 233
《针灸治例》 一卷 亡名氏著 …… 233
《针灸纂要》 亡名氏著 …… 233
《针书》 一卷 亡名氏著 …… 233
《针学提纲》 亡名氏著 …… 233

《针要诀》 清·郑县张希曾(省斋)撰 …… 233
《枕中灸刺经》 一卷 汉·谯郡华佗(元化)撰 …… 233
《指迷赋》 金·广平窦杰(子声,汉卿)著 …… 233
《注灵枢经》 ? ·赵氏撰 …… 234
《祝氏注窦太师标幽赋》 明·丽水祝定(伯静)注 …… 234
《子午流注》 亡名氏著 …… 234
《子午流注通论》 元·嘉兴吴宣(泰然)撰 …… 234
《子午流注图说》 明·归安凌云(汉章,卧岩)撰 …… 234

附录

民国时期针灸医籍考录 …… 236
现存书书名音序索引 …… 250
现存书著者音序索引 …… 257
亡佚书书名音序索引 …… 262
亡佚书著者音序索引 …… 267

参考书目 …… 270

后记 …… 272

卷一

现存针灸专科医籍

一、《灵枢》总述

《黄帝内经灵枢》 九卷 战国

战国・亡名氏撰
宋・史崧传

史崧叙：昔黄帝作《内经》十八卷，《灵枢》九卷，《素问》九卷，乃其数焉。世所奉行唯《素问》耳。越人得其一二而述《难经》，皇甫谧次而为《甲乙》，诸家之说，悉自此始。其间或有得失，未可为后世法。则谓如《南阳活人书》称：咳逆者，哕也。谨按《灵枢经》曰：新谷气入于胃，与故寒气相争，故曰哕。举而并之，则理可断矣。又如《难经》第六十五篇，是越人标指《灵枢・本输》之大略，世或以为流注。谨按《灵枢经》曰：所言节者，神气之所游行出入也，非皮肉筋骨也。又曰：神气者，正气也。神气之所游行出入者，流注也；井荥输经合者，本输也。举而并之，则知相去不啻天壤之异。但恨《灵枢》不传久矣，世莫能究。夫为医者，在读医书耳，读而不能为医者有矣，未有不读而能为医者也。不读医书，又非世业，杀人尤毒于梃刃。是故古人有言曰：为人子而不读医书，由为不孝也。仆本庸昧，自髫迄壮，潜心斯道，颇涉其理，辄不自揣，参对诸书，再行校正家藏旧本《灵枢》九卷，共八十一篇，增修音释，附于卷末，勒为二十四卷。庶使好生之人，开卷易明，了无差别。除已具状经所属申明外，准使府指挥依条申转运司选官详定，具书送秘书省国子监。今崧专访请名医，更乞参详，免误将来，利益无穷，功实有自。时宋绍兴乙亥仲夏望日锦官史崧题。

仪顾堂跋：愚案《灵枢》即《针经》，见于汉《艺文志》、皇甫谧《甲乙经》序，并非晚出。灵宝注，以针有九名，改为《九灵》，其名益雅。其去古益远，实一书也，请列五证以明之。皇甫谧《甲乙经》序曰：《七略》、《艺文志》、黄帝《内经》十八篇，今有《针经》九卷，《素问》九卷，二九十八卷即《内经》也。又有《明堂孔穴针灸治要》，皆黄帝岐伯选事也。三部同归，文多重复，乃撰集三部，使事类相从，为十二卷。今检《甲乙经》，称《素问》者，即今之《素问》；称黄帝者，验其文即今《灵枢》，别无所谓《针经》者，则《针经》即《灵枢》可知，其证一也。《九针十二原篇》已云"先立《针经》"，是《针经》之名见于本书，其证二也。王冰云：《灵枢》即黄帝《内经》十八卷之九，与皇甫谧同，当是汉以来相传之旧说，其证三。杨上善，隋初人也，所著《黄帝内经太素》《黄帝内经明堂类成》，中土久佚，今由日本传来，其书采录《灵枢经》，文与《素问》不分轩轾，与《甲乙经》同，是汉唐人所称《内经》，合《素问》《针经》而言，非专指《素问》明矣，其证四也。《灵枢》义精词奥，《经筋》等篇，非圣人不能作，与冰《素问》注相较，精粗深浅，相去悬殊，断非冰所伪托，其证五也。《甲乙经》林亿等序曰：国家诏儒臣校正医书，今取《素问》《九墟》《灵枢》《太素经》《千金方》及《翼》《外台秘要》诸家善本校对，玉成缮写，将备亲览。

《四库全书总目提要》：《灵枢经》十二卷

(大理寺卿陆锡熊家藏本)。按据晁公武《读书志》曰:王冰谓《灵枢》即《汉志》《黄帝内经》十八卷之九,或谓好事者于皇甫谧所集《内经·仓公论》中抄出之,名为伪书,未知孰是。又李濂《医史》载元吕复《群经古方论》曰:《内经·灵枢》汉、隋、唐志皆不录,隋有《针经》九卷,唐有灵宝注《黄帝九灵经》十二卷而已。或谓王冰以《九灵》更名为《灵枢》,又谓《九灵》尤详于针,故皇甫谧名之为《针经》,苟一经而二名,不应《唐志》别出《针经》十二卷,是《灵枢》不及《素问》之古,宋、元人已言之矣。近时杭世骏《道古堂集》亦有《灵枢经跋》曰:"《七略》《汉书·艺文志》,《黄帝内经》十八篇,皇甫谧以《针经》九卷、《素问》九卷,合十八篇当之。《隋书·经籍志》:《针经》九卷,《黄帝九灵》十二卷,是《九灵》自《九灵》,《针经》自《针经》,不可合而为一也。王冰以《九灵》名《灵枢》,不知其何所本。余观其文义浅短,与《素问》之言不类,又似窃取《素问》而铺张之,其为王冰所伪托可知。后人莫有传其书者,至宋绍兴中,锦官史崧乃云家藏旧本《灵枢》九卷,除已具状经所属申明外,准使府指挥依条申转运司选官详定,具书送秘书省国子监,是此书至宋中世而始出,未经高保衡、林亿等校定也。其中《十二经水》一篇,黄帝时无此名,冰特据身所见而妄臆度之。"云云,其考证尤为明晰。然李杲精究医理,而使罗天益作《类经》,兼采《素问》《灵枢》;吕复亦称善学者当与《素问》并观其旨义,互相发明。盖其书虽伪而其言则缀合古经,具有源本,譬之梅赜古文,杂采逸书,联成篇目,虽牴牾罅漏,赝托显然,而先王遗训多赖其搜辑以有传,不可废也。此本前有绍兴乙亥史崧序,称"旧本九卷八十一篇",增修"音释"附于卷末。又目录首题"鳌峰熊宗立点校重刊",末题"原二十四卷,今并为十二卷",是此本为熊氏重刊所并。吕复称史崧并是书为十二卷,以复其旧,殆误以熊本为史本欤?

《医籍考》按:先子曰:《灵枢》单称"九卷"者,对《素问》八卷而言之。盖东汉以降,《素问》既亡第七一卷,不然,则《素问》亦当称九卷尔。而《灵枢》之称,昉于唐中叶,王冰注《素问》,或曰《灵枢》,或曰《针经》。林亿因谓王冰名为《灵枢》,不可定。然今考《道藏》中,有《玉枢》《神枢》《灵轴》等之经,而又收入是经(题曰"集注",而其实原文尔)。则"灵枢"之称,意出于羽流者欤。是经亦成于众手,犹《素问》也。然《素问》各篇,文字多深奥,《灵枢》则不过数篇。马仲化谓功当先于《素问》,其说未可信焉。《玉海》曰:《灵枢》以"精气"为首。今本以九针十二原为首,而《甲乙经》以"精气"为首,不知当时所见与今本同体异名者欤。林亿等校正《素问》在仁宗嘉祐中,后哲宗元祐八年高丽始献是经,其相距四十余年,则亿等不及寓目完书,故注中有云《灵枢》文不全。(按《调经论》王冰注引《针经》曰:经脉为里,支而横者为络,络之别者为孙络。《新校正》曰:《三部九候论》注引之曰《灵枢》,而此云《针经》,则王氏之意指《灵枢》为《针经》也。考今《素问》注引《针经》者,多《灵枢》之文,但以《灵枢》今不全故未得尽知也。)又亿等校《素问》《甲乙经》等所引《九虚》文,今并见《灵枢》中,则《九虚》亦是经之别本,非全帙者。要之,曰《灵枢》,曰《九虚》,曰《九灵》,并是黄冠所称,而《九卷》《针经》其为旧名也。夫名《灵枢》者,王冰以前不有载之者,故亿等以为冰所命,而杭世骏直为冰之赝鼎者,更为疏妄。《甲乙》之书,撰集《素问》《针经》《明堂孔穴针灸治要》三部,《素问》《明堂》之外,乃《针经》文,悉具于《灵枢》,则实是为古之《针经》无疑矣。其文有少异者,传写之差误耳。如"十二经水",《甲乙》亦有之,若据杭言,《甲乙》亦为唐人之伪托乎?盖《素问》《灵枢》,并秦汉人所撰,如宦者、湖水之类，无害其为书矣，杭言不足取也。史崧之刻是经，勒为二十四卷。吕复不考之崧序，而云崧并是书为十二卷，盖当时别有为十二卷者，故误为此说者。《四库全书提要》谓吕以明熊宗立本为史本。然吕元人，岂有此理耶？

又按：马仲化曰：大抵《素问》所引经言，多出《灵枢》者，是《灵枢》为先，《素问》为后。此说不足信焉。盖《灵枢》之文浅薄易解，而所载有《素问》中不言及者。《素问·金匮真言论》曰：天有八风，经有五风。又《八正神明论》曰：凡刺之法，必候日月星辰，四时八正之气。所谓八风八正者，唯言八方之风、八节之正气者，非八节风气朝于太乙之义，故《真言论》下文仅举四方风称之。至于《灵枢·九宫八风篇》《岁露篇》论太一巡行，及八风之目，是《素问》所无，始见于《易·乾凿度》。又《五变篇》有"先立其年，以知其时"之文，《官针篇》称"用针者，不知年之所加，气之盛衰，虚实之所起，不可以为工也"，是虽固与运气之说不同，遂开彼胜复加临之源。且夫《素问》之书，其文雅古，其旨深奥，决非《灵枢》之所及，则其为晚出可以征焉。在昔名医若秦和卢扁之徒，必有书记其言者。后世撰《素问》《灵枢》等者，采节其书，各立之说，故其文互有混同，非复相袭套使然者。谓之彼经所引原于此经，而此经所载先于彼经，则不可也。仲化之说不足信者，可以知矣。戊寅冬月，得至元已卯古林胡氏书堂所刊《灵枢》，目录首行题曰"元作二十四卷，今并为十二卷，计八十一篇"，此则吕复所见，而为熊氏种德堂所刻蓝本，乃可以确先子所谓"当时别有为十二卷者"之说也。

《玉海》：《黄帝灵枢经》九卷，黄帝、岐伯、雷公、少俞、伯高问答之语。杨上善序，凡八十一篇。《针经》九卷大抵同，亦八十一篇。《针经》以《九针十二原》为首，《灵枢》以《精气》为首，又间有详略。王冰以《针经》为《灵枢》，故席延赏云：《灵枢》之名，时最后出。

《郑堂读书记》：《灵枢经》十二卷（医统正脉本）。按是书《四库全书》著录，唐王冰序《素问》称是经即《汉志》《内经》十八卷之九也。《隋志》有《黄帝针经》九卷，新、旧《唐志》俱作十卷，又俱别有《九灵经》十二卷，然皆无《灵枢》之名。《读书志》始载《灵枢经》九卷（《通考》同）。晁氏云或谓好事者于皇甫谧所集《甲乙经》《仓公论》中钞出之，名为古书，未知孰是。（以上为晁氏说）。考《新唐志》《崇文目》俱无《灵枢》之书，王厚斋《汉志考证》引《中兴馆阁书目》云，《黄帝针经》九卷八十一篇，与《灵枢经》同，《针经》以《九针十二原》为首，《灵枢》以《精气》为首，间有详略。是南宋时《针经》尚存。（以上为王厚斋说）。据其所言，必属北宋人从《针经》钞出而增改之，别名《灵枢》，故南宋史崧已称家藏旧本。晁氏所引或说不足凭也。至《九灵经》自《崇文目》《读书志》《通考》《宋志》俱不载，则其亡已久。王冰以《九灵》名《灵枢》。杭堇浦《道古堂集》中有是书跋，亦不以为然矣。今本篇数与南宋所传本同，而卷数十二，则同于《九灵》之卷数，恐出于明人之分析，非欲求合于古书也。总之，其书虽伪，其法则古所传，所以李东垣、张景岳俱与《素问》并重，而各有类经之作。

《铁琴铜剑楼藏书目录》：新刊《黄帝灵枢经》十二卷（元刊本）。不著撰人。晁氏《读书志》曰王冰撰，谓即《汉志》《黄帝内经》十八卷之九，世谓正冰伪托。又谓即《唐志》《黄帝九灵经》十二卷，王冰更其名曰《灵枢经》。此与《素问》同时刻本，目录后有至元已卯古林胡氏新刊一行，卷一后有墨图记二行，云至元庚辰菖节古林书堂刊行。

《善本书室藏书志》：《黄帝素问灵枢》十二卷（明刊本）。前有绍兴乙亥锦官史崧序，云家藏旧本《灵枢》九卷，共八十一篇，送秘书省国子监。此书至南宋始出。此明刊本，

书法圆润，或前遗《素问》十二卷欤。

《善本书室藏书志》：《黄帝素问灵枢经》十二卷（明赵府刊本）。目录后题元二十四卷，今并为十二卷，计八十一篇。又有宋绍兴乙亥仲夏锦官史崧题云："昔黄帝作《内经》十八卷，《灵枢》九卷，《素问》九卷。世所奉行唯《素问》耳。越人得其一而述《难经》，皇甫谧次而为《甲乙》，诸家之说，悉自此始。其间或有得失未可为后世法。""仆本庸昧，潜心斯道，颇涉其理，辄不自揣，参对诸书，校正旧本《灵枢》九卷，共八十一篇，增修音释，附于卷末，勒为二十四卷，除已具状经所属申明外，准使府指挥依条申转运司，选官详定，具书送秘书省国子监。今崧专访请名医，更乞参详，免误将来，利益无穷。"云云。此亦赵府居敬堂刻本，惟校古黄周宏祖《古今书刻》，赵府凡刻书八种，而无此目，岂遗漏耶？抑刻在成书以后耶？

《万卷精华楼藏书记》略：《黄帝内经灵枢》二十四卷。是书《宋志》九卷，与《素问》并行。明本，仿宋刻每叶二十行，正文二十字，无注。前有目录，凡八十一篇。宋绍兴乙亥锦官史崧序，首行题"新刊黄帝内经灵枢"，每卷末附释音。第一篇内有缺页。按《灵枢经》始见《宋志》，与《素问》同称《内经》，故合刻之，而无单行之本。《隋志》：《黄帝针经》九卷。王叔和《脉经》，皇甫谧《甲乙经》，凡引《灵枢》直称九卷，王焘《外台秘要》亦然。林亿云：《隋志》谓之《九灵》，王冰名为《灵枢》，今《隋志》无《九灵》，是误记也。《甲乙经》引《灵枢》之文，是名亦不始于王冰也。《甲乙经》序云：《针经》九卷，《素问》九卷，共十八卷，即《内经》也。杨元操云：《黄帝内经》二帙，帙各九卷。《唐志》：《针经》十卷，灵宝注《黄帝九灵经》十二卷，《九灵经》即《灵枢经》。《宋志》：《灵枢》九卷，《针经》九卷，冰注引《灵枢经》，又引《针经》，其为二书无疑。《馆阁书目》云：《黄帝灵枢经》九卷，隋杨上善著序，凡八十一篇，《针经》九卷，大抵同，亦八十一篇，《针经》以《九针十二原》为首，《灵枢》以《精气》为首，又间有详略云云，更可为二书之证，且亲见其本，非同泛说。今《灵枢》则以《九针十二原》为首，所谓《精气》者无其篇名，盖《灵枢》至宋已无完帙，故林亿等无从校正。史崧所得亦非全书，厘析增益，复为八十一篇，又非馆阁所存林亿所见之本矣。惟今本之文，多出于《甲乙经》，用以互勘，裨益良多。

【按】是书简称《灵枢》《灵枢经》。原书9卷，81篇，托名黄帝所著，约成书于战国至汉时期，非一时一人之作，与《素问》合称《黄帝内经》。本书古称《九卷》，初见于东汉张机《伤寒杂病论·序》，晋王叔和《脉经》亦称其为《九卷》，至皇甫谧《甲乙经》始名《针经》，唐王冰叙《素问》时更名《灵枢》。唐以后传本一度佚失，至宋元祐八年（1093），史崧"校正家藏旧本《灵枢》九卷，共八十一篇，增修音释，附于卷末，勒为二十四卷"而流传至今。本书与《素问》编写体例一致，学术内容互为补充，互相联系，语言文字相近，堪称姊妹之篇。卷一有"九针十二原"等4篇，卷二有"根结"等5篇，卷三有"经脉"等3篇，卷四有"经筋"等7篇，卷五有"五邪"等9篇，卷六有"师传"等12篇，卷七有"阴阳系日月"等7篇，卷八有"禁服"等9篇，卷九有"水胀"等8篇，卷十有"五音五味"等8篇，卷十一有"官能"等5篇，卷十二有"九针论"等4篇。现存最早版本为元后至元五年（1339）胡氏古林书堂刻本，藏北京图书馆；有元刻本藏北京大学图书馆；有明万历二十九年辛丑（1601）吴勉学校刻《古今医统正脉全书》本藏中国国家图书馆、中国中医科学院、上海中医药大学、上海图书馆；有明刻本藏南京图书馆及苏州图书馆；有清三味堂刻本及抄本藏中国科学院图书馆。通行本有1935年商务印书馆铅印国学基本丛书本藏中国国家图书馆和中国中医科学院图书馆，有1956年人民卫生出版社影印本，有1964年人民卫生出版社铅印本（并为十二卷）。近年来各出版社出版了多种铅印本。该书亦见于《古今医统正脉全书》《四库全书》《四库备要》《万有文库》《中国医学大成续编》等。

《黄帝内经灵枢略》 一卷 撰年不详

亡名氏撰

《宋史·艺文志》:《黄帝内经灵枢略》一卷。

《国史经籍志》:《内经灵枢略》一卷。

《道藏目录详注》:《黄帝内经灵枢略》一卷。

《经籍访古志》:《黄帝内经灵枢略》一卷。抄出于《道藏·太玄部·业字号》中。小岛学古曰:郑氏《通志艺文略》,《灵枢》一卷,殆是书也。

【按】本书为《灵枢》白文节本，辑选年代不详。见载于明正统十年(1445)《道藏》第21册。全书分4篇，首篇无篇名，选录“天年”“本神”部分原文；次为“六气论”，包括“决气”“营卫生会”“平人绝谷”“五味”“痈疽”等篇内容；次为“迷惑论篇”，即“大惑论”；最后为“无音论篇”，辑录“忧恚无言“篇内容。有清光绪十年甲申(1884)陆懋修据白云观道藏本抄录本藏中国国家图书馆（附《黄帝内经素问遗篇》）。另有《道藏》《道藏举要》本。又见于《黄帝内经素问补注释文》五十卷本，以及《黄帝素问灵枢集注》二十三卷本。

《灵枢经脉翼》 三卷 1497

明·仁和夏英(时彦)撰

徐伯龄序:人身之有脉络流注以充其内外，非圣人莫能知。何以然？脉络，人皆不可得而见者，虽析其肌、剖其肤，莫之能有也。惟圣人能探其所从来，谙其所攸止，是以《灵枢·经脉》明著其实，以开后学，其功博哉！盖天之七政，所历九道，非若经星丽天之有章，而交会向背，自无毫厘之差。地之济渎，所行一脉，非若常流入海之可见，而起伏出入，自有分殊之别。而人之荣卫，所循周身，虽非眉目在面之显著，而灌注之理又岂无其所自耶？此圣人所以能洞察而众人固莫知之耳。夫何《灵枢》之文世古言深，中有错简易置，况无注释，后世不无失其真者，此许昌滑氏《十四经发挥》所以作也。仁和夏君时彦，以世医业儒，读书明理，有契于是而爱之。自惟医之为道，人之司命攸系，苟不能知脉络经穴之所由，不但施于针砭艾焫而已，将何以察感受之因乎？若昧昧焉以执方，徒懵懵焉以耳目妄，是犹伤胸扪足，几何而不误人之疾、戕人之生耶？于是悉取祖遗诸秘有裨《灵枢·经脉》之旨者，若窦太师诸家韵语，更加演绎，自成一家之言，复疏《灵枢》本文于下，就以滑氏注，条列其次，仍为总括以承之，后附奇经八脉、仰伏人尺寸，间亦时出己意，正其纷错，明其分截，略加润色而檃括之，列图分类，粲然昭明，名曰《灵枢经脉翼》。展卷一览，皆在阿堵，视《发挥》为益要，较滑注为益明，且以便于初学记诵，猗欤快哉！时彦知予知其最详，书成出示，以序嘱予。予告之曰:《传》有之云:人莫不饮食也，鲜能知味。今时彦能以是用心，可谓能味者乎？祖述前贤，而使后学有所凭据，察病识源，循经乂疾，曷啻饮上池而洞见五脏欤？是虽滑氏鼓其波于前，而时彦扬其涛于后，是诚能羽翼乎《灵枢》，而大有功于医道也。活人之德奚浅浅夫？因细绎其理，敢用僭著于篇端云。时弘治十年日南至，古郯徐伯龄序。

凡例略曰:一、是编不但为砭焫而设。盖通察经穴脉络之繇，是以全论周身经脉，

虽则参考《枢》《素》诸篇，而皆一本《灵枢·经脉》之者，故云"经脉翼"云。一、十二经所列次第并以流注之序为之先后，起于手太阴肺经，终于足厥阴肝经，附以任督二奇。一、经脉歌括杂取窦太师洎诸家之言有裨于《灵枢·经脉》之旨者，大书列之，仍分疏《灵枢》经文于下，其经文分截一以《灵枢》本文为主，仍取滑氏《发挥》所注附于经文之后以圈别之。其诸穴络与他经交会过脉者，复以外圈隔之，云见某经，不复更赘。一、经脉流注，本经曰历曰循，曰至曰抵，其交会者曰会曰过曰行，其或经行之处，既非本经，又非交会，则不以字例统之。一、诸经之穴编入括中者，今则随所分截而大书，开具行列，明释以便初学。其诸取穴则参考《枢》《素》诸篇洎滑氏《发挥》而取之。其有所取周折未易得者，旁取《针经集要》等书附注以足之，间一窃附己意一二以赘于下。其言某穴在某所者，完穴也；取某穴上下者，必屈伸偃仰坐卧跪弹而后得之也。此与流注所经又不可以一例统之也。一、后附总歌则杂取诸家相合之言演之，仍以管见为愚按于下，以纪一经之始末云。一、经脉歌括有与经文分截不同者，今则断章求义，以求其不皆或牵滞下文，并为一句，韵语者，今略加隐括，釐而为二，但使之理平顺，不乖其义，不计工拙。一、诸家所明经穴有颠倒互释而与流注次第不同者，今亦皆改正，不令矛盾。一、《灵枢》所载本文是助所主之繇而滑氏折载有详略不同者，今一以《灵枢》为主，而辨证滑氏之异于后。一、奇经八脉虽不若十二经之有常道，亦非若诸络脉之微眇也，任督二脉之直行者，既以列之图穴于诸经之后，其阴阳维跷冲带六脉则别具编焉，为其有六脉所发之穴，今着于偏首，以备参考。以上凡十条。是编英自孩提时先大父先人讲论绪余，拳拳服膺，录之手照阅三十年。凡遇四方高明，时加取正，旁遘诸书，参其所同，去其所异，必归于正。一得之见如是而已，恐久散失，不揣僭妄，辑而成书，敢用传之寿梓，与为人子者洎初学之士共之。弘治丁巳长至日古杭夏英时彦谨识于杏花春晓亭。

【按】经脉类著作。此书以滑寿《十四经发挥》为主要参考书，就十二经脉及督脉、任脉，以图为首，歌诀为纲，穴名为目，抄引《灵枢·经脉》原文及滑氏注文作解，并有编者按语。后附"音释"，为前文难字注音，或多空缺，可知其稿尚未全部完成。上卷绘五脏侧面图及经脉流注图说；中、下卷分绘十二经及任、督二脉循经经穴共 14 图，图后为该经循行、腧穴、主病等项的歌诀及其注文。有抄本藏中国中医科学院图书馆、山东省图书馆；有 1982 年中医古籍出版社影印本(中医珍本丛书)。

《黄帝内经灵枢注证发微》　九卷　1586

明·会稽马莳(仲化，元台)撰

(马莳)引言：《灵枢》者，《内经》篇名，盖《内经》为总名，中有《素问》八十一篇，《灵枢》八十一篇。《素问》曾经唐宝应年间启玄子王冰有注，其《灵枢》自古迄今并无注释，晋皇甫士安以《针经》名之。按本经首篇《九针十二原》中，有"先立《针经》"语，又《素问·八正神明论》亦岐伯云：法往古者，先知《针经》也。是《素问》之言，亦出自《灵枢》首篇耳。后世王冰释《素问》，以《灵枢》《针经》杂名，宋成无已释《伤寒论》，及各医籍凡引《灵枢》者，皆不曰《灵枢》而曰《针经》，其端皆始于皇甫士安也。但"针经"二字，止见于本经首篇，其余所论营卫腧穴、关格脉体、经络病证、三才万象，靡不森具，虽每篇各病必用其针，自后世易《灵枢》以《针经》之名，遂使后之学者视此书止为用针，弃而不习，以故医无入门，术难精诣，无以疗疾起危，深可痛惜。岂知《素问》诸篇，随问而答，头绪颇多，入径殊少，《灵枢》大体浑全，细目毕备，犹儒书之有《大学》，三纲八目。总言互发，真医家之指南，其功当先于《素问》也。今愚析为九卷者，按班固《艺文志》曰：《黄帝内经》十八卷。《素问》九卷，《灵枢》九卷，乃其数焉。又按《素问·离合真邪论》，黄帝曰：夫九针九篇，夫子乃因而九之，九九八十一篇，以起黄钟数焉。大都神圣经典，以九为数，而九九重之，各有八十一篇。王冰分《灵枢》为十二卷，宋史崧分为二十四卷者，皆非也。愚今分为九卷，本之神圣遗意耳。后世《道德经》《难经》俱八十一篇，其义仿此。然谓之曰《灵枢》者，正以"枢"为门户，阖辟所系，而"灵"乃至圣至玄之称，此书之切，何以异是？且愚注释此书，并以本经为照应，而《素问》有相同者则援引之。至于后世医籍有讹者，则以经旨正之于分注之下。然后之学者，当明病在何经，用针合行补泻，则引而伸之，用药亦犹是矣。切勿泥为用针之书，而与彼《素问》有所轩轾于其中也。

章宪文序：夫医之有《内经》也，犹吾儒之有六经也，如水有源、木有根也。谭儒而不本之六经，偏儒也；谭医而不本之《内经》，偏医也。第六经皆有注迹，而《内经》注独未详，是涉远而亡车楫，登高而亡阶梯也。余雅嗜摄生，家间手《素问》《灵枢》一编以佐药饵，于《素问》解十之七，于《灵枢》解十之三，而不求尽者，恨亡注也。一日闻玄台马君注《素问》，余始迂之，不三年，《素问注》成；已又闻马君注《难经》，余更迂之，不三年，《难经注》成。马君固名医，经注成，名益彰，海内人士慕上池之术者即穷山深谷，靡不奔走马君矣。马君虽名闻诸侯，年垂老而志不衰，欲再注《灵枢》以垂不朽，余闻益迂之，不三年而《灵枢注》复成，乃征余言为之序。序曰：马君初为于越诸生有声，一旦弃诸生工医，其志岂鲜小哉？环诵则缃为之滮，覃思则鬌为之枯，含毫则研为之穴，杀青则囊为之涩，传写则纸为之贵，彼其志岂鲜小哉？盖十年而经注成，经注成而名日益广，业日益精，余始迂之，今信且服矣。夫轩辕氏与岐伯、鬼臾区六臣，朝夕抵掌而笔之此书，更千百年而仲景、东垣、丹溪辈穷年累月，卒不能窥《内经》之精奥，乃马君慨然注之，切殆微管哉？世之号能医者，堇堇修古方，测己意为汤剂已耳，汤剂之外，叩其针灸、浣熨、佐使、宣摄、司岁、阴阳、燥湿之宜，咸亡以对。如是而欲托以死生之柄，危矣。余观《灵枢》八十一篇，首讲九针之法，以应入五脏、三十六腧、二十七气、十二经络、三百六十五会，元元本本，不爽毫发，而又先察脉而后用针，则汤剂所不能周者，济以针法，病胡患不除？业胡患不精？今上垂拱民方，熙熙若登春台游化国，似无借此书，顾人之耳目心志，非治术不能濯磨，人之体肤毛发，非医不能湔祓。请以马君之书奏之当宁，赞成仁寿之治何如？赐进士第尚书虞部郎奉敕督理漕务河道同典京闱华亭章宪文撰。

金一龙序略：吾师朝夕启迪吾辈者，唯此《内经》《素》《灵》而已。后世医学浅陋，我尝推其故矣。盖凡习医学必明于儒理，而后可明于医理，况人之藏府经络，合男女内外大小一耳。未有不明于男而可偏明于女者，未有不明于内而可偏明于外者，未有不明于大而可偏明于小者。后世不明儒理，偏门就学，听信诸书，遗弃《内经》，逐末说而失本原，是犹适越裳而永指南也。安得发神圣之蕴如吾师哉？

鲍漱芳弁言：《汉书》班《志》载《黄帝内经》十八篇，并无《素问》《灵枢》之名。晋皇甫谧称《针经》九卷，《素问》九卷，皆为《内经》。论者谓《针经》即《灵枢》，与《汉志》十八篇之数合。唐王冰注《素问》，作二十四卷，宋史崧《灵枢音释》作十二卷，与旧志异，不闻别有所据，且注《素问》而不及《灵枢》，释《灵枢》而不及《素问》，于二书只不无偏废

之弊。有明马元台先生《注征发微》，分《素问》《灵枢》，各九卷，复还旧观，合二书详加诠注，参互贯穿，洵足阐发《内经》微旨，而为黄帝功臣。岁久板刻漫漶，原刊绝少，近时即舒载阳重刻之本，亦不可多得，坊贾每借以居奇。余因以家藏旧本，重校付梓，俾业是术者人人得而有之，或亦济世养民之助也。嘉庆十年长至月既望，古歙鲍漱芳席芬甫识。

《续修四库全书提要》：明马莳撰。莳有《素问注证发微》，已见《四库存目》。《灵枢经》，宋中世始出，未经林亿等校正，绍兴中史崧据家藏旧本九卷，增修音释为二十四卷，元至元中古林胡氏重刊，并为十二卷，熊宗立重刊从之。莳以神圣经典大都以九为数，九九重之，各有八十一篇，仍改编为九卷，其注释之旨则以本经为照应，《素问》有相同者引之，后世医籍有讹者以经旨正之。说见于自序。案：《灵枢》晚出，注家绝少，元吕复有《灵枢经脉笺》，见《九灵山房集·沧洲翁传》，而其书佚不传。明以后惟莳是书最著，汪昂《内经类纂约注》多取其说，谓其疏经络穴道颇为详明，有功后学。虽其中间有出入，而以从来畏难之书，能辟坛坫，以视其《素问注》则远过之。张志聪撰《灵枢集注》，乃谓莳书专言针而昧理，俾后世遂指是书为针传而忽之。然莳自序有云：学者当明病在何经，用针合行补泻，则引而申之，用药亦犹是矣。切勿泥为用针之书而与彼《素问》有所轩轾于其中也。观此则张氏所谓专言针者，不足为是书之短；汪氏谓其胜于所注《素问》，自是定论。《四库提要》讥其注《素问》无所发明而未见是书；亟当补为著录者也。

《万卷精华藏书记》：《黄帝内经素问注》九卷，《内经灵枢注》九卷。明马莳注。古歙慎余堂本。嘉庆十年鲍漱芳重刊。有序，篇目与宋本同。末附补遗，即刺法、本病二论。目录注亡字者，另本《素问遗篇》有此，因补刻之。《素》《灵》二书各有引，此马元台官太医院正文时所撰也。今坊行者即此本。鲍氏序曰：元台先生分《素》《灵》各九卷，复还旧观。合二书详加诠注，参互贯穿，洵足发《内经》微旨。原刻绝少，即舒载阳重刻之本，亦不可多得，余因以家藏旧本重校付梓。

【按】是书简称《灵枢注证发微》。马氏据《汉书·艺文志》载《灵枢》九卷而复其旧制，将81篇分为九卷，每篇又分若干节，然后分节注证。《灵枢》文辞古奥，医理幽深，且以论述经脉、腧穴、针刺为主，历来注疏者较少。马氏素娴经穴针灸之术，注证颇有发挥而开撰注研究《灵枢》之先河。其注证则与《素问》相比照，凡与《素问》义理相同者，则引为佐证；若后世医籍有讹，则以经旨正之；若涉及病证治疗，则指明病在何经，用针补泻，以引申发挥。后世对马注《灵枢》的评价远高于其注《素问》。如清汪昂认为："《灵枢》以前无注，其文字古奥，名数繁多，观者蹙额颦眉，医家率废而不读。至明始有马玄台之注，其疏经络穴道，颇为详明，可谓有功后学。虽其中间有出入，然以从来畏难之书而能力开坛坫，以视《素问注》则过之远矣。"现存最早版本为明万历十四年丙戌(1586)天宝堂刻本，藏中国中医科学院、上海中医药大学及上海市图书馆。另有清嘉庆十年乙丑(1805)古歙鲍氏慎余堂刻本藏中国科学院、中国中医科学院、上海中医药大学及上海市图书馆。又见于《四库全书存目丛书》。

《灵枢心得》　二卷　1592

明·钱塘胡文焕（德甫，全庵，抱琴居士）辑撰

自序：《灵枢》《素问》，其间问答，多有重出处，然犹二书，无害也。即一书亦有重出者，岂其义理深奥，不惮重于答问乎，抑因论彼而复及此乎？余兹撰之，亦未免重者重，

独者逸，惟求当其要而顺其文者耳，览者幸毋讶云。(《医籍考》)

【按】《全国中医图书联合目录》未载，《中国医籍大辞典》录于"亡佚类"，《医籍考》言"存"。笔者查考是书与《素问心得》收于《医家萃览》(中国科学院图书馆藏善本书目)。又见于《寿养丛书》(1997年中国中医药出版社铅印本，题《寿养丛书全集》，李经纬点校)。

《黄帝内经灵枢集注》 九卷 1670

清·钱塘张志聪(隐庵)注

自序:《灵枢》者，《内经》篇名。盖《内经》为总名，中有《素问》八十一篇，《灵枢》八十一篇，晋皇甫士安以《针经》名之。按本经首篇《九针十二原》中，有先立《针经》一语，又《素问·八正神明论》，亦岐伯云:法往古者，先知《针经》也，是《素问》之言亦出自《灵枢》首篇耳。后世王冰释《素问》，以《灵枢》《针经》杂名。宋成无己释《伤寒论》及各医籍，凡引《灵枢》者皆不曰《灵枢》而曰《针经》，其端皆始于皇甫士安也。但《针经》二字，止见于本经首篇，其余所论营卫输穴、关格脉体、经络病证、三才万象靡不森具。虽每篇各病，必用其针。自后世易《灵枢》以《针经》之名，遂使后之学人视此书止为用针，弃而不习，以故医无入门，术难精诣，无以疗疾起危，深可痛惜。岂知《素问》诸篇随问而答，头绪颇多，入径殊少，《灵枢》大体浑全，细目毕具，犹儒书之有《大学》，三纲八目。总言互发，真医家之指南，其功当先于《素问》也。谓之曰《灵枢》者，正以枢为门户，阖辟所系，而灵乃至神至玄之称。是书之功，何以异是？张介宾曰:神灵之枢要是谓灵枢。王九达曰:灵乃至神至玄之称，枢为门户阖辟所系。《生气通天论》:欲若运枢。枢，天枢也，天运于上，枢机无一息之停。人身若天之运枢，所谓守神守机是也。其初意在于舍药而用针，故揭空中之机以示人。空者灵，枢者机也。既得其枢，则经度营卫变化在我，何灵如之。杭世骏曰:《七略》《艺文志》:《黄帝内经》十八篇，皇甫谧以《针经》九卷、《素问》九卷，合十八卷当之，唐启玄子王冰遵而用之。《素问》之名见汉张仲景《伤寒卒病论》，《针经》则谧所名也。《隋经籍志》:《针经》九卷，《黄帝九灵经》十二卷。元沧洲翁吕复云:苟一书而二名，不应《唐志》别出《针经》十二卷。据复所疑《九灵》是《九灵》，《针经》是《针经》，不可合而为一也。王冰以《九灵》名《灵枢》，《灵枢》之名不知其何所本，即用之以法《素问》。余观其文义浅短，与《素问》岐伯之言不类，又似窃取《素问》之言而铺张之，其为王冰所伪托可知。自冰改《灵枢》后，后人莫有传其书者。唐宝应至宋绍兴，锦官史崧乃云:家藏旧本《灵枢》九卷。是书至宋中世而始出，未经高保衡林亿等校定也，孰能辨其真伪哉？其中《十二经水》一篇，无论黄帝时此名，而天下之水，何止十二？以十二经脉而以十二水配，任意错举，水之大小不详计也。尧时作禹贡，九州之水始有名。湖水不见于《禹贡》，唐时荆湘文物最盛，洞庭一湖屡咏歌于诗篇，征引于杂记，冰特据身所见而妄臆度之耳，挂漏不待辨而自明矣。俾后之人读《素问》而严病之所以起，读《灵枢》而识病之所以瘳，则藏府可以贯通，经脉可以出入，三才可以合道，九针可以同法，察形气可以知生死寿夭之源，观容色可以辨邪正美恶之类，且也因《九针》而悟《洛书》之妙理，分小针而并识《河图》之微情，则前民用而范围不过者，大易之传统乎是矣；则利民生而裁成不遗者，坟典之传亦统乎是矣。敢以质之天下后世之同学者，亦或有以谅余之灌灌也夫。康熙壬子葵夏钱塘张隐庵书于西泠怡堂。

《续修四库全书提要》:《素问集注》九卷,《灵枢集注》九卷(通行本)。清张志聪撰。志聪,字隐庵,钱塘人。明末,杭州卢之颐父子究心医学,志聪继之,构侣山堂,招同志及门弟子讲论其中,参考经论。自顺治至康熙初年,谈轩、岐之学者多归之。先注《伤寒论》《金匮要略》成,乃注《素问》《灵枢》,经历数十年而后峻事。案《素问》唐王冰编注本二十四卷,宋林亿等校正因之。《灵枢经》至宋绍兴中始出,未经林亿等校定,史崧增《音释》附于卷末,亦二十四卷,后并为十二卷。《汉书·艺文志》载《黄帝内经》十八篇,王冰据晋皇甫谧《甲乙经·序》称《针经》九卷,《素问》九卷,皆为《内经》,与《汉志》十八篇之数合,故后之合注者,仍用各九卷之数。然因《灵枢》后出,世多疑义,专注《素问》者多,合注《灵枢》者少。志聪自序谓"《素问》明病所由生,所载阴阳寒暑之所从,饮食居处之所摄,五运生制之所由胜治,六气时序之所由逆从,靡勿从其本而谨制之;《灵枢》明病所由治,荣卫血气之道路,经络脏腑之贯通,天地星时之所由法,音律风野之所由分,靡勿藉其本而开导之。读《素问》而知病之所以起,读《灵枢》而知病之所以瘳",自是通论。其注集诸家之说,随文衍义,详瞻胜于明马元台本。古籍历久残佚,窜乱附会,皆所难免,读者当究文研求,以窥精蕴,见仁见智,心得各存。后之黄元御所著《悬解》两书,动以错简攻击旧本,自伸己说,愈起纠纷,反不如随文衍义,便于学者平心探讨,为得尺得寸也。《四库》于《内经》仅收王冰、林亿、史崧旧本,明以后注本皆不录,持旨甚严,亦由可取者本自罕觏。窃谓如志聪之学有本源,墨守古籍,在明清之际,转移医林风气,其书固不可尽废焉。

《清史稿》:张志聪,字隐庵,浙江钱塘人。明末,杭州卢之颐、繇父子著书,讲明医学,志聪继之。构侣山堂,招同志讲论其中,参考经论,辨其是非。自顺治中至康熙之初四十年间,谈轩岐之学者皆归之。注《素问》《灵枢》二经,集诸家之说,随文行义,胜明马元台本。

【按】又名《灵枢经集注》,成书于清康熙九年(1670),初刊于康熙十一年(1672),系张氏及其门人弟子集体撰注而成。全书体例同《黄帝内经素问集注》。张氏重于医理阐释而不拘于训解校注,所谓"以理会针,因针悟证者",既是其集注之特点,也是与马莳"注证发微"相异之处。如论九针渊源,强调"九针者,圣人起天地之数,始有一而终于九,九而九之,九九八十一以起黄钟之数","用九针之法,以顺人之阴阳血气,而合于天道焉"。其注亦如《黄帝内经素问集注》,多采用"以经注经"方法,以便融会贯通。有清康熙十一年壬子(1672)初刻本藏中国中医科学院图书馆及故宫博物院图书馆;有清初三多斋刻本藏中国中医科学院图书馆;有清光绪十六年(1890)浙江书局刻本藏中国国家图书馆、中国医学科学院、上海图书馆及上海中医药大学图书馆。通行本有1958年上海卫生出版社铅印本,1959年上海科学技术出版社铅印本等。

《素问灵枢类纂约注》　三卷　1688

清·休宁汪昂(讱庵)纂

自叙:医学之有《素问》《灵枢》,犹吾儒之有六经《语》《孟》也。病机之变,万有不齐,悉范围之,不外是也。古之宗工与今之能手,师承其说,以之济世寿民,其功不可究殚。顾吾儒率专精制举,以是为方技而莫之或习,即涉猎亦未尝及之。愚谓先王之制六经,凡以为民也,有诗、书、礼、乐以正其德,复有刑政以防其淫,其间不顺于轨者,虽杀之而罔或惜焉,然其要则归于生之而已。至于夭厉为灾,疾病愁苦,坐视其转死而莫之救，而礼乐刑政之用，于是乎或穷。是以上古圣人作为医术，用以斡旋气运，调剂群生，使物不疵疠，民不夭札。举世之所恃赖，日用之所必需，其功用直与礼乐刑政相为表里，顾安得以为方技之书而忽之欤？况其书理致渊深，包举弘博，上穷苍黔七政之精，下察风水五方之宜，中列人身赅存之数，与夫阴阳之阖辟，五行之胜复，可以验政治之得失，补造化之不齐，非深于性命之旨者，其孰能与于斯乎？第全书浩衍，又随问条答，不便观览，虽岐黄专家，尚望意沮，况于学士大夫乎？余衡泌之人，无事弃日，不揣固陋，窃欲比类而分次之。偶见滑伯仁有《素问钞》一编，其用意颇与余同，然而割裂全文，更为穿贯，虽分门类，而淩躐错杂，遂失原书之面目，得无疑误后学而获罪先圣也乎？又谓两经从未有合编者，特为珠联，以愚意条析，分为九类。虽有删节，而段落依旧，下注出于某篇，不敢谬为参错。其存者要以适用而止，而参酌诸注，务令简明，使读者了然心目，聊取反约之意，以就正于有道云尔。时康熙己巳夏日，讱庵汪昂题于延禧堂。

汪桓序：延禧堂医书成，家讱庵先生命予序其后，予病谫陋，愧未能也。会孙云韶太史致书于元，有良医良相之誉，予为推广其说而言曰：医之与相，功诚相埒，非臆说也。粤稽盛世，择揆定辅，调燮阴阳，保合太和，建久安长，治之谟于，以泽被民生，功留奕世，史册朗然。迨至末纪，竞同伐异，营私害公，以致民生憔悴，盗贼繁兴，谁之咎也？唯医亦然，高明之家，审阴阳，详虚实，培元气于未衰，起沉疴于将毙，著书立说，流传后世，如张仲景、刘河间、朱丹溪、李东垣诸书，至今家弦户诵。若夫庸流，阴阳不知，虚实罔审，南辕北辙，药石妄投，语云学医人费，良可慨也。予兄讱庵先生，英质异授，积学深功，少攻制举，宗工来国士之知，长多著述，海内其大儒之慕，缘以沧桑，遂甘泉石。每曰：帖括浮名，雕虫小技，纵邀虚誉，无裨实功，唯医一道，福庇最长。于是博采群书，遐稽经册，集前人之长，成一家之说。《素灵类纂》，第一函也，去其奥僻，采其菁英，分门别类，既不患于寻求约注明解，又复昭其意义，岐黄一书顿开生面矣。第二函曰《医方集解》，加减分经络，治一病必究其病之由来，用一药必详其药之用力，丝分缕析，纲举目张，兼之药于未病之前，治病有弗药之用，真有方而具无方之妙也。第三函曰《本草备要》，字无泛设，括千百于一二，言中意有旁通，藏众多于匙少，幅内理必宗于前贤，意不让其浮夸，以云备要，诚备要矣。读此三书，真良医良相之有同功，而寿国寿世之无异辙矣。予于是振铎而告世曰：寿国者，主持国事，留心民瘼，奠金瓯以巩固，奉玉烛以长调，相之任也；寿世者，春台侑物，池水生尘，民无夭札之年，国多台耇之老，医之责也。生其时者，优游化日，永享太平，含哺鼓腹，仰答圣天子笃念民生、日昃不遑之至意，讵不盛哉！则此三书，其为郅隆之世之一助也，又奚疑焉？时乾隆二十三年夏，愚弟桓拜序。

凡例：一、《素问》《灵枢》各八十一篇，其中病证、脉候、藏府、经络、针灸、方药，错见杂出，读之茫无津涯，难以得其窾会。本集除针灸之法不录，余者分为九篇，以类相从，用便观览。于各篇之中，复有前后条贯，数仍不离乎九也。一、《素问》在唐有王启玄之注，为注释之开山，注内有补经文所未及者，可谓有功先圣。然年世久远，间有讹缺，风气未开，复有略而无注者。至明万历间，而有马玄台、吴鹤皋二注，事属继起，宜令经旨益明。而马注舛谬颇多，又有随文敷衍，有注犹之无注者。反訾王注，逢疑则默，亦不知量之过也。吴注间有阐发，补前注所未备，然多改经文，亦觉嫌于轻擅。余之所见者，三书而已。及书已成，复见张隐庵《素问

集注》，刻于康熙庚戌，皆其同人所著，尽屏旧文，多创臆解，恐亦以私意测度圣人者也。集中遵各注者十之七，增鄙见者十之三，或节其繁芜，或辨其谬误，或畅其文义，或详其未悉，或置为阙疑，务令语简义明，故名《约注》。阅三十余年而书始就，诚不自知其无当，唯高明之家教之。一、《灵枢》从前无注，其文本古奥，名数繁多，观者蹙頞眉，医家率废而不读。至明始有马玄台之注，其疏经络穴道颇为详明，可谓有功后学。虽其中间有出入，然以从来畏难之书，而能力开坛坫，以视《素问注》，则过之远矣。一、《素问》治兼诸法，文悉义顺，故说理之文多。《灵枢》专重针灸，故说数之文多。本集以《素问》为主，而《灵枢》副之，其《素问》与《灵枢》同者，皆用《素问》而不用《灵枢》。至于针灸之法，与医药不同，本集不暇旁及，故概删而不录。然《素问》所引经文，多出《灵枢》，则《灵枢》在前而《素问》居后，踵事增华，故文义为尤详也。一、《素问》所言五运六气，弘深奥渺；《灵枢》所言经络穴道，缕析丝分。诚秘笈之灵文，非神圣其孰能知之。本集义取纂要，不能多录，欲深造者，当于全书而究心焉。一、本集所引王注，乃唐太仆启玄子王冰注也；新校正，乃宋秘书林亿诸人所校雠之文也；马注，明玄台子马莳注也；吴注，明鹤皋吴注也；张注，乃国朝武林隐张志聪等所注也。讱庵汪昂识。

《续修四库全书提要》：清汪昂撰。昂字讱庵，休宁人。是书有康熙己巳自序及自定凡例，谓"滑寿《素问钞》割裂全文，有失原书之面目者。又《灵枢》未有合编，故特撰是书。"其分类九，曰：藏象、经络、病机、脉要、诊候、运气、审治、生死、杂论，与滑氏书十二类互有出入归并。其注《素问》则取王冰、林亿、马莳、吴崑、张志聪诸家，《灵枢》注家少，仅取马莳一家。从旧注者十之七，增己见者十之三，义归简明，故名曰"约注"，自称积三十余年书始就。案：以《素》《灵》分类合编，始于明张介宾《类经》，益以《图翼》《附翼》，卷帙颇繁，虽多发明而非提要钩玄之作。昂是书仿例滑氏，益加谨严，集注亦约而不苟，为学者示以准则，引以阶梯，使研究古经义者免望洋之叹。同时李中梓有《内经知要》，更为简约，不及是书之简而赅。后来医家类此之作，薛雪之《医经原旨》、陈念祖之《素灵集要》皆有名。薛氏论疾病特详，发挥历代医家得失，不尽墨守经文。陈氏注多从张志聪说，不及是书援引诸家之详允。昂论医平实，他如本草医方诸作，皆不侈语闳博而有裨实用，此书亦犹是也。日本丹波元简《灵枢识》于昂注颇采及焉。

《郑堂读书记》：《素问灵枢类纂约注》三卷。（延禧堂刊本）。国朝汪昂撰。（昂，字讱庵，休宁人。）讱庵以《素问》《灵枢》各八十一篇，随问条答，读之茫无津涯，难以得其窾会，因合纂为一篇。凡分藏象、经络、病机、脉要、诊候、运气、审治、生死、杂论九类。于各篇之中，复前后条贯，且参酌旧注，增入己见，务令语简义明，使读者瞭然心目，故名《约注》。至于针灸之法，与医药不同，则置之不录，以较黄玉楸《素灵微蕴》藉以诋诃历代名医而作者，此编可谓谨守绳墨矣。前有康熙己巳自叙、凡例，又有其族弟（桓）序，则并《医方集解》《本草备要》总序之，为延禧堂医书云。

道光三年《休宁县志·人物》：汪昂，字讱庵。西门人，寄籍括苍。后弃去举子业，好集医方。著有《本草备要》《医方集解》《灵素类纂》三书，风行远近。

民国《安徽通志稿·艺文考》：《素问灵枢类纂约注》三卷。昂，初名桓，康熙间人。是书以《素问》《灵枢》各八十一篇，随问随答，读之茫无津涯，因合纂为一编，凡分藏象、经络、病机、脉要、诊候、运气、审治、生死、杂论九类，以类相从，用便观览。实以

《素问》为主而《灵枢》副之，于各篇之中复有前后条贯，且参酌旧注，增入已见，语务简而义甚明焉。

【按】 又名《黄帝素问灵枢合纂》。本书摘取《素问》《灵枢》之精要者加以分类纂注。卷上论脏象、经络，卷中详病机，卷下述脉要、诊候、运气、审治、生死、杂论，共分9类撰注。汪氏认为《素问》理论价值高，治兼诸法，文悉义详；《灵枢》专重针灸，说数之文多，故纂类时重《素问》而以《灵枢》辅之。至于针灸之法，则一概不录；运气义理渊深，图示复杂，不易披会，故只节取其精当者，简要纂注。其对《内经》虽事别节，而段落依旧，并无割裂原文之弊，此则其有异滑伯仁《读素问钞》处者。注释引王冰、林亿、马莳、吴崑、张志聪等诸家言约占十分之七，汪氏自注占十分之三。本书对初学《内经》者颇有参考价值，故后世医家多据以为《内经》之门径书。是书有40余种刻本流传，代表性的有清康熙二十九年庚午(1690)还读斋刻本藏中国中医科学院、上海中医药大学、湖南中医药大学、成都中医药大学等图书馆；有清康熙三十三年甲戌(1694)刻本藏中国中医科学院、南昌大学医学院图书馆；有清乾隆二十三年戊寅(1758)刻本藏内蒙古自治区图书馆、安徽省图书馆、湖南省图书馆、浙江中医药大学图书馆；有清嘉庆九年甲子(1804)扫叶山房刻本藏天津中医药大学、黑龙江中医药大学及甘肃省图书馆。通行本有1958年上海卫生出版社的铅印本，1959年上海科学技术出版社铅印本。

《灵素合钞》 十五卷 1688

清·钱塘林澜(观子)撰

自序： 夫医有二途焉，溯源坟索，穷理博闻，积久明悟机宜洞中者，古之所谓医也；承袭编缀，气方待病，罔求本始，广络冀获者，今之所谓医也。以今较古，岂前人之乐为艰且钜，而后人适得巧以易哉？良由医之为道，大则阴阳造化，微则性情毛髓，变则亢制胜复，深则苦欲正反，三才微妙之理，胥于一人之心是系，而欲不本经术，不研圣学，于以窃司命之权，当死生之寄即竭其技，终其身梦中之云为酬酢耳。嗟夫！尊而君亲，切而体躬，重而民命，若何之事而乃仅以苟且尝试之，图济其计功谋利之私，其可乎哉？澜不敏，窃念古今人不同而疾病同，疾病同而攻治不同，攻治不同而躯命同，安得起卢华张李之俦人畀而安全之？夫惟卢华张李之俦非果隔垣之效、上池之饮别有异获也，不过于兰藏玉版之精蕴洞然而已矣。按《内经》十有八卷，帝与六臣剖泄天秘，神机鬼诃，历久弥新，植万世之命脉者也。第简帙浩广，讨索难穷，离圣日远，智识寖卑，此而欲令微言奥义灿然心目，诚有不易言者。粤稽往昔，越人犹发问难之文，士安尚次甲乙之作，在贤哲戛戛难之，况递降而下者乎？元滑氏作《素问钞》，去繁重为简切，洵考镜之良资矣。然《针经》既作，先《素问》而大旨未并悬日月，读者每叹阙如。明张景岳编《类经》，巨细毕陈，释无剩义，快然明备矣，惜累累动千百言，呫哔唯艰。兹乃仿撄宁义例，分类十二，约文五百，冗者汰之，纷者贯之，启玄、仲化诸注足裨发明者，悉为采入，而颜之以《灵素合钞》焉。盖学不反之精要，徒多何益？理不观诸全通，融洽无从。是编以神圣甚深之蕴，俾为家谕日昭之书，既无骛博之劳，亦匪遗漏之失，譬大贾之笥，触目皆珍。吾宝夫连城之璧，照乘之珠焉，必不与空窭异讥矣。五都之市，百羞悦口，吾先夫稻黍之甘、饰馘之恒，焉必不谓不知养生矣？而行屑屑计多寡较行墨，其可同日语哉？噫！学术人心，古与今远不相及也，疴疢身命，古与今未之有改者也，卢华张李，非可随肩接踵者也。熟是一编，将使人登卢华

之堂户，擅张李之能者也。有志斯世斯民者，曷返诸俚近而毅然请事斯文乎？武林莱庵道人林澜敬书，时康熙丁巳岁仲冬二十二日。

朱大年序略：惜乎学医者，或智识浅，鲜有志研究，而深者莫测，赜者莫贯，浩浩乎茫无所搜，遂中道废去，是一病也。又或趋于捷径，脉诀、药味，才一涉猎，便临症疏方，出而问世，刘李朱张，不知何旨，矧玄关大道，默契仙踪，肯累岁积月，反复辨晰耶？是又一大病也。观子先生悯此二病，以医医者，分《灵》《素》为十二类，实《灵》《素》为十二类也，故以"合钞"名书。集先贤之广，成家之言，酌以正见，补其真诠，始于摄生，终于运气，汇为十五卷。俾阅者如丝之经纬纵横，头绪易于晓畅，较之马玄台、张景岳等编，尤加详明，诚百祀之津梁也。予与观子先生通门三世，居址比邻，长而同学。先生颖怪过人，予资颇钝置，然习举子业外，都好五行三世之篇，购而读之。后见仲景书，朝夕相互较订者二十余载。先生先以所著《伤寒折衷》行世，余所辑《伤寒同异参》鹿鹿尘鞅，犹未脱稿。今以《合钞》索序于余，余何足以序《合钞》也？窃以先生救世婆心不止世而直欲世世，宁淡泊口体。举长公孔符远宦滇南，奉大官之斗升万里养亲者，尽付剞劂，以竣是书。不知仁人君子之用心如是其无尽也。乐为之叙。时康熙岁次戊辰长至日通家眷同学朱大年顿首拜题。

沈筠序略：外叔祖观子林先生，非医家者流也，而锐志于医独精。盖自弱冠多疾，恒博览夫方书，既而叹积习之沿有门痼户溺而难顿起者，计惟洞明圣学，与之坦易其津涯，庶尽人有几及之途乎？夫《灵》《素》二书非不昭垂于今古，其旨远，中智以下不能通也，其言广，穷年矻矻不能遍也。且释者数家，或得此失彼，或详少略多，兼收则繁浩难稽，独守则会归无自。于是仿伯仁之类例，掇群籍之精英，而以合钞成编，因邮寄命序焉。筠质羸苦病，素嗜卫生家言，况兹圣哲之传心、未病之上治乎？敬受而卒业其间，则察病机之虚实，谛输结之隐微，品茎荄之浮沉，殊气味之走守，候色脉，顺天和，推胜复，明亢承，何一非天人奥旨，名理极诠哉？先生向以长沙为传方之祖，《伤寒论》为医门之衡诠矩度，次《折衷》以津航一世矣。今更谆谆是编者，盖仲景犹曾闵思孟也，岐臾有熊犹羲文周孔也，窥四科十哲之门墙，而不采坟典穷葩，易叩大成，得为全学乎？合是二编而心融神悟其妙者，将见庸夫亦才俊卓荦之选，俗士并张李刘朱之驾矣。尚何治不十全而夭枉足虑为？大清康熙辛酉岁次仲冬上浣之吉，赐进士出身内翰林院编修御试特简纂修官愚甥沈筠顿首拜题。

《两浙著述考》：《灵素合钞》十五卷。清杭州林澜撰。澜，字观子，《杭志・艺术传》称其好孤虚之学，复痛夭札疵疠无由拯救，以元滑寿《素问钞》分类汰冗，为《灵素合钞》。

民国《杭州府志・人物》：林澜，字观子，杭人。鼎革之际，以成童冠博士弟子员，便弃去，遍读藏书。好孤虚之学，讨练有年，翻演禽、六壬、奇门、太乙、遁甲、占候、风角，逆刺诸物，通验若神。又仿机衡旧轨，按其图目分躔别气，其言灾祥晷漏，可以时应。人或以西学难之，澜曰：使吾为五官正者，吾能洵太乙、五纪、八象、三统以折衷中，吾甘与西学较尺寸哉？乃复痛夭札疵疠无由拯救，以元滑寿《素问钞》分类汰冗，为《灵素合钞》，又为《伤寒折衷》，镂板行世。时名流如张卿子、沈亮宸、卢子由、陈易园、潘夔师辈，皆互相发明，以昌大其说。澜为人沉默，而说理侃侃，著书等身。康熙三十年卒，年六十五。

【按】又作《灵素合抄》。林氏以为诸家于《内经》虽搜讨极备，议论浩博，然俱未能得其指归而挈要领，惟滑寿《素问钞》颇称简切，却未将《灵枢》并著以相为表里。遂仿滑氏类抄之体例，合《灵枢》《素问》之精华，类分为藏象、经变、脉候、病能、摄生、论治、色诊、针刺、阴阳、标本、运气、汇粹凡12类，汰其冗繁而加以贯通，以备读者披会经旨。现存清康熙二十七年戊辰(1688)初刊本，分藏中国中医研究院图书馆、天津市卫生职工医学院图书馆。

《素灵摘要》 二卷 1722

清・吴县顾靖远(松园，花洲)撰

《冷庐医话》略：吴门顾松园靖远，少日有声黉序，后因父患热病，为庸医投参、附所杀，于是发愤习医，寒暑靡间者，阅三十年，求治者踵相接。曾供直御医院，以亲老归，著《医镜》十六卷，徐侍郎秉义为之序，称其"简而明，约而赅，切于时用而必效"，非虚语也。尝治汪缵功患时感症，见症属阳明，以立白虎方，每剂用石膏三两，二服热症顿减，郡中著名老医谓"遍身冷汗，肢冷发呃，非参附勿克回阳"，诸医和之，群哗白虎再投必毙，顾引仲景"热深厥亦深"之文，及嘉言"阳症忽变阴厥，万中无一"之说，谆谆力辩，诸医固执不从，投参附回阳敛汗之剂，汗益多而体益冷，反诋白虎之害，微阳脱在旦暮，势甚危，与家惊惶，复来求诊。顾仍用白虎，用石膏三两，大剂二服，汗止身温，后仍用前汤加减，数服全愈。遂著《辨治论》，以为温热病中宜用白虎汤(此说与余师愚《疫症一得》相合，学者当参观之)，并不伤人，以解世俗之惑。

民国二十二年《吴县志・列传》：顾靖远，字松园，一号花洲，长洲人。康熙时曾入太医院。著《医要》若干卷，《医镜》十六卷。

【按】《全国中医图书联合目录》载录。是书汇粹了《内经》要言，类分为摄生、阴阳、藏象、气味、治则、病机及运气7部分加以注释。收于《顾氏医镜》。

《素灵微蕴》 四卷 1753

清・昌邑黄元御(坤载，研农，玉楸子)撰

序曰：玉楸先生宰思损虑，气漠神融，清耳而听，明目而视。既遭庸医之祸，乃喟然太息，仰榱而叹曰：是余之罪也。夫昔杜子夏、殷仲堪辈，祸剧折肱，而未尝游思医事，后之病者，不能遁天之刑也。古之至人，视听不用耳目，自兹吾作庚桑子矣。杜门谢客，罄心渺虑，思黄帝、岐伯、越人、仲景之道，三载而悟，乃知夫圣人之言冥冥，所以使人盲也。轩岐既往，《灵》《素》犹传，世历三古，人更四圣，当途而后，赤水迷津，而一火薪传，何敢让焉！因溯四圣之心传，作《素灵微蕴》二十有六篇，原始要终，以究天人之际，成一家之言，藏诸空山，以待后之达人。岁在庚申九月二十八日草成。悲夫！昔屈子、吕氏之伦，咸以穷愁著书，自见于后，垂诸竹素，不可殚述。使非意有郁结，曷能冥心于冲虚之表，骛精于恍惚之庭，论书策以抒怀，垂文章以行远哉！

张琦序：《素灵微蕴》四卷，昌邑黄坤载先生所著也，抉天人之奥赜，演阴阳之宰运，阐上圣之微言，扫下士之瞽说，法必轨理，病无遁情，大而不窳，细而不越，味别渑淄，气通葭管，以兹况彼，精识略同。美哉！美哉！蔑以加矣。医学蒙昧，于今为甚，藏府喜恶，阴阳逆顺，罔或措意，诊病则不审其原，处方则不察其变，若乃奇偶佐使之宜，气味制化之理，益瞢如也。俗学谬妄，广设方论，伐阳滋阴，数十百年，不可譬晓，以人试药，南北佥同，殃人寿命，良可悼叹。得先生此书，绎其义，通其法，其于治也，庶有瘳乎？道光九年冬十一月，阳湖张琦。

《清史稿・列传第二八九》：黄元御，字坤载，山东昌邑人，诸生，因庸医误药损目，

发愤学医，于《素问》《灵枢》《难经》《伤寒论》《金匮玉函经》皆有注释，凡数十万言。自命甚高，喜更改古书以伸己说。其论治病，主于扶阳以抑阴。

《四库全书总目提要》:《素灵微蕴》四卷(编修周永年家藏本)。国朝黄元御撰。其书以胎化、藏象、经脉、营卫、藏候、五色、五声、问法、诊法、医方为十篇，又病解十六篇，多附以医案。其说诋诃历代名医，无所不至，以钱乙为悖谬，以李杲为昏蒙，以刘完素、朱震亨为罪孽深重，擢发难数，可谓之善骂矣。

《冷庐医话》:昌邑黄坤载元御，少耽典籍，三十岁，左目红涩，为医误治，过服凉药失明，遂发愤习医，穷究义蕴，著书甚富。然渺视千古，毁谤前人。其作《素灵微蕴》，谓仲景而后惟思邈真人不失古圣之源，其余著作如林，无一线微通者……黄著作繁富，时抉精奥，惟所定诸方，偏于扶阳。遗精症，谓土湿阳衰。生气不达，乃用桂枝、附子；堕胎症，谓命门阳败，肾水澌寒，侮土灭火，不生肝木，木气郁陷，而贼脾土，乃用干姜、桂枝充其类，将生人绝无阴虚火旺之症，是徒知责人，而不知责己矣。

【按】是书卷一、卷二列载胎化、藏象、经脉、营卫、藏候、五色、五声、问法、诊法、医方诸解凡 10 篇，皆本诸《内经》自然阴阳气化之理，探讨人生本原、脏腑生化、精神气血，以及病机、四诊、治法、医方等，以阐发其“贵阳贱阴”“扶阳抑阴”等学术见解；卷三、卷四分述齁喘、吐血、惊悸、悲恐、飧泄、肠澼、脾胃、火逆、消渴、气鼓、噎膈、反胃、中风、带下、耳聋、目病等 16 种病解，各病解篇均围绕其临证验案之讨论而撰就，一则病案即为种病解，且融会贯通经旨以稽考病源，剖析脉证方药，以为其学验之佐证。本书以《内经》天人相应、阴阳五行、升降出入等理论为指归，崇尚气化而不拘形质，主张阳气健运不息为立身之根，脾胃枢机和谐为康复之本，强调“阳性动而阴性止，动则运而止则郁”，唯有中阳健运，升清降浊，才能去其菀陈而消其腐败，保持脏腑功能和谐，促使生机蓬勃而祛病延年。有清道光十年庚寅(1830)京都文德斋刻宛邻书屋丛书本，藏中国国家图书馆、上海图书馆、中国中医科学院、上海中医药大学；有清咸丰二年(1852)小娜嬛山馆刻本藏山西医科大学、浙江省中医药研究院等图书馆；有清咸丰十年庚申(1860)长沙徐树铭燮和精舍科黄氏医书八种本，藏中国科学院、中国中医科学院、首都医科大学、中国医科大学等图书馆；有清光绪二十七年辛丑(1901)抄本藏中国中医科学院。通行本有 1955 年上海锦章书局铅印本。又见于《黄氏医书八种》《黄元御医书十一种》《四库全书存目丛书》等。

《灵枢悬解》 九卷 1754

清・昌邑黄元御(坤载，研农，玉楸子)撰

自序:昔黄帝传医，欲不用毒药砭石，先立《针经》，而欲以微针除百姓之病，故咨岐伯而作《灵枢》。《灵枢》即《针经》也。《灵枢》乃《素问》之原，凡刺法、腧穴、经络、脏象，皆自《灵枢》发之，而错乱舛互，亦与《素问》相同。既解《素问》,《灵枢》不可不解矣。丙子二月，方欲作之，澹明居士请先解《道德》。《道德》既成，于二月二十五日乃创此草，正其错乱，发其幽杳，五月二日书竣。丈夫当删《诗》《书》，定《礼》《乐》，鹦鹉人言，不足为也。维时青阳初谢，朱夏方来，上临赫日，下拂炎风，益以披裘带索，食玉炊桂，鼻头出火，心下如痗。申以梁生适越，陆子入洛，旅怀郁陶，抚事弥深，风景山河之泪，又复淫淫欲下也。顾忧能伤人，悲可陨性，前乎吾者，非泰山治鬼，则地下修文，而仆以沉菀偃蹇之身，岿然独在，赖此尺籍，以消长日，凭此寸颖，以遣烦冤，岐黄之德普矣。而嘉惠藐躬，功亦不细，长生久视之法，即此而在，不必远访崆峒，遥羡蓬莱也。迨乎论成注毕，则已变泣成歌，破愁为笑。人之情，已富者不美，已贵者不荣，朱绂无扰，绿萝常亲，摊卷朗吟，其乐靡穷！吾今而知，莫富于山林之士，莫贵乎烟霞之人，此中真意，正自可悦耳。慨自龙胡已去，圣藻犹存，而遗文颠倒，乱于俗士之手，遂经传而义晦，自兹以还，玄珠永坠，赤水迷津。讵意斯文未丧，千载重明，日月光天，山河丽地，古圣心传，昭然如揭。向使身都通显，则今段奇功，淹没于晏安豫乐之中矣，何以有此？然则穷悉著书，是乃岐黄之灵，抑亦彼苍之心也，又何怨焉。昔汉武爱司马长卿文，仆文未必如长卿，而澹明最好之，书成十八九时，连索序草。逐臭海上之夫，辇上君子亦有此癖，序毕呈焉，恐未足发凌云之意尔。

《四库全书总目提要》：《灵枢悬解》九卷（编修周永年家藏本）。国朝黄元御撰。是书亦以错简为说，谓《经别》前十三段为正经，后十五段为别经，乃《经别》之所以命名，而后十五段却误在《经脉》中；《标本》而误名《卫气》；《四时气》大半误入《邪气脏腑病形》论；《津液五别》误名《五癃津液别》，此类甚多。乃研究《素问》，比栉其辞，使之脉络环通。案《灵枢》晚出，又非《素问》之比，说者谓唐人剽窃《甲乙经》为之，不应与古书一例错简，亦姑存其说可也。

【按】 此书为《黄氏遗书三种》之一。黄氏精研《灵枢》20余年，广搜博采，相互参照，以为《灵枢》乃《素问》之原，凡刺法、经络、脏象，皆自《灵枢》发之，而错乱舛误，亦与《素问》相同。故为正其错，发其幽杳，对原文重新编次，分列刺法、经络、营卫、神气、脏象、外候、病论、贼邪、疾病9类，合9卷81篇。黄氏注文，条理分明，详略得当，颇有裨于明畅经旨。有清光绪六年庚辰（1880）阳湖冯氏刻本，藏北京中医药大学、山西医科大学图书馆。又见于《黄氏遗书三种》《黄元御医书十一种》（中医古籍整理丛书）。

《灵枢素问节要浅注》　十二卷　1803

清·长乐陈念祖（修园，良有，慎修）注

杨浚序：《汉书·艺文志》载《黄帝内经》十八篇，无《素问》《灵枢》之名。洎晋皇甫谧《甲乙经序》，始称为《针经》九卷、《素问》九卷。或云《黄帝九灵经》，至唐王冰更名为《灵枢》。《九灵》独详于针，故皇甫谧称为《针经》。然则《素问》之名晋已有之，《灵枢》之名唐始著录，其实不越《内经》一书，特后世称名或别耳。夫医家之于《内经》，犹儒家之四子书也，日月江河，万古不废。惟奥窔之旨，不善解者，遂至贻误后来，此修园先生《节要浅注》之所由作。先生以名孝廉为贤有司，活人以数十万计，每投刀圭，无不立愈，天下望之若华、扁然。凡所刊《伤寒》《金匮》若干种，海内已不胫而走，奉为圭臬，盖能依古法而参时方，权衡悉中，非胶柱者所可同日语焉。是书阐明古训，语简而赅，沾益后学，畀以津梁，犹初志也。古所云良医与良相同功，微斯人，其谁与归？是为序。同治乙丑六月，侯官杨浚雪沧撰。

《清史稿·列传第二八九》：陈念祖，字修园，福建长乐人。乾隆五十七年举人。著《伤寒金匮浅注》，本志聪、锡驹之说，多有发明，世称善本。嘉庆中，官直隶威县知县，有贤声。值水灾，大疫，亲施方药，活人无算。晚归田，以医学教授，门弟子甚众，著书凡十余种，并行世。

《传世藏书·子库医部》：《灵枢素问节要浅注》系清陈念祖辑注。成书于1865年（?）。全书12卷。书中除将所选原文按道生、脏象、经络、运气、望色、闻声、问察、审治、生死、杂论、脉诊、病机12类进行编次

外，并对所选各条文，以衬注（即在原文的字、词、句中间加小注）的形式予以注释发挥。是书的编注、选材全面，注释浅要易懂，文图并茂，对内容庞杂而又需掌握的部分内容附以图解、诗歌，使读者易记易诵，如对十二经脉均配有图形，每一经脉图形中，均按经脉循行路线标明该经穴位，并根据各穴所在的部位、分寸编有“分寸歌”，使人见图如见文，一目了然。由于本书采用衬注形式疏通原文，注文与经文针对性较强，便于理解原文，故颇受后世欢迎，尤其为初学者所喜读。现存主要版本有清同治五年丙寅(1866)南雅堂刻本、清光绪元年乙亥(1875)善成堂刻本、清光绪十八年壬辰(1892)上海图书集成印书局铅印本、清光绪二十年乙未(1894)聚和堂校刻本、清敦厚堂刻陈修园医书十八种本、清文奎堂刻本、民国上海锦章书局石印本等。

【按】又名《灵素集注节要》，为《陈修园医书》之一。本书节选《内经》原文之精要，据道生、脏象、经络、运气等12类辑录，并随文补注，简明扼要，通俗易懂，便于读者理解经文原意。有清同治五年丙寅(1866)南雅堂刻本藏北京中医药大学、山西图书馆、甘肃中医药大学、南通市图书馆等。通行本有1984年福建科学技术出版社铅印本（傅瘦生、赖雷成校注，《新校注陈修园医书》）。又见于《陈修园医书》十五、十六、十八、二十一、二十三、二十八、三十、三十二、四十八、五十、六十、七十、七十二种。

《灵枢识》 六卷 1808

日·丹波元简（廉夫）撰

【按】是书成书于日本文化五年(1808)，初刊于文久三年(1863)。本书系丹波氏为训释我国古医经《灵枢》而作，其体例与《素问识》相伤。全书首列“综概”一篇，对《灵枢》之由来、命名涵义、成书年代及版本源流等项逐加考证，并附以注疏所引据诸家注本名目，以备查考。而后各卷取《灵枢》81篇中须加以注之经文字句，采摭马莳、张介宾、张志聪、汪昂四家之允善者附注于句下。如诸家之注相去甚远而莫衷一是，则参以己见，辨析得失，并以“简按”标识，或从或舍，或谓“不知孰是”，或“俟考”，或依据秦汉古籍及《太素》《甲乙经》等文加以考据，务必使其注释恰宜，考证确凿，以钩校经旨奥玄。丹波氏精于考据之学及汉方医籍，不但对《灵枢》之错简、讹字及衍文等均能详加考证，且还能广征博引，参酌诸家之长以发经旨要义。本书以治学严谨、考证精切而为中日医界所重视。现存日本文久三年跻寿馆木活字本藏中国医学科学院、中国中医科学院、吉林省图书馆。通行本有1959年上海科技卫生出版社铅印本。又见于《聿修堂医书选》《中国医学大成》等。

《灵素节注类编》 十卷 1834

清·会稽章楠（虚谷）编撰

自序略：业医者不肯究心圣经理法，陋习相沿，不识阴阳虚实，通套一方，混治诸病，而谓道止如是，名为仁术，不知杀人于冥冥中。以他人身命，作自己生涯，试一扪心，果能安否？夫医之杀人，固非有心，而不自量学术，即与有心杀人何异？每见有自医自病而戕其命者，何莫非冥报之速也，可不畏哉？孟子曰：择术不可不慎也。世上谋生之术亦多矣，何必据仁术之名而蹈不仁之实乎？愧余浅陋，年力已衰，未能阐圣道以挽颓风，前以一得之愚，著《医门棒喝》四卷，聊述此弊。而今残息苟延，复将《灵》《素》要妙之文，节取注解，分类编辑，以为学者首当必读之书，略表古圣垂教之意，或于医道，不无小补。但经旨渊玄，管见之言，恐未尽当，尤

望高明君子，不吝赐教，实为斯道之幸也。道光十四年岁次甲午会稽章楠谨序。

《中国医籍通考》：《灵素节注类编》。章楠。十卷。存。

【按】又名《医门棒喝三集》。此书1986年浙江科学技术出版社铅印本（方春阳、孙芝斋点校，中医古籍珍本）有前言如下：此稿本原由绍兴世医杨森茂医师珍藏，杨氏得之于清末名医赵晴初，而赵氏得之于章氏后人。经鉴定，这是一个誊清后又做多处修改的原稿。全书共十卷，为17厘米×12厘米的毛边纸开本，共734页（双），分为禀赋源流、摄养为本、阴阳脏腑、营卫经络、四诊合参、外感内伤、治法准则、运气要略等8类。运气要略部分据章氏自述，系修节校录乾隆年间张姓（佚名）遗稿而成。全书完稿于清道光十四年（1834），比已经出版的《医门棒喝二集》早一年。

《素灵杂解》 三卷 1840

清·新化邹汉璜（仲辰，稼江）撰

【按】《中医图书联合目录》载录。是书为邹氏《纯懿庐集》之一种，主要摘抄《素问》《灵枢》部分章节原文，由邹氏加注释。全书无序跋、目录、凡例。

《素灵约囊》 六卷 1865

清·元和陆懋修（九芝，勉旃，江左下工，林屋山人）撰

自序：探河源者必穷星宿之海，观日出者必登泰岱之巅，学医而不通《灵》《素》，后世百家，言人人殊，其将何道之从欤？余友袁青士学博，故我先君门下士也。性谨饬，虽明于医未尝轻为人治病，而有警于市医之习，乃慨然曰：吾有数子，不可不令一子知医。寻命长子开骐问道于余，时距肃毅伯李公平吴之役方逾年，疮痏初复，尚有未能归故土者。余寓吴江乡，青士依其戚于松江之青浦，居虽近，犹以为远，欲与余谋合并，乃僦居朱冶生别驾问梅山馆为讲学地，非青士之暱就余，乃其信道笃也。余曷敢不以所闻于先子者重阐之，俾开骐亦得窥大道而不入歧途耶？乃发箧中书，论次及张介宾之《类经》、李念莪之《知要》、汪讱庵之《类纂》、薛一瓢之《医经原旨》，非不各有精义，而或繁或简，学者犹或苦之，爰不自揣，于《内经》一百六十二篇中，就所散见各病分门为百，不赘一解，而朗如列眉。其异于张、李、汪、薛诸家者，明眼自能辨之。且夫目不离蠡管之中而与之测沧海，则望洋叹矣；足不越户庭之内而与之跻泰岳，则自崖返矣。取径愈卑，见道愈难，亦何怪斯道之不明于今日哉？稿粗就，为述其缘起如右。吾愿开骐由此而取途，而后徐及百家之说，庶几得主有常不致目迷于五色云。质诸青士以为何如？同治四年乙丑秋八月，江左下工九芝氏书于汾湖寓馆。

袁兰升序：余尝见杨循吉《苏谈》载：金华戴原礼学医于朱彦修，尽得其术，来吴为木客，吴人以病谒者，每制一方，率银五两。王仲光为儒，未知医也，慕而谒焉。咨学医之道，原礼曰：熟读《素问》耳。仲光归而习之。三年，原礼复来，见仲光谈论大骇，以为不如。于是仲光之医名吴下。由此观之，学医而不读《素问》，不可以为医。我友陆君九芝别驾，其先世以科第显，而皆能医，皆习《素问》，九芝复潜心研究，得其奥窔。慨然于世之医者绝不从事于斯，诡曰《素问》古书，不治今病，直等诸虫书鸟篆之不可识，而医学自此大坏，乃尽弃其他所学而肆力于《素问》者十有余年。取《素问》旨"约方者，约囊也。囊满弗约则输泄，方成弗约则神弗与之俱"之义，而著是编。探病之原，求治之要，名之曰约囊，病者遇之辄应手愈。咸丰

己未春，泾阳张文毅公督兵皖南军书旁午，忧劳遘疾，群医不能疗。九芝故出公门下，遂飞骑千里，招致军中，进数剂立痊。少宰甚优礼之，厚赠而归。今与余遇于峰泖间，命长子开骐从之游。嗟夫！吴中医学失坠久矣，九芝独能具坚忍之力，为斯道作干城，余亲见其治无不效，效无不速，然则熟读《素问》之验，诚有如戴氏所云者。九芝亦儒而为医者，则亦今之仲光也，吾吴医学其将自此而复振乎？用敢节《苏谈》所载比附而为之序。同治丙寅孟春同县愚弟袁兰升拜撰。

【按】《全国中医图书联合目录》载录。本书卷一辑选《内经》中"上古天真论""四气调神论""生气通天论"等篇予以注释论述，并对《内经》诊法加以概括总结；卷二为"内经分病约囊"，阐述五脏六腑十二经脉病、五运六气为病及内经死证等；卷三至卷六首载"内经遗方十条"，后以风、寒、暑、湿、燥、火等类编，对63种疾病加以论述。有清同治四年乙丑(1865)抄本，藏浙江医科大学图书馆，又有稿本藏浙江中医药大学。

《明道藏本史崧灵枢音释》 一卷 未见 1866

清·元和陆懋修(九芝，勉旃，江左下工，林屋山人)撰

【按】《中医图书联合目录》载录。是书系陆氏从明《道藏》本中据史崧《灵枢音释》辑出编就。书后附《内经难字音义》。清红格抄本，书皮题"道藏本内经灵枢音释"，藏北京图书馆，经查未见。

《灵素类言》 三卷 1874

清·会稽任越安(越庵)撰

【按】《全国中医图书联合目录》载录。上卷载阴阳、三阴、三阳、五脏、六腑、虚实、饮食、治养、脉、经络营卫等19篇，中卷列身、气、血、津液、色、声、形筋、骨、面、目、耳、鼻、口、胸、腹、膈、中风、暑、湿、燥火等44篇，下卷为痿、痹、癫、咳、喘、汗、呕吐、眩、悸、狂、惊惧、喜怒等56篇。有清同治十三年甲戌(1874)抄本(扉页题《玉尺经》)藏解放军医学图书馆。《全国中医图书联合目录》中另出1911年亡名氏所撰《灵素类言》条目，亦为三卷，系同名图书，有抄本藏浙江省图书馆。

《灵枢校勘记》 一卷 1883

清·金山顾观光(宾王，尚之，武陵山人)撰

钱培杰识：顾君既为《素问校勘记》，以《灵枢》虽旧所商定，而亦不无舛漏，今新刻本已成，不复能增益改窜，因亦别为《校勘记》一卷。追惟先君子校此二书，再三慎重，不敢遽授之梓者，以古书简奥，传讹已久，非一时所能辨析，况医术关系至重，有所乖谬，贻误非浅故也。今顾君悉心研榷，不惮再三，固与先君同志而能始终成就此刻者也。小子实有感焉，敬识弗谖。培杰荪识。

【按】《全国中医图书联合目录》未录。此为守山阁本《黄帝内经灵枢》后附校勘记，2003年浙江科学技术出版社有排印本，收于《近代中医珍本集》。

《黄帝内经灵枢提要》 一卷 约1909

清·王鸿骥(翔鹤)编撰

【按】《中国医籍大辞典》载录。系《利溥集》之《内经提要》之一部分。《内经提要》包括《黄帝内经素问提要》三卷和《黄帝内经灵枢提要》一卷。其内容为王氏摘录《素问》《灵枢》之精粹，所选经文标明篇章出处，并酌加简单注释。便于初学者检阅通记，由约

而博，藉以登堂入室。

《素问灵枢合注》　二十卷　1910

明·会稽马莳(仲化，元台)
清·钱塘张志聪(隐庵)　撰注
清·金陵王修卓(成甫)合纂

【按】《全国中医图书联合目录》载录，简称《张马合注内经》，亦名《黄帝内经素问灵枢合编》。本书包括《黄帝内经素问合纂》十卷、《灵枢合纂》九卷及《素问补遗》一卷，系王氏取马氏《黄帝内经素问注证发微》《黄帝内经灵枢注证发微》及张氏《黄帝内经素问集注》《黄帝内经灵枢集注》两家之注合纂刊刻而成。研习者据此可考两家之注释而有益于参悟经旨奥义。现有清宣统二年庚戌(1910)扫叶山房石印本藏中国医学科学院、首都图书馆、中国中医科学院、北京中医药大学、天津中医药大学等图书馆；有1919、1922、1926、1931、1936年上海锦章书局石印诸刊本藏中国国家图书馆、中国中医科学院、北京中医药大学、天津图书馆等。

《黄帝内经灵枢注》　二十三卷　1911

亡名氏注

【按】《全国中医图书联合目录》载录。有日本抄本藏中国医学科学院图书馆。

《素灵精义》　不分卷　1911

清·仁和吴槐绶(子绂)撰

引言：医圣如仲景，其自序《伤寒论》曰：上古有神农、黄帝、岐伯、伯高、雷公、少俞、少师、仲文，中世有长桑、扁鹊，汉有公乘阳庆及仓公，下此以往，则未之闻。是仲景医学之渊源固自有在，而其因证立方，于藏府阴阳生克之理，则无不本之《灵》《素》，此必尤所服膺者也。因节取《灵》《素》之精，融会其言而晰言其理，俾后之学医者知渊源之所自，祖《灵》《素》而纬仲景可也。

【按】是书系《吴氏医学丛刊》之一，录于吴氏《金匮方证详解》卷首，凡20章。首取《内经》经络学说，演为“经脉营卫名义”“经脉升降分别手足阴阳”“经脉阴阳表里大纲”等11章；次撷脏象理论，列为“五脏合洪范五行”“五脏升降生克”等6章；再摘诊法原文而分为“望色候病”“病候五官”等3章。诸篇章均列选相关经文，再结合吴氏治学《内经》心得酌加阐述。有民国铅印本藏上海中医药大学。又见于《吴氏医学丛刊》。

《灵素五解篇》　一卷　1911

清·井研廖平(季平，六译)撰

黄镕序略：今廖生宗泽者，井研先生次孙也。明达贻谋，幼聪绳武，孔孟既获渊源，岐黄又承祖烈。迩入医会，领讲大有启悟，援以经证经之例，取《灵素五解篇》，植纲张目，如磁引针。其余针刺、脉法类之零散各篇，互相为解者，并以附后。殆于《灵》《素》独得真诠，亦于先生医学丛书之中，丕振家法。子思克阐乎天命，小同仅肖其手文，得此岐嶷，诵扬先芬，来景方长，造究曷极？予既劝付剞劂，因志其略如此。民国乙卯秋初，黄镕序。

《续修四库全书总目提要》：《灵素五解篇》，一卷，清廖平撰，孙宗泽疏述。平字季平，四川井研县人，初肄业成都尊经书院，即以经学名世。举光绪己卯科乡试，己丑成进士，历任射洪县训导，绥定府教授诸职，精通经传，主公羊学，于医学尤深。力辟旧说，另树新解，并辨正各家医书之误，所著医书凡数十种。其次孙宗泽，能承家学，尝主讲医术，此编即述乃祖之说，注疏《灵》《素》，博征群籍，发明亦多。前有平门

人黄镕序，谓“宗泽明达贻谋，幼聪绳武，孔孟既获渊源，岐黄又承祖烈，援以经证经之例，取《灵素五解篇》，植纲张目，如磁引针。其余针刺、脉法类之零散各篇，互相为解者，并以附后。殆于《灵》《素》独得真诠，亦于先生医学丛书之中，丕振家法”云云。全书首列原文，逐句疏解，正讹校误，引古证今，使此难读之书复明于世，末附散解脉法诸篇，诚初学者之津梁，究医术者之善本。按：《灵枢》《素问》，分政治、医诊二大派，天道人事，异辙殊趋，厘定部居，剖析泾渭，庶政学收功于大统，医术不遁于玄虚。乃后来诸家注说，举干支运气，概收纳于人身藏府，致脉诊病评，流于星士，故《灵》《素》有医诊专篇，互相训解，正欲使人易于通解。其《灵素篇》以“解”名，亦训释之义，而历来解家，大抵分篇作注，未能合之以资互证。此书援以经证经例，相得益章，其有裨医术，非浅鲜矣。

【按】是书为廖平原撰，由其次孙廖宗泽疏述。全书辑录《灵枢》“小针解”及《素问》中“针解”“脉解”3篇，又将散见诸篇有关针解内容集为“散解一”，而散见诸篇之脉解内容集为“散解二”，合而为五，故曰“五解”。本书取“五解篇”植纲张目，将《内经》中针刺、脉法互相诠解的内容联系起来，以此说明以经证经法在研究古医经中之意义。本书收于《六译馆医学丛书》（其中有关针灸的医籍另有《经脉考证》《十二经动脉表》《诊筋篇补正》等，因成书晚于1911年，笔者未收录）。

《素灵汇萃》　一册　1911

清・古吴汪宗淦（稚琢）辑

【按】本书选辑《内经》原文，分生、阴阳、藏象3类汇编，并引录王冰、张介宾等家注释而成。现有1911年抄本，藏上海中医药大学图书馆。

《素灵节录》　一卷　1911

亡名氏著

【按】本书从《素问》《灵枢》中节录有关心、肝、脾、肺、肾、大肠、膀胱、三焦等脏腑生理病理，以及经络学说、四时主病、四时调摄及治则等论述，并在每段经文后注明出处，便于阅习、检索。书末附《内经》治臌胀、血枯、酒风、脾瘅、痠疠等7方。现存抄本，藏中国中医科学院图书馆。

二、针灸通论

《针灸甲乙经》 十二卷 282

晋·安定朝那皇甫谧(士安,玄晏)纂集

自序:夫医道所兴,其来久矣。上古神农始尝草木而知百药。黄帝咨访岐伯、伯高、少俞之徒,内考五脏六腑,外综经络血气色候,参之天地,验之人物,本性命,穷神极变,而针道生焉。其论至妙,雷公受业,传之于后。伊尹以亚圣之才,撰用神农本草以为汤液。中古名医有俞跗、医缓、扁鹊,秦有医和,汉有仓公,其论皆经理识本,非徒诊病而已。汉有华佗、张仲景。其他奇方异治,施世者多,亦不能尽记其本末。若知直祭酒刘季琰病,发于畏恶,治之而差,云后九年季琰病应发,发当有感,仍本于畏恶,病动必死,终如其言。仲景见侍中王仲宣,时年二十余,谓曰:君有病,四十当眉落,眉落半年而死。令服五石汤可免。仲宣嫌其言忤,受汤而勿服。居三日,见仲宣,谓曰:服汤否?仲宣曰:已服。仲景曰:色候固非服汤之诊,君何轻命也。仲宣犹不言。后二十年果眉落,后一百八十七日而死,终如其言。此二事虽扁鹊、仓公无以加也。华佗性恶矜技,终以戮死。仲景论广伊尹汤液为十数卷,用之多验。近代太医令王叔和撰次仲景选论甚精,指事施用。按《七略》《艺文志》,黄帝《内经》十八卷。今有《针经》九卷,《素问》九卷,二九十八卷,即《内经》也。亦有所亡失。其论遐远,然称述多而切事少,有不编次。比按《仓公传》,其学皆出于《素问》,论病精微。《九卷》是原本经脉,其义深奥,不易览也。又有《明堂孔穴针灸治要》,皆黄帝、岐伯选事也。三部同归,文多重复,错互非一。甘露中,吾病风加苦聋百日,方治要皆浅近,乃撰集三部,使事类相从,删其浮辞,除其重复,论其精要,至为十二卷。《易》曰:观其所聚,而天地之情事见矣。况物理乎?事类相从,聚之义也。夫受先人之体,有八尺之躯,而不知医事,此所谓游魂耳!若不精通于医道,虽有忠孝之心、仁慈之性,君父危困,赤子涂地,无以济之。因固圣贤所以精思极论尽其理也。由此言之,焉可忽乎?其本论、其文有理,虽不切于近事,不甚删也。若必精要,后其闲暇,当撰核以为教经云。

《新校正黄帝针灸甲乙经》序:臣闻通天地人曰儒,通天地不通人曰技,斯医者虽曰方技,其实儒者之事乎?班固序《艺文志》,称儒者助人君,顺阴阳,明教化,此亦通天地人之理也。又云:方技者,论病以及国,原诊以知攻。非能通三才之奥,安能及国之政哉。晋皇甫谧博综典籍百家之言,沉静寡欲,有高尚之志。得风痹,因而学医,习览经方,遂臻至妙。取黄帝《素问》《针经》《明堂》三部之书,撰为《针灸经》十二卷,历古儒者之不能及也。或曰:《素问》《针经》《明堂》三部之书,非黄帝书,似出于战国。曰:人生天地之间,八尺之躯,脏坚之脆,腑之大小,谷之多少,脉之长短,血之清浊,十二经之血气大数,皮肤包络其外,可剖而视之乎。非大圣上智,孰能知之,战国之人何与焉?大哉

黄帝《内经》十八卷、《明堂》三卷，最出远古。皇甫士安能撰而集之，惜简编脱落者已多，是使文字错乱，义理颠倒，世失其传，学之者鲜矣。唐甄权但修《明堂图》，孙思邈从而知之，其余篇第亦不能尽言之。国家诏儒臣校正医书，今取《素问》《九墟灵枢》《太素经》《千金方》及《翼》《外台秘要》诸家善书校对，玉成缮写，将备亲览。恭惟主上圣哲文明，光辉上下，孝慈仁德，蒙被众庶，大颁岐黄，远及方外，使皇化兆于无穷，和气浃而充塞。兹亦助人君、顺阴阳、明教化之一端云。国子博士臣高保衡，尚书屯田郎中臣孙奇，光禄卿直秘阁臣林亿等上。

《晋书·列传第二十一》略：皇甫谧，字士安，幼名静，安定朝那人，汉太尉嵩之曾孙也。出后叔父，徙居新安。年二十，不好学，游荡无度，或以为痴。尝得瓜果，辄进所后叔母任氏。任氏曰：《孝经》云：三牲之养，犹为不孝。汝今年余二十，目不存教，心不入道，无以慰我。因叹曰：昔孟母三徙以成仁，曾父烹豕以存教，岂我居不择邻，教有所阙，何尔鲁钝之甚也！修身笃学，自汝得之，于我何有？因对之流涕。谧乃感激，就乡人席坦受书，勤力不怠。居贫，躬自稼穑，带经而农，遂博综典籍百家之言。沈静寡欲，始有高尚之志，以著述为务，自号玄晏先生，著《礼乐》《圣真》之论。后得风痹疾，犹手不辍卷。或劝谧修名广交，谧以为非圣人孰能兼存出处，居田里之中，亦可以乐尧舜之道，何必崇接世利，事官鞅掌，然后为名乎？作《玄守论》以答之……遂不仕。耽玩典籍，忘寝与食，时人谓之书淫。或有箴其过笃，将损耗精神。谧曰：朝闻道，夕死可矣，况命之修短分定悬天乎？叔父有子既冠，谧年四十丧所生后母，遂还本宗。城阳太守梁柳，谧从姑子也，当之官，人劝谧饯之。谧曰：柳为布衣时过吾，吾送迎不出门，食不过盐菜，贫者不以酒肉为礼。今作郡而送之，是贵城阳太守而贱梁柳，岂中古人之道，是非吾心所安也。时魏郡召上计掾，举孝廉；景元初，相国辟，皆不行。其后乡亲劝令应命，谧为《释劝论》以通志焉。夫才不周用，众所斥也，寝疾弥年，朝所弃也，是以胥克之废，丘明列焉，伯牛有疾，孔子斯叹。若黄帝创制于九经，岐伯剖腹以蠲肠，扁鹊造虢而尸起，文挚徇命于齐王，医和显术于秦晋，仓公发秘于汉皇，华佗存精于独识，仲景垂妙于定方。徒恨生不逢乎若人，故乞命诉乎明王。求绝编于天篆，亮我躬之辛苦，冀微诚之降霜，故俟罪而穷处。其后武帝频下诏敦逼不已，谧上疏自称草莽臣曰：臣以尪弊，迷于道趣，因疾抽簪，散发林阜，人纲不闲，鸟兽为群。陛下披榛采兰，并收蒿艾，是以皋陶振褐，不仁者远。臣惟顽蒙，备食晋粟，犹识唐人击壤之乐，宜赴京城，称寿阙外。而小人无良，致灾速祸，久婴笃疾，躯半不仁，右脚偏小，十有九载。又服寒食药，违错节度，辛苦荼毒，于今七年。隆冬裸袒食冰，当暑烦闷，加以咳逆，或若温疟，或类伤寒，浮气流肿，四肢酸重。于今困劣，救命呼噏，父兄见出，妻息长诀，仰迫天威，扶舆就道，所苦加焉，不任进路，委身待罪，伏枕叹息。臣闻韶卫不并奏，雅郑不兼御，故郤子入周，祸延王叔，虞丘称贤，樊姬掩口。君子小人，礼不同器，况臣糠䴭，糅之凋胡！庸夫锦衣，不称其服也。窃闻同命之士，咸以毕到，唯臣疾疢，抱衅床蓐，虽贪明时，惧毙命路隅。设臣不疾，已遭尧舜之世，执志箕山，犹当容之。臣闻上有明圣之主，下有输实之臣；上有在宽之政，下有委情之人。唯陛下留神垂恕，更旌瑰俊，索隐于傅岩，收钓于渭滨，无令泥滓久浊清流。谧辞切言至，遂见听许。岁余，又举贤良方正，并不起。自表就帝借书，帝送一车书与之，谧虽羸疾，而披阅不怠。初服寒食散，而性与之忤，每委顿不伦，尝悲恚，叩刃欲自杀，叔母谏之而止……咸宁初，又诏曰：

男子皇甫谧，沉静履素，守学好古，与流俗异趣，其以谧为太子中庶子。谧固辞笃疾。帝初虽不夺其志，寻复发诏征为议郎，又召补著作郎，司隶校尉刘毅请为功曹，并不应……而竟不仕。太康三年卒，时年六十八。子童灵、方回等遵其遗命。谧所著诗赋诔颂论难甚多，又撰《帝王世纪》《年历》《高士》《逸士》《列女》等传及《玄晏春秋》，并重于世。门人挚虞、张轨、牛综、席纯，皆为晋名臣。

《补晋书艺文志》：《黄帝三部针经》十三卷。皇甫谧撰。本《旧唐志》。据《四库全书总目提要》云：是书即《隋志》"《黄帝甲乙经》十卷"。注曰："音一卷，梁十二卷，不著撰人。"《旧唐志》始题谧名并音计之，故较梁本多一卷。《新唐志》既录《黄帝甲乙经》十二卷，又录《黄帝针经》十三卷，是兼袭二志之文误分为两矣。元案《通志》亦承《新唐志》，复误，惟《宋志》录皇甫谧《黄帝三部针灸经》十二卷，注云："即《甲乙经》。"知《提要》辨论既本此。今存，作《甲乙经》八卷。（黄逢元）

《隋书经籍志考证》：《黄帝甲乙经》十卷，音一卷，梁十二卷。不著撰人。晋皇甫谧《针灸甲乙经》序曰：案《七略》《艺文志》，《黄帝内经》十八卷，今有《针经》九卷，《素问》九卷，二九十八卷，即《内经》也。《素问》原本经脉其义深奥，不可容易览也。又有《明堂孔穴针灸治要》，皆黄帝、岐伯遗事也。三部同归，文多重复，错互非一。乃撰集三部，使事类相从，删其浮辞，除其重复，论其精要，至为十二卷。宋林亿等《甲乙经》新校正序曰：晋皇甫谧取《黄帝素问》《针灸明堂》三部之书，为《针灸经》十二卷。又曰：《黄帝内经》十八卷，《针经》三卷，最出远古，皇甫士安能撰而集之。案皇甫氏序，言《针经》九卷，在《内经》十八卷中，此言《针经》三卷，在十八卷之外，其说不同，疑此三卷即《针灸治要》，在《外经》三十七卷中。

《四库全书总目提要》：《甲乙经》八卷（两淮盐政采进本）。晋皇甫谧撰。谧有《高士传》，已著录。是编皆论针灸之道。《隋书·经籍志》称黄帝《甲乙经》十卷，注曰：《音》一卷，《梁》十二卷，不著撰人姓名。考此书首有谧自序……是此书乃裒合旧文而成，故隋书冠以黄帝，然删除谧名，似乎黄帝所自作，则于文为谬。《旧唐书·经籍志》称《黄帝三部针经》十三卷，始著谧名，然较梁本多一卷，其并《音》一卷计之欤？新旧《唐书·艺文志》，既有《黄帝甲乙经》十二卷，又有皇甫谧《黄帝三部针经》十三卷，兼袭二志之文，则更舛误矣。书凡一百一十八篇，内十二经脉络脉支别篇、病形脉诊篇、针灸禁忌篇、五脏传病发寒热篇、阴受病发痹篇、阳受病发痹篇，各分上下，经脉篇、六经受病发伤寒热病篇，各分上、中、下，实一百二十八篇。句中夹注多引杨上善《太素经》、孙思邈《千金方》、王冰《素问》注、王惟德《铜人图》，参考异同，某书皆在谧后。盖宋高保衡、孙奇、林亿等校正所加，非谧之旧也。考《隋志》有《明堂孔穴》五卷，《明堂孔穴图》三卷，又《明堂孔穴图》三卷；《唐志》有《黄帝内经明堂》十三卷，《黄帝十二经脉明堂五脏图》一卷，《黄帝十二经明堂偃侧人图》十二卷，《黄帝明堂》三卷。又杨上善《黄帝内经明堂类成》十三卷，杨元孙《黄帝明堂》三卷，今并亡佚，惟赖是书存其精要。且节解章分，具有条理，亦寻省较易，至今与《内经》并行，不可偏废，盖有由矣。

《四库全书简明目录》：《甲乙经》八卷。晋皇甫谧撰。据其自序，盖合《针经》《素问》《明堂孔穴针灸治要》三书，撮其精要以成是经，言针灸之法最悉。或曰王冰所撰《灵枢经》，即割裂此书之文，伪为古书也。

《四库简明目录标注》：《甲乙经》十二卷。晋皇甫谧撰。明吴勉学刊古今医统本。

汲古阁有影宋抄本。张目有明正统六年抄本，题《黄帝三部针灸甲乙经》。[续录]正统本，后有熙宁二年四月二十三日进呈，奉圣旨镂板施行一条，后列富弼、赵抃等衔名，末有题识云，琴川永惠堂俞氏家藏。明刊小字本。槐庐丛书本。

《医籍考》：按，弟坚曰：此书命以"甲乙"，未有详解。按杨玄操《难经序》：昔皇甫玄晏总三部为甲乙之科。《外台秘要》引此书，其"疟病"中云"出庚卷第七"；"水肿"中云"出第八辛卷"；又《明堂》及"脚气"中，并引"丙卷"，然则玄晏原书以十干列，故以"甲乙"命名。《隋志》"《黄帝甲乙经》十卷"，可以证焉。今传本并玄晏自序作十二卷，盖非其真也。《魏都赋》"次舍甲乙，西南其户"，李善注：甲乙，次舍之处，以甲乙纪之也。《景福殿赋》"辛壬癸甲，为之名秩"，吕延济注：言以甲乙为名次也，此其义一尔。

《郑堂读书记》：《四库全书》著录。《隋志》载《黄帝甲乙经》十卷，《音》一卷，《梁》有十二卷；《新唐志》作十二卷，皆无谧撰之文。惟《唐志》又载皇甫谧《黄帝三部针经》十三卷，《宋志》作十二卷，注云：即《甲乙经》。据其自序，非即谧所自撰，故《隋志》《新唐志》皆不题其名氏也。但《新唐志》别载《三部针经》十二卷，明著其名氏，而《崇文总目》《读书志》《书录解题》则并两书皆不载，俱不可解。是书凡一百十八篇，言针灸之法最悉，诸言主之者可灸可刺，其言刺之者不可灸，言灸之者不可刺，此其例也。其称《甲乙经》，则莫得而详其义矣。或谓王冰所撰《灵枢经》，即割裂此书之文，伪为古书，然元晏实引古经以成书，非若所著《帝王世纪》之伪造故事。所以《灵枢》一经亦具有源本，故可与《素问》并行也。其书至宋时文字错乱，义理颠倒，世失其传，学之者鲜，高保衡等奉诏校正，因取《素问》《灵枢》诸书善本校对缮刻。

《万卷精华楼藏书记》：《甲乙经》十二卷。晋皇甫谧撰。医统本。首林亿等新校正序，次自序，次序例。各卷有目，五藏十二原诸论一卷，经络一卷，孔穴一卷，脉一卷，针灸二卷，诸病六卷。《简明目录》序此书于汉张机书前，不知何故。林氏序曰：晋皇甫谧得风痺，因而学医，习览经方，遂臻至妙。取《黄帝素问》《针经》《明堂》三部之书，撰为《针灸经》十二卷，历古儒者之不能及也。惜简编脱落者已多，是使文字错乱，义理颠倒，世失其传，学之者鲜矣。唐甄权但修《明堂图》，孙思邈从而和之，其余篇第，亦不能尽言之。国家诏儒臣校正医书，令取《素问》《九墟》《灵枢》《太素经》《千金方》及《翼》《外台秘要》诸家善书，校玉成缮写备览。兹亦助人灵、顺阴阳、明教化之一端云。皇甫氏自序曰：按《七略》《艺文志》"《黄帝内经》十八卷"，今有《针经》九卷，《素问》九卷，二九十八卷，即《内经》也。亦有所亡失，其论遐远，然称述多而切事少。按《仓公传》其学皆出于《素问》，论病精微，九卷是原本经脉，其义深奥，不易觉也。又有《明堂孔穴针灸治要》，皆出黄帝、岐伯选事也，三部同归，文多重复，错互非一。甘露中，吾病风加苦聋百日，方治要浅近，乃撰集三部，使事类相从，删其浮词，除其重复，论其精要，为十二卷。夫受先人之体，有八尺之躯，而不知医事，此所谓游魂耳。若不精通于医道，虽有忠孝之心，仁慈之性，君父危困，赤子涂地，无以济之。此固圣贤所以精思极论尽其理也。由此言之，焉可忽乎？其本论其文有理，虽不切于近事，不甚删也。五子夜半，五丑鸡鸣、五寅平旦，五卯日出，五辰食时，五巳隅中，五午日中，五未日昳，五申晡时，五酉日入，五戌黄昏，五亥人定，以上此时得疾者，皆不起。

《爱日庐藏书志》：黄帝三部《针灸甲乙经》，十二卷（明初抄本）。晋元晏先生皇甫

谧集。后有熙宁二年四月二十三日进呈，奉圣旨镂板施行一条，后列富弼、赵抃等衔名，末有题识云：正统六年，琴川永志堂俞氏家藏。

《皕宋楼藏书志》：黄帝三部《针灸甲乙经》，十二卷（明蓝格抄本）。晋玄晏先生皇甫谧集。自序曰：夫医道所兴，其来久矣。上古神农始尝草木，而知百药。黄帝咨访岐伯、伯高、少俞之徒，内考五脏六腑，外综经络血气色候，参之天地，验之人物，本性命，（句有脱）穷神极变，而针道生焉。其论至妙，雷公受业，传之于后，伊尹以亚圣之才，撰用《神农本草》以为《汤液》。中古名医有俞跗、医缓、扁鹊，秦有医和，汉有仓公，其论皆精理识本，非徒胗病而已。汉有华佗、张仲景，其他奇方异治，施世者多，亦不能尽记其本末，若知直祭酒刘李[季]琰病发于畏恶，治之而差。云：后九年李[季]琰病应发，发当有感，仍本于畏恶，病动必死，终如其言。仲景见侍中王仲宣时年二十余，谓曰：君有病，四十当眉落，眉落半年而死，令服五石汤可免，仲宣嫌其言忤，受汤而勿服。居三日，见仲宣，谓曰：服汤否？仲宣曰：已服。仲景曰：色候固非服汤之胗也，君何轻命也？仲宣犹不言。后二十年果眉落，后一百八十七日而死，终如其言。此二事虽扁鹊、仓公，无以加也。华佗性恶矜技，终以戳死。仲景论广伊尹《汤液》为十数卷，用之多验。近代太医令王叔和撰次仲景选论甚精，指事施用。按《七略》《艺文志》"《黄帝内经》十八卷"。今有《针经》九卷，《素问》九卷，二九十八卷，即《内经》也。亦有所亡失，其论遐远，然称述多而切事少，有不编次。比按《仓公传》，其学皆出于《素问》。论病精微，《九卷》是原本经脉，其义深奥，不易觉也。又有《明堂孔穴针灸治安[要]》，皆黄帝、岐伯选事也。三部同归，文多重复，错互非一。甘露中，吾病风加苦聋百日，方治多皆浅近，乃撰集三部，使事类相从，删其浮辞，除其重复，论其精至[要]，为十二卷。《易》曰：观其所聚，而天地之精事见矣，况物理乎？事类相从，聚之义也。夫受先人之遗体，有八尺之躯，而不知医事，此所谓游魂耳！若不精通于医道，虽有忠孝之心，仁慈之性，君父危困，赤子涂地，无以济之，此亦圣贤所以精思极论尽其理也。由此言之，焉可忽乎！吾性爱之其本论其文有理，虽不切于近事，不甚删也。若必精要，后其闲暇，当撰核以为教经云尔。臣闻通天地人曰儒，通天地不通人曰技。[下脱"斯医"二字]也[者]虽曰方技，其实儒者之事乎！班固序《艺文志》，称儒者助人君、顺阴阳、明教化，此亦通天地人之理也。又云：方技者，盖论病以及国，原胗以知政，非能通三才之奥，安能及国之政哉？晋皇甫谧博综典籍百家之言，沈静寡欲者，有高尚之志。得风痺，因而学医，习览经方，遂至于妙。取《黄帝素问》《针经》《明堂》三部之书，撰为《针灸经》十二卷，[下脱"历古儒者之"]不能及也。或曰：《素问》《针经》《明堂》三部[脱"之书"]非黄帝书，似出于战国。曰：人生天地之间，八尺之躯，藏之坚脆，府之大小，谷之多少，脉之长短，血之清浊，十二经之血气大数，皮肤包络其外，可剖而视之乎？非大圣上智，孰能知之？战国之人何与言[焉]！大哉！《黄帝内经》十八卷，《针经》三卷，最出远古。皇甫士安能撰而集之，[脱"惜"字]简编脱漏者已多矣，是使文字错乱，义理颠倒，世失其传，学之者鲜矣。唐甄权但修《明堂图》，孙思邈从而和之，其余篇第亦不能尽书之。国家诏儒臣校正医书等，令取《素问》《九墟》《灵枢》《太素经》《千金方》及《翼》《外台秘要》诸家善书校对，玉成缮写，将备亲览。恭惟主上圣哲文明，光辉上下，孝慈仁德，蒙被众庶，大颂岐黄，远及方外，使皇化兆于，无穷，和气浃而充塞。兹亦助人灵、顺阴阳、明教化之一端。国子博

士臣高保衡、尚书屯田郎中臣孙奇、光禄卿直秘阁臣林亿等上。熙宁二年四月二十三日进呈，奉圣旨镂板施行。朝奉郎守国子博士校正医书上骑都尉赐绯鱼袋臣高保衡，朝奉郎尚书屯田郎中同校正医书骑都尉赐绯鱼袋臣孙奇，朝散大夫守光禄卿直秘阁判登闻检院上护军臣林亿。熙宁二年五月二日。朝散大夫右谏议大夫参知政事上护军长安郡开国侯食邑一千一百户赐紫金鱼袋臣王安石，推忠佐理功臣正奉大夫行左谏议大夫参知政事上柱国南阳郡开国侯食邑一千一百户赐紫金鱼袋臣曾公亮、推忠协谋同德守正亮节佐理翊戴功臣开府仪同三司行尚书右仆射兼门下侍郎同中书门下平章事集贤大学士上柱国晋国公食邑一千一百户实封三百户臣赵抃，推忠协谋同德佐理守正亮节功臣开府仪同三司行尚书左仆射兼门下侍郎同中书门下平章事昭文馆大学士监修国史兼绎经润文使上柱国郑国公食邑一万一千户实封四千户臣富弼。戴氏手跋曰：书内尚有当正之处，因无善本《灵枢》，故俟异日乃定。乾隆辛卯休宁戴霖校。朱氏手跋曰：辛卯亥月六日，休宁戴渔卿为详校一过讫，见还，云此本讹字虽多，然其不讹处，视今本大胜，真古抄本也。暇当更求善本校之。是日蜀河朱筠记。《黄帝三部针灸甲乙经》十二卷（明抄本）。晋玄晏先生皇甫谧集。自序。林亿序。后有王安石等衔名，末有"正统六年十有五日琴川俞氏永惠堂家藏"一行。

《日本访书记》：《针灸甲乙经》十二卷。序例后有正统丁巳重刊校记，每半页九行，行廿四字。按近世所行《甲乙经》，唯医统正脉刊本，而脱误宏多，更有以林亿等校注作正文者，如第一卷"心怵惕"条下，引杨上善之说，上善隋唐间人，士安何得引之？此本不载杨上善说，凡林亿等校语俱不载，亦无林亿等序，知在未校正之前。其他亦多与《千金》《外台》所引合，远胜医统本，惜有残缺。据张金吾《藏书志》有明初抄本，后有熙宁二年镂版牒，后列富弼、赵抃等衔名，又陆氏《藏书志》，亦有正统刊本，则此书善本，尚未绝于中土。敬告留心医籍者，当急为刻之。

《经籍访古志》：《针灸甲乙经》十二卷（吴勉学校本，收在医统正脉中）。又零本（存卷一、卷二、卷三，钞明正统丁巳重刊本，寄所寄楼藏）。半页九行，行二十四字，序例后有正统丁巳重刊匡子，此本校之吴氏刊本，文字大佳，与《千金》《外台》所引相合，惜乎所存仅止于此，张金吾《藏书志》亦载正统本，不知与此同种否。

《艺风藏书记》：黄帝三部《针灸甲乙经》十二卷。明影写宋本，纸墨极旧，后有王安石等衔名，末有"正统六年十月五日琴川俞氏永惠堂家藏"一行。收藏有汪士钟字春霆号曦园书画印朱文长方印。

《医学读书志》：《甲乙经》八卷。晋魏郡皇甫谧撰。谧，字士安，自号元晏先生。郡召上计掾，举孝廉，景元初，晋王为相国，辟皆不就。泰始受禅，著《释劝论》以通志。武帝敦辟不已，谧上疏辞疾，称草莽臣，患躯半不仁，十九载。服寒食散违节，隆冬裸袒食冰者七年。又表借帝书，时人目为"书淫"，因病学医。甘露中，撰集黄帝、岐伯《针经》《素问》《明堂孔穴针灸治要》，使事类相从，删浮去复，成一十二卷，自为序。《梁录》作十二卷，《隋志》作《甲乙经》十卷、《音》一卷，《旧唐志》作《黄帝三部针经》十三卷，皇甫谧著。《新唐志》既有《甲乙经》十二卷，又有《三部针经》十三卷，当是复误。书凡一百二十八篇，句中夹注多引杨氏《太素》、孙氏《千金》、王冰《素问注》、王惟德《铜人图》，皆宋林亿等校正所加。今时所传，系明兴安吴勉学校刻。《晋书》：谧，幼名静，安定朝那人，汉太尉嵩之曾孙，出后叔父，徙居新安，年二十，游荡不好学。叔母任氏，流涕婉教，乃感激，就乡人席坦受书，居贫，恒力穑勤学，遂博综典籍，有高尚之志，以著述为务。太康三年卒，年六十八。遗命：服幅巾故衣，以籧篨裹尸，麻约二头，置尸床上。择不毛之地，穿阬成十尺，长一丈五尺，举床就阬，去床下尸。平生之物，皆无所随，惟赍《孝经》一卷，籧篨之外，便以亲土。土与地平，还其故草，使生其上，不种树木。形骸与后土同体，魂爽与元气合灵。亡有前后，不得移祔。无张神座，无十五日朝夕上食。礼不墓祭，但月朔于家设席以祭，百日而止。临必昏明，不得以夜。撰《帝王世纪》《年历》《高士》《逸士》《列女》等传，《元晏春秋》及诗赋诔[诔]颂论难等。门人挚虞、张轨、牛综、席纯皆为晋名臣。子童灵、方回，方回少遵父操，永嘉初，屡征博士，不起，避乱荆州，闭门闲居，遵贤爱物，人咸崇敬之。刺史陶侃，每着素士服，望门辄下，礼敬甚厚。王敦遣从弟廙代侃，迁侃广州，方回谏阻不从，敦果欲杀侃，赖周访获免。廙至荆州，大失物情，以方回为侃所敬，乃收斩树威。荆土华夷，莫不流涕……

《医学读书记》：《甲乙》之误。《素问》曰：阴气盛于上则下虚，下虚则腹胀满。又曰：阳气盛于上，则下气重上而邪气逆，逆则阳气乱，阳气乱则不知人。此二段乃岐伯分答黄帝问“厥，或令人腹满，或令人昏不知人”二语之辞。所谓阳气者，下气也，下气而盛于上，则下反无阳气也。所谓下气者，即阴气也，阳气上盛则阴气上奔，阴从阳之义也。邪气亦即阴气，以其失正而上奔，即为邪气，邪气既逆，阳气乃乱，气治则明，乱则昏，故不知人也。《甲乙经》前“阳气盛于上”五字，而增“腹满”二字，于“下虚则腹胀满”之下，“则下气重上”之上。林氏云当从《甲乙》，谓未有阴气盛于上而又阳气盛于上者。二公并未体认分答语辞，故其言如此，殆所谓习而弗察者耶！心脉搏坚而长，当病舌卷而不能言，其软而散者，当消环自已。按搏坚而长者，太过之脉。心象火而脉萦舌，心火有余，故病舌卷不能言也。软而散者，不足之脉。心者，生之本，神之处，心不足，则精神为消，如卑惵、遗亡、恐惧之类是也。环自已者，言经气以次相传，如环一周，复至其本位，而气自复，病自已也。《诊要经终论》云：刺中心者环死。义与此同。环自已者，经尽气复则生；“环死”者，经尽气绝则死也。《甲乙经》“环”作“渴”，非。推而外之，内而不外，有心腹积也；推而内之，外而不内，身有热也；下而不上，头顶痛也；按之至骨，脉气少者，腰脊痛而身有痹也。《甲乙经》“上而不下”，作“下而不上”；“下而不上”，作“上而不下”，非。盖“上而不下”者，上盛而下虚，下虚则下无气，故腰足冷；“下而不上”者，有降而无升，不升则上不荣，故头顶痛也。经文前两段是有余之病，故变病之处脉自著；后二段是不足之病，故当病之处，脉反衰；按之至骨而脉气少，为腰脊痛而身有痹者，亦不足之诊也。经文虚实互举，深切诊要，自当从古。

《儆季文钞·读医家孔穴书》：《黄帝明堂经》三卷，为言孔穴之祖，其书久佚，今不可得见矣。魏晋以后，针灸之书行于世者，不下数十家。总核其例，不越二法，晋皇甫谧《甲乙经》以身之部位分科，唐甄权《明堂图》、孙思邈《千金方》宗其例。隋杨上善《明堂类成》以十二经脉及奇经八脉为纲领，各经孔穴，各以类附于下，先乎杨氏，有秦承祖亦用此例，后乎杨氏，有王焘《外台秘要》更宗其例，唐时图孔穴者，分正、伏、侧三人，有石刻，有铜像……诸书皆以人身部位分科，悉如《甲乙经》例。其宗杨上善《明堂》例者，惟元滑寿《十四经发挥》，其文一依忽公泰《金兰循经》，其注孔穴则又依王执中《资生经》。忽书今不见。《资生经》引《明堂》已非黄帝本经，其引《铜人》，犹王惟德之原书也。夫人之一身，无非三阴三阳及督任诸脉为之经络，欲治其病，必先原其何经所发，而后按其孔穴，施以针灸，此古道也。后人苦经脉之难觅、孔穴之难检，以《甲乙经》法为简易，遂群焉宗之，往往有知其穴而不知其经，知其治而不知其病之所发，忘本逐末，弊一至此。且《甲乙经》既以人身分要部，独于手足题十二经之名，岂十二经专属手足，而头面肩背胸腹之穴无关于十二经乎？此皇甫谧之疏也。然谧于头面肩背胸腹诸穴，犹详某经所发、某经之会，俾读者得知其本原。若西方子《明堂灸经》诸书，详其主治，不详其经脉，思饮忘源，真可谓不知妄作者矣。

《外台秘要》卷三十九《明堂》序：皇甫士安，晋朝高秀，洞明医术，撰次《甲乙》，并取三部为定。如此则《明堂》《甲乙》是医人之秘宝，后之学者，宜遵用之，不可苟从异说，致乖正理。

《太平御览》：皇甫氏谧《黄帝甲乙经》。《晋书》曰：皇甫谧字士安，沉静寡欲，有高尚之志，以著述为务，自号玄晏先生。后得风痺疾，因而学医，手不辍卷，遂尽其妙。

《古今医统大全》：皇甫谧，字士安，安定朝那人，号玄晏先生。沉静寡欲，是有高尚之志，以著述为务。自得风痺疾，因而学医，集览经方，手不释卷，遂尽其妙。所著《甲乙经》及《针经》行世。

《医学源流》：皇甫谧，字士安，号玄晏先生。博通古今，聚书万卷，精于医术，作《甲乙经》。

《医学入门》：皇甫谧，幼名静，字士安，西晋安定朝那人，汉太尉嵩之曾孙也。居贫，年二十始感激读书，带经而锄，博通典籍百家，以著述为务，沉静寡欲，高尚其志，征辟不就，号玄晏先生，后得风痺羸知医，著《甲乙经》及《针经》。

【按】本书全称《黄帝三部针灸甲乙经》，主要由《素问》《针经》（即《灵枢》）和《明堂孔穴》三部书的针灸经穴内容分类编集而成，还包括引自《难经》关于奇经八脉的记载。本书是现存最早的针灸经穴专著。原书十卷，后分作十二卷，另加《音》一卷，遂有十三卷之说。今传本仍分十二卷，前有皇甫氏自序及序例。卷一分类编述精神、五藏、六府、十二原、四海、营卫三焦、津液、血气、五色诊；卷二分类编述经脉、络脉、奇经八脉、脉度、标本、根结、经筋、骨度等基础理论，均辑自《内经》原文；卷三主要采自古代医籍《明堂孔穴》载349穴，包括孔穴名称、位置、经络关系及刺灸禁忌等，其编排体例以头面躯干分行排列、四肢分经排列为序，唐宋以还，针灸经穴著作概循其例编次著述；卷四均采自《内经》，主要论疾病诊察；卷五采自《内经》及《明堂孔穴》，论针灸禁忌及刺法；卷六采自《内经》关于病机的具体论述；卷七至卷十二具体论述各病的针灸治法，多以《内经》论病开端，用穴则出自《明堂孔穴》，其排列次序与卷三所载孔穴顺序相一致。《明堂孔穴》原书自唐代以后渐次失传，故欲窥其原貌，须从本书等引文辑复。宋熙宁二年（1069）林亿等曾对本书作校对、缮写，即所称“新校正”，现有流传本多出于此。有明万历二十九年辛丑（1601）吴勉学校步月楼刻《古今医统正脉全书》本，藏首都图书馆、中国中医科学院图书馆、上海图书馆、上海中医药大学图书馆，日本另存有明蓝格抄本。通行本有1955年商务印书馆铅印本，1956、1962、1982年人民卫生出版社据《古今医统正脉全书》明刻本影印本，1991年中国医药出版社新校本（黄龙祥校注）。又见于《古今医统正脉全书》《四库全书》《槐庐丛书》《中国医学大成》《中国医药汇海》《传世藏书·子库医部》等。

《明堂五脏论》 不分卷 撰年不详

亡名氏撰

【按】此书是1900年在我国甘肃省敦煌市千佛洞中所发现的古代卷子之一种,现藏法国巴黎图书馆,编号为P.3655。全文在阐述人体五脏六腑表里之间生理、病理相互关系的基础上,指出人体经脉的循行要顺应季节的变化而有所增减,藉以说明脏腑的功能活动必须与自然界的春生、夏长、秋收、冬藏等外在规律相应。卷中的经穴理论与现在相差甚大,值得进一步发掘和研究。除此,卷文中有些论述从未见于现有的传统中医理论,是研究隋唐以前针灸发展不可多得的文献资料,也说明了当时在针灸理论方面一些学术流派的存在。

《针左氏膏肓书》 一卷 未见 东汉

汉·郑玄(康成)撰

《后汉书·郑玄传》略:郑玄,字康成,北海高密人也。八世祖崇,哀帝时尚书仆射。玄少为乡啬夫,得休归,常诣学官,不乐为吏,父数怒之,不能禁。遂造太学受业,师事京兆第五元先,始通《京氏易》《公羊春秋》《三统历》《九章算术》,又从东郡张恭祖受《周官》《礼记》《左氏春秋》《韩诗》《古文尚书》。以山东无足问者,乃西入关,因涿郡卢植,事扶风马融……玄自游学,十余年乃归乡里。家贫,客耕东莱,学徒相随已数百千人。及党事起,乃与同郡孙嵩等四十余人,俱被禁锢,遂隐修经业,杜门不出。时任城何休好公羊学,遂著《公羊墨守》《左氏膏肓》《谷梁废疾》。玄乃发《墨守》,针《膏肓》,起《废疾》。休见而叹曰:康成入吾室,操吾矛,以伐我乎!初,中兴之后,范升、陈元、李育、贾逵之徒争论古今学,后马融答北地太守刘瑰及玄答何休,义据通深,由是古学遂明。

【按】郑玄(127—200),东汉末年儒家学者、经学大师,治学以古文经学为主,兼采今文经学。郑氏遍注儒家经典,以毕生精力整理古代文化遗产,使经学进入了一个"小统一时代",著有《天文七政论》《中侯》等书,共百万余言,世称"郑学",为汉代经学的集大成者。《中国古籍总目》列郑玄《针左氏膏肓书》一卷,言藏中国国家图书馆,经查未见。

《铜人针灸经》 七卷 992

亡名氏撰

冯一梅跋:右《铜人针灸经》七卷,当《四库》著录此书时,未见王惟德三卷原本,然王惟德旧经,实未佚,梅尝购得之。今与此书互校,旧经俞穴半为此书所阙,头部无络却、目窗、正营、承灵、脑空、悬厘、率谷、曲鬓、翳风;面部无素髎、兑端、龈交、禾髎、阳白、大迎、本神、丝竹空、瞳子髎、头维、下关、和髎、颊车;肩部无天髎、臑会、肩髎、肩贞、天宗、秉风、臑俞、肩中俞;背部无灵台、阳关、上髎、次髎、中髎、下髎、会阳;颈部无天容、天窗、天鼎、扶突、人迎、水突、气舍;膺部无气户、库房、屋翳、膺窗、乳中、乳根、中府、周荣、胸乡、天溪、食窦;腋部无渊腋、辄筋、天池、大包;腹部无神阙、气海、曲骨、会阴、幽门、阴都、石关、商曲、肓俞、中注、四满、气穴、大赫、横骨、不容、承满、梁门、关门、太一、滑肉门、天枢、外陵、大巨、水道、归来、气冲、期门、日月、腹哀、大横、腹结、府舍、冲门、京门、带脉、五枢、维道、居髎。手太阴无太渊、尺泽、侠白;手阳明无商阳、合谷、阳溪、偏历、温留、下廉、上廉、三里、肘髎、五里;手少阴无少府、神门、阴郄、通里、灵道、青灵、极泉;手太阳无后溪、腕骨、养老、支正、小海;手厥阴无中冲、太陵、内关、间使、郄门、天泉;手少阳无关冲、液门、中渚、阳

池、外关、支满、会宗、三阳络、四渎、天井；足太阴无大都、太白、公孙、商丘、三阴交、漏谷、地机、阴陵泉、血海、箕门；足阳明无厉兑、内庭、陷谷、冲阳、解溪、丰隆；足少阴无然谷、太溪、大钟、水泉、照海、复溜、交信、筑宾、阴谷；足太阳无至阴、通谷、京骨、申脉、金门、仆参、付阳、合阳、委阳、浮郄、阴门、扶承；而足厥阴之大敦、行间、太冲、中封、蠡沟、中都、膝关、曲泉、阴包、五里、阴廉，足少阳之窍阴、侠溪、地五会、临泣、丘墟、悬钟、阳辅、光明、外丘、阴交、阳陵泉、阳关、中渎、环跳尽不载。疑世医采所习用编为一书，故俞穴不全录。然此书第二卷目骨，第三卷眉冲、神总、明堂、当阳、前关，第四卷督俞、气海俞、关元俞，第六卷下昆仑、阳跷、阴跷、膝眼皆旧经所无。遍考《素问》王注与《甲乙》《千金》《外台》《圣济》亦皆无此数穴，殆别有师承欤？阴跷、阳跷疑即照海、申脉，然旧经照海在足内踝下，而此书阴跷在足内踝陷者中，旧经申脉在外踝下陷中，而此书阳跷在外踝前一寸陷中。所载主治亦不尽同，未敢竟以为是。而目骨一穴在心胛骨头，实是巨骨二穴在肩胛骨头之误。云门在目骨下，亦是巨骨之误。第三卷鸠尾在臆前蔽骨下，此书作巨骨下。盖误移肩端巨骨之名以称臆前蔽骨，而巨字又误作目字，二穴遂误作一穴，肩胛亦误作心胛。其实胛字专属肩背，从无心骨亦称胛者。可知巨骨亦惟肩有此穴，不得以此称心蔽骨，乃又误巨作目。而其主治惊痫破心吐血，亦即用鸠尾主心惊、烦发、破心吐血之文。舛谬之由显然可指。且既曰禁针，又曰针入四分，尤不可信。案《外台》鸠尾注云：不可灸刺。一云：灸五壮。又引甄权云：宜针不宜灸。此书鸠尾穴亦云取气多不幸令人死。是鸠尾之可针不可针，可灸不可灸，古人尚无定说，而安可更增此说乎？若囟会穴，旧经止云初灸不痛，病去即痛，而此云初针之时痛，五十壮即不痛，至七十壮或痛即停灸。承泣穴旧经云可灸三壮，而此云不宜灸，与《甲乙经》同；又云若灸不问多少；三日以后，眼下大如拳，息肉日加，长如桃许，至一月日，如五升大，则较《甲乙》为详。关元穴旧经止云针入八分，而此云若怀胎不针，针必落胎。疑皆出于试验，是此书不可废处也。其首卷论俞穴流注，盖本《千金》而参用《灵枢·本输》文；论九针则录《素问·针解篇》与《刺齐论》《刺禁论》《宝命全形论》文；其末卷推四时太乙及三旬人神所在，即旧经针灸避忌图文；推十二部、九部、四时、十二时人神与十干忌日，盖本《千金》《外台》；推尻神起例，盖本王国瑞《神应针灸玉龙经》。惟所载针灸吉日以《黄帝虾蟆经》校之多不合，《蟆经》甲申为人民离日，丙申为江河离日，戊申为天地离日。又四绝日之一，辛卯为师旷死日，并忌灸刺；又丁卯、丁亥、壬辰、庚子、乙卯、丙辰亦皆不宜灸刺，而此书以为吉，疑非古法《针灸虾蟆忌》。《明堂虾蟆图》见《隋·经籍志》，《孔穴虾蟆图》见《旧唐·经籍志》《新唐·艺文志》，其书至宋而佚，《宋·艺文志》不载，日本丹波绍翁辑《卫生汇篇》内有《虾蟆经》一种，今始流传入中土，宜当日未及见此，然治病至于择日，犹兵家之奇门六壬，无足深辨，始存其异，以备一说可矣。钱塘竹舟、松生两丁君刻《当归草堂医学丛书》，采《四库》已录者及此书，梅与襄校勘之役，并属同里王君恩甫为绘图，因考及此书底蕴如此。第二卷目骨为巨骨之误，已于图中改正。第三卷原阙第六页，今亦为补图，惟神总、明堂、当阳、前关四穴，他书无考，莫定所在，仍阙之。光绪九年十月，慈溪冯一梅识。

《四库全书总目提要》：《铜人针灸经》七卷（浙江范懋柱家天一阁藏本）。不著撰人名氏。案晁公武《读书后志》曰：《铜人腧穴针灸图经》三卷，皇朝王惟德撰。仁宗尝诏惟德考次针灸之法，铸铜人为式，分脏腑十二经，旁注腧穴所会，刻题其名，并为图法及主疗之术，刻版传于世。王应麟《玉海》曰：天圣五年十月壬辰，医官院上所铸腧穴铜人式二。诏一置医官院，一置大相国寺仁济殿。先是，上以针砭之法传述不同，命尚药奉御王惟一考明堂气穴经络之会，铸铜人式。又纂集旧闻，订正讹谬，为《铜人腧穴针灸图经》三卷，至是上之，摹印颁行。翰林学士夏竦序。所言与晁氏略同，惟王惟德作惟一，人名小异耳。此本卷数不符，而大致与二家所言合，疑或天圣之旧本，而后人析为七卷欤？周密《齐东野语》曰：尝闻舅氏章叔恭云，昔倅襄州日，尝获试针铜人全像，以精铜为之，腑脏无一不具，其外腧穴则错金书穴名于旁，凡背面二器相合，则浑然全身。盖旧都用此以试医者。其法外涂黄蜡，中实以水，俾医工以分折寸，案穴试针。中穴则针入而水出，稍差则针不可入矣，亦奇巧之器也。后赵南仲归之内府。叔恭尝写二图，刻梓以传焉。今宋铜人及章氏图皆不传，惟此书存其梗概尔。

《四库全书总目提要补正》：《铜人针灸经》七卷，或天圣之旧本，而后人析七卷欤？黄以周《儆季文钞·读医家孔穴书》云：其时有伪托《黄帝明堂灸经》一卷，及《铜人针灸经》七卷，其书疏舛，不足为训。后人知《黄帝明堂》非一卷也，乃取《铜人经》仰、伏、侧三图及小儿灸方，分为三卷，题曰《新刊黄帝明堂灸经》。又知《铜人经》非七卷也，乃补其孔穴之遗，增其主治之法，合为三卷，题曰《新刊铜人针灸经》。诸书皆以人身部位分科，悉如《甲乙经》例，其宗杨上善《明堂》例者，惟元滑寿《十四经发挥》，其文一依忽公泰《金兰循经》，其注孔穴则又依王执中《资生经》，忽书今不见，《资生经》引《明堂》已非黄帝本经，其引铜人，犹王惟德之元书也。日本《经籍访古志》云：《黄帝明堂灸经》一卷，系《圣惠方》第一百卷，《新刊铜人针灸经》七卷，系《圣惠方》第九十九卷，皆古针经之遗文，王怀隐等编入者。《圣惠方》余未之见，其言盖是。然二书言孔穴，疏漏特甚，或者王怀隐等取其穴明显切用者附录书后，义自无妨，后人取其书专行，以为孔穴全书，斯大谬矣。《访古志》因其出乎《圣惠方》，遂以为唐以前褒誉失实，不可信。玉缙按：瞿氏目录有旧钞本《腧穴针灸图经》三卷，云：后有析为七卷者，失天圣旧本之第矣。

《四库简明目录标注》：《铜人针灸经》七卷。不著撰人名氏，疑即宋王惟德《铜人腧穴针灸图经》也。明山西平阳府刊本。明嘉靖十三年刊本。正统八年书林宗文堂刊本，三卷，佳。平津馆有此书，云胜于今世所行七卷本。[续录]元刊本。清宣统元年贵池刘世珩金大定平水新刊《补注铜人腧穴针灸图经》五卷本，题宋王惟一撰。当归草堂医学丛书本。

《四库全书简明目录》：《铜人针灸经》七卷，不著撰人名士，疑即宋王维德《铜人腧穴针灸图经》也。维德以作惟一，其书乃天圣中奉敕所撰，晁公武《读书志》、王应麟《玉海》并载此书，始末甚详，所与此本合，但卷数小异耳。

《读书敏求记校证》：《铜人针灸经》七卷（入《述古目》）。《铜人针灸经》传来已久，而窦氏秘传（钰案：疑即窦默《铜人针经密语》，见钱补《元志》）内有金津、玉液，大、小骨空（胡校本空作穴），八风、八邪、踝骨八法，此书与《明堂灸经》俱不载，何耶？（案宋李埴《十朝纲要》：元祐六年高丽遗使黄宗悫来献黄帝《针经》，是高丽有别本）。

《医籍考》：亡名氏《针经》（《读书敏求记》，《四库全书提要》作《铜人针灸经》），一卷（《读书敏求记》《四库全书总目提要》作七卷），存。序曰：夫针术玄奥，难究妙门，历代名工，恒多祖述，盖指归有异，机要牙陈，或隐秘难明，或言理罔尽，或义博而词简，或文赡而义疏，背轩后之圣文，失岐伯之高论，致俾学者莫晓宗源。今则采摭前经，研穷至理，指先哲之未晤，达古圣之微言，愬览精英，著经一卷。斯经也。穷理尽性，通幽明玄，陈穴道而该通，指病源而咸既，用昭未悟，以导迷津，传示将来，庶期攸远者尔。

《经籍访古志》：《新刊铜人针灸经》七卷（明熊氏卫生堂重影，聿修堂藏，卷首捺吉氏家藏印，又东都针医官山崎氏藏本），每半页十三行，行二十一二字不等。按：此本翻刻元板者，旧系《圣惠方》第九十九卷。盖古针经之遗文，王怀隐等编入者，后人分为七卷，漫名曰《针灸经》（异本"针灸经"上有"铜人"二字），《敏求记》并《提要》所载即是也。

《慈云楼藏书志》：山西平阳府刊本，不著撰人名氏。《四库全书》著录。按：《崇文总目》载《铜人针灸图经》，三卷，焦氏《经籍志》同，注云宋修，盖书成于天圣中，故《崇文》载之也。衢本：《读书志》作王惟德《铜人腧穴针灸图》三卷，《文献通考》止作《铜人针灸图》，《宋志》又作王惟一《新铸铜人腧穴针灸图经》三卷。考《玉海》亦作惟一，未知孰是也。按：此本卷数与诸书所载不同，惟钱氏《读书记》所载者，即此本也。疑即仁宗时所修，后人改分卷数而佚其夏竦序耳。（《四部总录医药编》）

《皕宋楼藏书志》：新刊《铜人针灸经》七卷（明山西刊本）。不著撰人名氏。夫疗病简易之法，必须针灸。欲明针灸之方者，必须注意于是经。是经也，得之秘传。治病则有受病之源，指穴则有定穴之法，效验神速。锲绣梓与众共之，卫生君子请之勒石幸鉴。

《善本书室藏书志》：《铜人针灸经》七卷（明刊本）。山西平阳府刊。卷首题曰：夫疗病简易之法，必须针灸。欲明针灸之方者，必须注意于是经。是经也，得之秘传。治病则有受病之源，指穴则有定穴之法，效验神速。绣梓与众共之，卫生君子请鉴诸。殆本之坊市木记耳。钱遵王云：窦氏秘传，内有金津玉液、大小骨空、八风八邪、髁骨八法，此书与《明堂灸经》俱不载，何耶？

《艺风藏书记》：新刊《铜人针灸经》七卷。明山西平阳府刊本。篇首小引云：夫疗病简易之法，必须针灸。欲明针灸之方者，必须注意于是经。是经也，得之秘传。治病则有受病之源，指穴则有定穴之法，神验神速，亟绣梓与众共之。

《嘉业堂藏书志》：《铜人针灸经》七卷（文宗阁钞本）。不著撰人名氏。考针灸之法，铸铜人为式，分脏腑十二经，旁注腧穴所会，刻题其名，并为图法及主疗之术。刻板传于世。本有图，今不传。三校对、双玺与前书同。

《宋以前医籍考》第六类（针灸）：按此书、世人多与王惟一所编《铜人腧穴针灸图经》混同，《四库提要》亦然。今据《医籍考》及《经籍访古志》，此书收在《圣惠方》第九十九卷。盖原本系唐人所编，而当自单行。王怀隐等编方书，采入其全文，后人更自《圣惠方》中抄出单行者，断非王惟一之《图经》也。但其单行年次及其姓名皆不详。《经籍访古志》以卫生堂刊本为翻刻元板，然其典据亦未详悉也。要约言之，右所列之考证，除《医籍考》之外，他皆混同两者，不可从焉。

《中国医学书目》：《新刊铜人针灸经》七卷二册。目录。目录前有书肆识语，曰：夫疗病简易之法，必须针灸，欲明针灸之法者，必须注意是经，是经也得之秘传。治病则有受病之源，指穴则还有定穴之法，效验神速，锲（熊本作"今"）绣梓，与众共之，卫生君子，请之勒（熊本作"玉"）石诸可（"诸可"二字熊本作"幸"一字）鉴。

《中国医学大成总目提要》：《铜人针灸经》七卷，《校勘记》一卷。不著撰人名，山西平阳府明刊本，冯氏重校订刊本。不著撰人名。据慈溪冯一梅跋云：《四库》著录此书时，未见王惟德三卷原本，然王准德旧经实未佚，梅尝购得之，今与此书互校，旧经俞穴，半为此书所阙（其本书所阙讹各穴，详后原跋），疑世医采所习用，编为一书，故俞穴不全录，然此书第二卷目骨，第三卷眉冲、神总、明堂、当阳、前关，第四卷督俞、气海俞、关元俞，第六卷下昆仑、阳跷、阴跷、膝眼，皆旧经所无，遍考《素问》王注，与《甲乙》《千金》《外台》《圣济》，亦皆无此数穴，殆别有师承欤？阴跷、阴跷疑即照海、申脉，然旧经照海在足内踝下，而此书阴跷在足内踝陷者中，旧经申脉在外踝下陷中，而此书阳跷在外踝前一寸陷者中。所载主治亦不尽同，未敢竟以为是。而“目骨一穴在心胛骨头”，实是“巨骨两穴在肩胛骨头”之误。云门在“目骨”下，亦是“巨骨”之误。他如第三卷鸠尾在臆前“蔽骨下”，此书作“巨骨下”。诸如此类，不胜枚举，皆详本跋内，从略。关元穴旧经止云针入八分，而此云若怀胎不针，针必落胎。疑皆出于试验，则此书不可或废也明矣。其首卷论俞穴流注，盖本《千金》而参用《灵枢·本输》文，论九针则录《素问·针解篇》与《刺齐论》《刺禁论》《宝命全形论》文，其末卷，推四时太乙及三旬人神所在，即旧经针灸避忌图文，惟十二部、九部、四时、十二时人神与十干忌日，盖本《千金》《外台》，推尻神起例，盖本王国瑞《神应针灸玉龙经》，惟所载针灸吉日以《黄帝虾蟆经》校之多不合，甚之《虾蟆经》不宜灸刺，而此书以为吉日，疑非古法。《针灸虾蟆忌》《明堂虾蟆图》见《隋·经籍志》，《孔穴虾蟆图》见《旧唐·经籍志》《新唐·艺文志》，其书至宋而佚，《宋·艺文志》不载，日本丹波绍翁辑《卫生汇编》内有《虾蟆经》一种，今始流传入中国，然治病至于择日，此上古神道设教，重玄学邪说，实无足深辨，姑存其异，以备一说，作考古可矣。是书钱塘竹舟、松生两丁君刻于当归草堂，采《四库》已著录者而及此书，梅与襄校勘之役，并嘱同里王君恩甫重为绘图，因考及此书底蕴如此。第二卷，“目骨”为“巨骨”之误，已于图中改正。第三卷原阙第六叶，今亦为补图，惟神总、明堂、当阳、前关四穴，他书无考，莫定所在，仍阙之云。据此则是书诚为针灸家参考之要籍。《齐东野语》云：[下同《四库全书总目提要》]

《中国善本书提要》：《铜人针灸经》七卷，一册（《四库总目》卷一百零三）（国会），明平阳府刻本[十行二十一字（18.5×13）]，不著撰人姓氏。目录下题：山西平阳府刊。又有识语五行云：夫疗病简易之法，必须针灸，欲明针灸方者，必须注意于是经。是经也，得之秘传，治病则有受病之源，指穴则有定穴之法，效验神速，锲绣梓与众共之。卫生君子，请之勒石，诸可鉴。考金大定二十六年，平水闲邪聩叟刊《补注铜人腧穴针灸图经》五卷，又《四库全书》著录是书及《明堂灸经》八卷，《提要》称两书俱刊于山西平阳府，此其一也。此本无注，文字灭简，盖村医畏其繁，渐渐节缩，遂成此本。卷内有“医隐”“读古人书”两印。

《铜人针灸经》七卷，一册（国会），明刻本[十行二十一字（18×12.6）]，原书不著撰人姓氏。卷内题：与前一本同。考金大定二十六年平水闲邪聩叟刊《补注铜人腧穴针灸图经》五卷，今有贵池刘氏影印本。又《四库全书》著录《铜人针灸经》七卷，《明堂灸经》八卷，《提要》称二书俱刊于山西平阳府。此本无注，文字亦较诸家简省，疑为村医节缩之本。此本颇似出于活字本，不知平阳原本刻于何代，而版式与《养生导引法》相同，盖此为正德间常州翻刻本也。卷内题：“山西平阳府刊”者，以针灸之书，多刊于平阳，盖原题如此，并非本为平阳所刻也。

【按】 从“四库本”《铜人针灸经》内容来看，本书大约是集合了《内经》《难经》，以及《明堂经》《甲乙经》等与针灸相关的典籍，并

结合了宋代王惟德（一作惟一）所作《铜人腧穴针灸图经》的文字，由编著者加以摘抄、揉杂相混成书，以记述正经经穴位置、主治为主，兼及针法大旨、禁忌等方面。附12幅腧穴图。又查：是书前六卷与《太平圣惠方》卷九十九《针经》的全文基本相同，但后者不分卷。故有学者认为此书虽冠“铜人”之名，实与“铜人”无涉。系元代书商抄录《太平圣惠方》卷九十九《针经》的全文，细分为卷一至六，另附《针灸禁忌》一卷。原书成于唐代，作者已无可考。

有明正德十年乙亥（1515）山西平阳府刻本藏中国国家图书馆、中国医学科学院、北京大学、中国中医科学院、上海中医药大学、上海图书馆。又见于《平阳府所刻医书六种》《四库全书》《当归草堂医学丛书》。

《针灸资生经》　七卷　1220

宋·东嘉王执中（叔权）撰

蒲登辰序：《资生经》者，合《明堂》《铜人》《千金》《外台》而一之，大监王公所编次，择精语详，针灸之法皆聚此书矣。闻之故老，谓澧学旧有公本，火于淳祐乙巳，后不复再见。至元壬辰，余得善本于维扬，即欲刻诸荆泮，与卫生之家共之，会授代不果。大德丙午，白其事于宪佥汶上国先生，一见大喜，即召匠计值，命平代等处军民长官谢琰、医学正覃南荣、澧阳县典史唐益秀协力相成其事，教导戴梦高专任校雠之责。越十月，书成。余谨按，扁鹊、华佗及孙思邈方论，药饵、针灸，未尝偏废，后世医士，举一废一；而号为专门针灸者亦皆未得腧穴之正。旧有年壮病劳极者，膏肓两穴，更数医不效，后得此书，按图取穴，一灸即愈。其间阿是穴法之说、禁穴许灸三壮之说，亦皆累试累效。禁穴艾炷止麦粒大，仍隔蒜片尤稳。近年有为狂猘所伤者，亦尝依经灸活三人。是书之有益于世多矣。今既板行一路，流布四方，其所全活，庸有既乎？国先生按行属部，究心民瘼，痒疴疾痛，举切诸身。今板行是书，亦济人利物之一端，而余之本心亦于是而获遂矣，故喜而为之序。大德丁未三月，阆中郡蒲登辰序。

蒲序附记：有为狂猘所伤者，已经八日斑猫等药不效，余令补灸八壮，以后依经日灸一壮，至百壮止，仍服韭菜自然汁，以滓封灸疮，三人皆安，已经十年不发，其可尚也已，故书志末。

徐正卿序：铜人明堂，黄帝岐伯鬼臾区留以活天下后世。自隔垣透肤之妙无传，乃谓是能绝筋脉伤血肉，至望而畏之，有疾则甘心于庸医，百药之俱试，不知病在巅者，必灸风池、风府，非桂枝辈所能攻；病在肤者，必灸刺魂门，虽枳实辈不能下，遂至于束手无策，岂不哀哉！近世朱肱、庞安常俱为针法，许知可亦谓病当以刺愈。三衢邹握虎以治法为歌诗该括行。古圣贤活人之意，赖以复传。今东嘉王叔权又取三百六十穴，背面巅末，行分类别，以穴对病，凡百氏之说切于理，自己之见得于心者，悉疏于下。针灸之书，至是始略备。古圣贤活人之意，至是始无遗憾。传谓人子者，不可不学医。予亲年八十，精力强健，非赖此书耶，因俾医卫生杰订证不传见者十有八条，锓木庾司，以补惠民之阙。时嘉定庚辰孟夏朔，承议郎提举淮南东路常平茶盐公事徐正卿序。

赵纶后序：予得倅澧阳，吏以图经来迓，暇日阅之，见文籍之目，有灸经焉，意其非明堂，即铜人也。祗役以来，亲故惠书，及士夫之经从者，多以印置此书为托。扣其所以，乃前郡博士王君执中之所编著也。毛求其版则亡之矣。岂好事者，携之以去，或守藏者不谨，而散逸之邪？然是经流传既久，岂无存者，冥加搜访，竟未得之。忆箧中有淮东庾使徐君正卿所刊《针灸资生经》，取而视之，其序引，历述东嘉王叔权发明编类之功，且谓针灸之书，至是始略备。古圣贤活人之意，至是始无遗憾，则知王君之用心，亦仁且至矣。所谓叔权者，其王君之字欤？一日出示医谕刘沄，刘一见惊且喜曰，王君所刊正此书也。今之刻画精致，视昔有加。究所由来，盖徐君尝主民曹于是邦，得此书归而刊之耳。吁！是经也，王君首刊之澧阳，今不复存。徐君继刻之海陵，其存与否，又未可知。版之不存，则二君之志，将遂湮微，岂不惜哉？予负丞于此，适携以偕，殆非偶然者，亟命工锓梓，以广其传。使是书得不泯绝，其于卫生，岂曰小补？绍定四年四月望，朝散郎澧阳郡丞赵纶后序。

弘治十六年《温州府志·科第》：王执中，瑞安人，宋乾道己丑郑侨榜进士，终将作丞。

《广勤堂刊记》：古语云：有方不传，谓之不孝。《西铭》云：民，吾同胞。痒疴疾痛，举切诸身，服膺斯言，欲广是心，卒莫能遂。昨家藏宋南渡后新刊《针灸四书》及《针灸资生经》，实上古圣贤活人之指南也。凡诊视脉息，针灸俞穴，具在其中。然当世缺本，是用梓行，以海其传，民胞之仁，庶或可推、不孝之诮，吾知免矣。（三峰广勤叶景达重刊）

仪顾堂题跋：《针灸资生经》七卷。影写明正统间广勤书堂刊本，题曰大监王公编。每页二十四行，每行二十二字，前有嘉定庚辰奉议郎提举淮南东路常平茶盐公事徐正卿序，目后有正统十二年孟夏三峰景达谨咨木记，卷末有三峰广勤叶景达重刊一行，盖明时麻沙本也。案赵希弁读书附志（已见前）。今观书中所引，如《灵兰秘典》《难经疏》《陆氏续集验方》《耆域方》，今皆不传，自叙治效所得颇深，盖士人而精于医者，阁本有绍定四年赵纶序，此本缺。

笺经室题跋：《针灸资生经》七卷（元广勤书堂刊本），黑口双边，每半页十二行，每行二十四字，见此元刻本，乃知《皕宋楼藏书续志》及《善本书室藏书志》所载之影写元刻本，皆书贾所作伪，而不免为其愚矣。

《郡斋读书志》：《针灸资生经》七卷，右王执中所编也。执中东嘉人，尝为从政郎澧州教授云。

《续通志·艺文略》：《针灸资生经》七卷。旧本题叶氏刊，不著撰人名氏。

《续文献通考·经籍考》：王执中《针灸资生经》七卷。执中，字叔权。永嘉人。据赵纶序称澧阳郡博士。

《聿修堂藏书目录》：《针灸资生经》七卷。七册，影抄北条颢时《金泽文库》本。宋王执中撰。《针灸资生经》七卷。七册，宽文九年刊本。

《四库全书总目提要》：《针灸资生经》七卷（两淮盐政采进本），旧本题叶氏广勤堂新刊，盖麻沙本也，不著撰人名氏，前有嘉定庚辰徐正卿初刊序，称东嘉王叔权作，又有绍定四年赵纶重刊序，称澧阳郡博士王执中作，而疑叔权为执中字，以字义推之，其说是也。其书第一卷总载诸穴，二卷至末分论诸证，经纬相资，各有条理，颇为明白易晓。旧本冠以徽宗崇宁中陈承、裴宗元、陈师文等校奏医书一表，与序与书皆不相应。考裴宗元、陈师文等即校正《太平惠民和剂局方》三人，殆书贾移他书进表置之卷端，欲以官书取重欤。然宋代官书自有王惟德《铜人针灸经》，曷可诬也。

《四库全书简明目录》：《针灸资生经》七卷，宋王执中撰。第一卷总载诸穴，后六卷分论诸症，经纬分明，颇易寻觅。

《四库简明目录标注》：《针灸资生经》七卷。宋王执中撰。路有元刊本。《四库》著录系麻沙广勤堂本。[附录]广勤堂本，近归杭州丁氏，余从借得，景写一本。（诒让）。[续录]宋嘉定庚辰徐正卿刊本。宋绍定四年赵纶重刊本。顾鹤逸藏元刊本，十二行，

廿四字，目录前有“广勤书堂新刊”一行。

《医籍考》：王氏执中《针灸资生经》（读书附志七卷），存。高武曰：《资生经》取三百六十穴，背面巅末，行分类别，以穴属病，盖合《铜人》《千金》《明堂》《外台》而一之者也。

《经籍访古志补遗》：《针灸资生经》七卷（旧钞本，寄所寄楼藏）每半板十行，行廿字，目录分上下，不载序跋。按此本第二卷第三卷题名下，影模金泽文库印，盖就文库旧藏而影钞者，原本殆即宋椠原刊乎？文字端正，尤可贵重。又明正统丁卯刊本（缺六、七两卷，聿修堂藏），首载嘉定庚辰徐正卿序，目录后题广勤书堂新刊，又有正统十二年孟夏三峰叶景达谨咨木记，卷首有大监王公编五字。按张金吾藏书志载元板《脉经》跋云：先以《针灸资生经》梓行矣，今复刻《脉经》，时天历庚午仲夏，建安时日增志于广勤堂。据此则此本盖取原于元刊本已，又按室素堂有旧钞善本，宜就商补此本之缺。又宽文九年所刊，全据此本，有大德丁未蒲登辰序，序后记治狂猘所伤一则六行。又有弘治甲子刘氏安正堂刊本（寄所寄楼藏）亦据此本，又有朝鲜国刊本（怀仁阁藏）。又按室素堂藏宽文本有葵所闲人手校本，末补绍定四年四月望朝散郎澧阳郡丞赵纶后序，云宽文十三年癸丑重九日蔡所闲人书，闲人名亲俊，为橘一溪先生五世孙，赵跋诸本不载，或是据绍定刊本校正者，则亦得据以窥宋本之一斑，其宜贵重，不待名家手迹所存已。

《铁琴铜剑楼藏书目录》：《针灸资生经》七卷（元刊本），不著撰人。案嘉定庚辰徐正卿序，谓东嘉王叔权作，则亦宋时人也。目录前有广勤书堂刊一行。其第一卷专论人身诸穴，第二卷以下列针灸诸法。其铜人图式，非独正背，兼具侧形。考《唐志》有《黄帝十二经偃侧人图》十二卷，此或其遗法欤？

《皕宋楼藏书续志》：《针灸资生经》七卷（影写元刻本）。元大监王公执中编。《铜人》《明堂》，黄帝、岐伯、鬼臾区留以活天下后世。自（隔垣）透肤之妙无传，乃谓是能绝筋络，伤血肉，遂望而畏之。为广[有疾]则为[甘]心于庸医百药之俱试，不知病在巅者，必炙[灸]风池、风府，非桂枝辈所能攻；病在膺者，必炙[灸]刺期门，虽枳实辈不能去，遂至于束手无策，岂不哀哉！近世朱肱、庞安常俱为针法，许知可亦谓病当以刺愈。之[三]（衢）邹（握虎）以治法为（歌诗）类括，往古圣贤活人之言，赖以复传。今东嘉王叔权又取三百六十穴，背面巅末，行分类别，以穴对病。凡百氏之说切于理，及己之见得于心者，悉沭于口[下]，针灸之书至是始略备，古圣贤活人之言至是始无遗憾。《传》谓为人子者不可不学医。予亲年八十，精力强健，非赖此书耶？因俾医术世杰订滥可传见者广为八条，锓木庾司，以补当代之阙。时嘉定庚辰孟夏朔，奉议郎提举淮南东路常平茶盐公事徐正卿序。古语云：有方不传，谓之不孝。《西铭》云：民，吾同胞。痒疴疾痛，举切诸身，服膺斯言，欲广是心，卒莫能遂。昨家藏宋南渡后新刊《针灸四书》及《针灸资生经》，实上古圣贤活人之指南也。凡诊视脉息，针灸俞穴，具在此中。然当世缺本，是用梓行，以每[广]其传，民胞之仁，（庶或可推，不孝之诮，吾知免矣。）三峰广勤叶景达重刊。

《善本书室藏书志》：《针灸资生经》七卷（影写元刊本）。大监王公执中编。前有嘉定庚辰孟夏朔徐正卿序，又医官陈承、裴宗元、陈师文进书表。上卷目录后题曰：古语云，[下见《皕宋楼藏书志》]以广其传。卷末题三峰广勤叶景达重刊。

《藏园群书经眼录》：《针灸资生经》，七卷目录二卷。宋王执中撰。元刊元印本，十二行二十四字。题“太监王公编”。目录后第二行有“广勤书堂新刊”一行。（顾鹤逸藏

书，壬子二月观。）

《针灸聚英》：《资生经》，东嘉王执中叔权取三百六十穴，背面巅末，行分类别，以穴属病，盖合《铜人》《千金》《明堂》《外台》而一之者也。

《浙江图书馆善本书目题识》：《针灸资生经》七卷，目录二卷。不著撰人名，但题大监王公编。考宋赵希弁《读书附志》，又据卷首嘉定庚辰徐正卿序所言，知与正卿同时也。此本前有清道光丙午吴兴姚衡墨笔题记云：此为宋椠麻沙本。按：《四库目》亦载是书，《提要》谓，旧本题叶氏广勤堂新刊，盖麻沙本。此本目录之首正署有广勤书堂，新刊六字，姚氏故据《提要》之说定为麻沙宋椠，其实《提要》但云麻沙本，不云宋椠也。考建安叶氏广勤堂刻书之见诸记录者，始于元天历庚午，有叶日增广勤堂刊之王叔和《脉经》，其时已在元末，其他广勤堂流传刊本，大抵在明正统、成化以迄嘉靖之际，惟《万宝诗山》一书雕刻特精，钱牧斋误以为宋版，陆刚父沿之不察，深为日本岛田翰所驳。盖宋世建安刻书之家无广勤堂，姚记以此本广勤堂刊为宋椠，亦承牧斋《万宝诗山》之误耳。今按：日本森立之《经籍访古志》称，聿修堂藏有明正统丁卯刊本，首载嘉定庚辰徐正卿序，目录前题广勤书堂新刊，卷首有“大监王公编”五字。《顾仪堂题跋》亦载正统本，与森氏所言同，并云：每页二十四行，行二十四字。以此本校之，均相符合。惟森、陆二家皆称上卷目录后有正统十二年孟夏三峰叶景达谨启木记，陆跋且谓卷末有三峰广勤叶景达重刊题字一行，检此本上卷目录后及卷末叶尾，皆经割损，盖原有木记题字，均为书贾灭去，以伪充宋椠，而不知版式行款俱存，不可掩也。然则此本当定为明正统十二年建安叶氏广勤书堂重刊本。盖前此者元天历中广勤堂尝刊是书，惟天历本刊者系叶日增，此本则日增之子景达所刊耳。

《中国医籍通考》：元广勤书堂刊本，为现存最早刻本，旧藏瞿氏铁琴铜剑楼，今归北京图书馆。该本首页题曰“大监王公编”。考叶氏跋《脉经》云：先以《针灸资生经》梓行矣，今复刻《脉经》，与众共之……时天历庚午仲夏建安叶日增志于广勤堂。则知此本当刊于庚午前不久。又据赵纶序所云，是书王执中早有刊本。宋嘉定本虽不传，而书中徐正卿序今传本均载，赵序则仅见于《四库全书》本。《经籍考古吉补遗》谓：旧钞本《针灸资生经》（寄所寄楼藏）每半板十行，行廿字，目录分上下，不载序跋。按此本第二卷、第三卷题名下，影摹金泽文库印，盖就文库旧藏而影钞者，原本殆即宋椠原刊乎？文字端正，尤可贵重。由此可见宋本之概貌。又失传之元大德本，其蒲氏序见于日本宽文本，是书虽据明正统丁卯新刊本翻刻，然今所见广勤堂新刊本及影钞本均不载。《四库全书》本亦据新刊本缮录，而亦未有此序。明正统丁卯本为叶景达所刊，行款格式同元广勤堂本，其目录后有刊记曰：古语云：有方不传，谓之不孝。《西铭》云：民，吾同胞。痒痾疾痛，举切诸身。服膺斯言，欲广是心，卒莫能遂。昨家藏宋南渡后新刊《针灸四书》及《针灸资生经》，实上古圣贤活人之指南也。凡诊视脉息、针灸俞穴，具在其中，然当世缺本，是用梓行，以广其传。民胞之仁，庶或可推，不孝之诮，吾知免矣。幸鉴。正统十二年孟夏，三峰叶景达谨启。《针灸资生经》刊本除上所述外，尚有明弘治甲子刘氏安正堂刊本，又有朝鲜国刊本，今未见传。其国内外钞本较多，以《四库全书》本及八千卷楼藏影钞本为佳，后者今藏南京图书馆。

【按】 本书简称《资生经》。第一卷论腧穴名称、位置、主治、刺灸法，腧穴排列方法与《铜人腧穴灸图经》略同，所记载的督俞、气海俞、风市等腧穴，以及眉冲、明堂、当阳、百劳等21个民间行之有效的别穴，均为《铜

人腧穴针灸图经》所未载，并附图 46 幅；第二卷论针灸注意事项和一般理论问题，如“针灸须药”“针忌”“忌食物”“同身寸”“论壮数多少”等，强调针灸药并用的治疗原则；第三至第七卷论述各科疾病的辨证取穴及具体的刺灸方法。《针灸资生经》内容丰富，对宋以前的针灸学成就进行了全面系统的总结，对后世针灸学有重要影响。

是书成书后由王执中首刊于澧阳（今湖南澧县），嘉定十三年（1220）徐正卿继刻于海陵（今江苏泰州）。至绍定四年（1231），朝散郎澧阳郡丞赵纶为广其传，再次重刊，今均佚。现存最早版本为元天历庚午（1330）广勤书堂刻本，旧藏瞿氏铁琴铜剑楼，今藏中国国家图书馆。又有明正统十二年丁卯（1447）叶氏广勤书堂刻本，日本宽文九年己酉（1669）村上勘兵卫刻本，南京图书馆藏据元刻本影抄本，1959 年上海科学技术出版社铅印本，1987 年中国书店据四库全书本影印本。又见于《四库全书》《影抄文溯阁四库全书医家类十二种》《中国医学大成三编》。

《流注指要赋》　一卷　1232

元・广平窦杰（子声，汉卿）撰

后序：望闻问切，推明得病之源，补泻迎随，揭示用针之要。予于是学，自古迄今，虽常覃思以研精，竟未钩元而索隐，俄经传之暇日，承外舅之训言，亡了世纷，续继兵扰。其人也，神无依而心无定，或病之，精必夺而气必衰，兼方国以乱，而隔殊药物，绝商而即得访，历节而求方效，不若砭石排疾，势既以受教，遂敏求师，前后仅十七年，晓会无一二真个辈。后避屯于蔡邑，方获诀于李君。斯人以针道救疾也，除疼痛于目前，愈瘵疾于指下，信所谓伏如横弩，应若发机，万举万全，百发百中者也。加以好生之念，素无窃利之心，尝谓予曰：天宝不泄于非人，圣道须传于贤者。仆不自揆，遂申有求之悬，获垂无吝之诚，授穴之秘者四十有三，疗疾而弗瘳者，万千无一，遂铭诸心面著之髓，务拯其困而扶其危，而后除疼痛迅若手拈，破结聚涣如冰释。夫针也者，果神矣哉，然念兹穴俞以或忘，借其声律则易记，辄裁八韵，赋就一篇，讵敢匿于己私，庶共传于同志。岁次壬辰重九前二日谨题。

《元史・列传第四十五》略曰：窦默，字子声，初名杰，字汉卿，广平肥乡人。幼知读书，毅然有立志。族祖旺，为郡功曹，令习吏事，不肯就。会国兵伐金，默为所俘，同时被俘者三十人皆见杀，惟默得脱。归其乡，家破，母独存，惊怖之余，母子俱得疾。母竟亡，扶病藁葬。而大兵复至，遂南走渡河，依母党吴氏。医者王翁，妻以女，使业医。转客蔡州，遇名医李浩，授以铜人针法。金主迁蔡，默恐兵且至，又走德安。孝感令谢宪子，以伊洛性理之书授之，默自以为昔未尝学，而学自此始。适中书杨惟中奉旨招集儒道释之士，默乃北归，隐于大名，与姚枢、许衡朝暮讲习，至忘寝食。继还肥乡，以经术教授，由是知名。世祖在潜邸，遣召之，默变姓名以自晦。使者俾其友人往见，而微服踵其后，默不得已乃拜命。既至，问以治道，默首以三纲五常为对。世祖曰：人道之端，孰大于此？失此则无以立于世矣。默又言：帝王之道，在诚意正心，心既正，则朝廷远近莫敢不一于正。一日凡三召与语，奏对皆称旨。自是敬待加礼，不令暂去左右。世祖问今之明治道者，默荐姚枢，即召用之。俄命皇子真金从默学，赐以玉带钩，谕之曰：此金内府故物，汝老人，佩服为宜，且使我子见之如见我也。久之，请南还，命大名、顺德各给田宅，有司岁具衣物以为常。世祖即位，召至上都，问曰：朕欲求如唐魏徵者，有其人乎？默对曰：犯颜谏诤，刚毅不屈，则许衡其人也。深识远虑，有宰相才，则史天泽其人也。天泽时宣抚河南，帝即召拜右丞相，以默为翰林侍讲学士。时初建中书省，平章政事王文统颇见委任……他日，默与王鹗、姚枢俱在帝前，复面斥文统曰：此人学术不正，久居相位，必祸天下。帝曰：然则谁可相者？默曰：以臣观之，无如许衡。帝不悦而罢，文统深忌之。乃请以默为太子太傅。默辞曰：太子位号未正，臣不敢先受太傅之名。乃复以为翰林侍讲学士，详见《许衡传》。默俄谢病归。未几，文统伏诛，帝追忆其言，谓近臣曰：曩言王文统不可用者，唯窦汉卿一人。向使更有一二人言之，朕宁不之思耶？召还，赐第京师，命有司月给廪禄，国有大政辄以访之……至元十二年，默年八十，公卿皆往贺。帝闻之，拱手曰：此辈贤者，安得请于上帝，减去数年，留朕左右，共治天下，惜今老矣！怅然者久之。默既老，不视事，帝数遣中使以珍玩及诸器物往存问焉。十七年，加昭文馆大学士。卒年八十五，讣闻，帝深为嗟悼，厚加赠赐，皇太子亦赙以钞二千贯，命有司护送归葬肥乡。默为人乐易，平居未尝评品人物，与人居，温然儒者也，至论国家大计，面折廷诤，人谓汲黯无以过之。帝尝谓侍臣曰：朕求贤三十年，惟得窦汉卿及李俊民二人。又曰：如窦汉卿之心，姚公茂之才，合而为一，斯可谓全人矣。后累赠太师，封魏国公，谥文正。子履，集贤大学士。

乾隆十年《广平府志·人物志》：窦默，字子声，初名杰，字汉卿，肥乡人。幼知读书，毅然有立志。元兵伐金，遂南走渡河，医者王翁妻以女，使业医。转客蔡州，遇名医李浩授以铜人针法。又走德安，孝感令谢宪子以伊洛性理之书授之。适奉诏招集儒道之士，乃北归，隐于大名，与姚枢、许衡朝暮讲习，继还肥乡，以经术教授，由是知名。世祖在潜邸，遣使召之，问以治道，一日凡三召见，自是敬待加礼，命皇子从学。世祖即位，以为翰林侍讲学士。时初建中书省平章政事，王文统颇见委任，默面斥文统学术不正，必祸天下，因荐许衡可相，帝不悦而罢。文统深嫉之，默谢病归。未几，文统伏诛，帝追忆其言，召还，赐第京师，命有司月给廪禄，国有大政辄以访之，加昭文馆大学士。卒年八十五。

民国三十年《蓟县志·人物》：窦汉卿，金时人，善医，妙于针。有死去经日，胸前稍温，针之立起。宋庆历、祥符间，曾治太子疾愈，封为太师。著有《针经指南》及《疮疡经验全书》十三卷。首署燕山窦汉卿云。

《卫生宝鉴》：癸丑岁，与窦子声先生随驾在瓜忽都田地里住，冬与先生讲论，因视见《流注指要赋》及补泻法，用之多效，今录于此，使先生之道不泯云云。

《针灸聚英》：右《流注指要赋》，罗谦甫谓窦子声裁就。今自《卫生宝鉴》表录于此。所可疑者，旧注牙齿痛，吕细堪治云。吕细，膀胱经，一名太溪。今按《资生经》《千金》《铜人》，俱无太溪为吕细别名，而太溪为足少阴肾经，非膀胱经也。集用书目：《济生拔萃》十九卷。一卷《针经节要》；二卷《洁古云岐针法》，窦氏《流注》；三卷《针经摘英》。《针法》以仿古制也。延祐间杜思敬所撰者。

《医籍考》：李氏（源）流注指要，佚。按右见于《医学源流》。今按《医学源流》，不云李源有此著，且据题辞而考，此赋为窦所作明矣。

【按】又名《窦太师流注指要赋》《通玄指要赋》。文前有阎明广序言，与《子午流注针经》阎序相同，当为刻写此书时所加。此书将常用的43个针灸要穴主治编成一篇歌赋，赋后附有针灸补泻等几篇短论。始载于《卫生宝鉴》，后《针灸聚英》等书均转载。可见于《济生拔萃》《丛书集成初编》（与《外科精义》合刊）。

《针经指南》 一卷 1295

元·广平窦杰(子声,汉卿)撰

原序:夫医者以愈疾为良,其愈疾之理莫妙乎针,故知针者有决病之功,立效之能。且夫学针之士,宜审而刺之,莫纵巨胆,妄为施设,非徒无益而又害之。要在定孔穴以精于心,是以取神功而应于手,信知除疴见于目下,决病在于手中,是以轩岐开端,越人知要,《素问》隐其奥,《难经》彰其妙,况为针者,岂曰小补之哉?谨题。

朱良能序:人受阴阳以生,足一岁之日有三百六十五日,肢节亦分三百六十有五穴,象周天之度也。若稽古神圣,成天之功,立民之命,爰作针法,针某穴,疗某病,手得之,心应之,非天下之至神,孰能与于此?卢扁尚矣,此法罕传。余先人心友窦先生,以针法活人甚多,尝著《八穴真经》,演之为论为赞,钩深索隐,披泄元蕴,后学之士得此一卷书而熟读之者,思过半矣。余于壬辰冬被旨来南,遍历闽中诸郡,求其所谓针法者,皆不获。旧箧中得先生之遗书,敬用锓梓,以广其传。先生名杰,字汉卿,古肥乡人,官至太师,以医学传于世云。时贞元元年岁次乙未良月,成和郎福建等处官医提举燕山朱良能致之序。

刘浴德《窦汉卿传》:太师姓窦名杰,字汉卿,古肥人也。以医学振于金,得针灸法,遂著《针经指南》一书行于世。南北有二汉卿,姓同字同而为医亦同也,况又生同斯世者虖?赞曰:南之汉卿隐于野,以艾重当时;北之汉卿立于朝,以针鸣斯世。于戏!太师以寿国之心而寿人,即以寿人之心而寿国矣。(《医林续传》)

《针灸聚英》集用书目:《针经指南》,古肥乡窦汉卿所撰,首标幽赋,次定八穴指法及叶蛰宫图,颇于《素问》有不合者。

《古今医统大全》:《窦太师针灸》,一名《针灸指南》。名杰,字汉卿,为金太师。

《读书敏求记校证》:太师《针灸》一卷(述古目注"钞"字),窦太师针灸传于婺县王镜泽(钰案:"泽"当为"潭"之误),共计一百二十八法钞录于成化辛丑夏五月,藏书家未见有此本也。

《图书寮汉籍善本书目》卷三:新刊窦汉卿编集《针经指南》一卷,附录二卷,一册钞本。有附《针灸杂说》一卷,新刊庄季裕编《灸膏肓腧穴法》一卷,《针灸杂说》,尾有写成化壬辰竹坪书堂新刊本书,前有"秘阁图书之章"印记。

《医学源流》:窦汉卿。窦氏名杰,字汉卿,古肥人。官至太师。以医学显于世。得针灸法,遂著《针经指南》。

【按】 是书主要内容为《标幽赋》《通玄指要赋》《针经直说》《流注八穴》等,还有经络循行、针灸的补泻与禁忌等有关论述。其中《标幽赋》流传颇广,影响较大。附《针灸杂说》《流注指要赋后序》。有日本抄本(有丹黄批校)藏中国中医科学院图书馆。又见于《针灸四书》。

《标幽赋》 一卷 1295

元·广平窦杰(子声,汉卿)撰

《针灸聚英》:右《标幽赋》,窦汉卿所撰,今自《针经指南》,表录于此。

《中国医籍通考》:《标幽赋》,窦杰,一卷,存。按:高武《针灸聚英》(卷四)引《标幽赋》之全文,凡一千四百二十六言,其末附记曰:右《标幽赋》,窦汉卿所撰。盖《标幽赋》原是《针经指南》之一部,而非独行者也。

【按】 全名《针经标幽赋》。此赋首谈经络,递次为候气、论针、取穴、标本论治、特定穴位、子午流注、补泻、治疗、禁针、禁灸等。凡有关针灸学术中的重要问题,均一一论及,历来被认为是针灸学的一篇重要文献。

首载于《针经指南》，后《针灸大全》《普济方》《杨敬斋针灸全书》《针灸聚英》《针灸大成》《针方六集》等均有转载。

《重注标幽赋》 不分卷 撰年不详

元·兰溪王开(叔启，启元，镜潭，镜泽)注

《读书敏求记》：窦太师注《标幽赋》一卷。兰江镜潭王仁[开]整集。抄写朴陋，墨敝纸渝，惜无善本，正之为憾耳。

《金华府志》：王镜泽，名开，字启元。兰溪人。家贫好读书，不遇于时，遂肆力学医，游大都窦太师汉卿之门二十余年，悉传其术以归。窦公嘱之曰：传吾术以济人，使人无病，即君之报我也。遇人有疾，辄施针砭，无不立愈。至元初，领扬州教授，以母老辞。所著有《重注标幽赋》传于世。子国瑞，孙廷玉，曾孙宗泽，皆克世其业云。

光绪十三年《兰溪县志》：王镜泽，名开，以号行。营居于镜泽之上，人称镜潭先生。子国瑞，屡游三吴，与贝琼交。尝以父《隐居图》请琼为之序。

【按】王开于窦汉卿门下习针灸之学长达二十余年，尽得其传。于元至元(1335—1340)初曾授扬州医学教授，后告老归家。其所整理之窦汉卿遗著，即《铜人针经密语》，参以己见，增订为《增注针经密语》一卷(一作《增注针经密语》)，后佚。其子王国瑞于元天历二年(1329)著成《扁鹊神应针灸玉龙经》，收录《注解标幽赋》，即《重注标幽赋》。

《针灸四书》 五种九卷 1311

元·建安窦桂芳(静斋)辑

子目：何若愚撰阎明广注《子午流注针经》三卷；不著撰人《黄帝明堂灸经》三卷；窦杰《针经指南》一卷，附窦桂芳《针灸杂说》一卷；庄绰《灸膏肓腧穴》一卷。

窦桂芳序：针灸有劫病之功，其言信矣。针必明其孔穴，灸必定其尺寸，孔穴明，尺寸定，则膏之上、肓之下，何患乎厥疾之弗瘳欤？在昔孙公真人有曰：为医知药而不知针，知针而不知灸，不足以为上医，必也药与针、灸三者俱通，始可与言医已矣。余先君汉卿公，以药与艾见重于士大夫，如雨岩吴宪，与以借补宪司官医助教之职，达斋游宪，亲为书其药室曰“活济堂”。至元丙子以来，余挟父术游江淮，得遇至人，授以针法，且以《子午流注针经》、窦汉卿《针经指南》三书见遗，拜而受之。珍藏玩味，大有进益，且喜其姓字、医术与先君同也。因是作而言曰：南北有二汉卿，姓同字同而为医亦同也。北之汉卿，得时行道，针法精于八穴，以愈疾名显于世，官至太师；南之汉卿，隐居求志，惟以药与艾，推而积活人济世之阴功。由是观之，则信矣。南北气质之不同，而达则为相，不达则为医，亦其志之出处有异矣。今将面授针法，已验《指南》之书，朱提举所刊窦汉卿《针经》，二本参究订误，与遗《子午流注针经》及家世所藏《黄帝明堂灸经》、庄季裕所集《灸膏肓穴法》四者之书，三复校正，一新板行，目是书曰《针灸四书》，乐与四方医士共宝之。凡我同志，留心是书，则药与针、灸三者并通，庶可进而为上医之士，亦可无负于孙真人之垂训欤！谨书以纪此书之本末云。至大辛亥，建安后学静斋窦桂芳序。(《普济方》)

《四库未收书目提要续编》：《针灸四书》八卷，元窦桂芳编。桂芳字静斋，建宁人。是书因至元丙子(案：宋德祐二年)以术游江淮间，得金阎明广所注何若愚《流注指微针赋》及所撰《子午流注针经》合三卷，金窦杰《针经指南》一卷，附以家藏《黄帝明堂灸经》三卷，宋庄绰《灸膏肓腧穴法》一卷，为之校正付刊。前有至大辛亥自序，称“同志留心是书，则药与针、灸三者并通，庶可进而为上医之士”云云。为瞿氏所藏影写元刊本，序

目后有"皇庆壬子中元燕山活济堂刊"字样，活济堂者，窦氏药室名，游达斋亲书以赠者也。明广仕履未详，常山人，其书有自序。杰字汉卿，肥乡人，官至太师，其书有无名氏及贞元乙未朱良能序，并有《流注指要赋》壬辰自序。《明堂灸经》有无名氏序。绰字季裕，清源人，即撰《鸡肋编》者，其书有建炎二年自序，是编悉仍之。杰与桂芳父，同时同姓氏，故桂芳序云：喜其姓氏医术与先君同也，作而言曰：南北有两汉卿，姓同字同而为医亦同也。北之汉卿，得时行道，针法精于八穴，以愈疾名显于世，官至太师；南之汉卿，隐居求志，惟以药与艾，推而积活人济世之阴功云云。《四库提要》于《疮疡经验全书》下，不知窦太师名杰，而致疑于书署燕山、申序称合肥之异。不知合肥当为肥乡，其署燕山者，盖泛用郡望，皆由未见此书故也。瞿氏《藏书目录》称杰为合肥人，亦误。惟张氏《藏书志》不误。其书《文渊阁书目》，著录，今自《明堂灸经》外，绝少传本。《四库存目》有《指微针赋》，只从《永乐大典》中录出，不如此之为原本，夫亦至堪宝贵者矣。(胡玉缙)

《爱日精庐藏书志》：《针灸四书》八卷(影写元刊本)。元建安窦桂芳编。《文渊阁书目》著录凡四种，一曰《流注指微针赋》，金南唐何若愚撰集，常山阎明广注，若愚、明广仕履俱未详。案序云：近有南唐何公撰《指微论》，又云：近于贞元癸酉收何公所作《指微针赋》。贞元癸酉，金海陵王贞元元年也。则若愚、明广俱金人可知。赋后即附明广《子午流注针经》，合三卷。一曰《针经指南》一卷，金窦杰撰。杰字汉卿，肥乡人，宋、金时有两窦汉卿，同时同名同字，而且同以医显，金之汉卿仕至太师，即撰《针经指南》者。宋之汉卿隐居不仕，即窦桂芳之父也。一曰《黄帝明堂灸经》，凡三卷。一曰《灸膏肓腧穴法》一卷，宋清源庄绰季裕撰。《宋史·艺文志》著录，合四种为《针灸四书》，凡八卷，桂芳序后有皇庆壬子中元燕山活济堂刊本记。

《郘亭知见传本书目》：《针灸四书》八卷。元建安窦桂芳编。《文渊阁书目》著录。凡四种：一曰《流注指微针赋》，南唐何若愚撰集，常山阎明广注，据阎序，何、阎并金人，赋后即附明广《子午流注针经》，合三卷。一曰《针经指南》一卷，金窦杰汉卿撰。宋金时，有两窦汉卿，同时同名字且同，以医显，金之汉卿仕至太师，即撰《针经指南》者，宋之汉卿隐居不仕，即桂芳之父。一曰《黄帝明堂灸经》，凡三卷。一曰《灸膏肓俞穴法》一卷，宋清源庄绰季裕撰。《宋史·艺文志》著录，合四种为《针灸四书》，凡八卷，桂芳序后有皇庆壬子中元燕山活济堂刊本记。亦见张氏《志》影元刊本。

《铁琴铜剑楼藏书目录》：《针灸四书》八卷(旧钞本)。元窦桂芳编并序。案：桂芳，字静斋，建宁人，汉卿之子，父子皆隐于医。四书者，一为金阎明广《子午流注针经》三卷，首冠以何若愚《流注指微针赋》而为之注，有阎明广序。一为宋窦杰《针经指南》一卷，有朱良能序。杰亦字汉卿，与桂芳父同字，合肥人，仕至太师。时有两窦汉卿，皆以医学显者，桂芳得其书合刻之，并附以家藏《黄帝明堂灸经》三卷，有无名氏序。宋庄绰《灸膏肓腧穴》一卷，有自序。合而编之，目为《针灸四书》。序目后有墨图记二行，曰至大辛亥春月燕山活济堂刊。活济，窦氏药室名，游达斋亲书以赠，见桂芳自序。是本从元刊影写，向藏爱日精庐张氏。

《经籍访古志补遗》：《针灸四书》(成化刊本，宝素堂藏)。《新刊子午流注针经》二卷，南唐何若愚撰，常山阎明广注。《新刊黄帝明堂灸经》三卷，序云至大辛亥春月燕山活济堂刊。《新刊窦汉卿编集针经指南》一卷，古肥窦汉卿撰次。附《针灸杂说》一卷，建安后学窦桂芳类次。《新刊庄季裕编灸膏肓腧穴法》一卷，清源庄绰季裕编，跋云建炎二年。子午流注目录后，有成化癸巳罗氏竹坪书堂新刊本记。按：聿修堂亦有一本，与此不同。《针灸杂说》后有成化壬辰仲秋竹坪书堂新刊本记，比此本颇觉古色，惜有脱页。

【按】《针灸四书》初刊于元至大末年(1311)，全书于元皇庆元年(1312)刻成。包括《子午流注针经》《黄帝明堂灸经》《针经指南》《膏肓俞穴灸法》4种针灸书，其中《针经指南》后附窦桂芳《针灸杂说》一卷，故为五种九卷。本书不仅从针灸学理论，也从针灸手法、穴名、针灸位置、针刺深浅、留针时间、禁刺禁灸及误刺误灸所带来的后果等实际应用方面，对前人的成果进行了归纳与总结。全书图文并茂，条理清晰，为从医者必备之良书。除单行本外，全书主要内容收录于明《普济方》卷四百零九至四百一十三针灸门中。有元至大四年辛亥(1311)初刻本，藏天一阁；有明成化九年(1473)罗氏竹坪书屋全本，藏"台北故宫博物院"；通行本有1983年人民卫生出版社排印本。

《针灸杂说》 一卷 1311

元・建安窦桂芳(静斋)撰次

《针灸聚英》：《针灸杂说》建安窦桂芳类次，取《千金》禁忌人神及《离合真邪论》，未能曲尽针灸之妙。

【按】参见《针灸四书》按语。可见于《针经指南》附录及《针灸四书》。

《盘石金直刺秘传》 不分卷 元代

元・亡名氏编

【按】现存节抄本，见于《针灸玉龙经》。全本则与《窦太师秘传》《针灸治要》合抄于清抄本《针灸集要》。该书主要内容中针方选穴特点与窦太师《通玄指要赋》《窦太师针经》《针灸玉龙要》极相近，针法补泻原则完全相符，刺血法、透刺法运用亦与之相同，故是书应为窦氏传人所辑，于《针灸玉龙经》之前成书。以上三书经黄龙祥、黄幼民整理为《元代珍稀针灸三种》，2008年经人民卫生出版社出版。

《扁鹊神应针灸玉龙经》 一卷 1329

元・婺源王迪(子吉，国瑞，瑞庵)撰

周仲良后序：《玉龙经》者，婺源王先生所传针灸之书也。其所以托名扁鹊者，重其道而神其书也。名曰玉龙者，盖以玉为天地之精，龙之神变极灵，此书之妙用亦犹是也。愚自蚤岁蒙亲授以来，游艺于七闽两浙之间者几四十年，遇病辄医，医必见效，信此书之道，犹玉之孚尹旁达，光焰愈久而不磨，龙之行天，施泽之无穷，变化愈神而人莫得而测也。由是拜手述其所以指用，识于卷之末云。天历二年岁在己巳，武林后学周仲良书于锦山跻寿堂。

康熙《兰溪县志・方技》：王开，号镜潭，字符启，家贫，好读书。不偶于时，遂肆力于医。游大都窦太师汉卿之门二十余年，悉传其术以归。窦公嘱之云：传吾术以济人，使人愈疾，即君报我也。遇人有疾，辄施之针砭，无不立愈。至元初，征领扬州教授，以母老辞。所著有《重注标幽赋》传于世。子国瑞、孙廷玉、曾孙宗泽，能世其业。

《四库全书总目提要》：《扁鹊神应针灸玉龙经》(无卷数，浙江范懋柱家天一阁藏本)。元王国瑞撰。其书专论针灸之法，首为一百二十穴，《玉龙歌》八十五首，次为《注解标幽赋》一篇，次为《天星十一穴歌诀》十二首，次为《人神尻神太乙九宫歌诀》，次为《六十六穴治证》，次为《子午流注心要秘诀》，次为《日时配合六法图》，次为《盘石金

直刺秘传》，次又附以《针灸歌》及《杂录切要》。后有天历二年国瑞弟子周仲良序：称托名扁鹊者，重其道而神之。其中名目颇涉鄙俚，文义亦多浅近，不出方技家之鄙习，而专门于斯事者，亦不能言之切当若是也。

《四库全书简明目录》：《扁鹊神应针灸玉龙经》一卷。元王国瑞撰。题曰扁鹊，原序以为托名也。其书以针灸腧穴编为歌诀，词颇近俚，而专门之学，具有授受，但取术能愈疾，因不得以词义工拙求之。

《浙江采集遗书总录》庚集医家类：扁鹊神应针灸《玉龙经》一册（二老阁本）。右元婺源王氏撰。不著名，专论针灸之法，凡一百二十八穴，诀八十五首。有天历己巳武林周仲良跋云：其托名扁鹊者，重其道而神之也。

《四库简明目录标注》：《扁鹊神应针灸玉龙经》一卷。元王国瑞撰。《四库》著录系天一阁抄本。

《传世藏书提要》：《扁鹊神应针灸玉龙经》为元王国瑞所撰。成书于1329年。全书一卷。首为120穴、《玉龙歌》85首；次为《注解标幽赋》1篇、《天星十穴歌诀》12首、《人神》《尻神》《太乙》《九宫歌诀》、《六十六穴治证》《子午流注心要秘诀》；再次为《日时》配合《六法图》《盘石金直刺秘传》，并附《针灸歌》及《杂录切要》。全书专论针灸之法，其文义浅近易明，既有长篇针灸治疗歌赋，如《标幽赋》《玉龙歌》，又有短小精悍的针灸歌诀，如《天星十一穴歌诀》等。是一本较切合实用的古典临床针灸书籍。现有《四库全书》本、商务印书馆《四库珍本初集》本和1940年协和医学院据《四库全书》本抄本等。

【按】王迪（1294—1341），字子吉，号国瑞，又号瑞庵，以号名于世。针灸名家王开之子，绍承父业，行医江浙，以针灸术知名。《兰溪县志》谓王国瑞为元代浙江兰溪县纯孝乡白露山（今黄店乡王家村）人，又因客居安徽婺源县（今属江西），世人多以婺源为其里籍，今从之。《扁鹊神应针灸玉龙经》为王国瑞整理其父王开遗稿所成。本书首论针灸经穴，载常用穴位128个，12诀85首；其次载《标幽赋》《天星十一穴歌诀》等内容。子王廷玉，孙王宗泽，皆承继家学。

本书有1935年唐成之抄本藏湖南图书馆，有1940年协和医学院图书馆抄本藏中国医学科学院图书馆，有1986年中国古籍出版社影印文渊阁《四库全书（医家类）》本，有1990年中医古籍出版社铅印本（与《神应经》合订，珍本医籍丛刊，李宁点校）。又见于《四库全书》《四库全书珍本初集》《中国医学大成三编》。

《子午经》 一卷 撰年不详（南宋以前）

（原题）战国·扁鹊秦越人撰

《郡斋读书志》：《子午经》一卷，右题云扁鹊撰。论针砭之要成歌咏，后人依托者。

《针灸聚英》：《子午经》一卷。论针灸之要，撰成歌诀，后人依托扁鹊者。

【按】《郡斋读书志》为南宋晁公武所撰，是我国现存最早的、具有提要内容的私藏书目，该书收入的图书达1492部，基本上包括了宋代以前各类重要的典籍，尤以搜罗唐代和北宋时期的典籍最为完备。晁公武（1105—1180），南宋著名目录学家、藏书家，字子止，号昭德，人称“昭德先生”，济州钜野（今山东巨野）人。晁公武家世翰墨，富于藏书，绍兴间（1131—1162）举进士，援临安少尹，乾道四年（1168）三月改授四川安抚制置使，七年（1171）官扬州知州。尝得南阳井宪孟藏书凡50箧，日夕雠校，每书撮提旨要，撰《郡斋读书志》二十卷，刊行蜀中。原刻不存，后有晁氏门人衢州信安如飞应绩重刊本（世称“衢本”）、江西漕贡进士赵希弁增校本

(刊于袁州宜春县,世称“袁本”)梓行。《郡斋读书志》收载医书50余部,《子午经》为其中之一。其收录医书,注释简切有要,深裨于后学。

元陶宗仪《说郛》卷一百〇九收录本书,所载内容包括主司、主命、行年人神、十二部人神所在、日辰忌、干支人神忌日、十二时忌,多属人神禁忌之说,与晁氏所说不尽相合,似载录不全。有抄本藏天津图书馆、山东中医药大学图书馆(附《孙真人房中经》)。1994年中国社会科学出版社收于《中华杂经集成》排印出版。

《全国中医图书联合目录》言本书成书于1368年,未知何据,推测应该是与《说郛》的成书时间弄混淆了。

《窦太师秘传》 不分卷 未见 明以前

亡名氏撰

【按】《全国中医图书联合目录》未载,《中国针灸荟萃·现存针灸医籍之部》录有此书,言作者不详,成书于明代以前,录出目录。书中按头部、面部、背部、两手背面部、两背部、口内部等6个部位分部,诊治按中风门、伤寒门、头风门、眼目门、耳门、鼻门、口齿门、气门、腰背门、手足门以及杂症分类,末有杂穴治诸病秘法和煮针法两节。有清抄本存世。

《神应经》 一卷 1425

明·陈会(善同,宏纲)撰

明·刘瑾(永怀,恒庵)校补

韩继禧序:恭惟我主上殿下之六年也,命礼曹申严医教,设针灸专门法,择其精于术者为师,而资性明敏者为弟子,劝励之法甚悉焉。适有日本释良心以《神应经》来献,兼传其本国神医和介氏、丹波氏治痈疽八穴法,其八穴虽未试用,《神应经》其传授远有所自,而所论折量补泻法皆古贤所未发者,其取穴又多有起发古人所未尽处,其所著穴,皆撮其切要而得效多者。文简而事周,令人披阅晷刻间证与穴了然在目。圣上嘉叹,命以八穴法付于《神应经》之末,锓梓广布,且以永其传焉。臣窃惟医疗之方,药饵针灸不可偏废,但药非本国所产者颇多,大概皆求之中国而又非尽出于中国也。转转市易,得之甚难,岂真赝陈新之可择,而贫穷下贱与远方之人,亦未易遍及也。唯砭焫之方无费财远求之劳,采暴合和之难,一针一艾,备应无方,运于指掌,办于谈笑,贫富贵贱,远近缓急,无适不宜,况于取效常在药力所不及攻处,而其功用神妙,难以备述。庸医不知,以为卑辱,至相诟病而不肯为。故世之病者,生死寿夭,率皆付之巫觋淫祀,岂不哀哉?圣上愍其然乃设专门,益严劝督,适有遐方之献,不以珍奇可玩之异物,而以此救民济世之神方,不期而至,以孚我圣上仁民爱物之盛德,夫岂偶然哉!成化十年十一月二十一日,推忠定难翊戴纯诚明亮经济佐理功臣崇禄大夫西平君臣韩继禧谨序。

引语:宏纲先生曰:大匠诲人,能与人规矩,不能使人巧。会用工针法,四十年于兹矣。间有不鄙相与讲明者,每设法开悟,惟恐人之不达也。初尝著《广爱书》一十二卷,为诗为赋,自谓颇无余蕴。又虑其浩瀚广漠,或者厌烦而习倦,卒不能力底于成。道以言而传,文以言而诲,于是择其必须熟记者纂为《广爱书》,括斯亦约矣。犹虑不知入门之要,致有窥墙之叹,故复独取一百一十九穴,为诗为图,仍集治病要穴,总成一帙以为学者之规矩。此所谓约之又约者,可不谨识而熟习之乎?若夫神圣工巧出于骊黄牝牡之外者,是又在于心领意会,随时变通。盖有难言传者,当候其真积力久而自得之可也。故作是书以示后学。

宁献王序：唐虞之纪官，非郯子不能以明其制。羲轩之制乐，非师襄则无以审其音。是以圣人师之。医道之学吾未能也，故有“吾不如老农”之叹。然人之有身，血气所醉，嗜欲所汩，寒暑所搏，万虑所攻，鲜有不至于疾者，非圣人曷能安之？是以圣人因之而制，砭焫之方出焉。昔在太朴之世，未有药物，独用砭焫之道，活生民于掌握，此医道之大者也。予喜其无药物㕮咀之劳，而能回生于指下，可谓易矣。乃求其术于医者，久而得之者十有余家，独宏纲得遇信卿席真人所授之术，故其补泻折量之法，其口诀指下之妙，与世医之所不同，出于人者见于此也。其徒二十四人，独刘瑾得其指下之秘，故能继宏纲之术而无坠也。予谓干将虽神，使之补履，莫若一锥之能，良药虽众，至于却病，莫若一针之捷。药以气味而达之，故其宣利经络也迟。针以剸劘而取之，故其疏通血脉也速。况加以冰台，灼以神燧，助其真阳，逐其阴邪，而元气充矣，奚何病之有哉？若人遇夜，或在路，倘有微恙，药不可得也，惟砭焫之术可以应仓卒之用，士之于世，欲治生者，不可不知。予故爱而学之，乃命医士刘瑾重校其师宏纲先生所传《广爱书》十卷，予止取其穴之切于用者为一卷，更其名曰《神应经》。内五百四十八症，计二百一十一穴，又择其刘瑾之经验者，六十四证，计一百四十五穴，纂为一册，目曰《神应秘要》。而以此心推之于众庶，不负宏纲广爱之仁也，此书世所未有，用传于世，今命刊行，以纪于首章云。时在洪熙乙巳四月二十一日书。

跋：考之砭焫一科，虽有《资生经》《针灸四书》，其间浩瀚广漠，不能窥其要妙。独宏纲陈先生得梓桑君家传之秘，乃纂其备要，编为是书，以便后学。今重校正，定其详略，尤为切要，使天下后世咸跻于仁寿之域也。

《四库全书总目提要》：《神应经》一卷（浙江朱彝尊曝书亭藏本），明陈会撰，刘瑾补辑。瑾所附论，皆冠以“臣”字，亦不知何时进御本也。案宦官刘瑾，武宗时，流毒海内，终以谋逆伏诛，断无人肯袭其姓名者，此书当在正德前矣。所论皆针灸之法，有歌诀、有图、有说，传写伪谬，不甚可据。前有宗派图一页，称梓桑君席宏达，九传至席华叔，十传至席信卿，十一传至会；会传二十四人，嫡传者二人，一曰康叔达，一即瑾也。又有席宏达誓词，谓传道者，必盟天歃血，立誓以传，当于宗派图下，注其姓名，如或妄传非人，私相付度，阴有天刑，明有阳遣云云，是道家野谈耳。

《医籍考》：《神应经》一卷。按：提要说欠详，盖似未见宁献王序者。献王序旧不题名，有咸跻寿域印记并花押，与其所著《乾坤生意》活人心序所识同，即知是书。刘瑾因献王之命，就陈会《广爱书》，节抄为编。

《善本书室藏书志》：《神应经》一卷（明刊本，汪季青旧藏）。宏纲先生陈会善同撰，医士臣刘瑾永怀重校。《提要》谓，会、瑾均不知何许人。瑾冠臣字，亦不知何时进御。宦官刘瑾以谋逆伏诛，断无人袭其姓名，此书当在正德前矣。旧为朱彝尊藏本，当时传写讹谬，馆臣故曰不甚可据。今系刊本，前有仁宗洪熙乙巳四月二十一日序文云：宏纲遇信卿席真人所授之本，故其补泻折量之法，其口诀指下之妙，与世医之所不同，出于人者见于此也。其徒二十四人，独刘瑾得其指下之秘，乃命重校其师宏纲所传《广爱书》十卷，予止取其穴之切于用者为一卷，更其名曰《神应经》。有木印曰咸跻寿域，又有御押，似馆臣所未见也。洪熙继永乐，是为仁宗，在位止九月，此序作四月二十一日，其去五月帝崩不远矣。旧为林宁汪季青家藏。

《续文献通考·经籍考》：陈会《神应经》一卷。会，字善同，里贯无考。臣等谨案：是书前有宗派图，称梓桑君席宏达九传至席华，十传至席信卿，十一传至会，会传二十四人，皆历历可据。

《浙江采集遗书总录》：《神应》经一册（二老阁藏刊本）。右明陈会撰，医士刘瑾增校。专纪针灸之术，称得于梓桑君席宏远[达]之秘传。

《针灸大成》：《神应经》二卷，乃宏纲陈会所撰。先著《广爱书》十二卷，虑其浩瀚，独取一百一十九穴，为歌为图，仍集治病要穴，总成一帙，以为学者守约之规。南昌刘瑾校。

《传世藏书提要》：《神应经》为明陈会所撰。成书于1425年。全书一卷。卷首为宁献王序跋，次列梓桑君（席宏达）针道传宗图，其后分述针灸穴法及基本操作，内、外、妇、儿各科疾病的针灸疗法及逐日人神所主。该书所论折量补泻法皆古贤未发者，其取穴也有发挥古人所未尽处，其俞穴皆撮其切要而得效者，文简而事周，披阅之时，证与穴了然在目。是一本对针灸临床工作很有价值的参考书。主要版本有明刊黑口本、日本正保二年（1645）田左卫门刻本和1957年据正保二年翻刻本抄本等。

《中国医学大辞典》：《神应经》二卷（《四库》著录本作一卷）。明陈会撰，刘瑾校。会既著《广爱书》，虑其浩瀚，独取百十九穴为歌、为图，仍集治病要穴，总成一帙，以为学者守约之规。陈会，字善同，号宏纲，不知何许人，著《神应经》一卷。《神婴经》，明陈会撰，儿科之书。

【按】 陈会，字善同，号宏纲，明代人，生平里居不详。据传为桑梓君席宏远十一世弟子，专擅针灸术。著有《广爱书》十卷，后经门人刘瑾校补，易名《神应经》刊行于世。本书为辑取陈会所撰的《广爱书》十二卷之精要而成，主要取用119穴，编成歌诀和插图。本书首载百穴法歌、折量法、补泻手法、穴法图、灸四花穴法，后部分介绍547种病证的针灸配穴及针灸禁忌等。书传日本、朝鲜，并有刻本。有明刻本藏南京图书馆，有日本天保二年乙酉（1645）田原仁左卫门刻本藏中国医学科学院图书馆、上海图书馆，有1957年抄本藏中国中医科学院图书馆，有1990年中医古籍出版社铅印本（与《扁鹊神应针灸玉龙经》合订。珍本医籍丛刊，李宁点校）。又见于《四库全书存目丛书》。

《大本琼瑶发明神书》 三卷 1435

明・赐大师刘真人撰

序曰：观文于天者，非宿度无以稽七政之行；察理于地者，非经水无以别九围之域。矧夫人身而不明经脉，又乌知荣卫之所统哉？此《内经・灵枢》之所由作也。窃考之人与天地为三才，盖一气也，经脉十二以应经水，经络三百六十有五以应周天之数。气血称是以应周期之日，宜乎荣气之荣于人身，昼夜循环周辏天之度十四九。或谓卫气不循其经，殆以昼夜，昼行诸阳，夜行诸阴之异，未始相从，而亦未尝相离也。夫日星虽殊，所以丽乎天者，皆阳辉之昭著也；河海虽殊，所以行乎地中者，实一水之流衍也；经络虽交相贯，所以周于人身者，一荣气也。噫！七政失度，则灾眚见焉；经水失道，则洚潦作焉；经脉失常，则病生焉。以故用针石者，必明腧穴、审开阖，因以虚实以补泻之，此经脉本输之旨，尤当究心，《灵枢》世无注本，学者病焉。许昌滑君伯仁父尝著经络，专专疏手足三阴三阳及任督也。观其图彰训释，纲举目张，足以为学者出入向方，实医门之司南也。书既成，征余序之，手辄书三才一气之说以归之。若别经络筋骨之属，则不暇备论也。时崇宁初元年闰月六日，四明序。

《浙江采集遗书总录》：《琼瑶发明神书》二卷（二老阁藏刊本）。右宋赐《太师刘真人

集》，不著名。专论针灸之书，载经络腧穴并医治诸法，前有崇宁间序。按序有云：许昌滑君伯仁父，观其图彰训释，纲举目张，足以为学者出入向方，实医门之司南也。书既成，征予序之。则是书似伯仁注解，伯仁系明初人，而见于崇宁间序，恐误。

《读书敏求记校证》：《琼瑶真人针经》三卷（述古目注钞字。钰案《万卷堂目》有《琼瑶发明神书》一目，浙江采集医书著录，云三卷，似即此书，惟《万卷堂目》下注刘党二字，疑党即刘真人名也）。题云赐太师刘真人集，莫详何时人。神农煮针法，他书俱失载，独备于此，亦可宝也。（黄丕烈云：乙亥冬得明翻宋本）

《四库全书总目提要》：《大本琼瑶发明神书》二卷（浙江郑大节家藏本）。旧本题赐太师刘真人撰。不著其名。前有崇宁元年序，则当为宋徽宗时人。然序称许昌滑君伯仁尝看经络，专专（案"专专"二字疑误，姑仍原本录之），手足三阴三阳及任督也。观其图彰训释，纲举目张云云。伯仁滑寿字也，元人入明，《明史》载之方技传，崇宁中人，何自见之，其伪可知矣。书中所言，皆针灸之法及方药，盖庸妄者所托名也。

【按】又作《琼瑶发明神书》《琼瑶真人针经》《针灸神书大成》《琼瑶捷径灸疾疗病神书》，有言为宋·刘真人（刘党）撰。藏浙江天一阁文物博物馆。卷端题"赐太师刘真人集"。序文作"大本琼瑶真人针经序"，故钱曾《读书敏求记》《述古堂藏书目》又记作《琼瑶真人针经》三卷。卷上为针灸360穴、流注66穴经络所属、八法流注8穴、十二经脉之所起、之所外合经水、十二源（原）主治五脏六腑之有疾、四根三结六根结、五会五门、八脉八会九针、十二经流注、手指补法、刺灸禁忌、流注逐日开穴、十干所属经穴、十二经气血多少、腧穴配合法、各经源（原）穴、阳日流注正经、十干所属治病歌、十二经病穴歌、阴日流注正经；卷中为神农皇帝煮针法、十干十二支逐日人神针灸宜忌、十二经人形穴道气血主病本经治药；卷下为任督人形穴道，分头面、肩膊、背、膺、腹、胁等部折量计穴，按十二经折量计穴，下为周身折量经穴赋。《四库全书总目》《浙江采集遗书总目》误作二卷，然据书目提要，内容与现存三卷本相同，当是同一书。此书所载无名氏序，系抄自《十四经发挥》吕复序，序末记作"崇宁初元年闰月六日四明序"，仅有少许文字出入及更改纪年。

《琼瑶神书》　四卷　1435

（原题）宋·琼瑶真人撰

詹景炎序：针灸之法捷于用药，夫人而知之矣。于医乎《针灸大全》《针灸大成》遍行于世，而不知其皆本于《琼瑶》乎？《琼瑶》一书备注三百六十余穴，其神针手法深明乎腹部盘盘、搓循逆顺之法，所谓刮战摇按、摄弹搓搜者，无不明白分晓，令医者一目了然。先明乎此，然后习气上升阳、气下升阴，热中取凉、凉中取热，温多取冷、冷多取温，及左补右泻、穴道远近、呼吸度数、浅深分寸，可次第而降矣。吾愿世之医病者取此书而立复之，按针中浮沉迟数之法，斟酌左病取右、右病取左、病上取下、病下取上之妙而消息之，庶不失活人之志云尔。是所望于世之行针者。是为序。时维道光丙申桃月下浣吉旦，古扐吉詹景炎氏八十二岁灯下书。

【按】是书四卷，分天、地、人三部，卷四为附方穴图，与天一阁文物博物馆所藏明刻本，即《四库全书》存目所收、钱曾所见《大本琼瑶发明神书》三卷本迥异，是完全不同的二书。卷一天部重针刺手法，如升阳升阴气上气下之手法讲论歌、升阳、升阴、虚实之循、提、按、弹、撞、搓、捻、加进、加退、顺摇、横摇等；卷二地部男妇证治针法290法；卷三人部论手法应用、腧穴主治配合等65法和灸法；卷四附方穴图，载十四经穴歌等歌诀。全书大多为歌诀和问答，所述针刺手法较为完备，与明代各针灸书相类，又有其独特之处。有清道光二十八年戊申(1848)信元堂刻本藏中国国家图书馆、中国中医科学院图书馆；同治十年(1871)重刻本作《针灸神书大成》杨继洲撰(盖因此书内容因于《针灸大成》而改写)，藏中国中医科学院；有1987年中医古籍出版社铅印本(题《针灸神书》，珍本医籍丛刊，陆康寿点校)。

黄龙祥先生在《针灸名著集成》中对《琼瑶神书》版本进行了甄别：明清流传题作《琼瑶神书》者至少有三种，其一为《琼瑶神书》三卷；其二为《(大本)琼瑶发明神书》三卷(又作《琼瑶真人针经》三卷)。其中前者为真本，后者系伪书，而伪本的流传远较真本为广。其三，有道光二十八年信元堂刻本《琼瑶神书》四卷，则系一本真伪参半之书。以往多将此三种不同书混为一谈，误也。

《针灸大全》 六卷 1439

明·弋阳徐凤(廷瑞)撰辑

《明史·艺文志》：徐氏《针灸大全》七卷。

《聿修堂藏书目录》：徐氏《针灸大全》六卷。三册，万历乙巳刊本。家传《针灸捷法大全》六卷。二册，万历乙酉刊本。明徐凤撰。

卷三《金针赋》小引：此《金针赋》乃先师秘传之要法，得之者每每私藏而不以示人，必待价之千金乃可得也。予今以活人为心，更不珍藏，载于卷中，与同智之士共知。学者慎勿轻视，若能熟读玩味，则用针之法尽于此矣。后学廷瑞识。

《金针赋》泉石心序：大明洪武庚辰仲春，予学针法。初学于洞玄先生孟仲倪公，明年公没，过维阳，又学于东隐先生九思彭公，深得二先生发明窦太师针道之书、梓岐风谷飞经走气补泻之法。游江湖间，以之参问他师，皆不过能谈其概，及求精微之妙，百无一二，间有知者亦莫尽知其奥。予于是甚悦于心，则知世所得者鲜矣，固深胸臆，宝而重之，数年间用而百发百中，无不臻效。永乐己丑，惜予遭诬，徙居于民乐耕锄之内，故退寓西河，立其堂曰“资深”，其号曰“泉石心”，以遁守自娱，过者皆曰：此读书耕者之所也。凡有疾者求治，不用于针，多用于灸，自是梓岐风谷之法荒废而名不闻，非不以济人之心为心，盖不欲取誉于时耳。今也予年向暮，髭鬓皆霜，恐久失传，拳拳在念。正统己未春末，养疾之暇，阅其所传针法之书繁而无统，于是撮其简要，不愧疏庸，编集成文，名曰《金针赋》。金乃世之宝也，非富贵不能得之，岂贫贱所能有也？名其金，称其贵也。贵能劫疾于顷刻之间，故以观夫发端而嗟夫结意，则深叹美其法而有收效之捷耳。篇中首论头病取足、左病取右、男女早晚之气、手足经络逆顺之理，次论补泻下针、调气出针之法，末论治病驱运气血通接至微之妙，而又叮咛勉其学者务必尽其精诚，则可以起沉疴之疾。言虽鄙直，义则详明，尤且贯穿，次第有序，使后之学者易为记诵，诵传不泯。俟他日有窦汉卿复出，而攻之熟，造之深，得于心而应目，显用光大，必念乎今之删繁撮简成文者谁欤？是亦遗言于后也，必学者敬之哉！时正统四年己未岁八月既望，泉石心谨识。

《续修四库全书提要》：明徐凤撰。凤字廷瑞，江西人。是书标题曰“新镌太医院参订徐氏针灸大全”，凡六卷，与《铜人图经》三卷合刻，《图经》标曰“太医院原本”，是全书即太医院所刊也。《明史·艺文志》载徐氏书作七卷，《医藏目录》作《针灸捷法》六卷，与是本卷数相合。别有通行本，作《针灸捷法大全》，盖《明志》讹六作七，至书名繁简互异，此本重经参订，删去“捷法”二字耳。前二卷为总论、诸赋及歌诀，卷三为诸经穴数，卷四为窦太师八法流注及主治诸病证，卷五为金针赋，乃受其本师倪孟仲、彭九思二人所发明窦太师之法，以子午流注按时定穴，编成歌括，卷六为点穴避忌诸杂论，并附诸图像。案：元明以后，针灸诸家大抵多传衍窦氏之法，递有附益，与《灵》《素》古义不尽相同。是奉《铜人图经》即宋天圣中王惟一所撰，明正统中重刊，立石太医院，原名《铜人腧穴针灸图经》，已经著录。详其沿革，其依据多出唐以前古籍，论者谓足正俗本之谬失，是本据之传刊，视诸别本出于重编者较可征信，不失为善本也。

《中国医学大成总目提要》：重订徐氏《针灸大全》四卷。清徐风编述，风字廷瑞，江西广信弋阳县人。释氏德恒重订，德恒字介石，浙江绍兴诸暨县人。汇集诸家精语，详辨针灸之治法，皆聚此书矣。其卷一，首列周身经穴赋歌，禁针禁灸；卷二，列十二经脉流注，脉穴交会，子午流注，奇经八脉，八穴相配；卷三、四，诊脉治病各法，小儿按摩法，小儿针灸法，论灸疮忌食保养各法。所集皆切要实用之法，原书未刊，精钞本，爰为厘订校勘，正讹补阙。

《传世藏书提要》：《针灸大全》为明徐凤所撰。约成书于1439年。全书六卷。卷一、卷二，收载针灸歌赋23首；卷三，周身穴法歌；卷四，窦文真公八法流注；卷五，载《梓岐风谷飞经走气撮要》《金针赋》及《子午流注》；卷六，论灸法等。全书内容是以介绍历代针灸文献资料为重点，并附有插图，是一部综合性的针灸著作。该书选材顾及针灸内容的各个方面，并尽量选取短小精悍的歌诀，既全面又简明。书后所述灸法大都为历代有名的灸法，因此，该书对于研究针灸及临床医师都具有较好的参考价值。

【按】综合性针灸专著，又名《针灸捷法大全》，以介绍历代针灸文献资料为重点，并附有插图。卷一、二为针灸歌赋；卷三为周身折量法；卷四为窦文真公八法流注；卷五为《金针赋》及子午流注等；卷六为灸法等。有明万历三十三年乙巳(1605)金陵唐翀宇刻本藏上海图书馆；有明乔山堂刘龙田刻本藏上海中医药大学图书馆；通行本有1958年人民卫生出版社铅印本。又见于《铜人针经徐氏针灸合刻》。

《针灸捷径》　二卷　1439

亡名氏撰

《医籍考》：亡名氏《针灸捷径》二卷。存。

【按】是书国内不存，2003年人民卫生出版社有铅印本(海外回归中医善本古籍丛书，第十二册，黄龙祥点校)。又见于《日本现存中国稀觏古医籍丛书》。《泌阳县志》载有清代程人坊所撰《针灸捷径》二卷，成书于清嘉庆年间，因未见刊本或钞本，无法判定两者是否是同一图书。

是书前后无序跋，无作者署名。根据本书的成书年代判断，作者系明朝早期人，有学者认为是任职北京太医院的杨敬斋。此书上卷载正、伏头面腧穴图，以及禁针、禁灸穴道，血忌，腧穴定位，汗、吐、下刺法，腧穴；下卷载针灸处方186首，一方一图，仿《针灸资生经》卷三至卷七体例，按病症设图标穴，开按病症治疗取穴绘制针灸图谱先河。

《针灸择日编集》　一卷　1447

明・全循义、金义孙合撰

金礼蒙序：医之道有二焉，曰药饵也，针灸也。而疗病简易之法，莫妙于针灸，要在精于心，应于手耳。苟能审荣卫，辨筋骸，明孔穴之部，定尺寸之分，则虽沉疴痼疾，何忧乎弗瘳？古人云：知药而不知针，知针而不知灸，不足为上医。信乎针灸之为重也。然针灸之法杂出于诸方，择日之际，或迷于吉凶，业斯术者尝病焉。内医院医官护军臣全循义、司直臣金义孙，攻乎此者也，搜摭群书，裒集一编，人神太乙之所主，天医杂忌之所在，条分类析，纤悉无遗。书成以进，命臣序之。臣窃念针灸有劫病之功，而又有立效之能，信斯术之为重也。然人受天地之中，禀阴阳之气，甲胆乙肝，脏腑自分于十干，春井夏荥，经络皆通于四时，则时日支干与人身而运焉，吉凶悔吝随人事而应焉。故《针经》云：得时针之，必除其病，失时刺之，难愈其病。则针灸之道，尤莫重于择日也。是书之广布，盖使人辨吉凶于过眼之顷，疗膏肓于投手之余，共免夭札之患，同跻仁寿之域。凡囿于圣化者，可不知圣朝仁心仁政之所自欤！正统十二年正月初六日，奉训郎集贤殿副校理知制教兼春秋馆记注官世子左司经臣金礼蒙谨序。

罗嘉杰序：宋团练使张公涣所著《鸡峰普济方》，惜已无传，幸《备急灸法》犹得留遗东海。按其图说以疗沉疴，当无有弗愈者。但日有旦暮明晦，序有四时荣枯，人身一小周天，安得不慎其所事？期无背于古，无戾于今，准而行之，斯技也，而进乎道矣。余既将《备急灸法》寿诸梨枣，嗣复获明医院官全循义、金义孙等编集《针灸择日》一卷，考核群书，详明赅括，盖多纪氏旧钞本，卷首有多纪氏藏书印。尝考多纪元坚、多纪元昕并为日本侍医教谕，鉴赏自异凡庸。原本霉腐虫蚀，字迹间有漫漶，乃属友人于小宋茂才悉心校勘，别录副本，与《备急灸法》汇为一集，俾人人知所循守，则救疾之良孰有逾于此者乎！光绪庚寅秋七月，少耕罗嘉杰附识。

《中国医学大辞典》：《针灸择日编》。一卷。明全循义、金义孙合撰。集关于针灸之各种书籍于一编，而以择日为主，考核群书，颇为详赡。前有正统十二年金礼蒙序。清光绪时，上杭罗家杰得之日本，重刻之。金循义：明内医院医官，与金义孙同撰《针灸择日编》。

【按】是书主要辑录明以前针灸书中有关针灸选择日时的资料，并加以对照，依干支日时，定针灸可否。此种针法来自古代“人神流注”学说。目录有：针灸吉日、推天医吉日及杂忌旁通法、《千金方》忌针灸法、又推行年医法、又求岁天医法、又求月天医法、又针灸宜忌法、《千金方》推四时人神忌等27论。

本书散佚海外，光绪十六年(1890)罗嘉杰(少耕)从日本影印引回，与《备急灸法》合刻刊行。民国二十八年(1939)并与《太乙神针》三书合刊本。有清光绪十六年庚寅(1890)上杭罗氏汇刻本、十瓣同心兰室藏版藏中国国家图书馆、中国科学院图书馆、中国医学科学院图书馆、中国中医科学院图书馆、上海图书馆、上海中医药大学图书馆；有清光绪十七年辛卯(1891)江宁藩署刻本同心兰室藏版藏中国国家图书馆、中国科学院图书馆、中国医学科学院图书馆、中国中医科学院图书馆、上海图书馆、上海中医药大学图书馆；有清光绪十八年壬辰(1892)海宁钟氏刻本藏中国科学院国家科学图书馆、上海中医药大学图书馆、四川省图书馆、成都中医药大学图书馆；有清宣统二年庚戌(1910)上海六艺书局石印本藏苏州大学苏州医学院图书馆、浙江省中医药研究院、广西中医学院图书馆；通行本有1955、1957年人民卫生出版社影印本。又见于《太乙神针备急灸法针灸择日编集》。

《针灸集成》 不分卷 1473

元·亡名氏撰

明·亡名氏补注节抄

【按】是书为针灸方专书，由元代亡名氏撰，明代亡名氏补注节抄。近人刘时觉考据：现存明节抄重编本，卷首脱页，书名不详，屯溪古籍书店收购，定名为《针灸问答》。然《乡药集成方》引作“玉龙歌”，《针灸大成》题作《治症总要》，《针灸指要》题作“问答针经”，《医学纲目》引录是书针方时简称为《集成》，且与《玉龙》区分。据黄龙祥氏考证，明以前针灸书以“集成”为题者唯《针灸集成》一种，《文渊阁书目》《秘阁书目》均著录，《针灸问答》即为《针灸集成》节抄补注本，新增针灸方 10 首。其书颇类宋代针灸试卷，节抄补注大略在永乐十九年(1421)至成化九年(1473)间。

是书经黄龙祥、黄幼民整理，与《窦太师针经》《磐石金直刺秘传》一同收编，名为《元代珍稀针灸三种》，2008 年由人民卫生出版社出版。

《针灸集书》　二卷　1515

明·长安杨珣(楚玉，恒斋)撰

自序：岁在壬申，都察院右副都御史古并耿公奉命来镇关陕，便宜行事。政暇集珣谓曰：用药必先明脉理，针灸在乎知穴法，此医道之当然。脉理、穴法虽在人身，而其治法具载于方书，用之者要当察真、体之切，庶不失位而误人也。一或讹舛则脉理不明，孔穴不真，用药针灸，徒为人害，欲疾之瘳者难矣。尝观《素问》有云“小针之要，易陈而难入”，斯言至矣。而东嘉王叔权《资生经》固详，其间于十二经络中穴有列于正侧偃伏之下者，使学者罔知经分。知子由太医院出，亲炙当代名人，博览群籍，必得其旨要，尝著《伤寒撮要》等书，已行于世，子何不详考诸说，立成经络起止，绘图分注，腧穴各归所属经，分类而集之，不惟使后学者有所持循，而济世利人之功亦莫大于此也。珣既承教，不敢固辞，乃取《素问》《铜人》诸书，参互考订，分为经络起止、灌注交会、腧穴寸数、度量取穴之法，与夫针灸补泻、治病腧穴，次韵括诀，悉类而集之。于正侧偃伏所载之穴，各附本经，兼督、任二脉之穴，绘于图像，举始见终，观者了然心目，集为一帙，凡二卷，名之曰《针灸集书》。呈稿间，公被召还朝。乙亥，公复镇陕右，珣遂具录以呈。公乃披而喜曰：子之集此书，深契前贤之心，亦之发其蕴奥，又具简明，易于检阅，诚有益于世也。于是始禀命工锓梓以传，欲人之获睹是书，资之而有以全其生焉。其用心亦仁矣。珣但愧闻见之不广，采取之未备。凡我同志，览其讹缺，详加订正，庶几脉理穴法而无妄举臆度之失，济世卫生不无小补云。书成，因纪述作之意于卷端云。

《艺风藏书续记》：《针灸集书》二卷。明刻大字本。杨珣类集。每半叶五行，行十四字，小字十行，行十八字，黑口。此书见《明史·艺文志》。

【按】又名《针灸详说》(现存明刊《针灸集书》版心均题作《针灸详说》)，为杨珣根据《素问》《铜人腧穴针灸图经》等及其在太医院所接触到的医籍，参互考订而成。卷上首列《腧穴治病门类》，载中风等 76 种病证的针灸治法，后载长桑君天星秘诀、天星十一穴、八法穴治病歌、九针十二原解及针法；卷下为《经络起止腧穴交会图解》，列十四经的循行部位和所属腧穴，并附有插图，意在改变《针灸资生经》等书的分部排列，次序从《十四经发挥》，解释则较通俗。本书成书早于《针灸聚英》《循经考穴编》，但流传不广，所载歌赋为其他书籍所未载。有朝鲜刻本(存卷下一册，江阴缪氏艺风堂藏书)藏中国中医科学院图书馆。日本国立公文书馆内阁文库藏江户抄本为现存足本，1996 年收于《针灸名著集成》，由华夏出版社出版。

《针灸聚英》 四卷 1519

明·四明高武(梅孤子)纂集

自引:扁鹊有言:疾在腠理,熨焫之所及;在血脉,针石之所及;其在肠胃酒醪之所及。是针灸药三者得兼,而后可与言医。可与言医者,斯《周官》之十全者也。曩武谬以活人之术止于药,故弃针与灸而莫之讲。每遇伤寒热入血室,闪挫诸疾,非药饵所能愈,而必俟夫刺者,则束手无策,自愧技穷。因悟治病犹对垒,攻守奇正,量敌而应者,将之良,针灸药因病而施者,医之良也。思得师指而艰其人,求之远近,以针鸣者,各出编集《标幽》《玉龙》《肘后》《流注》《神应》等书,其于捻针补泻,尚戾越人从卫取气、从荣置气之说,复取《素》《难》而研精之,旁究诸家,又知《素》《难》为医之鼻祖,犹《易》为揲蓍求卦之原,诸家医流,如以钱掷甲子起卦,勾陈玄武,螣蛇龙虎断吉凶,似《易》而乱《易》也,后世针灸亦若是尔。呜呼!不溯其原,则昧夫古人立法之善,故尝集《节要》一书矣,不穷其流,则不知后世变法之弊,此《聚英》之所以纂也,安故狃近者,犹曰《易》穷则变,变则通,通则久。是以《诗》变而《骚》,君子取之。郡县者,封建之变。租庸者,井田之变。后人因之,固足以经国治世。奚怪于针灸之变法哉?奚是古非今为哉?岂知封建井田变,而卒莫如周之延祚八百。针灸变,而卒莫如古之能收功十全。如使弊法而可因,则彼放荡逾闲者,可以为礼,以之安上治民;妖淫愁怨者,可以为乐,以之移风易俗哉。夫《易》谓穷斯变通久,《素》《难》者,垂之万世无弊,不可谓穷,不容于变而自通且久也。周子谓不复古礼,不变今乐,而欲至治者远。然则不学古医,不变今俗,而欲收十全之功者,未之有也。兹续编诸家,而折衷以《素》《难》之旨,夫然后前人之法,今时之弊,司命者知所去取矣。时嘉靖己丑夏六月六日四明孤子高武识。

凡例:一、诸书于《素问》《难经》多异少同,今取其同,议其异,故"聚英"名。一、此书以经络腧穴类聚为一卷,各病取穴治法为二卷,诸论针艾法为三卷,各歌赋为四卷,间或发挥一二。一、周身尺寸已详于前集《素难节要》,今只绘图各分写于上,以便准量取穴。一、经络俱属于五脏六腑,今绘其图于经络之前者,知外有是经,则内属是脏腑也。一、《明堂针灸》《铜人》《千金翼》诸书,拘头面腹手足分列腧穴,殊无经络起止次序。今以滑氏《十四经发挥》《金兰循经》经络绘图,每经自始至终,某穴主某病,以便考究。一、《资生经》立诸病目,以各腧穴分属,似难于阅。今以各经腧穴为主,以主某病分属之,仿《神农本草》例,以穴名在前,药性随于后。一、各经腧穴,或有原缺者仍旧。一、《标幽》《玉龙》《肘后》诸歌赋,今医家皆谓其易于记诵。然专事于此,则针灸亦狭矣。姑集于末卷,以备参阅。一、奇经八脉、十二络脉、八会脉、原募穴,虽备于本经络,复表章于后,以便分别。一、前人著取穴捷法治病而不明言穴名者,今考明之。一、取穴法有未明者,窃议一二。一、针灸书惟《明堂》《铜人》《千金》《济生拔萃》、窦氏《流注》《子午》尽好,其余愈出愈下,不合《素问》《难经》者多。各附以发挥。一、东垣针法深得《素问》之旨,人多忽之,各书亦不能载。今于《脾胃论》中表章于此。一、《素》《难》井荥输经合主病,人多不明五行生克,故不能行。今以诸经是动、所生病补泻生克,细为制定,以便针刺。一、各书有关于论针灸,备录于卷末。一、《济生拔萃》于十二经井荥输经合穴,萃集各书主治病证,其余腧穴则未之及,故今仿其例,亦据《铜人》《千金》《明堂》《外台》而补辑之。一、经络悉依《十四经发挥》,流注交接次第腧穴亦依之。比之《铜人》等书有繁杂空穴,皆不增入。一、各空穴下分寸、针

浅深、艾壮多少，俱备录，以便四时取用。《明堂经》则曰《明堂》，《资生经》则曰《资生》，《千金翼》则曰《千金》，《明堂下经》则曰《明下》，或曰《下经》，《外台秘要》则曰《外台》，俱省文尔。一、世俗喜歌赋，以其便于记诵也。今类聚各书歌赋，置之末卷。

康熙二十三年《浙江通志·方技》：高武所著《射学指南》《律吕辨》《痘疹正宗》《针灸聚英发挥》《直指》各三十卷，行于世。

乾隆五十三年《鄞县志·艺术》：高武，号梅孤，好读书，天文、律吕、兵法、骑射，无不娴习。嘉靖时，中武举，北上历览塞垣，以策于当路，不用，遂弃归。所言乾象，无不验。晚乃专精于医，治人无不立起。尝慨近时针灸多误，手铸铜人三，男妇童子各一，以试其穴，推之人身，所验不爽毫发。

《四库全书总目提要》：《针灸聚英》四卷（两淮盐政采进本），明高武撰。武始末未详。是书以经络空穴类聚为一卷，各病取治法为一卷，诸论针灸法为一卷，各歌赋为一卷。凡诸书与《素问》《难经》同者，取其同而论其异，故以“聚英”名书。其所搜采惟《铜人》《明堂》《子午》及窦太师《流注》等书，余皆不录。

《医籍考》：高武《针灸聚英发挥》八卷。存。按此书原八卷，《提要》以为四卷者，唯据其凡例所言，未熟读全书，故致误耳。

《古今医统大全》：梅孤子，姓高，名武。四明人，精医药，尤工于针灸。所学悉宗《素问》，故其医疗效，而所言皆正，著有《素问捷径》《针灸节要》《聚英》等书行于世。

【按】 又名《针灸聚英发挥》。此书是继汉代医家编《明堂经》首次全面总结腧穴主治症之后，又一次系统的针灸腧穴文献整理。全书四卷，卷一、卷四又各分为上下卷。卷首“集用书目”，简介《难经》《素问》等16种以前针灸学著作。卷一为五脏六腑、仰伏人尺寸、手足阴阳流注、中指同身寸法、十二经脉、奇经八脉及所属经穴的循行、主病，附经脉经穴图；卷二为骑竹马法等各家取穴方法；卷三为煮针、火针、温针、折针、晕针、补泻手法、刺法、灸法等；卷四为十四经穴歌等65则歌赋。末附针灸治疗问答。有明嘉靖十六年丁酉(1537)陶师文刻本藏中国中医科学院图书馆、上海中医药大学图书馆（残存卷一、卷二）；有明刻本藏中国国家图书馆、上海图书馆（残存卷二、卷三、卷四）；通行本有1961年上海科技出版社铅印本及1994年中医古籍出版社据陶师文刻本影印本等。

《针灸节要》 三卷 1529

明·四明高武（梅孤子）纂集

黄易序：医书最古而可信者，莫如《素》《难》，于针灸之诀又独详焉。盖原人之经络血脉、阴阳表里，以起百病之本，而针石汤火各有所宜施，其齐之得也，虽磁石取针，何足云喻？然每患于注述乖刺，拙者用之，往往失理，鲜不以愈为剧，可不慎耶？四明梅孤子高武，纂集《针灸要旨》及《聚英》共三帙，一切以《素》《难》为主，而于后世之专门名家多附述焉，其用意勤甚。少参东石戴公，既亲为校正，且委诸铅椠，令未斋陶君师文梓而行之，是将广其传于世，欲人知所师而用之，庶乎其不谬也。仁者之政，类如此矣。陶君属予言为之序，予因题数语于简端，俾世之知此书之传实自二公始，而医之果不谬也，则高子之功何可少哉！谨序。嘉靖丁酉仲夏九日，弋阳黄易书于九潭精舍。

凡例：一、《难经》节要，先取行针补泻，次取井荥俞经合，又次及经脉，各以类相从，不拘旧经篇次。一、《素问》节要，先九针，次补泻，次诸法，次病刺，次经脉空穴，不拘旧文篇目。一、《难经》注虽多，惟滑氏本义折

衷众说，故存之。一、各书有羽翼《难经》者，集注于各条下。一、《难经》注与经旨未合者，窃疑之，非敢妄议前人也，亦欲求明夫理耳。一、《素问》《内经》《灵枢》，旧有王冰注，议者谓其多所强解，今去之，惟录其本文。一、《素问》浩瀚，今节要立题分类，以便记诵。一、前人谓《素问》篇次失序，错简不无。今节要或录其全篇，或摘其一节而类聚之。书之有图所以彰明其义也，可图则图之，今置图卷首，以备参考。

《鄞县志》：高武，号梅孤，负奇好读书，凡天文律吕、兵法骑射，无不闲习。嘉靖中，武举北上，因历览塞垣，以策干于当路不用，遂弃归。所言乾象无不验，晚乃专精于医，治人无不立起。尝慨近时针灸多误，手铸铜人三，男妇童子各一，以试其穴。推之人身，所验不爽毫发。所著《射学指南》《律吕辨》《痘疹正宗》《针灸聚英发挥直指》，各三十卷，行于世。(《医籍考》)

《中国医学大成》：《针灸素难要旨》，明高武撰。武别号梅孤子，四明人。其书以《素》《难》为主，而于后世专书名家多附述焉。少参东石戴公，既亲为校正，且委诸铅椠，令未斋陶君师文梓而行之。原书初刻于嘉靖丁酉仲夏九日，弋阳黄易序，刻于九潭精舍。其例言云：《难经节要》，先取行针补泻，次取井荥俞经合，又次及经脉，各以类相从，不拘旧经篇次。《素问节要》，先九针，次补泻，次诸法，次病刺，次经脉空穴，不拘旧文篇目。《难经》主滑氏本义，折衷诸说故存之，其他各书，有羽翼《难经》者，集注于各条下首列九经图。卷之一，列《难经》针法十八篇。第二之上卷，列《灵》《素》用针法三十六篇。第二之下卷，列《灵》《素》各病针法五十九篇，灸法八篇。卷之三，列十二经奇经八脉、十五络脉、十二经筋、空穴、十二经井荥经俞原合、同身尺寸、经脉长短等十篇。《素问》针法浩瀚，今节要立题分类，以便记诵或录其全篇，或摘其一节，而类聚之，正其误文，增其阙义，阐明经旨。承启后学，允宜参考。

《四库全书提要》：《针灸节要》三卷(两淮盐政采进本)，明高武撰。是书以《难经》《素问》为主，《难经》首取行针补泻，次取井荥俞经合，次及经脉。《素问》首九针，次补泻，次诸法，次病刺，次经脉空穴。俱颠倒后先，于经文多割裂。

《传世藏书提要》：《针灸节要》又名《针灸素难要旨》《针灸要旨》，为明高武所撰。成书于1529年。书凡三卷。卷一首列九针图，正文辑录《难经》原文，分补泻、针刺深浅、五俞穴主病等18节，并引滑氏《难经本义》为注；卷二(上)，采《内经》原文归纳为用针方宜、平刺应五脏、九针应九变、十二刺应十二经等36节，多为针灸基本理论；卷二(下)，以病证分目，辑录经文59节，并详治法，简述灸法；卷三论十二经病刺，奇经八脉病、经脉经筋、同身尺寸等10节。全书采集《内经》《难经》有关经络、针灸理论、临床理论等原文，详述针灸奥旨，井然有序，以惠后学，便于记诵。专题研究《内经》在针灸方面的贡献，除《甲乙经》外，堪称此书。

【按】 又名《针灸素难要旨》《针灸要旨》。此书成书于明嘉靖八年(1529)，刊行于嘉靖十六年，原与《针灸聚英》合刊。卷一首列九针图，仿自《济生拔萃》中的《针经节要》；正文辑录《难经》论针法补泻、五腧主病等文18篇，并引用滑伯仁《难经本义》作注。卷二分上、下篇，辑录《内经》原文，上篇为刺法理论共36篇；下篇为各病证及治法共59篇。卷三载十二经脉、奇经八脉、十五络脉、十二经筋空穴、同身尺寸等10篇。本书辑录《内经》《难经》有关针灸的基础理论，用意在于"溯其源"，而《聚英》的编纂则是"穷其流"。两相配合，则可了解其异同而知所折衷。两书后被《针灸大成》大量吸收，是《大

成》之前对历代针灸文献的重要总结。杨继洲《诸家得失策》所谓"既由《素》《难》以溯其源，又由诸家以穷其流"，即指高氏两书而言。

现存明嘉靖十六年(1537)陶师文《针灸聚英》《针灸节要》合刻本，日本正保二年(1645)武村市兵卫刻本等。有日本宝历三年癸酉(1753)大阪弘昭轩书林刻本版归上海乐善堂石印本藏北京大学中国医学科学院、北京大学图书馆、中国中医科学院、上海图书馆、上海中医药大学等图书馆。通行本有1930年上海中医书局据日本刻本影印本，1959年上海科学技术出版社据日本刊本《针灸素难要旨》发排的铅印本(原大东书局版)等。又见于《中国医学大成》。

《针灸问对》　三卷　1530

明·祁门汪机(省之，石山居士)撰

自序：客有过余者，坐间语及针灸，盛称姑苏之凌汉章、六合之李千户者，皆能驰名两京，延誉数郡，舍此他无闻焉。余曰：休歙有商于彼者，亦尝从之游而授其业矣，因得闻其详焉。语凌则曰：熟于穴法，凡所点穴，不必揣按，虽隔衣针亦每中其穴也。语李则曰：用意精专，凡所用穴，必须折量，以墨点记，方敢始下针也。余尝论之，凌则尚乎简略，李则尚乎谨密，取穴之法，简略者终不及谨密者之的确也。但《素》《难》所论针灸，必须察脉以审其病之在经在络，又须候气以察其邪之已至未来，不知二家之术亦皆本于《素》《难》否乎？客曰：皆非吾之所知也。余因有感，乃取《灵》《素》《难》及诸家针灸之书，穷搜博览，遇有论及针灸者，日逐笔录，积之盈箧，不忍废弃，因复序次其说，设为问难以著明之，遂用装潢成帖，名曰《针灸问对》，以便老景之检阅焉。庶或亦有补于针灸之万一也。后之精于此者，尚惟改而正之，幸甚。嘉靖庚寅冬长至日，祁门朴墅汪机省之序。

程镔序：石山居士校集诸方书于朴墅精舍，南涧子过之，出示《针灸问对》一册。南涧子受读，作而言曰：嘻！余于斯集，重有感焉，是可刻也已。夫道，仁也，夫医，仁术也，术之神者，莫捷于针焫。盖人受天地一气以生，本自流通充溢，阏注羸痼，斯病矣，是故轩岐仓扁针焫之说兴焉。方其心悟神遇，动会肯綮，游刃有间，而目牛无全，夫亦善通天地一气，非外铄也。是故其为书也，言赜而粹，辞微而则，旨邃而玄，后世学无根要，遂苦其奥，置而不讲，徒夸于手法取穴之末。若今之针焫家者，扣其所以，瞠目无对，无惑乎施之靡效尔。斯集也，汇为问对，粹以赜章，则以微著，玄以邃通，俾夫神于昔者，神于今，完天和、溥仁术者，其斯取酌无穷焉。又从而引申触长，以仁夫身者，仁其心，时其私翳而针焫之，认得为己之中，将周流动荡，无一息之匪仁。圣门求仁功夫，岂待别易涂辙，则夫斯集也，进于技而几于道矣。若彼支离色取，曰求仁，求仁者，其真为不知痛痒，乌足以语此？嘻！余于斯集，重有感焉，是可刻也已。居士姓汪氏，讳机，字省之，别号石山，夙业儒，医其余事，而他方书称是已悉有刻云。嘉靖壬辰年菊月，南涧程镔子砺书。

《四库全书总目提要》：《针灸问对》三卷(两淮盐政采进本)，明汪机撰。机，字省之，祁门人。《明史·方技传》称，吴县张颐、祁门汪机、杞县李可大、常熟缪希雍，皆精通医术，治病多奇中，即其人也。是书成于嘉靖壬辰，前有程镔序。上中二卷论针法，下卷论灸法及经络穴道。皆取《灵枢》《素问》《难经》《甲乙经》及诸家针灸之书，条析其说，设为回答，以发明其义，措语颇为简明。其论针能治有余之病，不能治不足之病，详辨《内经》虚补实泻之说，为指虚邪实邪，非指病体

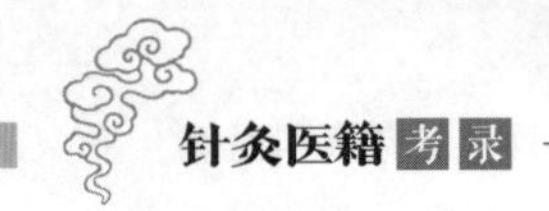

之虚实。又论古人充实，病中于外，故针灸有功；今人虚耗，病多在内，针灸不如汤液。又论误针误灸之害，与巧立名目之诬，皆术家所讳不肯言者，其说尤为笃实。考机《石山医案》，凡所疗之证，皆以药饵攻补，无仅用针灸奏功者，盖惟深知其利病，故不妄施。所由与务矜奇技者异也。

《四库全书简明目录》：《针灸问对》三卷，明汪机撰。上中二卷论针法，下卷论灸法及经络穴道，皆根据古法，设问对以发明其义。其论针能泻有余，不能补不足。又论针灸不如汤液。又极论误灸之害，皆针灸家所讳不肯言也。

《善本书室藏书志》：《针灸问对》三卷(明刊本，鸣野山房藏书)，新安祁门朴墅汪机省之编辑。前者自序，姑苏凌汉章熟于穴法，虽隔衣针，亦每中穴，是尚省略。六合李千户，凡用穴必折量，以墨点记，方始下针，是尚谨密。简略者终不及谨密之的确。但《素》《难》所论针灸，必须察脉，以审其病之在经在络，又须候气以察其邪之已至未来，不知二家亦皆本于《素》《难》否乎？因取《灵枢》《素》《难》及诸家针灸之书，穷搜博览，日逐笔录，设为向难著之。其书亦门人陈桷校刊。

《四库简明目录标注》：《针灸问对》三卷。明汪机撰。嘉靖壬辰刊本，连下二种[《外科理例》七卷，附方一卷；《石山医案》三卷，附案一卷]并《素问钞》三卷、《运气易览》三卷、《痘治理辨》一卷、《推求师意》二卷，合名《汪石山医书七种》。[续录]汪氏医学丛书本，日本抄本。

《万卷精华楼藏书记》：《针灸问对》三卷，明汪机撰。明本。门人陈桷校刊。前有嘉靖壬辰程镔序，汪机自序。上中二卷论针法，下卷论灸法及经络穴道，皆取诸书条析其说，设为问答，以发其义。虚人不宜针灸，石山深知其害。程氏序曰：石山居士校集方书于朴墅精舍南涧，予过之，出示《针灸问答》一册，是可刻也。汪氏自序曰：客有过予者，语及针灸，盛称姑苏之凌汉章，六合之李千户，皆能驰名两京，延誉数郡，舍此他无闻焉。予曰：《素》《难》所论针灸，必须察脉以审其病之在经在络，又须候气以察其邪之已至未来。不知二家之术，亦皆本于《素》《难》否乎？客曰：皆非吾之所知也，予因有感，乃取《灵枢》《素》《难》及诸家针灸之书，穷搜博览，遇有论及针灸者，日逐笔录，积之盈箧，不忍废弃，因复叙次其说，设为问难，以著明之，或有补于针灸之万一也。

【按】汪机少时勤攻经史，补邑庠生，失意科场，后因母长期患病，其父多方医治无效，遂弃科举功名之心，随父学医。其努力钻研诸家医学经典，取各家之长，融会贯通，医术日精。后亲愈母病，其父晚年三得疾，亦三起之，习医之志益坚，久之声名大振。在学术上，汪机既受金、元各家影响，又不拘一格，善于汇集各家之说，在阐发中医基础理论方面有独到的见解，奠定了其一代名医和新安医学奠基人的位置。其一生究心医学，撰写医学著作，直至古稀之年，仍笔耕不辍，计有《读素问钞(注)》三卷，《运气易览》三卷，《针灸问对》三卷，《医读》七卷，《医学原理》十三卷，《痘治理辨》一卷(附方一卷)，《外科理例》七卷，《伤寒选录》(国内未见，或存日本)，《内经补注》(《千顷堂书目》荐录，今未见)，《本草汇编》(佚)等。

《针灸问对》乃汪氏八种医书之一，成书于明嘉九年(1530)，崇祯六年(1633)刊于《汪石山医书八种》中。全书共分三卷，以问答形式，据《灵枢》《素问》《难经》及诸家针灸之书就有关问题进行评析。卷上为针灸经穴基础理论；卷中为补泻迎随针刺手法；卷下为灸法及针灸经穴歌诀。汪氏主张“针法浑是泻而无补”，提倡无病忌灸，反对保健灸法；提倡医家应圆机活法，灵活治病取穴；对

世医所行针刺手法和行医陋习予以批判。有明嘉靖十一年壬辰(1530)刻本藏上海图书馆。通行本有1959年上海科学技术出版社铅印本,1985年江苏科学技术出版社铅印本(中医古籍小丛书,仇裕丰、李万瑶点校),1992年安徽科学技术出版社铅印本[《新安医籍丛刊·针灸类(一)》]。又见于《汪石山医书八种》《四库全书》《中国医学大成》。

《针灸素难要旨》　三卷　1537

明·四明高武(梅孤子)原撰
日·冈本为竹(一抱子)重订

《中国医学大成总目提要》:针灸素难要旨。明高武撰。武别号梅孤子,四明人,其书以《素》《难》为主,而于后世专门名家多附述焉。少参东石戴公,既亲为校正,且委诸铅椠,令未斋陶君师文梓而行之,原书初刻于嘉靖丁酉仲夏九日,弋阳黄易序,刻于九潭精舍,其例言云:《难经节要》先取行针补泻,次取井营荥经合,又次及经脉,各以类相从,不拘旧经篇次。《素问节要》,先九针,次补泻,次诸法,次病刺,次经脉孔穴,不拘旧文篇目。《难经》主滑氏《本义》,折衷针灸法十八篇,第二之上卷,列《灵》《素》用针法三十六篇,二之下卷,列《灵》《素》各病针法五十九篇,灸法八篇,卷之三,列十二经、奇经八脉、十五络脉、十二经筋、空穴、十二经井荥经俞原合、同身尺寸、经脉长短等十篇,《素问》针法浩瀚,今节要立题分类,以便记诵,或录其全篇,或摘其一节,而类聚之,正其误文,增其阙义,阐明经旨,承启后学,允宜参考。

【按】本书是由日人冈本为竹(一抱子)于日本宝历三年即清乾隆十八年(1753)将《针灸节要》与《针灸聚英》合刊重订并改名《针灸素难要旨》出版刊行。有日本宝历三年癸酉(1753)年大阪弘昭轩书林刻本版上海乐善堂石印本,藏中国医学科学院图书馆、北京大学图书馆、中国中医科学院图书馆、上海图书馆、上海中医药大学图书馆;有日本明治十六年癸未(1883)刻本藏南京图书馆。通行本有1958年上海卫生出版社铅印本,1986年上海书店影印本。又见于影印本《古医学丛书》《中国医学大成》。

《针灸直指》　不分卷　1556

明·祁门徐春甫(汝元,汝源,思鹤,东皋)编

【按】徐春甫,字汝元,一作汝源,号思鹤,又号东皋,明代安徽祁门县人。徐氏世代习儒,幼年师从名儒叶光山。因体虚多病,从同邑汪宦学医,博览医籍,上自《灵》《素》,中历汉唐宋,下至明代名家医籍,凡两百余家,悉究精奥,久之以医术知名。曾任太医院医官,寓居京师,求治者甚众。隆庆二年(1568)正月,徐氏"集天下之医客于都下者",如汪宦、支秉中、巴应奎等46人,创立我国最早之全国性医学组织——一体堂宅仁医会。徐氏富于著述,代表作为《古今医统大全》一百卷,今存嘉靖三十六年丁巳(1557)古吴陈长卿本。另有《徐氏二十四剂方经络歌诀》《妇科心镜》三卷、《内经要旨》二卷、《幼幼汇集》三卷、《痘疹泄秘》一卷。《中医图书联合目录》载录本书,其内容主要摘自《内经》有关针灸的部分,论述针刺补泻、艾灸壮数、灸法禁忌以及有关针灸歌赋等。可见于《古今医统大全》卷七。

《针灸六赋》　一卷　1559

亡名氏辑

【按】此书为针灸歌赋专集,辑者将《针灸聚英》《针灸大成》等针灸名著中的《百症赋》《标幽赋》《席弘赋》《金针赋》《玉龙赋》《通玄指要赋》6首流传已久的针灸名赋,集

于一册。内容涉及经络、腧穴、特定穴、针法、灸法、刺法、得气、失气、候气、子午流注、补泻、禁灸、禁针、临床病证的针灸辨证论治、配方取穴等，列举具体临床病证与具体针灸穴位和方法。有明末抄本(书口有广仁集字样)藏中国中医科学院图书馆。通行本有1988年中医古籍出版社影印本(中医珍本丛书)。

《针灸原枢》 二卷 未见 1580

明·分水吴嘉言(梅坡)撰

《中国医籍考》:《针灸原枢》二卷，存。

《严州府志》:吴嘉言，分水人。世以医名，尽得《素》《难》等书玄妙，当道重之，授太医院吏目，有当世名医之誉。礼部尚书潘晟、祭酒余有丁皆有赞赠。所著有《医学统宗》《针灸原枢》等书行于世。子学易亦以医知名，后任雷州吏目。

【按】吴嘉言，字梅坡，明代浙江分水县人。吴氏世以医名，深悟《素问》《难经》诸典，有当世名医之誉，曾征入太医院，授太医院吏目。万历己卯(1579)，大司马凌公病脾胃，嘉言治而愈之。《全国中医图书联合目录》未载本书，《中国医籍大辞典》言本书亡佚，国内无存。《日藏汉籍善本书录》载，日本内阁文库藏有明万历年间刊本《(吴梅坡家传)神效针灸原枢》二卷，与《(医经会元)保命奇方》八卷，共10册，为原枫山官库旧藏。《医经会元》有万历庚辰自序，故定成书于1580年。

《徐氏针灸全书》 四卷 1584

明·弋阳徐凤(廷瑞)原撰

明·朱鼎臣重辑

子目:《徐氏针灸全书》四卷，《加减十三方》，《金丝万应膏》，《海上仙方》。

【按】朱鼎臣重辑徐氏原书为《徐氏针灸全书》卷上下、《铜人针灸全书》卷上下，新附《小儿针灸》二篇。卷首朱氏自记曰:“且夫徐氏针灸之书，乃先师秘传之奥旨，得之者每私藏而不以视人，必须待价求之乃可得也。予今以活人为心，更不珍藏……”大略与徐凤《针灸大全·金针赋》序同;卷末有木记:万历甲申年三槐王佑梓。是书国内久佚，日本国立公文书馆内阁文库藏有万历十三年(1585)王氏三槐堂刊本两部，一部为原江户时代医学馆旧藏，凡二册;一部为原枫山官库旧藏，凡三册。

20世纪90年代以来，郑金生、张志斌、真柳诚(日)等中外学者共同筹划，深入世界各国进行文献调查，复制回归大量散佚海外的古医籍，2016年编成《海外中医珍善本古籍丛刊》出版印行。全书收录散佚海外的珍稀中医古籍427种(约图22万幅)，其中有宋版8部、元版11部、明版214部、清版40部、近代抄本7部，另有和刻本18部、日本抄本113部、朝鲜刊本16部，多为国内已经失传或存藏极少的珍稀版本。其中，针灸类中收录有《徐氏针灸全书·铜人针灸全书》[明万历十二年(1584)王祐三槐堂刊本]。

《秘传常山杨敬斋先生针灸全书》 二卷 1591

明·建阳陈言(西溪)著

明·直隶长州张应试(怀仁)校正

明·安福欧阳惟佐录

范行准跋:《秘传常山杨敬斋先生针灸全书》二卷，题建阳九十翁西溪陈言著，御医直隶长州怀仁张应试校正，江右安福县怀州欧阳惟佐录。没有序跋。陈言的始末无考，但这却是一部从未见过著录的针灸书，它的内容大致与明徐凤《针灸大全》相同。我也有一部徐氏《针灸大全》，是明末镌刊而清初

二多斋印刷的本子，同样是没有序跋的。而且由于风伤和经过几次借出展览之故，那一张插图的扉叶也破碎了，连带把徐凤的里贯也破损了，剩下的只有“石塘徐凤廷瑞编次”的几个字，“石”字以上无从推测它是什么字。但从旧题杨继洲的《针灸大成》中所记录徐氏之书，知是燕山人，燕山是今之河北玉田县西北二十五里的地方。现再来讨论本书著作者的姓名问题。本书虽题陈言著，从书名看来，恐怕还是杨敬斋的书，或是由杨氏传授陈言的。但敬斋似为杨氏之号或斋名，他的名字无从考查，匆促间检了一下《常山县志·方技门》，也没有他的名氏。按：杨继洲《针灸大成》在杨济时《玄机秘要》下有云“三衢继洲杨济时家传著集”时盖即继洲之名，惟其书未见。今万历刊本《针灸大成》前有王国光《序玄机秘要》云“三衢杨子继洲……祖、父官太医，授有真秘，纂修《集验医方》进呈，上命镌行天下”。又云：“世宗朝，命大宗伯试异，选侍内廷”，则杨济时之祖是明嘉靖时的御医。赵文炳在万历二十九年序《针灸大成》有云：“余承乏三晋，值时多事……弗克匡济，由是愤郁于中，遂成痿痹之疾，医人接踵，日试丸剂，莫能奏效。乃于都门延名针杨继洲者至，则三针而愈。”那末撰《针灸大成》的杨继洲，即撰《针灸玄机秘要》的杨济时。《四库全书提要》作者纪昀之流说：“继洲，万历中医官，里贯未详，据其版刊于平阳，疑继洲为平阳人也。”似误。因王国光序和《针灸大成》中并著继洲为三衢人，继洲的里贯固可考见的。但又有问题发生的是本书末尾有书肆莲花木牌子刻着“万历辛卯仲冬月书林余碧泉刊行”二行文字。辛卯即万历十九年，较赵文炳序《针灸大成》时适早十年，而本书《金针赋》《标幽赋》等注又与《针灸大成》之杨继洲注解略同，与徐氏《针灸大全》完全相同。且《针灸大成》卷一“针道源流”中也引用《玄机秘要》之书，更明标“三衢继洲杨济时家传著集”之文。因此我很疑心《针灸大成》一书，并不是杨继洲的书，而应当是晋阳靳贤的书。证据也是根据《针灸大成》卷一“针道源流”之后的结语：“《针灸大成》总辑以上诸书类一部分为十二卷，委晋阳靳贤选集校正。”再，王宏翰《古今医史》也不言继洲曾著《针灸大成》，因而我疑心本书倒是杨氏家传的书，敬斋可能是济时祖称。所谓“建阳九十翁陈言著”者，或因就杨氏原书重加编次、图绘而居其名，或竟为书肆余碧泉嫁名陈言，均未可知。再从本书与徐氏《针灸大全》作一比勘，可知二书内容除各图外大致相同的。本书上卷第一篇是《周身经穴赋》，以下就是论一穴有二名、三名以至六名，及论一名二穴。而以《梓岐风谷飞经走气撮要金针赋》《流注指微赋》《通玄指要赋》《灵光赋》《席弘赋》（弘，《针灸大成》作“强”）、《标由赋》（由，《针灸大成》诸书作“幽”，惟徐氏《大全》作“由”）六种赋文厕其后。卷下则于各种经脉、经穴、脉络及禁针孔穴、时日、九宫、太乙神人禁忌与论子午流注法、窦文贞公《八法流注》等文之后，有十二经流注图及头部孔穴正侧四图，以下又杂厕背、颈、膺、腹等十四图，而以诸病孔穴图占全书一半的篇幅。在诸病图中，又以伤寒居其大半，最后为崔氏取四花穴法及骑竹马灸法等图，为宋元以下针灸书中所习见。前已提到，本书大致与徐氏《针灸大全》相同，仅有篇目次第前后略有出入而已。如《金针赋》诸穴一名至六名等，本书在上卷，而徐书居于第六卷之末。惟此书把诸病穴之法并绘制为图像，徐书却都没有，此其最异之点。而本书一病一图或更把一病的每一证候也绘制为图，尤为前此针灸书所未见，不能不说是本书所首创的特点。至此书与徐书究竟谁抄谁的，现尚难断言，虽《针灸大成》把徐氏之书列于杨氏《玄机秘要》之前，和徐书卷六“定取四花六穴之穴”(据本书当作“定取四花六穴法”)。小引有“廷瑞谨识”字样，仍难断定出于徐书，因此类文字，也见于他书。我们更从本书的渊源来看，它是撷取元明以来针灸书中的重要文字，为学习针灸者诵读便利、对穴下针而作，故多录取歌赋一类的文字和绘制多量的图像，而许多亡佚了的书实际也无形中被它保存下来。如《医藏书目》著录之窦文贞公《六十六穴流注秘诀》，实即本书窦文贞公《八法流注》之文。按：窦文贞公，即窦杰的谥号，他后来改名默，字汉卿，以针术显名于金元之交。子午流注之说，或是他所倡导的，成为针灸史上一突出的史踪，也是以前针师所未见，和我们过去某些号称对针灸有研究的专家所懵然的。

范氏又曰：按“子午流注”之义，本书卷下第十三页下已有说明，说是“子时一刻乃一阳之生，至午时一刻乃一阴之生，故以子午分之而得乎中也”。又云：流者，往也；注者，住也。盖窦本丘长春处机的弟子，其解释子午之义如此，而子午之名，实首见《汉书·王莽传》，其说本于纳音家言，故本书中有“甲与乙合”及“戊方阳为兄，已属阴为妹，戊兄将己妹嫁与甲为妻”等语，作为针灸时日宜禁之本，而与汉晋明堂针灸家用月廓之盈虚、虾蟆的消长而定其痏数之多寡，与投针下艾之宜禁的原则已有基本上的差异了。所以，我说它给金元以后针灸史上的面目变更是很大的。

【按】此书前后无序跋，题“建阳九十翁西溪陈言著”。据范行准考证，认为此书乃杨氏家传的书，敬斋可能是济时祖称。所谓建阳九十翁陈言著者，或因就杨氏原书重加编次、图绘而居其名。此书大致与徐氏《针灸大全》相同，仅有篇目次第前后略有出入而已，增入各种病证的针穴图达104幅之多。上卷有《周身经穴歌》《金针赋》《流注指要赋》《灵光赋》《席弘赋》《标幽赋》等，《金针赋》前有序一篇，与徐氏《针灸大全》所载相同；下卷有《十二经脉歌》《经穴起止歌》《十五脉络歌》《经脉气血多少歌》《禁针灸歌》《十三鬼穴歌》《天星秘诀歌》《马丹阳天星十二穴并杂病歌》《四总穴歌》《千金十一穴歌》《治病十一证歌》及《子午流注逐日按时定穴歌》等。有明万历十九年辛卯(1591)余碧泉刻本藏中国中医科学院图书馆。通行本有1955年群联出版社影印本(中医古籍医学丛刊)，有1957年上海卫生出版社影印本，有1959年科技卫生出版社影印本。

《神医秘诀遵经奥旨针灸大成》 四卷 未见 1593

明·盱江吴文炳(绍轩，光甫，沛泉)辑

【按】吴文炳，字绍轩，号光甫，又号沛泉，明代盱江(今江西南城县)人。吴氏通医理，好著述，辑有《新刻吴氏家传养生必要仙制药性全备食物本草》四卷，《明医校正参补难经脉诀合编》一卷，《医家赤帜益辨全书》十二卷，《纂集家传心法活幼全书》一卷，《神医秘诀遵经奥旨针灸大成》四卷，皆存。又作《新刊军门秘传》四卷，《太医院纂急救仙方》(又题《刻太医院增补诸症辨疑》)一卷，二书国内未见，日本存合刻本，现已由中国中医科学院等单位影印回归，并收入《日本现存中国稀覯古医籍丛书》。吴氏还曾考订《新刻东垣李先生精著珍珠囊药性赋》二卷，有明刊本藏日本国立公文书馆内阁文库。《中国医籍考》卷二十二言“存”，《全国中医图书联合目录》言此书“佚”，《中国医籍大辞典》未录。日本国立公文书馆内阁文库藏有万历年间熊氏种德堂刊本四卷三册，为原江户时代医学馆旧藏，题为《新刊吴氏家传神医秘诀遵经奥旨针灸大成》。据《针灸名著集成》言，是书系高武《针灸聚英》与杨继洲《针灸大成》节录合编本。

《针灸大成》 十卷 1601

明·三衢杨济时(继洲)原撰
明·晋阳靳贤补辑重编

李月桂序：今夫人受天之气以生者也，天有四时五行九经九纬，以成其三百六十周天之数，而人之一身脉络联贯，部位错陈，无不与之相配。善观天者，必为之考其躔次，酌其分野，定其偭偝愆伏，而后岁差分至之理，可以察几微而鉴毫末。医之于人也亦然，古之人精求于水土燥湿之宜，熟晰乎时令生克之故，聆音辨色，表里洞然，举止声咳，皆有以见其腠理而得其病根之所在，宜针者用针，宜灸者用灸，得心应手，吻合无间，俾数十年沉疴痼疾，如醉得醒，如魇得寤，如羁绊得解脱，蹶然起，划然苏，而不自知，其奏效之神一至于此。盖古人医学确有渊源，内外兼资，药石互用，如是其全且备也。今人专究大方，单心脉诀，砭灸之传概置不讲久矣。间有一二从事焉者，则世又以管窥蠡测目之，不得与内科专门名家者齿，而此一二人，亦自相安于术之小，艺之卑，捃摭方言，目营耳食，敝敝焉，苟且以卒业。问以经穴之起止，骨络之向背，与夫周身三百六十之躔度，而茫乎不知其畔岸也，浩乎不知其津涯也。漫然以试之，姑且以尝之，颠倒上下，以意逆之，取生人百年自有之命，决验于俄顷呼吸之间，幸而效，则矜为己功，不幸而不效，则借口于气数之莫可如何，而不任受过。无怪乎疫疠日以盛，夭札日以多，而阴阳乖沴之气且浸寻交战而未有已也。余昔备员山右，每阅杨继洲《针灸大成》一书，观其参合指归，汇考同异，支分节晰，州次郭居，抉奥阐微，条贯井井，探之而益深，索之而益远，如大河之源出于昆仑，至于积石，又至于龙门砥柱，既乃吞吐百川以达于海，见者但惊其瞬息万状，而不知其一往漩澓，固犹是千古不易之定位也。莅政余暇，业已采辑群芳，广搜秘要，付之剞劂，公诸海内，为斯道暗室之一灯矣。二十年来，鞅掌仕路，南北奔驰，旧板漫漶，兼多残缺不全，乃复取原本，手自编摩，细加雠校，按图索解，虽一字一划不敢少自假易，重命梓人，复光断简。世之有志斯业者，览诸家之玄妙，辨百症之源流，循其指法，运以心裁，寿域偕登，春台并陟，太和元气，熙熙然涵育于生成覆载中，上以佐君相燮理之猷，下以溥黎庶安全之福，参两大而列三才，余将于岐黄家有厚望焉，宁仅青囊世业云尔哉！康熙庚申春月，江西督粮道参政古沈李月桂重订于德邻轩。

赵文炳序：医关民命，其道尚矣。顾古之名医，率先针砭，而黄岐问难，于此科为独详。精其术者，立起沉疴，可效捷于药饵。迩来针法绝传，殊为可惜！余承乏三晋，值时多事，群小负嵎，万姓倒悬，目击民艰，弗克匡济，由是愤郁于中，遂成痿痹之疾，医人接踵，日试丸剂，莫能奏功。乃于都门延名针杨继洲者，至则三针而愈，随出家传《秘要》以观，乃知术之有所本也。将付之梓人，犹以诸家未备，复广求群书，若《神应经》《古今医统》《乾坤生意》《医学入门》《医经小学》《针灸捷要》《针灸聚英》《针灸节要》《小儿按摩》，凡有关于针灸者，悉采集之。更考《素问》《难经》以为宗主，针法纲目备载之矣。且令能匠于太医院，肖刻铜人像，详著其穴，并刻画图，令学者便览而易知焉。余有忧于时事，愧无寸补，恨早年不攻是业，及能济人利物也。因刻是书，传播宇内，必有仁人君子，诵而习之。精其术以寿斯民者。是为序。时万历辛丑桂月吉旦。巡按山西监察御史燕赵含章赵文炳书。

王鸣盛序：明万历间，巡按山西侍御赵君文炳有痿痹疾，医者罔效，乃延燕人杨继洲至，三针而愈。叩其术，出所著《针灸秘要》一编，侍御犹以为未备，广求群书，俾取有关于针灸者，采摭编次，勒为十卷，名曰《针灸大成》，镂版置平阳郡斋。后岁久版皆刓阙。乾隆二年，知府事会稽章君念是书不可无传，重为校刊，以惠来者。

《贩书偶记续编》：《针灸大成》十卷。明都门杨继洲汇集，晋阳靳贤补辑。万历辛丑山西平阳刊，顺治丁酉重刊，乾隆二年重刊，嘉庆丁巳德邻轩重刊。第五卷第四页原佚。

民国《衢县志·艺文志》：六都杨氏宗谱著录，前志失载。按：继洲，县南六都杨氏，以在平阳治愈赵文炳疾，故刊此书于平阳。詹民熙据《杨氏谱》认为衢人，宜可从。

《浙江采集遗书总录》：《针灸大成》十卷（刊本）。右明三衢杨继洲撰。万历赵文炳序云，予成痿痺之疾，九剂莫能奏功，及于都门，延名杨继洲者至，则三针而愈，随出家传秘要以观，乃知术之有本也。将付之梓人，犹以诸家未备，复广求群书，凡有关于针灸者，悉采集之，更考《素问》《难经》以为宗主，针法纲目备载之矣。且令能匠于太医院肖刻铜人像，详著其穴，并刻画图，令学者便览而易知焉。

《四库全书总目提要》：《针灸大成》十卷（内府藏本），明杨继洲编。继洲，万历中医官，里贯未详据其刊版于平阳，似即平阳人也。是书前有巡按山西御史赵文炳序，称文炳得痿痹疾，继洲针之而愈，因取其家传《卫生针灸玄机秘要》一书，补辑刊刻，易以今名。本朝顺治丁酉平阳府知府李月桂以旧版残阙，复为补缀。其书以《素问》《难经》为主，又肖铜人像绘图，立说亦颇详赅，惟议论过于繁冗。

《郑堂读书记》：《针灸大成》十卷（通行本）。明杨继洲编（继洲，平阳人，万历中医官）。《四库全书》存目。原名《卫生针灸玄机秘要》，前有王国光序，尚仍其称，至万历辛丑，赵文炳重刻始易以今名，复为之序。粤自《灵枢》《甲乙》而后，言针灸者绝少专书，继洲家世业医，卓然有悟，复虑诸家弗会于一，乃参合指归，汇同考异，手自编摩。凡针药调摄之法，分图析类，辑为是书，总以《素问》《难经》为宗，且肖刻铜人像，详著其穴，并列绘图，令学者便览而易知焉。其书有益于世，且奏功甚捷，真医道之指南也。

《嘉业堂藏书记》：《针灸大成》十卷（明刻本）。明杨继洲撰。继洲卫州西安人。参合指归，汇同考异，针导调摄之法，分图析类，题名《卫生针灸玄机秘要》，后改此名。太原王国光序，万历辛丑赵文炳序。

《中国医学大成总目提要》：《针灸大成》十卷。明杨继洲撰。继洲字济时，三衢人，万历中医官，里贯未详，据具刻板于平阳，似即平阳人也。是书前有巡抚山西御史赵文炳序，称文炳得痿痺疾，继洲针之而愈，因取其家传《卫生针灸元机秘要》一书，补辑刊刻，易改大全为大成，清顺治丁酉，平阳府知府李月桂以明旧板残缺，复为补缀，其书以《素》《难》为之，又肖铜人像，绘图立说，亦颇详赅，惟议论过于冗繁，其卷十，即四明《陈氏小儿按摩经》，以推拿治病，退热定惊，及初生月内各病，苟手术法灵敏，无不见效。

【按】杨继洲，浙江衢州六都杨人，生于明世宗嘉靖元年（1522），卒于明光宗泰昌元年（1620），为唐信安侯杨向后裔。其出生于医学世家，自幼便受到岐黄熏陶，对医学有着浓厚的兴趣和特殊的感情，研读家中藏书“寒暑不辍”，积有数年而“倬然有悟”，因感“诸家书弗会于一”，遂以《内经》《难经》中有关针灸的重要著述作为阐发针灸的理论基础，将家传《集验医方》与诸家医籍中针灸论述参合指归、汇同考异，整理成《卫生针灸玄机秘要》。又集用《子午经》《铜人针灸图》《明堂针灸图》等22种文献资料，加之40年的行医经验，终著成《针灸大成》。书稿初成后，经靳贤等人整理，于明万历二十九年（1601）刊行问世。全书共十卷225篇，采用

卷、章、篇三级编撰体例。卷一首列仰伏人总穴图，论针道源流，继则引录《内经》《难经》等有关针灸原文，并予注解；卷二、卷三为针灸歌赋30余则；卷四为针法，并附杨氏问答30余则；卷五为十二井穴、五输穴、子午流注及灵龟飞腾针法；卷六、卷七为经络及腧穴；卷八为诸症针灸法，分作23门，论述内、外、妇、儿、五官等各种常见病的针灸治疗；卷九为名医治法、灸法、杨氏医案等；卷十为《小儿按摩经》。书中共介绍了359个穴位及其所对治的相关疾病，包括处方323方。书中绘制有《阳掌八卦图》和《阴掌八卦图》，将掌心、手背按八卦易理分成“九宫八卦图”，与人体五脏六腑有机地联系起来。

该书以《内经》《难经》为源，历代诸家之说为流，在杨氏家学秘传的基础上，结合作者丰富的针灸治验编纂而成，全面总结继承了明以前针灸学术的精粹和成就。全书内容丰富系统，有论有法，脉证俱备，理论精辟，切合实用。其针灸、药物、按摩并重，针法、灸法并重，穴法、手法并重等观点，至今尤为学者推崇。《针灸大成》一直被认为是继《针灸甲乙经》后又一部蜚声针坛的针灸学名著。

自明朝刊行以来，本书翻刻版本多达47种以上，甚至被译成多种外国文字成为国外针灸界的范本和教科书。主要版本有明万历二十九年辛丑(1601)刻本、清康熙五年丙午(1666)致和堂刻本、清道光十四年甲午(1834)文道堂章廷珪重修本刊本、清咸丰二年壬子(1852)宝华顺重刊本、清光绪六年(1880)扫叶山房刻本、清宣统末年聚和堂刻本、紫文阁刻本等。有明万历二十九年辛丑(1601)山西赵文炳刻本藏中国国家图书馆、中国科学院图书馆、中国医学科学院图书馆、中国中医科学院图书馆、上海图书馆。通行本有1954年上海锦章书局石印本，1955年建文书局铅印本(二册)，1956年人民卫生出版社影印本，1963、1983年人民卫生出版社铅印本，1993年天津科学技术出版社铅印本(实用中医古籍丛书)。又见于《中国医学大成三编》《中国医学名著珍本丛书》《四库全书存目丛书》。

《玉龙歌》 不分卷 1601

亡名氏撰

《针灸聚英》：俗以《玉龙歌》为扁鹊所撰，盖后人依托为之者，《玉龙赋》又总辑其要旨尔。

《读书敏求记》：杨氏《玉龙歌》一卷。玉龙一百二十穴，看穴行针，恐时人有差别，故作此歌，以为卫生之宝焉。

【按】 又名《一百二十穴玉龙歌》，最早见载于元代王国瑞撰写的《扁鹊神应针灸玉龙经》，《针灸大成》里简称《玉龙歌》。元代周仲良在《玉龙歌·后序》里解释：“名玉龙者，盖以玉为天地之精，龙之神变极灵，此书之妙用，亦犹是也。”歌名“玉龙”乃喻其珍贵之意。歌诀中载有70多种常见病症的针灸治疗方法，并对透穴针法、补泻手法、穴位配伍、奇穴运用等有独到记载。可见于《针灸大成》卷三。

《铜人徐氏针灸合刻》 二种九卷 1602

明·太医院参订

子目：王惟一《铜人腧穴针灸图经》三卷，徐凤《针灸大全》六卷。

龚云林序：余家世业儒精医，擅声杏圃者称有人矣，第论及针、灸两者，鲜不啧啧其难也。盖人之气血不可量，周身脉络莫能窥，愚者苦其难，而智者忽其易，总之不得其门而入，又恶足名为针灸士哉？若古塘徐先生，自舞象时已潜心于轩岐之术，而得窦太师之真传，于是著为《针灸》一书。精微奥妙，极深研几。穴法治疗，毫无简略。后之学者得是书而宗之，若揖轩岐之侧而考订，若陟窦太师之堂而授受固不必执指南而自不惑于歧路矣。因并刻《铜人》《针灸》合为一帙，名曰《合并大全》。俾学者行以互相参考，直探玄微，起万命于迷途，收全功于反掌。由是名为天下士，亦庶几矣。又奚不得其门而入为患哉？遂引其端，考其成，而公诸天下。时万历壬寅春月吉旦太医院医官龚云林书于种杏堂轩右。

《四库全书总目提要·医家类续编》：徐氏《针灸大全合刻铜人图经》共九卷（明刊本）。明徐凤撰。凤，字廷端，江西人。是书标题曰"新镌太医院参订徐氏针灸大全"，凡六卷，与《铜人图经》三卷合刻，《图经》标曰"太医院原本"，是全书即太医院所刊也。《明史·艺文志》载徐氏书作七卷。《医藏目录》作《针灸捷法》六卷，与是本卷数相合。别有通行本作《针灸捷法大全》。盖《明志》讹六作七，至书名繁简互异，此本重经参订，删去"捷法"二字耳。前二卷为总论、诸赋及歌诀。卷三为诸经穴数。卷四为窦太师八法流注及主治诸病证。卷五为《金针赋》，乃受其本师倪孟仲、彭九思二人所发明窦太师之法，以子午流注，按时定穴，编成歌括。卷六为点穴避忌诸杂论，并附诸图像。案：元、明以后针灸诸家，大抵多传衍窦氏之法，递有附益，与《灵》《素》古义不尽相同。是本《铜人图经》，即宋天圣中王惟一所撰，明正统中重刊，立石太医院，原名《铜人腧穴针经图经》，已经著录，详其沿革，其依据多出唐以前古籍，论者谓足正俗本之谬失。是本据之传刊，视诸别本出于重编者，较可征信，不失为善本也。

《万卷精华楼藏书记》：《针灸大全》六卷，附《铜人针灸图经》三卷。国朝徐凤撰。原本。《针灸图经》，宋天圣中所创，有夏竦序。宋仁宗诏王维德考次针灸之法，镌铜为式，刊板行世，较《灵枢》为繁杂。近所通行者为《针灸大成》，其书十卷，明杨继洲撰。前有万历辛丑赵文炳序，章廷珪重修，附铜人四图。余所藏《针灸秘奥》，赵文炳手抄本，序云：都门杨医出其家传秘书，重为校勘云云，此即《针灸大成》之原稿，分元亨利贞四集，予尚有抄本，与今坊间所行刻本不同。潘氏耒曰：今海内针灸家独推双林凌氏，其先受针法于异人，以治病无不立瘥，数世子孙多世其业，而贞信最为工妙。客京师召入禁中为贵戚治病，可谓至荣，述先世所传，为《针灸集要》，余为序之。

【按】是书为王惟一《铜人腧穴针灸图经》和徐凤《针灸大全》的合刻本，又名《铜人针经徐氏针灸合刻》。有明金陵三多斋刻本藏中国国家图书馆、中国科学院图书馆、中国中医科学院图书馆；有清书业成刻本藏上海中医药大学图书馆。通行本有1958年人民卫生出版社铅印本，有1987年人民卫生出版铅印本（中医古籍整理丛书，黄幼民、郑魁山点校）。

《针方六集》 六卷 1618

明·歙县吴崑（山甫，鹤皋山人，参黄子）撰

自序：良医者，兆人司命，任不啻与九鼎争昂，然必针药并诣其极，始为无忝。隆古圣神，既尝百草而示人以药，复作九针而喻人以刺，亦以人命至重，拯救之术不得不详且悉也。正统中，圣虑宋制铜人日久漫灭。命复范铜为之，建诸医官，式广教诏。又砻石图经，序由御制。圣心之保民也弘矣！其所望于医者至矣！语曰：不针不神，不灸不良，良有以也。近世刀圭之徒，才能不及中庸，分科疗病，更不讲求神良精艺者，万夫一辙，无亦法妙无方，探之犹望详尔。崑自束发修儒，游心《灵》《素》。诸砭焫针经，皆时

讨究。盖未及壮年，负笈万里，虚衷北面，不减七十二师，念在取善发曚，不谓一吷非律，一篑非山故也。时以所授针方，对证施治，种种神验，然穷其所以神者，牴牾背驰，阻于顿悟，益之三十余年，觉以岁积，始破前迷。今樗栎之年，六十有七，视昔考医方时，年则倍矣。志在公善于人，成斯六集，首神照，次开蒙，次尊经，次旁通，次纷署，次兼罗，其间一得之愚，实千虑之所开也。良工之心独苦，今乃验之，藉是以翼《图经》，岂至自与？溯瞻天朝，轸念疲癃，泽同雨露。兹六集者，倘有补于圣政，亦桔槔之助甘霖耳，遑自功哉？所跂望者。一人有庆，寿域同跻，林总万方。家松龄而人鹤算，参苓不饵，针石永捐，俾池上神工，挟术而无所施，则岩穴之私慰矣，他尚何求？岁丁巳，海阳程处士标病剧得起，进不肖为医林长，侧弁六集而左袒焉。复捐阿堵，以鸠剞劂，义之纪也，惟是并序。皇明万历四十六年，岁次戊午长至日吴崑书。

《神照集》叙：元戎不熟谙山陵川泽，疆界险易，则寇之巢穴部落、出没远迩，有所未知；良医不精明经络孔穴、阴阳逆顺，则邪之表里溪谷、原会俞募，有所未达。而欲戡乱去疾，均悖之矣。古昔神工，洞照五内，至今诵之。惟是考述明堂经穴如左，署曰《神照集》。

《开蒙集》叙：针方神矣，失其传者，未得其旨也。余讨论针方，研穷今古，读《标幽》而后神识通贯，遂揭八法五门，并训如左，署曰《开蒙集》。

《尊经集》叙：道不师古，虽善无征，而欲作则垂训，尼父犹然难之。予悯针失其传，欲令世人精明针法，旦暮奉行，必也尸祝神踪而后可。不然，师心自用，谁则用之？乃考古昔针方如左，署曰《尊经集》。

《旁通集》叙：郡邑之医，以药为政者，九十其徒；以针为政者，百难一二。然皆朝夕由之，而不察其所以然也。今欲善与人同，莫若因其所明而通之，以药明针，亦一道也。于是作《旁通集》。

《纷署集》叙：人身头面肢体，部穴不同，经传所署何纷纷也？然或得之针，或得之灸，以去疾即安为妙义。文之委琐，胥不足陋。语曰：一曲之言，大方不弃。作《纷署集》列于左方，针灸同法。

《兼罗集》叙：针道博矣，大贤识其大者，小贤识其小者，故小言虽插近，而亦高远之阶梯，何可无也，惟是作《兼罗集》。

【按】吴崑，字山甫，号鹤皋山人，又号参黄子，明代安徽歙县人。祖父吴元昌，父吴文韬，俱修德而隐者。叔祖吴正伦，堂叔吴行海，皆以医鸣世。吴氏自幼颖悟，稍长习举业，善文，年十五应试不中，弃儒习医。取家藏医书，旦夕而读之，自《素问》《灵枢》《甲乙经》《难经》至后世诸名医方论，无不精习。越数年，精通医理，复问业于同邑名医余午亭。越三年，“与师论疾，咸当师心，师勉会友天下士”，遂挟技出游。由三吴循江浙，历荆襄，抵燕赵，访有道者师事之，所至以医济人，全活不可胜计。著有《医方考》六卷，《素问注》二十四卷，《脉语》二卷，《针方六集》六卷，均刊于世。另有《脉纂》《十三科证治》《参黄论》《砭焫考》《药纂》等，未见流传。是书共分六集，分别为《神照集》《开蒙集》《尊经集》《旁通集》《纷署集》《兼罗集》，前各有叙。卷一《神照集》：论述经脉、腧穴、骨度等，并列图 30 幅；卷二《开蒙集》：注释《标幽赋》，并论五门八法及 66 穴；卷三《尊经集》：选录《内经》针灸要旨 148 条，讲述九针、候气、见气、取气、置气等针刺手法；卷四《旁通集》：论针药之理相通，列文 45 条，后载“修《金针赋》”，列文 34 条；卷五《纷署集》：按头、背、面、颈、胸、手、足的顺序分述经穴主治及操作；卷六《兼罗集》：载《玉龙歌》等 13 首歌赋注释，以及崔氏灸骨蒸劳热定取患门、四花六穴法，《千金》论膏肓穴法，隔蒜灸毒法等。有明万历四十二年戊午(1614)海阳程标原刻本藏北京大学图书馆;有抄本藏中国中医科学院图书馆。通行本有1992年安徽科学技术出版社铅印本[《新安医籍丛刊·针灸类(一)》]。

《针灸诸赋》 一卷 1624

明·会稽张介宾(会卿,景岳,通一子)辑

【按】张介宾,字会卿(一作惠卿),号景岳,别号通一子,明代浙江山阴县人。其父张寿峰,为定西侯幕宾,素通医理。介宾素性端静,幼业经史,年十三随父至京师,从名医金世莫学,尽得其传。张氏肆力于医学,通读名医之书,医术日进,声名日彰。其医效法于李东垣、薛己,为明代医界补土派代表人物之一。张介宾博学多识,凡韬略、相术、星纬、堪舆、律吕无不通晓,于医道最为精博。对《内经》尤多研述,尝历三十年而成《类经》三十二卷,将《内经》分门别类,详加注释,多有发明,为后世医家所推崇。张氏著作颇多,大都收入《景岳全书》。本书载《天元太一歌》《玉龙赋》《标幽赋》、通玄指《要赋》《灵光赋》《席弘赋》《百症赋》《长桑君天星秘诀》《四总穴歌》《千金十一穴歌》《马丹阳天星十二穴歌》等针灸歌赋11首。可见于《类经图翼》卷四。

《针灸要览》 一卷 1624

明·会稽张介宾(会卿,景岳,通一子)撰

【按】载有《十四经针灸要穴歌》及《诸证灸法要穴》。可见于《类经图翼》卷十一。

《针灸问答》 不分卷 1643

亡名氏撰

【按】《全国中医图书联合目录》载录。有抄本藏中国中医科学院图书馆。

《刺灸心法要诀》 八卷 1742

清·歙县吴谦(六吉)奉敕纂

《中国医学大成总目提要》:《针灸心法要诀》八卷。《灵枢经》为刺灸家鼻祖,其文精微详尽,铜人一图,星罗棋布,《甲乙》《千金》等书,阐其意旨,然精斯术者,恒不易得,何也?诚以经脉流行交会支别过接之际,与夫井荥俞经合原等穴,毫厘一差,千里遂谬,非穷究博考,口传心授,鲜能得其奥旨,近世惟天星奇穴,犹有得其传者,其他则未之闻也。今取《灵枢》各家之书,精研详究,考其分寸,明其行列,一一绘图立说,俾便互相考证。

【按】是书为《医宗金鉴》卷七十九至八十六。全书共记述十四经穴名360个,主要以歌诀体裁写成并配以图解,便于学习诵读。卷七十九介绍九针、针刺手法、特定穴及其主治;卷八十介绍周身名位、骨度、十四经穴总体分布;卷八十一至八十三分经介绍十二经脉及其腧穴;卷八十四介绍奇经八脉及其腧穴;卷八十五分部介绍十四经要穴的主治作用和针灸方法;卷八十六介绍常用穴的位置及主治、灸法及针灸禁忌等。有清刻《医宗金鉴》本藏中国中医科学院图书馆。

《罗遗编》 三卷 1763

清·陈廷铨(部曹,隐庵)编

自序:夫人者,生也;医者,卫生也。卫生之书,古之神圣贤明,递代杰出,阐发精微,亦靡所遗失矣,又何有不详且尽以为余之罗遗者哉?间尝读医书,中有曰:医者必通三世之书,其一《黄帝针灸》,其二《神农本草》,其三《岐伯脉诀》。《脉诀》察证,《本草》辨药,《针灸》祛疾,非是三者,不足以言医。

然余谓三者之中又惟《针灸》为最，何也？天之风寒暑湿燥火，无形之气，每常从络入经，人之气血痰饮积聚，有形之物，每常由经滞络，所以自昔黄帝得闻九针于岐伯，审本末，察寒热，知邪所在，万刺不殆，而刺法无传，医不知有砭射以决去其络中之邪者，盖自汉代仲景而后，即早已叹为失其传矣。然又曰：医者不熟十二经络，开口动手便错。诚见夫审病在某经，某经通某络，虽不能神针法灸，一旦成功，而用药之际亦可知从阴引阳，从阳引阴，不致经盛入络，络盛返经，功效羁滞而留连不已也。奈经络穴道，名数繁多，旁正杂出，亦未易晓，即明者犹为所混，况昧者乎？夫以从来畏难之事，本非神圣，不足与此，然而其人不存，并其文亦不存，则云难，诚难也！若其人不存，存之以其书，好学深思者亦当因遗文以究其意，况又有历来大医注解，恳切详明，令人切向往于不衰哉！但经络注解，各有妙意，比而观之，美不胜收。因留心日久，颇费苦心，集数家遗蕴，而合为一编。然其用意，以景岳先生《内经》为主，数先生《内经》为照，如《标幽赋》中有曰：取五穴，用一穴而必端；取三经，用一经而可正。则其经穴之情自无所逃遁矣。虽曰刺法一道，久叹无传，然犹得于将失未失之际，赖数先生寸衡铢称，抉髓抡精，充遗文未竟之旨，启针灸便易之门，士生千载而下，亦可以考方策而知轩岐不传之传，犹传在人间也。余附业岐黄，历有年所，不敢以医自许，而又不敢以医自外，虽疲精瘁神，略述遗蕴，此外奥衍宏深，未能尽罗，盖久矣。心之所好，学之所宗，生平之所寤寐，窃于是愿求心得焉。群居饱食之余，或可以愧小慧而胜犹贤也乎！倘小道之可观，而亦云有可采取，是又有望于知己者。时乾隆癸未岁季秋月，隐庵陈廷铨自序并书于南窗书舍。

旷敏本叙：予禀质凡钝，自八股文字外，罕所通晓，每闻人言医道，则尤不敢发一语，盖此中实茫然，匪直曰生死之寄攸关綦巨也。乃者丁君步韩持其戚友陈君隐庵所著《罗遗编》属予叙，编内特详针灸法。嘻！医理微，针灸尤微矣。草木活命，其术已惊人，而况针灸，灸犹曰攻其外，而针则直刺入其内。予闻之而愕，言之而益栗，而独传古能之者，若了不甚异，则何也？坡公《赠眼医》诗云：针头如麦芒，性命寄毛粟。而子于其间，来往施锋镞。此其术定有神焉者矣。大都医者意也，然医可用意，而针岂意所能到？经络之间，差之毫芒，患且立不测，是诊脉望色，或可尝试，而断非所语于针也。君幼攻举子业，比长而究心岐黄，而尤覃精毕虑于针灸之法，乃上溯轩辕，下逮李唐，迄元明以来诸家，搜罗其遗蕴，凡几历寒暑而成书。予固不知医者，又何敢漫置一辞？顾细案编中，如部位穴窍，剖析分寸，自非专门不能洞其奥，若其所论苦欲补泻，察色脉候，豁《内经》之晦涩，采嘉言之秘要，则虽未从事于斯事者，亦可略领其意理之所存。君殆深望人之即显以通微也，其用心为独苦矣。于乎！读古人书，掠其粕而遗其精，出而以苍生尝试，此何异医家袭其肤而昧其里，而以性命尝试耶？君其有恫于此乎？予读是编，又因以叹也。时乾隆二十九年孟冬月望日，岣嵝旷敏本谨叙。

林学易序：医之为技，通乎神者也。苟业之则必使机应于心而利及于世，相阴阳寒暑，审人脉络腠理，如亲入脏腑，而洞见其症结，然后投之以方而不误。不为良相，必为良医，昔人非故张大其论，盖郑重乎言之矣。虽然，尝草之说权舆上古，或云黄帝以前，识相付而文不传，以谓医者意也，意所解，口不能宣，夫不传不宣，何意与识之能凭？玉版桐君书虽疑出后人，由来傥亦非诬。抱朴子手抄《金匮》万卷，《肘后方》尤称急要，陆忠宣闻有秘方，必手自抄录，二子者曷尝以医为医而孜孜若此耶？且所谓手足痿痹为不仁者，亦工于言仁，亦工于言医矣。今不宣不传，而曰吾意如是，吾识如是，偶得一书，则秘惜为枕中物。夫先自瘘痹也，犹曰吾以活人乎？隐庵陈君，早岁诵读，徙业岐黄，沉搜冥索，有得于心而会其神，乃复以其意与识所到者著之为书。甲申夏，晤余于石鼓江亭烟树间，袖手录《罗遗编》示余，且欲梓以行世，其志可谓公矣。阅其书，经络分明，悉为图以按之，百骸众窍，了如指掌，医者得是编以审人脏腑症结，以明虚实表里之宜，以决针石汤熨之用，殆不啻振裘而挈领，其为利实多，其抱朴之《肘后》耶？其陆宣之秘方耶？其书折衷诸家，荟萃成帙，则自叙綦详，余故不暇论。乾隆二十九年重五前三日，半霞林学易书于石鼓合江亭。

丁希文序：世之有疲癃残疾，良相之责，亦良医之责也。昔贤谓不能为相，亦当为良医，岂非以造天下人之命者在相，而造一人之命者在医乎？吾谓相之良者能造一世之命，医之良者能造万世人之命。盖一方有良医，天下师其术者既利赖之矣，辗转相承，历之数十世世而无不利赖之，此其功不小于相，而且永于相。陈君部曹，余姻友也，少攻帖括，壮而究心《内经》诸书，积有岁月，得心应手。因叹世之携药囊抄撮陈方以应世者，问其某病发于何经，某经形为何病，某经之支分若何，总会何若，茫无以应，若是惟草菅人命耳！陈君痛之，因辑古人之浅说，抒独启之心灵，每脏每腑，经络节腠，各绘为图，图各有注，如禹治水，导河积石，而龙门，而逆河，以放乎海，原委毕举。又如庖丁批郤导窾，奏刀砉然，合于桑林之舞，乃中经首之会，使阅者心目了然，洞视症结。由是而按脉治病，因症下药，扼要争奇，陈君之书有焉。虽然，抑视用之者何如耳。古之称良相者，莫若周公，公所著《周礼》一书，紫阳称其编布精密，直是非圣人不能作，使后之人奉由不愆，又岂徒利在一世哉！乃安石窃之，致以乱宋，然则读陈君此编者，亦在善其术而用之。良相与良医均，谓之利在天下也可，谓之利在万世也可，余故乐为之序。使知一介之士，苟存心于爱物，于物必有所济，于陈君是编益信。时乾隆二十九年岁次甲申孟秋上浣，年家姻弟丁希文醒斋氏拜手并书。

陈鉴叙：时癸未秋，吾兄以生平所得力于岐黄经络，类成一编而梓，其名曰《罗遗》。顾为弟鉴曰：子其知我，其为我序，然甚勿有所称述，第为志曩昔领之殊粗，今曰求之颇精，以明证当世之览吾编者。鉴既承命，爰拜手而书于后曰：吾兄自少习医，旁搜远绍，作骨在《内经》诸公，而时出入乎仲景诸大家，以臻其胜，故其观形察色，课虚论实，虽起古人无有异者，近尤有进焉。盖经络者，人之所赖以营卫乎周身者也，而其分寸部位，实散见于群书，世每不乏迂疏失之，独兄蹑天根，探月窟，务必研究精，考核详，尝一病在手，辄阐发其理，如风雨骤至，震动烟云，殆少定而视焉，乾端坤倪，呈露轩豁，勾萌甲坼，含笑欲语。呜呼！此岂非吾兄道蕴于中，始能冲口而出者与？弟尝怪世之业医者，动取古人书集，聊记数法，辄自号为明医，而究于经络最要处，何曾留心一二。兄于此每不能无憾，又未尝不重惜精神之费乎此，而人之真能知者鲜也。然信道笃而自知明，人之不知，于兄何损？兄当还涵养咀嚼，以俟后此之有进者，当复何如？而弟即现在之分经辨络，不留遗蕴，于岐黄亦未必不无小补云。时乾隆癸未季秋月中浣之吉，胞弟鉴谨撰并书。

再自序：经络自岐黄以来，如日月之昭明，星辰之灿著，标万古而尝新者也。故人而不学医则已，知学医而不知经络者无益，知经络而不知经络之分寸主治者亦无益也。盖人身内而脏腑，外而络脉，两相输应，以一贯之者也，故尔官骸载道，意气辅行，机关赖以通利，动中出于自然，否则不内被七情干

乎脏腑，即外被六淫伤乎络脉，则由卫而营，络脉伤及乎大经，外显形容枯槁者有之，由营而卫，大经连及乎络脉，内显魂魄丧败者有之。其见病也，或为表虚里虚，或为表实里实，良医能因病审症，因症议药，俾营卫两不偏胜，庶经络自然调匀。若夫脏腑之气血不达乎络脉，络脉之气血不根乎脏腑，是谓阴阳相失，精气不交，则厥脱仆倒等症悉由乎此。由是推之，人身营卫经络，其关系乎病机之浅深者可胜道哉！如曰知之亦可，不知亦可，则一倡百和，终成为不传之绝学，毋怪乎童而习之，白首不得也。抑知今日之分经辨络，异日之穷神达化，古人之所以瘅精瘁神，举此为先务者，岂细故耶？呜呼！此余之所以自少至壮而矻矻于大经小络之辨者，实求无诬，而惜乎不能起古人以遥质之也。

【按】全书“集数家遗蕴而合为一编”，所以称之为《罗遗编》。上卷为经络、腧穴、针法概论和奇俞类集等；中卷以绘图和歌诀形式分述十四经及其所属腧穴；下卷以介绍内、外、妇、儿科病症的针灸治法；末附“增补五运六气司天在泉南政北政义”一文，简介运气之说。有清乾隆二十八年癸未(1763)刻本藏中国中医科学院图书馆。

《针灸则》　一卷　附录一卷　1766

日・菅沼长之(周圭)编著

林义卿序：豪杰之复古，其始皆出于时师之门。习之既久，其道乃尽，然才无止境，读古今书，欲求其学合乎古人，而复古之念油然兴焉。读圣贤书而孜孜于儒术，然非圣贤当前，而其说之当否，惑者未敢信也。读兵家书，孜孜于战略，然太平百有余年，战阵未试，其说之当否亦未敢信也。独于医术，病敌当前，良拙可睹。然二竖不言，偶中得名者亦多矣，谁得一一执而验之哉？故医之复古，其道无他，博学以舍虚妄，实验而求明达，如是而已。摄都医士菅周圭，以针灸明于时，而潜心媚古，尝著一书曰《针灸则》，示其弟子。大匠授人以绳墨，其获益岂弟子哉？济世之士皆得知所取矣，岂非豪杰之事也哉？明和丙戌冬十一月东溟林义卿撰。

菅义则跋：孟子曰：书尽信不如无书。岂必取乎？其必不取乎？取舍唯在其人耳。吾菅先生所著《针灸则》，不取十二经、十五络、所生是动、井荥俞经合、八会等，仅以经穴可针即针，可灸即灸，可出血则出血，而能起沉疴于顷刻，岂不奇哉！然此书也，先生唯示门人、小子耳，不敢示他人也，读者在不可取者正之，若有所取者则学之云尔。属校句读，辄书数言于卷末。明和丙戌春三月，门人阿州菅义则玄慎。

凡例：一、针灸上切要之经穴，予所恒用者，仅七十穴耳。以此七十穴而疗诸病，不复求他经穴，固违旧说，然用诸实验，每奏奇效，以治百病，自觉游刃有余焉。一、旧本十二经十五络，前生是动、井荥俞经合、八会，或刺中心一日死，其动为噫，刺中肝五日死，其动为语之类，或刺哑门为哑之说，一切不取。故不言太阳太阴经，别为头面之经穴，列头面部，手足之经穴，列手足部。一、治门中皆不言针深浅，宜从其病。医者不分轻重，妄言深浅为害，或浅刺不治。《难经》所谓春夏浅、秋冬深刺之说，一切不可从。一、治门中皆不言灸数者，以随病轻重多寡也。间亦言几壮者，其所有经验而得效者也。一、是编之出血法，试用之十之七八，罔不取奇验。然出血有多有寡，可随病虚实轻重矣。一、余所用治诸病之针，乃毫针也，而世人好华，以金银作之。余只用铁针，以觉其有奇效也。是至刺皮肉甚亟而不伤气血。医人谓铁针有毒以不用，然针之有毒，余亦未之见也。一、予所用之出血刺，乃三棱针也。和医皆以和钢铁作之。出血之后，其创痛甚，以南蛮输

入者为佳,可选用。一、本集所载经,皆常用所疗诸病,奇证怪病,略而不录。

【按】又名《针灸学纲要》《针灸治疗学纲要》。《全国中医图书联合目录》载录。书中仅取70穴以疗诸病,不取旧说,不定针灸深浅轻重和出血多少,随病施用。不用金银针,只用铁针。讲求实用,是本书之特点。有1936年宁波东方针灸书局铅印本藏中国国家图书馆、中国中医科学院、天津市医学科学技术信息研究所、天津中医药大学等图书馆;有1951年医亚制药社铅印本藏中国国家图书馆、中国中医科学院、兰州大学、甘肃中医药大学等图书馆;有1980年日本盛文堂据明和四年(1767)浪华书林本影印本藏中国中医科学院图书馆。又见于《皇汉医学丛书》。

《重修针灸大成》 十卷 1794

明・三衢杨济时(继洲)原撰
清・会稽章廷珪重修

【按】有清刻本藏中国国家图书馆,五册十卷。扉页作:乾隆甲寅春镌,会稽章廷珪撰,《针灸大成》,外附铜人四图,晋祁书业成藏板。有万历辛丑赵文炳序,与杨济时《针灸大成》之赵文炳序同;卷端署:会稽章廷珪重修,临汾郑维纲、长洲归天镕校雠,翼城李本修督刊。民国二十五年(1936)大文书局出版《仿宋古本针灸大成》十二卷,章氏重增二卷,重修明杨继洲《针灸大成》,填缺正误而更臻完善。全书内容包括针灸理论、针灸歌赋、诸症针灸法、经络与腧穴等,并选录各家针灸方法及医案。

《针灸易学》 二卷 1798

清・长葛李守先(善述)撰

自序:针灸之法尚矣!惟圣于医者能得其全,下此而能因易入难,推所已知及所未知,当其应手,亦可有功于世,比于哲匠无二效也。近有习之数年不能用一二针医一二病者,盖其书古奥难窥,一入认穴,繁而且碎,句不可读,读不可记,指归要领,求之无从。兼怵其晕针之说,手法不明,往往中止。业以难废,此惟不由其序之过也。先少学针灸,六年来未尝一日少懈,特无名师口授,总不信心,以为非吾能事也。至乾隆五十一年,先已五十一岁,时疟疾十人而九,择其少壮医之,治三效一,更日,治五效三,由此复究其书而无不效矣。计二十二日,获效四百三十七人。后学治卒症,有效有不效,用针多则内有约略,且更考核诸先辈之书,医十得三者有矣,医十得五、得七者有矣,此亦因易入难,推所已知而及未知者也。至于深远详细,吾未有得,惟圣者能之耳。兹将古法著之于前,愚见列之于后,浅而易知,显而易明,名曰《针灸易学》,以为后之君子便览之资云尔。附书一则曰:先少学针灸,或止之曰:穴难。不知难不在穴,在手法耳。明于穴而手法不明,终身不医一疾,明于手法而因症寻穴,难者多,而显而易知者亦不少矣。如十二井易知也,五募、八会、五俞易知也,八脉主穴易知也。得一二穴,从此以尺量之,以类推之,由浅入深,因此知彼,而医亦成矣。先习此,首学手法,次学认症,而以寻穴为末务,盖所难不在此也。大清嘉庆三年岁次戊午季春,李守先善述氏识。

许天锡序:医道闳邃,明其术者可以保身利物,故名儒硕士咸究肄焉。治法有二:曰针灸,曰方药。灸法从针,其在于古,针之所不及者,而后区之为方,剂之以药,二者相辅而行,无偏废也。独其经络窍会,寻之为难。自汉唐以来,业斯术者,方家能手专主方药,而针灸之传阙如,《灵枢》明文,治法徒存,识者惜之。吾邑李君善述,好学问,推秀六堂,尝思所以利济斯民者而未得也。因有志于此，主以黄岐，旁及诸家之说，按图披籍，盖揣摩者至五六年而后试手，勤之至，亦慎之至也。其试手又十余年，回生起疴，至于千百。阅历之久，间有神明于法之外者，所谓随气用巧，惟熟则然也。君今以老，念针法之失传，爰取其揣摩所从与阅历之验于己者约为一书，名曰《针灸易学》，欲广其传，以登斯世于仁寿之域，此亦仁人君子之用心矣。余嘉其志而乐道之，故于其将授梓也，为叙其事而弁之书首。大清道光二十七年季春之望，竹村许天锡谨序。

【按】又名《绘图针灸易学》，为初学者读物。卷上载针灸源流、手法、百症赋、认症定穴治法（包括口眼㖞斜等症）；卷中寻穴，载有经穴图、五输穴图及经外奇穴30个；卷下为所附"七十二翻全图"。有清嘉庆三年戊午（1798）自刻本茶亭藏板藏中国中医科学院图书馆（退守道人增批）、吉林省图书馆；有清道光二十七年丁未（1847）刻本藏中国中医科学院图书馆、河北医科大学图书馆、广州中医药大学图书馆；有清光绪三十三年丁未（1907）上海佩记书庄石印本藏南通市图书馆、杭州中医药研究院；有清宣统元年己酉（1909）上海修竹斋石印本藏河南中医药大学图书馆、镇江市图书馆；有1951年中医书局铅印本；有1953年建文书局石印本；有1954年锦章书局石印本。通行本有1990、1991年人民卫生出版社铅印本（中医古籍整理丛书）。

《针灸说约》　不分卷　1811

日·石坂宗哲（文和，廷玉，竽斋）撰

【按】《全国中医图书联合目录》载录。是书刊行于日本文化九年（1812）。首论十正经及任督二脉的经穴定位、主治、刺灸法、刺禁，次论《灵枢·九针十二原》的迎随补泻手法及意义，再论《内经》中的刺灸法、热病气穴及手足要穴，最后是灸狂痫法与灸脚气要穴。内容简约，切合实用。有日本文化九年（1812）东都书铺千钟房刻本藏上海中医药大学、镇江图书馆。

《针灸逢源》　六卷　1817

清·吴县李学川（三源，邓尉山人）撰

席亮序：岁乙亥春三月，余掩关养疴，邓尉山人李君三源过访，出其所纂《针灸逢源》一书相质。余曰：聋者不可与别宫徵，瞽者不可与辨黑白，余虽尝涉猎岐黄书，于方剂略识一二，而于针灸则懵然无所知，安敢强作解人哉？李君曰：不然。夫道一而已，自《周礼》有疾医、疡医之分，而医之内外始判。然吾观古者以汤液治内，以针灸治外，理本同条而共贯，事实相济以有成。《灵》《素》详针灸而略汤液，非毗外也，长沙以后，详汤液而略针灸，非毗内也，时世之淳浇、民生之强弱使然也。人身内而脏腑，外而经络毛腠，不过一气一血相为流贯，故病有内有外，有由外及内，有由内达外，循环无端，息息相通。知汤液而不知针灸，是知人有脏腑而不知有经络毛腠也；知针灸而不知汤液，是知人有经络毛腠而不知有脏腑也。病虽万变，人只一身，医者必离而二之，可乎哉？且医而不知针灸，将不知脏腑经络之相为表里乎？不知脏腑经络之相为表里，则脉络之交会起止、气血之生死出入，又乌从而测之？冒昧以施其技，不几如思明者之掩其目、思聪者之填其耳乎？余之为此书，非欲于前贤著作外拔赵帜而立赤帜也，意在通内外两家之筏，而使之左右逢源，会归一致，不至如断港绝潢者之适乎此而不适乎彼也。子其为我校雠而存之。余深韪其言，晨窗展卷，反复商榷，条分缕析，发凡起例，始则探源《灵》《素》，继则荟萃群言，正经穴之谬讹，补注疏之阙略，本《铜人》《聚英》《资生》《神应》针灸

之法，而广其义于长沙、河间、东垣、景岳审证之书。因端竟委，纲举目张，不特习针科者可因证以考穴、按穴以施治，先洞悉乎致病之由，后巧施其针灸之术，即习方书者亦可藉是以佐汤液之所不逮，而上合乎《灵》《素》以暨长沙、东垣内外相资、针药并用之旨，其有裨于医术者岂浅鲜哉？余故乐得而序之。时嘉庆丁丑岁春二月，虞阳同学弟席亮丽农氏释撰。

李学川《续刻灵素序》：昔者，黄帝同岐伯、少俞等六臣，互相讨论，开医学之源，传《灵枢》《素问》，即《内经》也。《灵枢》所论者，营卫血气之道路，经脉脏腑之贯通，天地四时之变化，音律风野之区分，先立九针以备病所由治也。《素问》所论者，阴阳寒暑之推迁，饮食居处之得失，五运生制之胜复，六气时序之逆顺，察其脉色以明病所由生也，然考其治病，针灸最详。自仲景圣著《伤寒方》，论针灸亦有不可阙者，如刺风池、风府、期门，灸少阴、厥阴之类。嗣后名家踵起，方书益盛，而针灸亦兼及焉。今医独事方药，视针灸为小技而忽诸，则《灵》《素》书虽存，而知刺法者鲜矣。学川不揣孤陋，较《灵枢》《甲乙》经穴之异同，参《伤寒杂病》方书之辨论，编为《针灸逢源》六卷，所集《灵》《素》，特揭《经脉》《刺法》诸篇，以补医林传诵所阙，其藏象、脉要、疾病诸论无针灸者置之弗录，盖欲以别集合而读之也。第学者检钞不便，兹复采录《灵》《素》四十余篇并载，集中大要，与汪讱庵《类纂》略同，而注稍详。今并授诸剞劂，略述原委于卷端，重望世之高明诲余不逮云尔。道光壬午春闰三月，李学川三源氏题于棣华草堂。

李嘉时跋：先君子以古来针灸诸书辞多繁杂，法有舛讹，学者难为考证，因于《灵》《素》经穴诸书，穷源溯流，广为采集，殚四十余年之精力，得成是书。虞阳席丽农先生见而悦之，怂恿付梓，固辞不获，遂付剞劂。数十年来，江左医家咸奉为圭臬。时初游梁苑，箧藏是书，友人借阅无虚日。板存故园，庚申之变，族人相率播迁，以简帙重赘，藏弃为难，因束置高阁。迨克复后，族人细加检阅，残缺已多，意谓不复成书，付之惜字局。赖局中绅董知为传世书，不令焚毁。庚午春，命子应桂回里咨访，数月始得是板，其间脱略不全几及一卷。里中久未刷印，旧集无存，因思豫中曩有借本，遂携板来豫，修残补缺，生面重开。伏念幼时，先君子于是书口授心传，奉为家法，捐馆三十年来，世多变故，时复糊口四方，递令先人手泽几致不克保全，实疚厥心。今幸故物犹存，更当如何珍护，尤愿后之子孙缅怀先泽，永保遗编，是余所厚望焉。同治十年辛未十月，男嘉时谨跋。

【按】本书共六卷。卷一、卷二分别选集《灵枢》和《素问》中有关针灸经文，并引录各家注解，以明砭石原委及经络、针灸要义；卷三汇集各家论述和针灸歌赋，以详明经穴针法和证治要诀；卷四考正《铜人》经穴、续补奇穴，载经穴 361、奇穴 96；卷五列举 43 种病症的针灸治疗法，并附录小儿推拿法；卷六为证治补遗，剖析病症因由，并附方药以济针术，意欲兼通方药与针灸，使医者能左右逢源，会归一致。书中载十四经穴共 361 个，为明代《针灸大成》之后的又一次总结，其考订的经穴位置（如足阳明经腹部诸穴等）也为近世医家所接受。本书内容全面，在清代各针灸书中最值得称道。成书于清嘉庆二十年乙亥(1815)，最早刊刻于清嘉庆二十二年丁丑(1817)。有清嘉庆刻本藏中国中医科学院图书馆；有清道光二年壬午(1822)补刻本（旧称棣华草堂刻本，增李学川《续刻灵素序》）藏北京中医药大学图书馆、上海中医药大学图书馆等；有清同治十年辛未(1871)重修本（也称吴县李嘉时刻本，增李嘉时跋），藏中国中医科学院图书

馆、北京中医药大学图书馆等。通行本有1987年中国书店据清同治十年刻本影印本,有1987年上海科技出版社据清同治十年刻本影印本。

《针灸全生》　二卷　1824

清·萧福庵(学正道人)撰

释本圆序:针灸之术肇自黄帝、岐伯,详于《素问》《灵枢》,降及后世,代有名工,往往即其心得立法著书,以行于世。学者遵其成方,俱能拔困济危,功成反掌,不可谓非济世之良方、全生之善术也。但其书类多繁衍杂陈,难于分晰,即有撰为诗歌,未免挂陇遗蜀,致操术之士有得此失彼之忧。园用是恻然心动者久之,爰搜针灸各书,始得三衢杨君所集《针灸大成》一册,见其立法详明,远胜别帖,因摘取其症治,参合《类经》诸书,分门别类,便按症易于选用,无烦搜索之劳。又绘全身总图,免于差误,庶条分类别,集简法赅,济世之术莫捷于此也。因付诸枣梨,更其名曰《针灸全生》,将谓以斯术全斯人之生命,而为斯世造之福德。愿同志君子转相广布流传,益以造福而济人于无穷也,实园所厚望焉。时大清道光十一年辛卯岁二月上浣日,锦城文殊院释子本园敬撰。

【按】《全国中医图书联合目录》载录,一名《同人灸法》。本书乃锦城文殊院释本圆择录《针灸大成》《类经》等书,并增入所绘《全身经穴总图》及《十二经穴图》而成。书中首列全身及任脉、督脉、十二经脉穴位图22幅,并附有经穴分寸歌诀;次列各种病证的针灸治法,共收病证40余种。卷二为萧氏续各科证治,收录24种疾病的针灸治法。本书图文并茂,切于实用,故曾多次刻印,流行较广。道光十一年(1831)锦城文殊院僧人释本圆易名《针灸全生》刊行,同治八年(1869)刊本书名作《针灸全生》而书口题"同人灸法"。有清道光十一年辛卯(1831)刻本(扉页作"同人堂针灸",书口作"同人灸法",藏中国中医科学院图书馆、泸州市图书馆;有清同治八年己巳(1869)贵文堂刻本藏中国中医科学院图书馆、河南中医药大学图书馆等;有1915年藜照书屋刻本藏甘肃省图书馆。

《针灸便览》　一卷　1849

清·万邑王锡鑫(文选,亚拙山人,席珍子)编

自序:尝谓治病之功不外乎药,劫病之速莫先于针。从古方书所载,此科无不并列,是以卢扁和缓周游邻邦,方药之外,率皆以此疗症,万病一针,取手而愈,诚医人之所不废,而病家毋庸置疑与畏也。近世此术几乎不讲,师不以此为教,弟不以此为学,平常缓治之病,听其书方合药,一遇喉科痰闭,刻不容缓等病症者,举家慌乱,治者群皆束手。嗣遇谈及针法,如某病一针捷如奔马,某经一穴效奏桴鼓,始悔平昔所学之偏,而斯术之传,始觉相需殷而相遇疏也。语云:一针一灸三服药,此言岂无谓哉?予少读儒书,长业轩岐,凡大小内外等科无不择之精而审之熟,惟毫针一法,起于十二奇穴,成于三百六十五度,日就月将,朝乾夕惕,终觉惝恍难凭。及遇精习此科,南浦暂住,不惜请业请益,求其口讲指画,如病左针右,病右针左,上则针下,下则针上,务令奇经八脉、冲任督带、三阴三阳、十二经络,剀切详明,使知其某病系某经,某经针某穴,浅深补泻,随卧送迎,其法不紊,其应如响。非如沿河插柳,惑世诬民者,所可同其仿佛,但有得于己,不可不公诸于人?因将《铜人》《大成》诸书,集其便览,另仿《铜人图式》四张,经络分寸歌诀、名目次序,分类合编。俾业轩岐者,手珍一部,笥藏一帙,由显知微,升堂入室,而后缓

病仍以方药治之，急症即以针法奏效。庶四海之大，六合之遥，无不登春台而跻寿域也，岂复有夭札之患欤？爰撰鄙俚以弁其图，高明之士再加斧政，更为予所深幸。此序。

贺正笏序：针灸之道，技乎神乎？上世以针砭治疾，其为效胜于草头木根，其中病亦神于草头木根。自轩炎雷岐以来，后世长桑君、马丹阳各挟其一技之微以游于世，而当时惊其神，后人奇其术，其效不可没，其功不可掩，其活人亦不可胜数。神乎技乎？近读其口诀数语，然后知其操术为有要矣，而不善学者犹惜其略而每少之也。王君锡鑫，予总角时同学友也，幼而岐嶷，聪颖过人，究心于星相术数之学，而尤精于岐黄。手辑眼科诸书并方脉药性等便于记诵者，刊以济世有日矣。庚戌夏，复出其《针灸便览》一册示予，披读之下，喜其针法之密、图法之周、穴位之详明、诀法之简捷。凡三百六十穴道、十二经络，并手足三阴三阳之部位，玩其图，审其法，读其歌诀，无不了如指掌。虽门外汉亦各可以拈针吹火，按图而索其部位，砭其穴道，以自除其沉疴。斯诚度世之金针矣，岂犹以册短而少之乎？吾辈老于作文者，语必精练，缩丈为尺，一语抵人千百语，而评者每曰：尺幅之中具有层波叠出之势，许其简也。愿移此语以赠锡鑫。是为序。时道光三十年庚戌岁季夏月，乙未科举人拣选知县贺正笏拜题。

【按】本书首为《正面背面全图》，绘释全身经穴，载述十二经络起止循行；后录任、督、十二经脉经穴分寸歌及经图，以26首歌诀阐述针刺法、行经取穴、补泻、择时取穴、十二经气血多少、八法交汇、十二经主证、八脉配八卦等要领；末附《井荥俞经合横图》、孙真人十三鬼穴及鬼哭穴等奇穴，以及各种杂病和急症的取穴要诀、中指同身寸图、治折针法等。书中还介绍了王氏用针秘验，制针、煮针方法等。全书以图解和歌诀形式介绍针法要领，通俗易懂，内容完整，是针灸初学者的一部重要参考著作。有清道光三十年庚戌（1850）魏良久刻《存存汇集医学易读》本藏成都中医药大学图书馆。又见于《存存汇集医学易读》。

《针灸要略》 不分卷 1852

亡名氏撰

【按】有清咸丰二年壬子（1852）抄本藏上海图书馆，有残本藏南京图书馆。

《刺针家鉴集》 不分卷 残存 1854前

日・亡名氏撰

【按】《全国中医图书联合目录》载录。成书于日本嘉永七年（1854）前。现存日本嘉永七年即安政元年（1854）稻川播磨守抄本（残存下集），藏吉林大学白求恩医学部图书馆。

《针灸便用图考》 一卷 1856

清・张希纯撰

清・中水苏元箴（右铭）编

苏元箴序：针灸之法，至便于用者也，无庸设方构药，审明其症，一举手顷刻见效。然铜人之图、玉翁之技，理奥论繁，焉得人人而习之，户户而晓之哉？余友希纯张先生于是道三折肱矣，岁间茶余，辄言其经验良方，余甚珍之，即绘图详记，积成一卷，屡试屡验，因付剞劂，庶几有症者，按图针之，不至束手无策也已。以其便于披阅，适于施用，题谱额曰《针灸便用》云尔。中水右铭氏苏元箴识。

【按】又名《针灸便用》，《全国中医图书联合目录》载录。是书载有穴位共120个，每穴列有部位、主治、进针深度、操作手法、

灸法及禁忌证。记载30多个病证的针灸治法，各附有针灸穴位图，便于临证时使用。书末附有《本草说约》，介绍常用药的性味、功用及其常用组方。有清咸丰六年丙辰(1856)永怡堂刻本藏上海中医药大学图书馆；有清刻本藏中国中医科学院图书馆。

《黄帝神圣工巧甲乙经》　二卷　1857

晋·安定朝那皇甫谧(士安，玄晏先生)编撰
清·昆山潘道根(确潜，潜夫，晚香，徐村老农，梅心老农)抄订

【按】 潘道根(1788—1858)，清代江苏新阳县(今昆山市玉山镇)人。潘氏毕生好学，肆力经史，耽嗜古文词，兼通音韵训诂之学，名其所居室为"求隐堂"。潘氏性好医学，每借方书抄阅，久之贯通《内经》《伤寒》诸书，为人治病，多获奇效。道光四年(1824)悬壶应诊，医名远播苏州、太仓等地，慕名延请者甚众，深为乡邻爱戴。晚年迁居南村，卖药自给，绝迹闹市，以布衣终。潘氏著作极富，医书有《外台方染指》一卷、《娱拙斋医案》一卷、《医学正脉》一卷、《徐村老农手抄方》一卷、《临证度针》七卷，均存。另有《读伤寒论》《医学读书》等书，存佚不明。

《黄帝神圣工巧甲乙经》二卷，《全国中医图书联合目录》《中国中医古籍总目》均未载录。有清咸丰七年丁巳(1857)潘道根抄本藏苏州大学苏州医学院图书馆。

《勉学堂针灸集成》　四卷　1874

清·渌江廖润鸿(逵宾)撰注

自叙:医用针灸，由来久矣。尝见痼疾沉疴，药力所不能愈者，得针灸而奏效独奇。自穴道难明，业医者惮于穷究，遂藉口泄气，极力诋诃，俾患者视为畏途，致令《内经·素问》心法，终于就湮，可慨也。今岁夏，偶遇明师以《针灸集成》相示，因取而读之，渐觉豁然有得。窃以为下手用功处，在熟穴法，熟极则巧自生。而余性健忘，深虑旋得旋失，因将原书考正穴法，韵以五言，用当记诵，并遵御纂《医宗金鉴》参互考究，正其讹舛，且近取诸身，时尝寻按，至忘寝食，更觉胸有把握，益信古人救世深心，金针度尽，特患不甚研求耳。余自维留京五载，年已四十，文章无灵，终不能进蓬瀛一步。虽平日于天文、算学、地学，以及卜筮、壬遁、星命诸学，时深探讨，究无补于斯世，独得此一端，可以卫生，并可以济人。殆所谓思之思之，鬼神通之者耶？歌既成，将铜人图，按法缩绘小幅，以便案头搜讨，坊友饶君松圃，谓是可益初学，乐为梓行，附诸《针灸集成》之后，因记其缘起如此。同治十三年甲戌冬十月湖南渌江廖润鸿逵宾氏叙。

《贩书偶记续编》:《勉学堂针灸集成》，不著撰人姓名。无刻书年月，约万历间刊。无刻书年月，约雍正间刊，卷三、四又名《经穴详集》。光绪己卯孟春刊。

《传世藏书提要》:《针灸集成》原名《勉学堂针灸集成》，为清廖润鸿所撰。成书于1874年。书凡四卷。卷一概述针灸学的基本知识，如针法、灸法、补泻法、行针禁忌、点穴、辨穴及十四经穴等；卷二介绍人体各部穴位折量法及内、外、妇、儿各科疾病的针灸法；卷三、卷四，以经穴为主，概论各穴之适应证及与他穴的配伍，并引据各书作为验证。该书广集诸家学说，持论平正，内容系统而全面，其引据考证解决了部分存疑问题，对于研究和学习针灸学有一定的参考价值。

【按】 是书卷一、卷二为《针灸集成》，卷三、卷四为《经穴详集》，收集历代针灸医书并加以分类编录而成。卷一载针法、灸法、补泻法、奇穴(又称"别穴")、各经要穴及禁忌等；卷二载各部病证用穴、内景篇针灸、外

形篇针灸、杂病篇针灸，以便于临证查检；卷三载肺、大肠、胃、脾、心、小肠、膀胱各经穴的位置和主治；卷四载肾、心包、三焦、胆、肝及任、督各经穴的位置和主治，其后为经外奇穴及禁针禁灸穴。全书收集奇穴较多，远超出《针灸大成》所载，分内景、外形选穴也是本书特色。唯编次较乱，前后重复，且有漏刻之处。有清同治十三年甲戌(1874)刻本藏中国国家图书馆、中国中医科学院图书馆；有清光绪五年己卯(1879)北京文宝堂刻本藏上海图书馆、上海中医药大学图书馆。通行本有1930年北京天华馆铅印本、1936年北京老二西堂刊本、1956年人民卫生出版社影印本、1994年人民卫生出版社铅印本(中医古籍整理丛书，沈爱学、包黎思点校)、2003年浙江科学技术出版社有排印本，收于《近代中医珍本集》。

《扁鹊针灸纂要》　不分卷　1874

清・金松亭、张鹤鸣合撰

【按】《全国中医图书联合目录》载录，有抄本藏辽宁中医药大学图书馆。

《针灸要法》　二卷　1875

亡名氏撰

【按】《中医图书联合目录》载录。内容抄录“针灸方宜始论”等文和主要针灸歌赋，多出自《针灸大成》，并附有抄录者的一些见解。是书前后无序跋，共二卷，分卷一上、下。有清抄本藏中国中医科学院图书馆。

《针家要旨》　不分卷　未见　1883

清・薛夜来撰

清・钱福林抄传

【按】《全国中医图书联合目录》载录。又名《钱氏针科要旨》《秘授针灸神法》。内容包括“针家要旨”和“经穴考”两部分，分述手足三阴三阳经、督任脉十四经脉穴位的名称、位置、主治等，并绘图示之。另附人身五脏六腑图、针灸避忌太乙图序、九宫尻神歌、逐日人神歌、针灸吉日凶日、十不宜针灸歌等。有清光绪十八年壬辰(1892)钱福林抄本藏陕西中医学院图书馆。

《针灸集要》　不分卷　1887

亡名氏撰

【按】《中医图书联合目录》载录。有清光绪十三年丁亥(1887)抄本藏辽宁中医学院图书馆，有吉兴裕抄本藏中国中医科学院图书馆。

《选针三要集》　二卷　1887

日・杉山和一编集

序曰：愚禀偏陋，窃志针道有日，故游入江先生之门下，得闻命矣。先生之道，宗轩岐，故常谓可见者《内经》也。于针法秘旨虽多，不过补泻要穴。分虚实，用补泻，宗井荥俞经合，可谓主要穴，且有余力，则谙经穴，于是针道毕矣。临机应变，可谓医者意也乎。予慕其幽言，作书而述其大意，实为门人初学，发圆机之士必以为赘也焉。题曰：一曰治神，二曰知养身，三曰知毒药为真，四曰制砭石大小，五曰知府藏血气之诊，五法俱立，各有所先云云。愚按《灵枢・玉版篇》有谓也。帝曰：夫子之言针甚骏，能杀生人，不能起死者，子能反之乎？岐伯曰：能杀生人，不能起死者也。帝曰：余闻之则为不仁，然愿闻其道，弗行于人。岐伯曰：是明道也，其必然也，是如刀剑之可杀人，如饮酒使人醉也，虽勿诊犹可知矣。呜呼，有旨哉，经也。唐王焘失深意，而不取针也，于是后世

愚人耳目，何有此理哉！犹非谓针总妄用之，则药灸何无杀人之理也。然《内经》针杀人者，实有深意存。以何言也？《宝命论》有谓如临深渊、手如握虎、神无营于众物，此王冰所谓工巧，而以不可妄用之故也。《医统》曰：扁鹊有谓疾在腠理，熨焫之所及；疾在血脉，针石之所及；其在肠胃，酒醪所及。是针灸药三者兼得，而后可与言医。囊武胶以活人之术止于药，故弃针灸而莫之讲。伤寒热入血室、闪挫诸疾，非药饵所能愈，必俟夫刺者则愈。又介宾《类经》论此事，一妇人患伤寒，热入血室，医者不识。许学士曰：小柴胡以进，当刺期门。予不能针，请善针者针之。如言而愈。是非针要乎？予亦欲澄源端本，若坐丰蔀。呜呼，有旨哉，针也，何妄二氏，谓不取之也焉。

【按】《全国中医图书联合目录》载录。是书卷上载补泻迎随、五输、虚实、论缪刺，包括腹部经穴、九针图、十五络脉；卷下载十四经穴并分寸、针灸要穴论、禁针禁灸穴歌。内容简要，系为培训盲人学习针灸而作。国内现有1937年东方针灸书局铅印本，藏中国中医科学院、天津市医学科学技术信息研究所、上海中医药大学、镇江图书馆等。又见于《皇汉医学丛书》。

《备急灸法·针灸择日编集》　二种二卷　1890

宋·槜李闻人耆年　明·全循义、金义孙原撰
清·上杭罗嘉杰(少耕)辑

金礼蒙序：见于《针灸择日编集》。

罗嘉杰序：见于《针灸择日编集》。

罗嘉杰附识：宋团练使张公涣所著《鸡峰普济方》，惜已无传，幸《备急灸法》犹得留遗东海。按其图说以疗沉疴，当无有弗愈者。但日有旦暮明晦，序有四时荣枯，人身一小周天，安得不慎其所事，期无背于古，无戾于今？准而行之，斯技也而进乎道矣。余既将《备急灸法》寿诸梨枣，嗣复获明医院官全循义、金义孙等编集《针灸择日》一卷，考核群书，详明赅括，盖多纪氏旧钞本，卷首有多纪氏藏书印。尝考多纪元坚、多纪元昕并为日本侍医教谕，鉴赏自异凡庸。原本霉腐虫蚀，字迹间有漫漶，乃属友人于小宋茂才悉心校勘，别录副本，与《备急灸法》汇为一集，俾人人知所循守。光绪庚寅秋七月，少耕罗嘉杰附识。

于希璟跋：针灸之法，近世绝少真传，苟能得其窾领，按图而搏揿之，则疗疾诚有回生起死之功。然第知针灸而昧于择日趋避，似犹有未尽善者。罗少耕观察既将宋本《备急灸法》付诸梓人，复得胜国《针灸择日编集》以附丽之，乃知盈天地间物必有耦。此二书先后沦落海外历数百年，至今日而并呈其秘，于以见韬晦显耀自有其时，一经行世，将各循途守辙，注灸允洽其宜，俾寿而臧，痼疾因之立效。其惠济群生，是亦仁术之一端矣。光绪庚寅初秋金坛于希璟小宋校录并跋。

《续修四库全书提要》：旧题宋张涣撰。涣有《鸡峰普济方》，已著录。是书中国旧无传本，日本有宋椠本，首载淳祐乙巳乡贡进士孙炬卿序，见《经籍访古志》。清光绪中贵阳陈榘随使日本得之疑是景抄之本，以贻上杭罗嘉杰，序而刊之。案：书中分三段，不相连属，第一段为《备急灸法》，署曰宝庆丙戌正月望，杜一针婿槜李闻人耆年述。略谓：本朝名医团练使张涣著《鸡峰普济方》外，又立《备急》一卷，其方皆单行独味，缓急可恃者，张公用心可谓切于济人。仆自幼业医，今齿发衰矣，施药惠人，力不能远，惠而不费，莫如针艾之术，针不易传，仓猝救人，惟灼艾为第一，今将已试之方，编述成集，锓木以广其传云云。下列灸法凡二十二证，绝无用方药者。第二段为《骑竹马灸法》，后附数

方。第三段为《竹阁经验备急药方》，凡三十六方。寻绎闻人氏所言，似因慕张氏《备急方》之切于济人，乃专以灸法已经试验者编集行世，未言即用张氏之书也。证以孙炬卿原序，谓：初曾自服乌辛茶方治愈头风，其母患耳疽，未用灸法，以致不治。后得蜀本《灸经》与《竹马灸法》，乃知诸证无不可治，遂与乌辛茶方并刊以传。是《灸经》与《骑竹马灸法》原是两事，而药方有经孙氏增入者，则所谓《竹阁经验备急药方》是否闻人氏原本所有，难以臆定。又《访古志》著录，依原书标题曰"备急灸法"，而无"方"字，亦未言书出张氏，最见矜慎。罗嘉杰新刊始指为张涣所撰，标题不曰"灸法"，而曰"灸方"，皆出武断。且《鸡峰普济方》汪士钟刊有景宋残本，嘉杰跋中乃云惜已无传，其谫陋可见。附刊《针灸择日编集》亦得自日本，全循义、金义孙同撰，其结衔一曰"医院官护军"，一曰"司直有奉训郎集贤殿副校理知制教兼春秋馆记注官世子左司经金礼蒙撰序"，皆是朝鲜官制，全、金亦其国著姓，书正统十二年者，乃奉明正朔。嘉杰跋称为明医官，亦误。当时奉使东瀛者，搜访佚书成为风气，受欺赝鼎，亦所不免。《备急灸法》一书出于宋椠，见于著录，非全作伪，宝庆、淳祐两次辑刊，序述中踪迹甚明，流传既久，因张涣医名较著，后人借端影射其名以增重，容或有之，嘉杰等不能辨别，转滋疑窦矣。

【按】《续修四库全书提要》所用为光绪刊景宋本。《针灸择日编集》散佚海外，光绪十六年（1890）罗嘉杰从日本影印引回，与《备急灸法》合刻刊行。民国二十八年（1939）并与《太乙神针》三书合刊本。有清光绪十六年庚寅（1890）上杭罗氏汇刻本、十瓣同心兰室藏板藏中国国家图书馆、中国科学院图书馆、中国医学科学院图书馆、中国中医科学院图书馆、上海图书馆、上海中医药大学图书馆；有清光绪十七年辛卯（1891）江宁藩署刻本同心兰室藏板藏中国国家图书馆、中国科学院图书馆、中国医学科学院图书馆、中国中医科学院图书馆、上海图书馆、上海中医药大学图书馆；有清光绪十八年壬辰（1892）海宁钟氏刻本藏中国科学院国家科学图书馆、上海中医药大学图书馆、四川省图书馆、成都中医药大学图书馆；有清宣统二年庚戌（1910）上海六艺书局石印本藏苏州大学苏州医学院图书馆、浙江省中医药研究院、广西中医学院图书馆。通行本有1955、1957年人民卫生出版社影印本。又见于《太乙神针备急灸法针灸择日编集》。

《邹氏针灸》　不分卷　1898

亡名氏撰辑

清·邹于隽传

唐成之跋：此书系邹于隽先生得友人家藏本。考各书铜人图无此详明，且言某经应发某病，亦他所无，至针灸之法尤与众不同。余假抄一通，邹先生有厚情焉。此本宜珍重保之。民国三年三月抄成。

【按】是书载录十二经和奇经八脉的经脉歌及循行图、经穴图和脏腑图等内容。其中论调养任督水火既济法、口眼歪斜要穴、偏正头风、中风要穴、腰痛要穴等内容为他书所无。有民国三年（1914）唐成之抄本藏中国中医科学院图书馆。

《针灸灵法》　二卷　1900

清·成都程兴阳撰

【按】是书前后无序跋，上下卷均有残缺。上卷分二章，第一章为经穴，共24节，分别介绍十二经诸穴、腹面任脉、背面督脉、经外奇穴、十二经及任督经外奇穴总数、井荥俞原经合总歌、十二经络穴并起止之穴、八会穴及十二经表里、全体各部尺寸、腹部诸经穴图、督脉与膀胱图、正面头图、背面头图等;第二章为手术,共11节,分别介绍取穴要言、取穴求真、针病口诀、灸病口诀、针灸深浅合宜、真传泻法手术、真传补法手术、灸之补泻、禁针穴歌、禁灸穴歌、治针疤灸疤灌良方等。下卷开篇即为第七章,从第九十节至第九十五节,内容为小儿治疗,分别介绍小儿男女推拿、小儿男女验色察病、小儿36种惊风、婴童杂症21种、接骨续筋手法总论、秘传断骨断筋药饵等。末附驱邪治病符水咒令等。有抄本藏中国中医科学院图书馆。

《金针梅花诗钞》　不分卷　1902

清·天长周丙荣(树冬)撰
裔孙周楣声重订

自诗序:自古金针重玉龙,玉龙久已归太空,断鳞残甲埋尘土,世人枉自说雄风。我今新谱梅花诀,梅香沁心能去疾。年年寂寞在深山,不以无人花不发。流芳常伴天风落,大地氤氲如沐浴。化作金针度与人,但愿普天皆寿域。鸣缶虽同下里巴,汗牛未见阳春雪。纸窗明净自吟哦,置身恍在先贤侧。医虽小道技雕虫,生死权衡在掌中。当门湖水明如镜,静对炉香妙契通。光绪壬寅春王月,天长沂湖周丙荣树冬撰。

【按】是书共上下两篇,上篇为针道,分楔子、刺法、刺序章,刺序章又分因时、察形、识禁、审经、辨脉、认症、忌偏、选穴、先后、取穴、择针、进针、持针、深浅、候气、导气、补泻、中机、防晕、留针、出针,凡21节;下篇为十四经要穴诗,后附注释,共录穴诗326首。有稿本藏裔孙周楣声家,周楣声于1982年将其增删重订交安徽科学技术出版社排印出版。

《黄帝内经明堂》　一卷　1911

附《太素篇目》等　六种一卷

隋·辽西杨上善原撰注
清·井研廖平(季平,六译老人)辑

附录六种子目:《太素篇目》《灵枢太素注本篇目》《素问太素注本篇目》《黄以周内经明堂序》《黄以周旧钞太素经校本叙》《黄以周内经重校正序》

《灵枢太素注本篇目》廖平引:《灵枢》为经,《素问》为传,虽不能劈分,大略如是。医书之于《灵枢》,较《素问》尤为根源,《素问》全注虽亡,次注犹为唐人之作,古法不尽亡佚。《灵枢》注本今所传者大抵明人,其去隋几千年,师传亡佚,错误满纸,最可痛惜。《太素》出于隋,古法存者不一而足,以《太素》比明注其相去不可以道里计。黄氏所作未见传本,今仿其例别为此书。考杨本全篇已有五十三,未经全引者十四,其佚者不过十四篇而已。今以原书六十五篇提出别行,再推广其法以注所佚,则成全帙。此固医家金针宝筏,为地球至精至贵之秘书也。

《黄以周旧钞太素经校本叙》廖平按:黄元同先生叙《太素》残本如右,考黄氏别录《素问》新校正所引《太素》佚文,今再考《灵枢》《脉经》《甲乙》《千金》《外台》所引《太素》文为今本所佚者,依原经篇目略仿张氏《类经》依佚卷补之,则所佚七卷皆有引据,可以补成完书,并移杨注补注之,特杨注不可尽考,可为憾耳。四译谨识。

《黄以周黄帝内经九卷集注叙》廖平按:《灵枢》八十一篇,今《太素》残本所引全文已五十三篇之多,未全者十四篇,全佚者十四篇而已。黄氏书未见传本,今考宋新校正所引《太素》及杨注佚文,依《灵枢》原目分卷补入,以成完书。其书中杂有后人校语者别录之,钞写误脱略为考证。《灵枢》今传注本始于明人，此本早在八九百年前，误文佚义盈千累万，然则此书真医林之秘宝也。别刊目录，补佚文，并据此以删补日本多纪氏《灵枢识》焉。四译谨识。

《黄以周黄帝内经素问重校正叙》廖平按：《素问》王注出唐天宝时，于医经注存本为最古，宋新校正古医书多矣，校语惟此书最详。其余《伤寒》《金匮》《脉经》《甲乙》《太素》《千金》《外台》，寥寥数十条，《灵枢》则更无一字，是宋校惟此书存其原式，余皆翻刻削删无复当日式样。然注《素问》首推全元起本，《太素》略在其后，宋校所引二本多同，真希世之宝也。据黄氏叙，校录此书采《素问识》最详。未见传本，今别为目录，全篇五十，不全十三篇，佚者十八篇，依《素问》全本目录并引佚文以补其缺，千年秘笈，一旦复还旧规，欣慰何及？四译谨识。

《经籍访古志补遗》：《黄帝内经明堂》十三卷（存第一卷，卷子本，影写旧抄本，宝素堂藏）。唐通直郎守太子文学臣杨上善奉敕撰注。界行高四寸二分弱，是书仅存第一卷，卷末有永仁中丹波长高题识五条。其一云永仁第六年仲夏，以所读之秘说，授嫡男长高员外医儒丹渡朝臣（考系谱名笃直）；其一云受严说了权侍医长高按序云，是以十二经脉各为一卷，奇经八脉复为一卷，合为十三卷，则《旧唐志》所载杨上善《黄帝内经明堂类成》十三卷者是也。但此本无"类成"字可疑，惜所存仅一卷，无以照对，然今检其体手太阴一经，自肺脏形象以至经行腧穴，纤悉具载，更有注文，解腧穴名义及主治病证，报为精审，实系《千金》《外台》等所不有。况唐代医书传世甚稀，则断璧残玑亦不失为至宝也。

《日本访书志》卷九：《黄帝明堂》一卷（卷子本）。首题通直郎守太子文学臣杨上善奉敕撰注。前有自序云：是以十二经脉各为一卷，奇经八脉复为一卷，合为十三卷，今仅存第一卷耳。按《旧唐志》有杨上善《黄帝内经明堂类成》十三卷，此无"类成"二字，然必一书也。森立访古云：此书宝素堂藏，余所得即小岛学古本，用油素双钩，字体精整，想见原本犹是唐人手笔，卷末有永仁中丹波长高题识五条，亦与访书志合。森氏称其体手太阴一卷，自肺脏形象以至经行输穴，纤悉具载，更有注文，解腧穴名义及主治病症，极为精审，实系《千金》《外台》所不有。森氏精医术，博极群书，所言当不诬。原本篇幅过高，不便为折本，乃仿宋刻字体版以饷世，其中讹字悉仍其旧，精斯术者自能辨别。至杨上善相传为隋人，余考《唐六典》，魏置太子文学，晋废，后周复置，又废，唐显庆中始置，然则上善本唐人，故《隋志》不著录，详见于《内经太素》跋文。

《皕宋楼藏书续志》：《黄帝内经明堂类成》十三卷（抄本）。隋通直郎守太子文学臣杨上善奉敕撰注。存第一卷。

《善本书室藏书志》：《黄帝内经明堂》残本一卷（日本写本）。此日本人从相传旧本影写，虫文穿穴，悉依描摹，末题宽元年号，当在淳祐间，钞本流传，不得不谓之古矣。

仪顾堂题跋：残本《黄帝内经明堂》一卷，题曰通直郎太子文学臣杨上善奉敕撰注，有自序。案《唐书艺文志》有杨上善《黄帝明堂类成》十三卷，上善自序云：十二经脉各为一卷，奇经八脉复为一卷，合十三卷，与《唐志》所称十三卷合，当即此书也。其书取《素问》《灵枢》腧穴针灸论治，分十二经编类而释之。其释腧穴诸名曰：中府一名膺中输，膺，胸也，输，委输也，胸气归此，故谓之输。天府者，肺为上盖，为府藏之天，肺气归于此穴，故谓之天府。侠白者，白，肺也，此穴在臂侠肺两厢，故名侠白。尺泽者，一尺之中脉注此处，流动而下与水义同，故名尺泽。孔最者，孔者，空也，手太阴脉诸脉中胜，此之空穴，居此脉之左，故曰孔最也。列

缺者，列，行列也，列之缺住之上，故曰列缺也。经渠者，水出流注入渠徐行，血气从□出流注至此，徐引而行，经谓十二经脉血气流于此穴，故曰经渠。太渊者，少商初出为刃可谓小泉，鱼际停□此中涌注，故曰太泉。水出井流而动，脉出指流而上行大指本节后，像鱼形，故以鱼名之，赤白内呼，故曰鱼际。少商者，手太阴脉归于肺，肺之算于秋脉之所起地之方商也。其言如汉人解经，疏通证明，训诂精确，为自来注医书者所未有，惜只存肺经一卷，不得见十二经腧穴命名之义也。上善所著见于《新唐书・艺文志》者，有《老子道德经注》二卷、《庄子注》十卷、《老子指略论》二卷、《道德经三略论》三卷，今皆不传。《艺文志》作《明堂类成》，此本无"类成"二字，未知何故。卷末有宽元年以相传本书写毕一行，案宽元为日本八十六代四条年号，其元年当宋绍定六年，盖从七百年前抄本传录者。

《木樨轩藏书题记及书录》：《黄帝内经明堂》一卷[唐杨上善注]，影钩日本卷子本[日本影抄卷子本]，每行十五字。前有序，序后接书"黄帝内经明堂卷第一"，次行"通直郎太子文学臣杨上善奉敕注"。末有"永仁四年[元元贞二年，1296]正月十二日书写毕，同[廾]三日移[朱]点毕，同年二月二[日]移朱点毕，同六日校[□]毕。散位丹波朝臣长高□"。

【按】杨上善(589—681)，隋唐间燕州辽西县(今北京顺义)人，祖籍弘农郡华阴县(今陕西华阴)。杨氏自幼聪慧好学，崇尚道教，11岁即出家修行，"博宗奇文，多该异说"，兼通佛典。及长，深通医理，诊疗精奇，能起沉疴笃疾，人皆称神。杨上善所著《黄帝内经太素》三十卷，为我国最早对《内经》分类整理之作，亦为现存最早之《内经》注本。《黄帝内经明堂》十三卷为杨上善另一著作，惜仅存杨氏自序及第一卷。

廖平(1852—1932)，原名登廷，字勖陔，又字季平，晚号六译，近代四川井研县人。廖氏自幼习儒，肄业于成都张之洞所办尊经书院。清末授龙安府学教授，曾任尊经书院襄校。民国间先后任四川国学院校长，兼华西大学、成都高等师范教授。自言其学术思想历经六变，故万年编其著作为《六译馆丛书》。此前自号"四益"，继改四译、五译、六译，皆取治学进益、转变之义。廖氏以余力研究经学，撰有《释尺》《伤寒总论》《伤寒平议》《杨氏太素诊络篇补正》等34种，皆收入《六译馆医学丛书》。

是书前有一序，缺略颇多，难以卒读，从略。后附《太素篇目》等6种，另附《图书集成医部总目》《摄生消息论》，为廖平所辑录。有清刻本藏中国医科大学图书馆；有清末民初四川存古书局刻本藏上海图书馆；有日本影抄卷子本藏北京大学图书馆、中国中医科学院图书馆、上海中医药大学图书馆。又见于《黄帝内经太素》《渐西村舍汇刊》《六译馆医学丛书》《丛书集成初编》。

《安化弥圆祖遗针灸秘本》　不分卷　1911

清・黄崇赞撰

【按】黄崇赞，里籍生平未详，通医理。本书《全国中医图书联合目录》载录。有1915年唐成之抄本藏湖南省图书馆。

《内外针灸秘传》　不分卷　1911

清・任辛岩撰

清・上虞张卓夫抄传

【按】《全国中医图书联合目录》载录。是书前后无序跋。首录针灸要览与十四经针灸要穴歌，后载诸证灸法要穴等，内容与《秘传经验灸法》相同，增加了手足病、三阴病、妇人病、小儿病、外科病等，并附太乙神

针灸方、灸法,用针法、针刺禁忌及适应证42条。有抄本藏浙江省中医药研究院。

《内外针灸图经》 不分卷 1911

清·任辛岩撰
清·上虞张卓夫抄传

【按】《全国中医图书联合目录》载录。是书前后无序跋。卷首载录十二经脉及任督脉起止循行图文,论述岁气与五行关系等,并以七言歌诀的形式介绍针灸医家审病、诊脉、用穴定位等,附述及崔氏四花六穴、骑竹马灸法、孙真人千金十一穴、脏腑募俞及逐日人神所在忌针灸图表。有抄本藏浙江省中医药研究院。

《针灸秘传》 不分卷 1911

亡名氏撰

【按】《全国中医图书联合目录》载录。本书前半分主要论述针灸基础理论,如十二经脉的井荥俞经合穴,十二经所属、流注、起止及传次,八脉交会等;后半部分则涉及针灸临床具体运用,如十二经行针手法、分寸,胸腹、背部主病针灸处方等,共列举16种病证的针灸治法及12个穴位的主治等。有抄本藏中国科学院国家科学图书馆、浙江省中医药研究院。

《针灸歌赋三种》 一卷 1911?

亡名氏辑

【按】《全国中医图书联合目录》载录。是书汇抄《流注指微针赋》《针经标幽赋》《流注通元指要赋》,并将其中与《针灸大成》不同之处标出。末附名医李君墓志铭。有抄本藏上海中医药大学图书馆。

《针灸要略》 八卷 1911

清·长洲俞明鉴(世征)编

【按】《全国中医图书联合目录》载录。俞明鉴,清长洲人,字世征,家族五世业医。明鉴得家学,专理针灸,生人无数,与叶天士、薛生白共称鼎足。所著《针灸要略》《杂证抉微》,均有抄本存世。本书载述经络理论、经络循行、腧穴定位、主治、刺灸法、针具创造、清毒、止痛药、针灸治法腧穴配伍、特定穴运用等内容,并编有歌赋和图。后两卷介绍内、外、妇、儿、五官各科及腰背部等病症的治疗方法。有抄本藏上海中医药大学图书馆。

《针灸摘要》 不分卷 1911

亡名氏辑

【按】《全国中医图书联合目录》载录。是书前后无序跋,撰辑、抄录者不详。首论160种病症的针灸治疗,均以歌赋形式撰就,流畅易记。后列174个穴位,分述其主治病症及针灸手法、忌针时间等。有清务本堂抄本藏中国中医科学院图书馆;有九怀玉抄本藏苏州市中医医院图书馆。通行本有1993年中医古籍出版社铅印本,收于《珍本医籍丛刊》。

《针科全书妙诀》 不分卷 1911?

清·吴兴李昌仁(离尘子)辑订

自序:夫针者,上古三皇先参针灸,疗医百病,济世救危。昔黄帝、扁鹊、孙真人、马丹阳等,先针灸救众之疾,然后得道成真。盖世医业,独针灸最效,立竿见影,百病全消。今世针医,不察根由,扎针蛮法,不观图像穴道,不探针宗针书,胡针乱灸,无益已众。若误针法,伤血损气;倘若误针穴道,晕

倒惊慌；倘失误针，失伤五脏，胆破即刻身亡；或伤脚背冲阳，血出即付幽冥；或损头中脑髓之患；胸前背后，不审细情，误伤阴阳。余观各籍针书，妙理无穷，故集成一书，可救天下一迷，济度宇宙万民之疾，保全天年，致不误伤者。一则保全终身，以免饥寒，二则济度万民疼痛之患。此书实为天中之至宝，济世之宝筏。其中身体肥瘦长短之别，穴道深浅之论，出入运用，无不备载，详且尽矣。古云圣真功莫大哉！恩德无涯矣！吴兴弁山跨塘桥离尘子李昌仁，是为序。

【按】《全国中医图书联合目录》载录。本书录有《针法歌》《行针指要赋》等35则（脱第三十四则），涉及经穴、针刺手法、治疗等方面内容。有清抄本藏中华医学会上海分会图书馆。

《针灸治法》　不分卷　1911

亡名氏撰

【按】《全国中医图书联合目录》载录。有清抄本藏四川省图书馆。

《针灸会要》　八卷　1911

亡名氏撰

【按】《全国中医图书联合目录》载录。有清末抄本藏苏州市图书馆。

《针灸拾录》　十二卷　1911

亡名氏撰

【按】是书按病症分类收录针灸治疗用穴，列针灸治法于病症下，并标明其摘引出处，如《神应经》《胜玉歌》《百症赋》《席弘赋》《类经》《灵枢》《士材三书》《东医宝鉴》《治症总要》《徐氏八法》《杨氏八法》等，可供临证查考。有抄本藏上海中医药大学图书馆。

《针灸录要》　不分卷　1911

亡名氏撰

【按】《全国中医图书联合目录》载录。有抄本藏长春中医药大学书馆。

《奇传针灸》　三卷　1911

亡名氏撰

【按】《全国中医图书联合目录》载录。上卷论述针法灸法，录有扁鹊针法、孙真人针法、铜人针法等；中卷、下卷主要记载内、外、妇、儿、五官、皮肤各科病证治法。末附录《金针赋》《窦太师真传通晓总目》。有抄本藏上海中医药大学图书馆。

《针灸摘粹》　不分卷　1911

亡名氏撰

【按】《全国中医图书联合目录》载录。有抄本藏山东省图书馆。

《针灸全书》　不分卷　1911

亡名氏撰

【按】《全国中医图书联合目录》载录。有抄本藏长春中医药大学图书馆。

《针灸辑要》　不分卷　1911

亡名氏撰

【按】《全国中医图书联合目录》载录。有抄本藏山东省图书馆。

《针灸秘本》　不分卷　1911

亡名氏撰

【按】《全国中医图书联合目录》载录。

本书载述临床各科病证的针灸治则，及十四经腧穴定位、歌诀，并介绍处晕针的处理方法，末附药粉方。有抄本藏上海中医药大学图书馆。

《针灸指元》 六册 1911

亡名氏撰

【按】《全国中医图书联合目录》载录。本书分为3部分。第一部分为《针灸指元》，收载十二经所属气血多少歌、纳天干地支歌、治症要穴歌、玉龙歌等歌诀；第二部分名《治病准绳》，述中风、癫狂等内、妇、儿诸科50余种病证的针灸选穴；第三部分为《治症穴法》，分述癫狂、癫痫等40余种病证的针灸取穴及治证。有抄本藏陕西省中医药研究院图书馆。

三、经络孔穴

《足臂十一脉灸经》 不分卷
《阴阳十一脉灸经》 不分卷 战国

亡名氏撰

《中国医籍通考》:《足臂十一脉灸经》(马王堆汉墓帛书),存。按:是书为马王堆帛书之一。原无书名,由今考古者定名。其书论述人体十一脉之循行、主病及灸法,文句多与《灵枢·经脉》同,然缺少手厥阴脉,且其论述简略,亦有相牴牾处。推测其年代,当早于《灵枢·经脉》,为研究经络学说形成及发展之珍贵资料。

《传世藏书提要》:《足臂十一脉灸经》,为马王堆汉墓出土帛书,作者不详,成书于战国。原书无书名标题,后经整理,暂定为《足臂十一脉灸经》。全文共 34 行,分"足""臂"两篇,即将全身的脉(本书作温)分为两大类。"足"是代表下部的脉,共六条;"臂"代表上肢部的脉,计五条。在每条脉的项下均分别记有该脉的名称、循行、主病和灸法。该书是已知最早的经脉学专著,也是最早的针灸著作。本文的文献价值宝贵,反映了早期经络学术的概貌。其对经络的认识较简单,缺一脉(手厥阴脉),缺少分支、网络与衔接,十一经脉呈向心性循行,不具一顺一逆的气血循环关系。该书是研究经络学说形成和发展的理论基础。现存版本有马王堆汉墓帛书抄本和 1979 年文物出版社排印《五十二病方》本。

《中国医籍通考》:《阴阳十一脉灸经》(甲本、乙本)(马王堆汉墓帛书),存。按:甲、乙本文字大致相同,内容与《足臂十一脉灸经》相近,而较《灵枢·经脉》为略。

《传世藏书提要》:《阴阳十一脉灸经》为马王堆汉墓出土帛书,作者不详,成书于战国。该书现存有内容基本相同的甲本和乙本。甲本抄录于《足臂十一脉灸经》后,共 37 行;乙本缺文较多,但首尾较完整,共 18 行。原文无篇目,依阴、阳脉次序列十一脉,并分述各脉的名称、循行、主病和灸法。本书与《足臂十一脉灸经》同为最早的经脉学专著和灸疗学专著。有关经脉的理论还处于较幼稚而尚未成熟和定型的阶段。其文献价值珍贵,对经络学说的研究有一定意义。现存版本有马王堆汉墓帛书抄本和 1979 年文物出版社排印《五十二病方》本。

【按】两书首见于 1974 年发掘的湖南长沙马王堆汉墓,为帛书,收于 1979 年文物出版社出版的《五十二病方》中。书名为今人据其内容而定。该书论述人体十一脉之循行、主病及灸法,文句多与《灵枢·经脉》同而略,论述亦有牴牾处,无手厥阴脉,成书当早于《灵枢·经脉》。有马王堆汉墓帛书抄本;有 1979 年文物出版社排印《五十二病方》本。又见于《中国医学名著珍品全书》。

《脉书(竹简)》 不分卷 西汉

亡名氏撰

《中国医籍通考》:《脉书》(张家山西汉墓竹简),存。按:湖北江陵张家山,于 1984

年初出土西汉前期墓葬竹简，包括汉律、奏谳书、盖庐、脉书、引书、算数书、日书、历谱、遣册等。《脉书》内容，相当于马王堆帛书《阴阳十一脉灸经》《脉法》《阴阳脉死候》三种，帛书缺字，基本补足。又《脉书》文字较帛书为多，考古者以为是书乃《灵枢·经脉》之一种祖本，书中所载十一脉及死候，均在《经脉》中可见。

【按】是书发现于1984年湖北江陵张家山汉墓，为竹简，共65枚。该书主要论述了两部分内容，一部分为依照从头到足的顺序记载60余种疾病的名称，另一部分载录了人体经脉走向及所主治病症等。有竹简原件存，有1992年成都出版社出版的《张家山汉简〈脉书〉考释》(高大伦撰)。

《天回医简·脉书》　不分卷　西汉

亡名氏撰

【按】2012年7月至2013年8月，成都地铁三号线建设中抢救性发掘了一处西汉墓葬，位于成都市金牛区天回镇土门社区卫生站东侧(当地俗称“老官山”)，2013年12月公布了老官山汉墓3号墓中发现920支医学竹简——天回医简和人体经穴髹漆人像的消息。经过近十年的研究，发现天回医简并非单本医书，而是《脉书·上经》《脉书·下经》《逆顺五色脉臧验精神》《发理》《刺数》《治六十病和齐汤法》《疗马书》《经脉》8种医书，涉及经脉、脏腑、腧穴、刺法、治疗马病等内容，更有沿用至今的多个古代方药，研究成果全貌也将在2022年由国家文物出版社正式出版。也有巴蜀书社2021年出版的《天回医简书迹留真》一书，节选了部分医简以飨读者。

涉及针灸内容的医简主要是《脉书》《经脉》《刺数》。从已经公布的研究成果来看，作为最新出土的医学文献，研究主要集中在对医简的命名、体例、经脉、腧穴、针方以及文献考释、演变等方面的解读。黄龙祥教授的研究成果最具代表性，他认为老官山出土医简中361—628简，简的规格相同，其基本构成、体例皆与张家山《脉书》相同，应定为同一部书，名曰“老官山《脉书》”。其中“十二脉”文本系采用张家山汉简《脉书》本《阴阳十一脉灸经》和《足臂十一脉灸经》合抄改编而成；两篇“别脉”则辑录了早期不同时期共计12条脉的名称、循行、病候，其中有9条脉病候下还附有灸方，反映了“经脉”概念形成之前不同发展阶段“脉”的特征；“诊脉法”描述的是“决死生”和“知病之所在”两种不同的诊脉法。

老官山《脉书》虽然晚于马王堆帛书、张家山汉简的传本，但却保存了更早期的经脉文献，特别是反映了“经脉”形成之前“脉”的早期特征。该书在完成“十二脉”的厘定之后，将当时尚存的不同时期处于不同发展阶段的其他脉皆归属于“别脉”类下。老官山《脉书》不仅是已知“十二脉”文本的最早版本，而且还是最早设立“经脉”与“别脉”明确分类的文本，这一分类法对后来的《灵枢·经脉》产生了直接影响。该篇由“十二经脉”、“诊脉法”和“十五别”三部分构成，其编纂思路、体例与老官山《脉书》如出一辙。

《黄帝内经明堂类成》　十三卷　阙　619?

隋·辽西杨上善撰注

杨上善序：臣闻星汉照回，五潢分其澜澳，荆巫滈水，九派泄其沦波，亦所以发神明之灵化，通乾坤之气象。人之秀异，得自中和，虽四体百节，必有攸系，而五脏六腑，咸存厥司。在于十二经脉，身之纲领，是犹玉绳分晷而寒暑不僭，金枢总辔而晦明是隔。至于神化所财、陶钧之庙，于形乃细而运之者广，言命则微而摄之者大。血气为其宗本，经络导其源流，呼吸运其阴阳，营卫通其表里，始终相袭，上下分驰，亦溪谷荥输、井

原经合，虚实相倾，躁静交竞而昼夜不息，循环无穷。圣人参天地之功，测形神之理，贯穿秘奥，弘长事业，秋毫不遗，一言罕缪，教兴绝代，仁被群有。旧制此经，分为三卷，诊候交杂，窥察难明，支体奇经，复兴八脉，亦如沮漳沅沣沔波于江汉，丰滈涝潏分态于河宗。是以十二经脉各为一卷，奇经八脉复为一卷，合为十三卷焉。欲使九野区分，望修门而入郢；六音疏越，变混吹而归齐。且也是古非今，或成累气，殊流合济，无乖胜范，伏禀皇明，以宣后学。有巢在昔，而大壮成其栋宇，网罟犹秘，以明离照其佃渔。今乃成之圣日，取诸不远，然而轩丘所访，抑亦多门。《太素》陈其宗旨，《明堂》表其形见，是犹天一地二，亦渐通其妙物焉。通直郎守太子文学臣杨上善序。

《黄帝内经明堂》残本跋：残本《黄帝内经明堂》一卷，题曰：通直郎太子文学臣杨尚善奉敕撰注，有自序。案：《唐书·艺文志》有杨尚善《黄帝明堂类成》十三卷，尚善自序云：十二经脉各为一卷，奇经八脉复为一卷，合为十三卷，与《唐志》所称十三卷合，当即此书也。其书取《素问》《灵枢》腧穴针灸论治分十二经类编而音释之，其释腧穴诸名如汉人解经，疏通证明，训诂精确，为自来注医书者所未有。惜只存肺经一卷，不得见十二经腧穴命名之义也。尚善所著见于《新唐书·艺文志》者，有《老子道德经注》二卷、《庄子注》十卷、《老子指略论》二卷、《道德经三略论》三卷，今皆不传。《艺文志》作《明堂类成》，此本无“类成”二字，未知何故。卷末有“宽元年以相传本书写毕”一行，案宽元为日本八十六代四条年号，其元年当宋绍定六年，盖从七百年前抄本传录者。（《四部总录医药编》转引自《顾仪堂题跋》）

《续修四库全书总目提要》：《黄帝内经明堂》残本一卷，日本抄本，唐杨上善奉敕撰注。上善有《黄帝内经太素注》，已著录。案：《唐书·艺文志》载杨上善《黄帝内经明堂类成》十三卷，宋以后不见著录，其佚更在《太素》之前。是残本旧云日本传抄，仅存第一卷，虽卷首未著“类成”之名，据上善自叙，旧制此经分为三卷，诊候交杂，窥察难明，是以十二经脉各为一卷，奇经八脉复为一卷，分为十三卷云云，证之《唐志》，悉相吻合。所存第一卷为手太阴肺经，卷中正文，首列肺脏形性经脉，次为腧穴，分叙中府、天府、侠白、尺泽、孔最、列缺、经渠、太渊、鱼际、少商十条，其注发挥详晰，音释多古义，间及旧说异同。见书名者有苍颉，见人名者有秦承祖。本卷完具，所佚各卷可以类推。考隋唐诸志所载明堂诸书，湮佚者多，皇甫谧《甲乙经》最为完书，古明堂三卷之文，略具其中。黄氏以周谓是书与《甲乙经》体例之异，以十二经脉总领孔穴，若纲在网，有条不紊，较之《甲乙》，本末原委尤为明晰，惜其全书不可得见。黄氏依其例分经辑补单行，是本从卷子本影抄，于虫文穿穴，悉依描摹，卷后点校年月人名，与《太素》卷内，互有先后出入。计其初出时代，亦当宋南渡之后，旧因《太素》残本缺第一卷，此亦残本，仅存第一卷，传抄者遂以厕于卷首，相沿合装为一。清光绪中，袁昶校刊是书，改附《太素》之后。然古籍珍本，固当分为著录也。

《日本访书志》：《黄帝明堂》一卷（卷子本）。首题通直郎守太子文学臣杨上善奉敕撰注。前有自序云：是以十二经脉各为一卷，奇经八脉复为一卷，合为十三卷。今仅存第一卷耳。按《旧唐志》有杨上善《黄帝内经明堂类成》十三卷，此无“类成”二字，然为一书也。森立之《访古志》云，此书宝素堂藏，余所得即小岛学古本，用油素双钩，字体精整，想见原本犹是唐人手笔，卷末有永仁中丹波长高题识五条，亦与《访古志》合。森氏称“其体手太阴一经，自肺藏形象以至经行腧穴，纤悉具载，更有注文，解腧穴名义及

主治病症，极为精审，实系《千金》《外台》所不有。”森氏精医术，博极群书，所言当不诬。原本篇幅过高，不便为折本，乃仿宋刻字体版以饷世，其中讹字悉仍其旧，精斯术者自能辨别。至杨上善相传为隋人，余考《唐六典》，魏置太子文学，晋废。后周复置又废，唐显庆中始置，然则上善本唐人，故《隋志》不著录，详见余《内经太素》跋文。

黄以周叙：《内经·素问》及《九卷》，为周季医师所集，名曰黄帝，神其术也。《明堂》亦称黄帝授，皇甫谧作《甲乙经》，谓之“黄帝三部”，王冰注《素问》不注《九卷》，信《中诰孔穴图经》，不信《明堂》，其识实出士安之上。隋杨上善有《黄帝内经明堂注》，其书与《太素》并行，《太素》合《素问》及《九卷》为之，盛行于宋，林亿有校本。《明堂注》先《太素》而亡，余购《太素》于日本，书贾以所售本非足卷，乃以杨注《明堂》一卷，混厕其中，余得之喜甚。观其自序云：以十二经脉各为一卷，奇经八脉复一卷，合为十三卷焉。今兹所得者，手太阴一经，乃其十三分之一耳，又何喜乎？顾黄帝《明堂》之文，多经后人窜改，而不见其旧。自皇甫谧刺取《甲乙》，而后秦承祖增其穴（杨注引其说，《千金方》亦引之），甄权修其图，孙思邈之《千金》、王焘之《秘要》，又各据后代之言，损益其间。今之所行《铜人经》，非王惟德著三卷之文，今之所传《黄帝明堂灸经》，尤非上善所见三卷之旧。古之《明堂》三卷，其文具存于《甲乙》，惜《甲乙》删其文之重见《素问》及《九卷》，而其余以类分编，不仍元文之次。杨注《明堂》十三卷，《旧唐书》已著录，曰《明堂类成》，盖亦如《太素》之编《内经》，以其散文附入本章云尔。其书以十二经脉为纲领，各经孔穴，隶于其下，与《甲乙》三卷所次，体例不同，其记穴之先后，从藏逆推脉之所出，与《甲乙》亦异。其记穴之主病，不见《甲乙》，而《甲乙》自七卷至末，详叙发病之源，而曰某穴主之者，其文悉与杨注《明堂》合。盖皇甫、杨氏皆直取《明堂》元文，无所增益其间也。今依杨氏所编手太阴之例，而以《甲乙》之文，补辑其阙，仍分为十三卷。经曰：手之三阴，从藏走手，手之三阳，从手至头，足之三阳，从头走足，足之三阴，从足走腹。夫人头背胸腹之孔穴，无非十二经脉所贯注，以十二经脉总领孔穴，若网在纲，有条不紊，较诸皇甫氏之《甲乙》，本末原委，更为明悉矣。近之作针灸书者，若斯人经络之难寻、孔穴之难检，而以头面肩背胸腹手足为目，并去其某经所发，某经所会之文，如其法以治病，病即已，终不知病原所在，而况天下有此无本之治法乎？《孟子》言：兴庶民，拒邪慝，道在正经。余谓医家言之庞杂，其法或验或不验，亦必先正其经，而后人之是非乃定，经外之言，未必无其验者，然不验者居多也。以其不验之言，汩乱圣经，法愈多，治病愈失，杀人亦愈烈，曷信而好古之为得哉！矬庐续示旧钞《内经明堂》十余页，仍属次瓯校刊，附《太素》后以行，近日西医《全体通考》得诸实测，惜乎未得《明堂》十二经之指，而此书又残缺，仅存断圭碎璧，无由据以订正，俗本之讹舛，可惋也。新西又识。

【按】 又名《黄帝内经明堂》，是杨上善对《黄帝明堂经》的一种注释改编本。杨上善，隋代、初唐时人，官至太子文学，据《旧唐书·经籍志》记载，杨上善共有专著和注释书76卷，其中道家类33卷，医家类著作43卷。本书前12卷论十二经脉腧穴，末一卷论奇经八脉，曾经唐太医署规定为学习针灸的主要课本，唐以后失传，现只存一卷（卷一），是根据日本发现的残卷刊印的。有日本影抄卷子本，藏北京大学、中国中医科学院、上海中医药大学等图书馆。黄龙祥以《甲乙经》及《黄帝内经明堂》残卷和《千金》《外台》为主辑复，有《黄帝明堂经辑校》，1988年中国医药科技出版社出版。

《铜人腧穴针灸图经》 三卷 1026

附《铜人腧穴针灸图经都数》一卷，《修明堂诀式》一卷，《避针灸诀》一卷

宋·王惟一(惟德)撰
亡名氏附录

夏竦序：臣闻圣人之有天下也，论病以及国，原诊以知政。王泽不流，则奸生于下，故辨淑慝以制治；真气不荣，则疢动于体，故谨医砭以救民。昔我圣祖之问岐伯也，以为善言天者，必有验于人。天之数十有二，人经络以应之，周天之度，三百六十有五，人气穴以应之。上下有纪，左右有象，督任有会，腧合有数，穷妙于血脉，参变乎阴阳，始命尽书其言，藏于金兰之室。洎雷公请问其道，乃坐明堂以授之，后世之言明堂者以此。由是关灸针刺之术备焉，神圣工巧之艺生焉。若越人起死，华佗愈躄，王纂驱邪，秋夫疗鬼，非有神哉，皆此法也。去圣寖远，其学难精，虽列在经诀，绘之图素，而粉墨易糅，豕亥多讹，灸艾而坏肝，投针而失胃，平民受弊而莫赎，庸医承误而不思。非夫圣人，孰救兹患？洪惟我后，勤哀兆庶。迪帝轩之遗烈，祗文母之慈训，命百工以修政令，敕大医以谨方技。深惟针艾之法，旧列王官之守，人命所系，日用尤急，思革其谬，永济于民。殿中省尚药奉御王惟一，素授禁方，尤工厉石，竭心奉诏，精意参神，定偃侧于人形，正分寸于腧募，增古今之救验，刊日相之破漏，总会诸说，勒成三篇。上又以古经训诂至精，学者封执多失，传心岂如会目，著辞不若案形，复令创铸铜人为式，内分腑脏，旁注溪谷，井荥所会，孔穴所安，窍而达中，刻题于侧，使观者烂然而有第，疑者涣然而冰释。在昔未臻，惟帝时宪，乃命侍臣为之序引，名曰《新铸铜人腧穴针灸图经》，肇颁四方，景式万代，将使多瘠咸诏，巨刺靡差。案说蠲痾，若对谈于涪水；披图洞视，如旧饮于上池。保我黎烝，介乎寿考。昔夏后叙六极以辨疾，帝炎问百药以惠人，固当让德今辰，归功圣域者矣。时天圣四年岁次析木秋八月丙申谨上。

明英宗御制序：人之生，禀阴阳五行而成，故人之身，皆应乎天。人身经脉十二，实应天之节气，周身气穴三百六十，并应周天之数，其理微矣。而医家砭焫之功，尤神且速，欲后之造其突奥，识其微妙，厥其难哉。宋天圣中，创作《铜人腧穴针灸图经》三卷，刻诸石，复范铜肖人，分布腧穴于周身，画焉窍焉，脉络条贯，纤悉明备，考经案图，甚便来学。其亦心前圣之心，以仁夫生民者矣。于今四百余年，石刻漫灭而不完，铜象昏暗而难辨，朕重民命之所资，念良制之当继，乃命砻石范铜，仿前重作，加精致焉。建诸医官，式广教诏。呜乎，保民者君人之事，医虽其道之一端，然民命所系，故圣人肇之，历代尚之。夫使斯民，皆获保终其天年者，宜必资于此，斯朕所为惓惓体前圣之仁，以贻无穷也。来者尚敬之哉，故引诸其端。大明正统八年三月二十一日。

丘濬《明堂经络图序》：考史宋仁宗天圣中，命尚药奉御王惟一，考明堂气穴经络之会，铸铜人式。惟一又订正讹谬，为《铜人腧穴针灸图经》上之，诏摹印颁行。其后又有石藏用者，按其状，绘为正背二图，十二经络各以其色别之，意者京日新刻，即其图之遗欤。

毛奇龄新刻《铜图石经序》：《铜图石经》者，宋天圣中禁方书也，范铜象人，分布腧穴于其身，而画之窍之，且制经三卷，播之石，案图考经，其诸视夫藏络也，亦犹视夫肌发也，暨其后，而石已泐，铜漫矣。明正统中，复命砻其石，范其铜，官医守之，且加详焉。今则铜再殷，石再裂，医院所守，已蔑略无有，有友刻旧本图经三卷授予叙者，喜而叹

曰:此得非长桑所遗者乎? 虽然铜图石经者,勒石者也。铜则犹未也,今天下莫不好生,而汤液多方,至针疗常不得其法,我勒之以传世,岂无范铜而起者乎?

朱彝尊《腧穴图拓本跋》:京师太医院三皇庙腧穴图,传是宋天圣年铸,旧有石刻针灸经,仁宗御书其额,靖康之乱,自汴辇入金城,谓安抚使王檝使宋,以进于元者,世祖命阿尼哥新之,至元二年,铜人象成,周身腧穴脉络悉具,注以水,关窍毕达,明裕陵,命工重修,制序,载实录,万历初,先少保官太医院使,复时加洗濯焉。言明堂针灸,自黄帝始,其后膏肓孔穴侧偃流注三部五藏十二经,失之毫厘,悔且无及,学医者试折是图挂壁,是夕省视之,亦仁术之一端也。

《四库全书总目提要·医家类续编》:《铜人腧穴针灸图经》,三卷,附《腧穴都数》一卷(明正统重刊石本)。宋王惟一奉敕撰。惟一官尚药奉御,天圣中奉敕考明堂经穴之会,铸铜人式,又撰《针灸图经》三卷,事见王应麟《玉海》。当时刻《图经》于石,宋仁宗御书题篆,元至元中,自汴移置燕京三皇庙。庙祀三皇并历代名医,东有神机堂,置铜人碑石于堂中,见《明一统志》。至明正统中,以石刻漫灭不完,铜像昏暗难辨,乃命范铜砻石,依前重作,加精致焉。建诸医官,有英宗御制序文,具其原委,即此本是也。《四库总目》有《铜人针灸经》七卷,出明鄞县范氏天一阁藏本,《提要》云不知撰人名氏,疑或天圣之旧本,而后人析为七卷。其本为明时山西平阳府所刊,与此虽是一书,而经分析,非其原状。天圣原刊,世久难觏,此明刊拓本,亦残缺不完,上卷所缺尤多,原序及诸图皆未见。(明本徐氏《针灸大全》合刻《铜人图经》,即出于正统石本,卷首有英宗御制序,上卷有脏腑经穴图像二十一幅,可考见此拓所缺各节。)案:此是书载于《崇文总目》,宋时兼刻木版行世,晁公武《读书后志》撰人作王惟德,不知何以致误。金大定中有无名氏《补注》五卷,元余志安勤有堂有重刊五卷本,朝鲜又有重刊余本,二本一整板,一活字,并见《经籍访古志》。然元明之间,传本已稀,故滑寿所撰《十四经发挥》乃据当时忽氏公泰《金兰循经》,与是书所言,无甚差异,而滑氏实未睹是书也。说见多纪氏《医籍考》。多纪氏聿修堂藏有是拓完本,用校诸本,订讹正谬颇多,称为医家鸿宝。其《腧穴都数》,乃正统重刊所附,非宋本之旧。别有徐三友校刊,列为第四卷。是书经宋明两代敕刊,表章甚力,而别本歧出,撰人名则有惟一、惟德之殊异,编次又有三卷、四卷、五卷、七卷之参差。《四库》所收,既非正本,《提要》所考,案而不断,他书所载,疑以传疑,亦少定论。今为折衷诸说,订其沿革概略如此。又,朱彝尊《曝书亭集》有《太医院铜人腧穴图拓本跋》,乃专拓铜人图,未有图经,所记"靖康之乱,自汴辇入金,或谓安抚使王檝使宋以进于元者,世祖命阿尼哥新之,至元二年铜人像成,明裕陵命工重修,制序载实录",其说与序文所言,详略稍异,《铜人》与《图经》,原属一事,附述以备考焉。

《明一统志》:三皇庙,在顺天府治南明照坊,元元贞初建,内有三皇并历代名医像,东有神机堂,内置铜人针灸图二十有四,凡五藏旁注,为溪谷所会,各为小窍,以导其源委。又刻《针灸经》于石,其碑之题篆,则宋仁宗御书。元至元间,自汴移置此,洪武初,铜人取入内府,《图经》犹存。

《崇文总目辑释》:《铜人腧穴针灸图经》,三卷(侗案:《读书后志》无"经"字,王惟德撰,《通志略》作王惟一)。

《秘书省续编到四库阙书目》:王惟一《针灸图》三卷(辉按:《宋志》云王惟一新铸《铜人腧穴针灸图经》三卷,即此书。《崇文目》无撰人,晁《志》作王惟德《铜人针灸图》)。

《通志·艺文略》医方类上:《铜人腧穴针灸图经》三卷。宋朝翰林医官王惟一编修。天圣中诏以针灸之法,铸为铜人式。

《郡斋读书志》:《铜人针灸图》三卷(先谦案《后志》医家类十一:人下有"穴腧"二字)、右皇(先谦案旧钞宋)朝王惟德撰。仁宗尝诏惟德考次针灸之法,铸铜人为式,分府藏十二经,旁注俞穴所会,刻题其名,并为图法,并主疗之术,刻板传于世,夏竦为序(先谦案后志下有"明堂者,谓雷公问道黄帝授之,故名云"十五字,系下明堂针灸图文,误入于此)。

《玉海》略:天圣《针经》,五年十月壬辰,医官院上所铸腧穴铜人式二,诏一置医官院,一置大相国寺仁济殿,先是上以针砭之法,传述不同,命上药奉御王惟一,考明堂气穴之会,铸铜人式。又纂集旧闻,订正讹谬,为《铜人腧穴针灸图经》三卷,至是上之,摹印颁行……七年闰二月乙未,赐诸州。

《医籍考》:王氏惟一《铜人腧穴针灸图经》(《崇文总目》三卷)存……熊均曰:宋咸淳间,翰林官朝散大夫殿中省尚药奉御骑都尉王惟一编修《铜人腧穴针灸图经》五卷。高武曰:《铜人针灸图》三卷,宋仁宗诏王惟德考次针灸之法,铸铜人为式,分府藏十二经,旁注腧穴所会,刻题其名,并为图法,并主疗之术,刻版传于世,夏竦为序。然其窌穴,比之《灵枢》本输、骨空等篇,颇亦繁杂也……按,先子曰:《读书后志》惟一作惟德,《针灸聚英》《古今医统》亦同,可疑。咸淳,南宋度宗时号,而此书旧凡三卷,其为五卷者,金大定中所刻补注本也。熊氏云宋咸淳间,王惟一编书五卷,误甚。针科医官山崎子政先生善曰:明滑寿著《十四经发挥》,一据《金兰循经》云,然其所引《循经》文,与此书毫无差异,乃知《循经》全取诸《铜人》,而滑寿未尝见《铜人图经》也。盖元明之际,隐晦罕传,英宗之重修,抑繇此乎。

《铁琴铜剑楼藏书目录》:《铜人腧穴针灸图经》三卷(旧钞本),不著撰人名氏。晁氏《读书志》谓皇朝王惟德,《玉海》谓王惟一,未详孰是。此明人钞本犹存三卷之旧,后有析为七卷者,失天圣旧本之第矣。有正统御制序。

《经籍访古志补遗》:《铜人腧穴针灸图经》三卷,《穴输都数》一卷(明正统石本,聿修堂藏)。栎窗先生跋曰:拓本《铜人图经》三卷,系于明正统八年所重刊,首有英宗御制序及伏仰侧三图,十六字为一行,百六十行为一段,五段为一卷。每卷之首,各标而分之。别有《都数》一卷,又为五段。四边皆有花草栏格。今以此面考其制,盖石二板,广二丈余,高六尺许,碑面每十余字断为一行,百六十行横为一层,凡五层以为五段。表里刻之,即为四卷。意者石经之设,资便于览诵,抚拓必不如寻常碑文。就石面上下书丹为行,观唐《开成石经》而可见也。今以此校重刊诸本,剥裂泐阙,虽间在焉,订讹正谬颇多,不啻一纸当瑶琨,抑医家之鸿宝也。按英宗御制序称,于今四百余年,石刻漫灭而不完,铜象昏暗而难辨,朕重民命之所资,念良制之当继,乃命砻石范铜,仿前重作,加精致焉。今此本三卷与夏竦序及《崇文总目》等合,竦序称定偃侧于人形,正分寸于腧募,今此本有仰人俯人尺寸之图,周身寸法图,正人俯人藏图,皆为宋石刻之旧可知也。然卷首不载夏竦序及王惟一署名,而《都数》一卷,实出新添,盖亦不能无考订也。又后人重刊此本,有无名氏本(寄所寄楼藏,不记刊行年月,似万历中物),全据石刻特善。又有万历中徐三友本、郑继华本,俱粗楛。又有雍正甲寅本,亦祖徐本而最俗。又按:苏颂《图经本草》序及《玉海》,并称是书镂板颁行,则天圣之时既有板本,而后世无传,殊可惜也。栎窗先生《医賸》中,有《铜人针灸图经考》,其说甚详,宜考。

《医賸》:按万历中巡按山西监察御史,赵文炳合章重刊《铜人图》四大幅,今折而插入于靳贤《针灸大成》帙中以传。赵大成序云:令能医于太医院,肖刻铜人,著其穴,并刻画图,令学者便览而易知焉。然则朱氏所跋,盖赵所刻原本,而非铜人经也。又案《一统志》云:元至元间,自汴移至此,《日下旧闻》引《燕都游览志》亦云尔。而朱氏以为靖康之乱辇入金者,恐误。且考《元史》按抚史王檝使宋而进于元者,乃铜像,非碑石也,盖此跋凑合《元史》及《一统志》,一时偶然所作,故有此等差舛,不足深咎也。

《平津馆鉴藏书籍》:鼎雕《铜人腧穴针灸图经》三卷,题锦城绍锦徐三友校正,书林宗文堂绣梓。前有正统八年御制序。晁氏《读书志》有此书,云皇朝王维德撰。据序文宋天圣刻诸石复范铜肖人,于今四百余年,石刻漫灭,铜象昏暗,乃命重作。此又坊间梓而行之,尚是未改变原本,胜于今世所行七卷本多矣。每页廿行,行廿五字。

刘裕德《王惟一传》:宋咸淳间翰林医官朝散大夫殿中省尚药奉御骑都尉王惟一奉敕编修《铜人腧穴针灸图经》,凡三卷,因刻诸石,复范铜肖人,分布腧穴于周身画焉窍焉,脉络条贯,纤悉明备,考经按图,甚便来学,其真斯世斯民之大幸,万世万民之大幸也与!宋天圣中迄我明兴四百余年,石刻漫灭而不完,铜像昏暗而难辨,正统八载,乃命砻石范铜,放前重作,加精致焉。建诸医官,式广教诏,故至今其文石勒在北太医院两庑间,其幸存而未泯者,皆惟一之力也。但其书不甚传于世,客有自燕中来,曾携一石刻,不佞因得而录之,异日欲托剞劂,广布宇内。(《医林续传》)

《抱经楼藏书志》:《铜人腧穴针灸图经》三卷(宋刊本)。不著撰人名氏。《黄帝内经》云:凡人两手足各有三阴脉三阳脉,以合为十二经脉也。手之三阴,从藏走至手,手之三阳,从手走至头。足之三阳,从头下走至足,足之三阴,从足上走入腹。络脉传注,周流不息,故经脉者,行血气,通阴阳,以荣于身者也。其始从中瞧[焦]注手太阴、阳明,阳明注足阳明、太阴,太阴注手少阴、太阳,太阳注足太阳、少阴,少阴注手心主少阳,少阳注足少阳、厥阴,厥阴复还注手太阴,其气常以乎且[平旦]为纪,以漏水下百刻,尽夜行流,与天同度,终而复始也。

《曝书亭集》:太医院铜人腧穴图拓本跋。京师太医院三皇庙腧穴图,传是宋天圣年铸,旧有石刻《针灸经》,仁宗御书其额。靖康之乱,自汴辇入金,或谓安抚使王檝使宋以进于元者。世祖命阿尼哥新之。至元二年,铜人像成,周身腧穴脉络悉具,注以水,关窍毕达。明裕陵命工重修制序载《实录》。万历初,先少保官太医院使,复时加洗濯焉。言明堂针灸自黄帝始,其后膏肓孔穴侧偃流注,三部五藏十二经,失之毫厘,悔且无及。学医者试拓是图,挂于壁,晨夕视之,亦仁术之一端也。

《医学源流》:王惟一,宋咸淳间翰林医官朝散大夫殿中省尚药奉御骑都尉王惟一奉敕编修《铜人腧穴针灸图经》凡五卷。

《医学读书志》:《铜人针灸经》七卷。宋王惟德奉诏撰。惟德,一字惟一,官尚药奉御。仁宗以针砭传述不同,命惟德铸铜人及是书。天圣五年十月成,诏一置医官院,一置大相国寺仁济殿,翰林学士夏竦作序。人以精铜为之,藏府全具,背面二器,合则浑然全身,腧穴以错金书名于旁,外涂黄腊,中实以水,俾医工以分折寸,按穴试针,中穴则针入水出,稍差则不入矣。宋时医人,均由考授,即此可见其精慎,今铜人失传,其书尚在。

《中国医学大辞典》:《铜人腧穴针灸图经》三卷。宋王惟德撰。晁公武《读书后志》曰:《铜人腧穴针灸图》三卷,皇朝王惟德撰。

仁宗尝召惟德考次针灸之法，铸铜人为式，分脏腑十二经，旁注腧穴所会，刻题其名，并为图法及主疗之术，刻板传世。王应麟《玉海》曰：天圣五年十月壬辰，医官院上所铸腧穴铜人式二，诏一置医官院，一置大相国寺仁济殿，先是上以针砭之法传述不同，命上药奉御王惟一考明堂气穴经络之会，铸铜人式，又纂集旧闻，订正讹谬，为《铜人腧穴针灸图经》三卷，至是上之，摹印颁行，翰林学士夏竦序。所言与晁氏略同，惟王惟德作惟一，人名小异耳。《四库提要》谓此书已佚，疑平阳府所刻《铜人针灸经》即天圣旧本，而后人析为七卷，实则此书固未尝佚，其师承与七卷本亦各不同，详见当归草堂《铜人针灸经》跋语。《御制铜人腧穴针灸图经》三卷。成于明正统八年，前有御制序。[王惟德]宋仁宗时为尚药御，奉敕撰《铜人腧穴针灸图经》。

【按】原名《新铸铜人腧穴针灸图经》，简称《铜人经》，又称《明堂铜人》。王氏里籍不详，精于医药针术，奉诏编修本书，系统总结历代医家针灸经验，对手足三阴三阳经脉、督任二脉之循行及诸腧穴逐一考证，详述腧穴位置、主治、刺灸方法等，并绘附人体经穴仰伏之图，铸就针灸铜人模型，于天圣七年由朝廷颁行各州，使针灸经穴有了统一的规范，对宋代以及元、明、清历代针灸学的发展作出了重要贡献。惜"天圣针灸铜人"今已不存，宋代的图经碑石被劈毁填于城墙中，1965年、1973年、1983年，北京市在拆除明代北京城墙的考古工作中，陆续发现宋天圣《新铸铜人腧穴针灸图经》残石六方及石雕碑檐仿木结构斗拱残石一段，为针灸学术界所瞩目，亦为"天圣针灸铜人"的再现提供了依据。

中国科学院、中国中医科学院图书馆藏有明石刻拓本，均为残缺本。有明万历年间徐三友校书林宗文堂刻本，藏中国中医科学院；有清康熙三年甲辰(1664)刻本，藏上海中医药大学。又见于《铜人徐氏针灸合刻》。是书后附《铜人腧穴针灸图经都数》(简称《腧穴都数》)，按部位载全身腧穴；附《修明堂诀式》，述人身正、伏、侧面诸横广阔狭相去距离尺寸、脏腑大小形状及七冲门间距离；附《避针灸诀》，述人神、避太一法、血忌。

《(新刊)补注铜人腧穴针灸图经》 五卷 1186

宋·王惟一(惟德)原撰
金·亡名氏补注

《针灸避忌·太一之图》序：经曰：太一日游，以冬至之日始居于叶蛰之宫，从其宫数所在，日徙一处，至九日，复反于一。常如是无已，周而复始，此乃太一日游之法也。其旨甚明，别无所隐，奈行针之士无有知者，纵有知者，秘而不传，致使圣人之法罕行于世，良可叹哉！仆虽非医流，平昔尚留心于医书之言，备知其详，知而不述，岂仁乎？辄以短见，遂将逐节太一所直之日编次成图，其图始自八节得主之日，从其宫至所在之处，首一终九，日徙一宫，至九日，复反于一，周而复始。如是次而行之，计每宫各得五日，九之则一节之日悉备。今一一条次，备细开具于逐宫之内，使观者临图，即见逐节太一所直之日在何宫内，乃知人之身体所忌之处，庶得行针之士知避之，俾人无忤犯太一之凶，此仆之本意也。仆诚非沽名者，以年齿衰朽，恐身殁之后，圣人之法湮没于世，因编此图，发明厥旨，命工镌石，传其不朽，贵得古法，与时偕行焉，览者勿以自衒见诮。时大定丙午岁上元日，平水闲邪聩叟述。

刘世珩跋：右金大定本《新刊补注铜人腧穴针灸图经》五卷，宋翰林医官朝散大夫殿中省尚首奉御骑都尉赐紫金鱼袋臣王惟一奉圣旨编修，首有天圣四年夏竦序，卷三之首，王惟一自序，又有针灸避忌太一之图序，序后有昔大定丙午岁上元日平水闲邪聩叟述，书轩陈氏刊行，是宋时官书，金时刻本，考《宋史·艺文志》卷六，王惟一《新铸铜人腧穴针灸图经》三卷，即此书止三卷，与《崇文总目》《读书后志》合。明正统石本亦三卷，是宋代原书止三卷。至金大定丙午，加补注拓之为五卷耳。《读书后志》无"经"字，作王惟德。《通志略》作王惟一。惟德《宋史》有传，惟一无之，或者其为兄弟行耶？补注亦不知成于何人，且又非三卷之旧矣。《经籍访古志》云：聩叟序中称，仆诚非沽名者，以年齿衰朽，恐身殁之后，圣人之法湮没于世，因编此图，发明厥旨，命工镌石，传其不朽，知是聩叟刻此图于石，而陈氏取坿是书，并以板行也。平阳经籍所刻书最鲜传本，金刊世尤难购觏，《天禄琳琅》载金本仅有二种，宝贵更可想矣。曩景元贞平阳府梁宅刊《论语注疏》，复又获此金平水原本，今并刻之，皆传北方之板本，为艺林所罕见者也。宣统纪元己酉新秋，贵池刘世珩记于天津。

曹元忠跋：葱石同年得金大定本《铜人腧穴针灸图经》，出而见示，云将刊入《玉海堂丛书》，属为跋语。按是书瞿氏铁琴铜剑楼所藏，乃传钞明正统御制序本。《四库提要》亦云：晁氏《读书志》谓皇朝王惟德撰，《玉海》谓王惟一，未详孰是。不知《玉海》所言本于《续资治通鉴长编》，彼云：仁宗天圣五年十月壬辰，医官院上所铸俞穴铜人式二，诏一置医官院，一置相国寺。先是上以针砭之法，传述不同，腧穴稍差或害人命。遂命医官王惟一考明堂气穴经络之会，铸铜人式。又纂集旧闻，订正讹谬，为《铜人针灸图经》。至是上之《宋史·艺文志》：王惟一《新铸铜人腧穴针灸图经》是也，其作惟一与是书同。足正《读书后志》之误。惟《宋志》既载《铜人腧穴针灸图经》三卷，又载王惟一《明堂经》三卷，未免复出。即此可知天圣摹印颁行之本，原是三卷。此分五卷者，据第三卷首《针灸避忌太乙之图》序称大定丙午岁上元日，平水闲邪聩叟述，书轩陈氏印行，当出书贾所增，惜瞿氏藏本已于咸丰庚申散失，未能对勘也。是书所行各家除高承德云无考外。其称《山眺经》即《山眺针灸经》。席延赏云即席延赏《黄帝针灸经》，音义皆见宋志。又称秦承祖云，即秦承祖《明堂图》《明堂孔穴甄权针经》，即甄权《针经钞》《针方明堂人形图》，皆见《唐书·艺文志方技传》。又谓甄权所撰《针方明堂》等图传于时，则是书于甄权征引特多，亦非无因。至所称丁德用补注《难经》之图，见《郡斋读书后志》及《直斋书录解题》。然则王惟一纂集旧闻，亦可谓博采旁搜矣。讵于《明堂针经》独未之见，而偃伏头部中行十穴无神聪四穴，偃伏第二行左右十四穴无眉冲穴，偃伏第三行左右十二穴无当阳穴，背腧部第二行左右四十四穴无督俞二穴、无气海俞、无关元俞，侧胁左右十二穴无胁堂穴，足少阳胆经左右二十八穴无风市二穴，足阳明胃经左右三十穴无膝眼四穴。王执中《针灸资生经》以《明堂》上下经所有，而《铜人》不载者，每谓不全，其实非不全也，当是针砭之法，传述不同，俞穴稍差，或害人命，在王惟一铸铜人式，不得不慎之又慎耳。而《针灸资生经》言：铜人所无之穴，是书皆无之，则虽金大定二十六年本，犹不失北宋天圣七年闰二月颁行之心，深可宝贵。愿葱石亟影刊以行世焉。宣统庚戌八月晦夕，吴曹元忠书于京邸之凌波榭。

《故宫藏观海堂书目》：《补注铜人腧穴针灸图经》五卷。宋王惟一编。日本翻元余氏勤有堂本，五册。又五卷。日本钞本，五册。又五卷。陈氏刊本，二册。

《聿修堂藏书目录》：《新刊补注铜人腧穴针灸图经》五卷，二册，朝鲜国翻镂余志安刊本。《新刊补注铜人腧穴针灸图经》五卷，二册，影抄金大定丙午本。

《医籍考》：亡名氏《补注铜人腧穴针灸图经》五卷。存。按：此书不知出于何人。第三卷载大定丙午岁上元日，平水闲邪聩叟《针灸避忌太一图序》，序后有书轩陈氏印行木记。考丙午，金世宗大定十六年，即宋孝宗淳熙十三年也。涉园山崎子政先生尝得此刻，将重雕行于世，使余序之。先子称虽非天圣之旧，尤可贵重焉。

《经籍访古志补遗》：《新刊补注铜人腧穴针灸图经》五卷（元板，不记刊行年月，寄所寄楼藏）。每半板十行，行二十字。此本首有夏竦序及王惟一署名，然其所谓补注者，不云成于何人，无仰伏等图。第三卷《避忌人神图》后，有"针灸避忌太乙"之图。序云：时大定丙午岁平水闲邪聩叟述。序后有"书轩陈氏印行"六字（序半板六行，行十二字，行书）。序中称，仆诚非沽名者，以年齿衰朽，恐身殁之后，圣人之法湮没于世，因编此图，发明钦旨，命工镌石，传其不朽。知是聩叟本刻之于石，而陈氏取附是书，以并板行之。今检其板式，似元初物，然中间或有补刻，且讹谬甚多，非校以他本，则不能读焉。又按：朝鲜国刊此本，凡二通。其一整板（样式与此本同），其一活字本（俱藏在寄所寄楼，活字则收藏家间有之），体裁俱与此本同，目录末并记崇化余志安刊于勤有书堂（元书轩陈氏印行字），盖余氏重刊此本（余氏亦元人，《和剂局方》亦有其刻），而朝鲜本均以余氏为祖也。整板仅存三卷，活字既完存，而文字端正，盖是为最佳之本云。活字本卷五《傍通孔穴图》后云：嘉靖三十二年癸丑孟秋改误重刊，前行惠民署教授张末石监校。

《中国医学大成总目提要》：《补注铜人腧穴针灸图经》五卷。宋翰林医官朝散大夫殿中省尚药奉御骑都尉赐紫金鱼袋王惟一奉旨编修。据夏竦序云，"深惟针艾之法，旧列王官[宦]之守，人命所系，日用尤急，思革其谬，永济于民。殿中省尚药奉御王惟一，素授禁方，尤工厉石，竭心奉诏，精意参神，定偃侧于人形，正分寸于腧募，增古今之效[救]验，刊日相之破漏，总会诸说，勒成是[三]编。上又以古今训诂至精，学者封执多失，传心岂如会目，著辞不若按形，复令创铸铜(人)为式，内分藏府，旁注溪谷，井荥所会，孔穴所安，窍而达中，刻题于侧，使观者烂然而有第，疑者涣然而冰释。在昔未臻，惟帝时宪，乃命侍臣为之序引，名曰《新铸铜人腧穴针灸图经》"云。嗣据刘世珩影刊跋云，是书为金大定刊本，"首有天圣四年夏竦序，卷三之首，王惟一自序，又有针灸避忌太乙之图序，序后有时大定丙午岁上元日平水闲邪聩叟述，书轩陈氏刊行，是宋时官书，金时刻本，考《宋史·艺文志》卷六，王惟一新铸《铜人腧穴针灸图经》三卷，即此书止三卷，与《崇文总目》《读书后志》合。明正统本亦作三卷，是宋代原书止三卷。至今大定丙午，加补注拓之为五卷耳。《读书后志》无经字，作王惟德。《通志略》作王惟一。惟德，《宋史》有传，惟一无之，或者其为兄弟行耶。补注亦不知成于何人，且又非三卷之旧矣。《经籍访古志》云：聩叟序中称，仆诚非沽名者，以年齿衰朽，恐身殁之后，圣人之法湮没后世，因编此图，发明钦旨，命工镌石，传其不朽，知是聩叟刻此图于石，而陈氏取附是书，并以板行也。平阳经籍所刻书最鲜传本，金刊世尤难觏，《天禄琳琅》载金本仅有二种，宝贵更可想矣"云。炳章考大明正统八年御序刻本，上署徐三友校正，不列王惟德之名，御序中亦仅云宋天圣中创作《铜人腧穴针灸图经》三卷，不著撰作人名，故后人乃称《铜人针灸经》为徐氏所作，其书首列经穴都数一卷，即索引目录，如避针灸诀，亦列首卷甚略，远不如金大定影刻本三卷之详而

且备，且明正统本分类前后亦与本书不同，且无补注，本集因采影刻金大定本，以明正统本参校之。

《医賸》：山崎子政藏金大定中所刻本，凡五卷。虽非天圣之旧，尤可贵重焉，特以未见宋板为憾耳。又案前所引诸书目，并云三卷，盖宋本之旧为然，而至金分为五卷。又明重定时，仍宋本，而附都数一卷，以为四卷。今熊氏所见，乃系金本。予以金本及正统原刻本，徐三友本，参对之，文字互有异同，而不如石本及金本之端正也。

【按】补注者亡名，或即平水闲邪聩叟，其序见是书第三卷，即所增补者。金大定丙午，即宋孝宗淳熙十三年丙午(1186)。根据宋王惟一《铜人腧穴针灸图经》三卷本，加入金大定丙午闲邪聩叟《针灸避忌太乙图序》改成五卷本，即现今通行本。本书卷一、卷二记述十二经诸穴图及络脉之图像，卷三主要论述针灸避忌图及针灸避忌太乙之图，卷四、卷五详论诸腧穴的位置、主治疾病、针刺深浅、灸疗壮数、针法、呼吸进退。本书与原《铜人腧穴针灸图经》比较，只记载十二经，而少督任二经之腧穴图。是书现存清宣统元年己酉(1909)贵池刘氏玉海堂影刻金大定本(1955年人民卫生出版社据此影印出版)。

《十四经发挥》 三卷 1341

元·许昌滑寿(伯仁，撄宁生)原著
明·吴县薛铠(良武)校刊

盛应阳序：《十四经络发挥》者，发挥十四经络也。经络在人身，手三阴三阳，足三阴三阳，凡十有二，而云十四者，并任、督二脉言也。任、督二脉何以并言？任脉直行于腹，督脉直行于背，为腹背中行诸穴所系也。手太阴肺经，左右各十一穴；足太阴脾经，左右各二十一穴；手阳明大肠经，左右各二十穴；足阳明胃经，左右各四十五穴；手少阴心经，左右各九穴；足少阴肾经，左右各二十七穴；手太阳小肠经，左右各十九穴；足太阳膀胱经，左右各六十三穴；手厥阴心包经，左右各九穴；足厥阴肝经，左右各十三穴；手少阳三焦经，左右各二十三穴；足少阳胆经，左右各四十三穴；兼以任脉中行二十四穴，督脉中行二十七穴，而人身周矣。医者明此，可以针，可以灸，可以汤液投之，所向无不取验。后世医道，不明古先圣救世之术，多废不讲。针、灸、汤液之法，或歧为二，或参为三，其又最下，则针行者百一，灸行者什二，汤液行者什九而千万，抑何多寡之相悬耶？或者以针误立效，灸次之，而汤液犹可稍缓乎？是故业彼者多，业此者寡也。噫！果若是，亦浅矣哉，其用心也！夫医之治病，犹人之治水，水行于天地，犹血气行于人身也，沟渠亩浍，河泖川渎，皆其流注交际之处，或壅焉，或塞焉，或溢焉，皆足以害治而成病，苟不明其向道而欲治之，其不至于泛滥妄行者，否也。医之治病，一迎一随，一补一泻，一汗一下，一宣一导，凡所以取其和平者，亦若是耳，而可置经络于不讲乎？滑伯仁氏有忧之，故为之图，为之注，为之歌，以发挥之，周悉详尽，曲畅旁通，后之医者可披卷而得焉。伯仁氏之用心亦深矣哉！后伯仁氏而兴者，有薛良武氏焉。良武氏潜心讲究，其所自得，亦已多矣，乃复校正是书而刊诸梓，欲以广其传焉。推是心也，即伯仁氏之心也。良武名铠，为吴之长洲人，有子曰己者，今以医判南京太医事，尤以外科名，而外科者，特其一也，君子谓其能振家业云。嘉靖戊子冬闰十月望月，前进士姑苏西阊盛应阳斯显书于金陵官寓。

自序：人为血气之属，饮食起居，节宣微爽，不能无疾。疾之感人，或内或外，或小或大，为是动，为所生病，咸不出五脏六腑，手足阴阳。圣智者兴，恩有以治之，于是而入

者，于是而出之也。上古治病，汤液醪醴为甚少，其有疾，率取夫空穴经隧之所统系。视夫邪之所中，为阴、为阳而灸刺之，以驱去其所苦，观《内经》所载服饵之法才一二，为灸者四三，其他则明针刺，无虑十八九。针之功，其大矣。厥后方药之说肆行，针道遂寖不讲，灸法亦仅而获存。针道微而经络为之不明，经络不明，则不知邪之所在。求法之动中机会，必捷如响，亦难矣。若昔轩辕氏、岐伯氏斤斤问答，明经络之始末，相孔穴之分寸，探幽摘邃，布在方册。亦欲使天下之为治者。视天下之疾，有以究其七情六淫之所自，及有以察夫某为某经之陷下也，某为某经之虚若实，可补泻也；某为某经之表里，可汗可下也。针之、灸之、药之、饵之，无施不可，俾免夫嚬蹙呻吟，抑已备矣。远古之书，渊乎深哉！于初学或未易也，乃以《灵枢经》本输篇，《素问》骨空等论，裒而集之。得经十二，任督脉之行腹背者二，其隧穴之周于身者，六百五十有七，考其阴阳之所以往来。推其骨空之所以驻会，图章训释，缀以韵语，厘为三卷，目之曰《十四经发挥》。庶几乎发前人之万一，且以示初学者，于是而出入之向方也。乌乎！考图以穷其源，因文以求其义，尚不戾前人之心。后之君子，察其勤而正其不逮，是所望也。至正初元闰月六日，许昌滑寿自序。

吕复序：观文于天者，非宿度无以稽七政之行；察理于地者，非经水无以别九围之域。矧夫人身而不明经脉，又乌知营卫之所统哉？此《内经・灵枢》之所由作也。窃尝考之，人为天地之心，三材盖一气也。经脉十二，以应经水；孙络三百六十有五，以应周天之度；气穴称是，以应周期之日。宜乎营气之营于人身，昼夜环周，轶天旋之度，四十有九。或谓卫气不循其经，殆以昼行诸阳，夜行诸阴之异，未始相从，而亦未尝相离也。夫日星虽殊，所以丽乎天者，皆阳辉之昭著也；河海虽殊，所以行乎地中者，实一水之流衍也。经络虽交相贯属，所以周于人身者，一荣气也。噫！七政失度，则灾眚见焉，经水失道，则洚潦作焉；经脉失常，则所生、是动之疾，繇是而成焉。以故用针石者，必明俞穴，审开阖，因以虚实，以补泻之。此经脉本输之旨，尤当究心。《灵枢》世无注本，学者病焉。许昌滑君伯仁甫，尝著《十四经发挥》，专疏手足三阴三阳及任督也。观其图章训释，纲举目张，足以为学者出入向方，实医门之司南也。既成将锓梓以传，征余叙其所作之意，余不敏，辄书三材一气之说以归之。若别经络骨度之属，则此不暇备论也。时至正甲辰中秋日，四明吕复养生主书于票骑山之樵舍。

宋濂序：人具九脏之形，而气血之运，必有以疏载之，其流注则曰历、曰循、曰经、曰至、曰抵；其交际则曰会、曰过、曰行、曰达者，盖有所谓十二经焉。十二经者，左右手足各备，阴阳者三，阴右而阳左也，阳顺布而阴逆施也。以三阳言之，则太阳、少阳、阳阴；阳既有太、少矣，而又有阳明者何？取两阳合明之义也。以三阴言之，则太阴、少阴、厥阴；阴既有太、少矣，而又有厥阴者何？取两阴交尽之义也。非徒经之有十二也，而又有所谓孙络者焉。孙络之数，三百六十有五，所以附经而行，周流而不息也。至若阴阳维跷、冲、带六脉，固皆有所系属，而唯督、任二经，则包乎腹背而有专穴；诸经满而溢者，此则受之，初不可谓非常经而忽略焉，法宜与诸经并论，通考其隧穴六百五十有七者。而施治功，则医之神秘尽矣。盖古之圣人契乎至灵，洞视无隐，故能审系脉之真，原虚实之变，建名立号，使人识而治之。虽后世屡至抉膜导窍，验幽索隐，卒不能越其范围，圣功之不再，壹至是乎？由此而观，学医道者，不可不明乎经络，经络不明，而欲治夫疢疾，犹习射而不操弓矢，其不能也决矣。

濂之友滑君，深有所见于此，以《内经》骨空诸论，及《灵枢》本输篇，所述经脉辞旨简严，读者未易即解，于是训其字义，释其名物，疏其本旨，正其句读，厘为三卷，名曰《十四经发挥》，复虑隧穴之名，难于记忆，联成韵语，附于各经之后，其有功于斯世也，不亦远哉！世之著医书者，日新月盛，非不繁且多也。汉之时，仅七家耳，唐则增为六十四，至宋遂至一百七十又九，其发明方药，岂无其人；纯以《内经》为本，而弗之杂者，抑何其鲜也！若金之张元素、刘完素、张从正、李杲四家，其立言垂范，殆或庶几者乎？今吾友滑君起而继之，凡四家微辞秘旨，靡不贯通，《发挥》之作，必将与其书并传无疑也。呜呼！橐籥一身之气机，以补以泻，以成十全之功者，其唯针砭之法乎。若不明于诸经而误施之，则不假锋刃而戕贼人矣。可不惧哉！纵诿曰：九针之法，传之者盖鲜，苟以汤液言之，亦必明于何经中邪，然后法何剂而治之；奈何粗工绝弗之讲也。滑君此书，岂非医途之舆梁也欤！濂故特为序之以传，非深知滑君者，未必不以其言为过情也。滑君名寿，字伯仁，许昌人，自号撄宁生，博通经史诸家言，为文辞温雅有法，而尤深于医，江南诸医，未能或之先也。所著又有《素问钞》《难经本义》行于世。《难经本义》，云林危先生素尝为之序云。翰林学士亚中大夫知制诰兼修国史金华宋濂谨序。

凡例：一、十二经所列次第并以流注之序为之先后，附以任督二奇者，以其有专穴也，总之为十四经云。一、注者所以释经也，其训释之义凡有三焉：训字，一义也；释身体府藏名物，一义也；解经，一义也。其载穴法分寸则圈以别之。一、各经既于本经详注处所，其有他经交会处，但云见某经，不必复赘。一、经脉流注，本经曰历，曰循，曰至，曰抵；其交会者曰会，曰过，曰行。其或经行之处，既非本穴，又非交会，则不以上例统之。一、奇经八脉虽不若十二经之有常道者，非若诸络脉之微渺也。任督二脉之直行者既已列之十四经，其阴阳维跷冲带六脉则别备编末，以备参考。

《医籍考》：朱右曰：撄宁生传针法于东平高洞阳，得其开阖流注、方圆补泻之道，又究夫十二经走会属络，流输交别之要，至若阴阳维跷冲带六脉，虽皆有系属，而惟督任二经，则苞乎腹背，而有专穴，诸经满而溢者，此则受；宜与十二经并论，乃取《内经》骨空诸论及《灵枢》本输篇所述经脉，著《十四经发挥》。

《中国医学大辞典》：《十四经发挥》。三卷。元滑寿撰。谓督任二经，包乎背腹，各有专穴，诸经满而溢者，此则受之，当与十二经并重，于针石诊脉，均有发明之功。

《木樨轩藏书题记及书目》：《十四经发挥》三卷[明滑寿撰，薛铠校]，日本刊本[日本延宝三年(1675)松会刻本]，标题下题"许昌撄宁生滑寿伯仁著，吴郡会仁薛铠良武校刊"。有至元[正]初元滑寿自序，至正甲辰[二十四年1364]四明吕复序，金华宋濂序，嘉靖戊子[七年·1528]十月姑苏盛应阳序。

《明史》：滑寿，字伯仁，先世襄城人，徙仪真，后又徙余姚。幼警敏好学，能诗。京口王居中，名医也。寿从之学，授《素问》《难经》。既卒业，请于师曰：《素问》详矣，多错简。愚将分藏象、经度等为十类，类抄而读之。《难经》又本《素问》《灵枢》，其间荣卫藏府与夫经络腧穴，辨之博矣，而缺误亦多。愚将其义旨，注而读之可乎？居中跃然称善。自是寿学日进。寿又参会张仲景、刘守真、李明之三家而会通之，所治疾无不中。既学针法于东平高洞阳，尝言：人身六脉虽皆有系属，惟督任二经，则苞乎腹背，有专穴。诸经满而溢者，此则受之，宜与十二经并论。乃取《内经·骨空》诸论及《灵枢篇》所述经脉，著《十四经发挥》三卷，通考隧穴

六百四十有七。他如《读伤寒论抄》《诊家枢要》《痔漏篇》又采诸本草为《医韵》，皆有功于世。晚自号撄宁生。江浙间无不知撄宁生者。年七十余，容色如童孺，行步跷捷，饮酒无算。天台朱右摭其治疾神效者数十事，为作传，故其著述益有称于世。

何柬《医学统宗·医书大略统体》：《十四经发挥》，滑氏用心考撰部穴，精邃本经，流注有历、循、至、抵之殊，交际有会、遇、行、达之别，阳顺步，阴逆旋，粗心者不可易得。学者熟读玩味，年久岁深，神领默悟，可俨然洞视腑脏二三，针灸弃此，瞽人冥行。十二经兼督任为十四经，外有阴阳维跷之叙，以备参考。用心之仁，不啻化工之造万物，而无毫发芥匿之私乎？仁哉！伯仁乎无忝为伯仁矣。达者珍之。

《针灸聚英》：《十四经发挥》三卷，许昌滑寿伯仁，传针法于东平高洞阳，得其开阖流注交别之要。至若阴阳维跷、带、冲六脉，皆有系属，而惟督、任二经，则包乎背腹而有专穴，诸经满而溢者，此则受之，宜与十二经并论。及《灵枢》本篇所述经脉，著《十四经发挥》，通考邃穴六百五十有七，而施治功，以尽医之神秘。

《古今医统大全》：滑寿，字伯仁，号撄宁生，父官江南，居仪真而生生。幼敏颖，日记万言，操笔为文，有思致。师王居中求医学，居中教以黄岐《素问》之旨，公遂论次，分理脉候、病能、藏象、经度、针刺、运气，别类抄而读之。居中曰：善哉，子学之得其道也。自是生学日进，益参张仲景、李明之、刘守真三家之秘，所疗无不神效。又著《十四经发挥》《诊家枢要》《本草会韵》等书，凡若干卷行世。

《医学入门》：滑寿，字伯仁，世为许襄城大家，元初祖父官江南，自许徙仪真而公生焉，性警敏，习儒，日记千言，操笔为文，尤长于乐府。受王居中习医，而理识契悟过之。著《素问钞》。治妇人病小便涩，中满喘咳，脉三部皆弦而涩，医投以瞿麦、栀、苓诸滑利药而秘益甚。公曰：水出高源，膻中之气不化，则水液不行，病因于气，徒行水无益，法当治上焦。乃与朱雀汤，倍枳、梗，长流水煎，一服而溲，再服气平而愈。治一妇人，年六十余，亦病小便秘若淋状，小腹胀，口吻渴，脉沉且涩。公曰：此病在下焦血分，阴火盛而水不足，法当治血。血与水同，血有形而气无形，有形之疾，当以有形之法治之。乃与滋肾丸，服之而愈。治一妇人有孕，九月病滞下，日五七十起，后重下迫。公以消滞导气丸下之，病愈而孕不动。《素问》曰“有故无殒”是也。殒者，损也。治一妇经水将来，三五日前脐下绞痛如刀刺状，寒热交作下如黑豆汁，既而水行，因之无孕，两尺沉涩欲绝，余部皆弦急。公曰：此下焦寒湿，邪气搏于冲任。冲主血海，任主胞胎，为妇人血室。故经事将来，邪与血争作痛，寒热生浊，下如豆汁，宜治下焦。遂以辛散苦温理血之药，令先经期日日服之，凡三次而邪去，经调有孕。治一人因心高志大，所谋不遂，怔忡善忘，口淡舌燥，多汗，四肢疲软，发热，小便白浊，诸医以内伤不足，拟进茸、附。公视其脉，虚大而数，曰：此思虑过度，少阴君火行患耳。夫君火以名，相火以位，相火代君火行事也。相火一扰，能为百病，况少阴乎！用补中益气汤、朱砂安神丸，空心则进坎离丸，月余而愈。治一孕妇，五月病咳痰气逆，恶寒，咽膈不利，不嗜食者浃旬，脉浮紧，形体瘦，公曰：此上受风寒也。投以辛温与之，致津液，开腠理，散风寒，而嗽自止矣。治一妇暑月身冷自汗，口干烦躁，欲卧泥水中，脉浮而数，沉之豁然虚散，公曰：脉至而从，按之不鼓，为阴盛格阳，得之饮食生冷，坐卧风露。乃与玄武汤，冷饮，三服而愈。治一妇病寒疝，自脐下至心皆胀满攻痛，而胁疼尤甚，呕吐烦满，不进饮食，两手脉沉结不调。公曰：此由寒在下焦，宜亟攻其下，无攻其上。

为灸章门、气海、中脘,内服玄胡索、官桂、胡椒,佐以茴木诸香、茯苓、青皮等而愈。

《仪征县志》:滑寿,世为许襄城人。当元时,父祖官江南,自许徙仪真。寿性警敏,习儒书,日记千余言,操笔为文,词有思致,尤长于乐府。京口名医王居中客仪,寿数往叩。居中曰:医祖黄帝、岐伯,其言佚不传,世传者惟《素问》《难经》,子其习之。寿受读终卷,乃请于王曰:分藏象、经度、脉候、病能、摄生、论治、色脉、针刺、阴阳、标本、运气、汇萃,凡十二类,抄而读之。自是寿学日益进,所向莫不奇中。又究夫十二经走会、属络、流输、交别之要,至若阴阳维跷、冲、带六脉,虽皆有系属,而惟督、任二经,宜与十二经并论。乃著《十四经发挥》,皆有功医学。多治验,所至人争延至,以得撄宁生一次生死为无憾。生无问贫富,皆往治,不责报,遂知名吴、楚间。在淮南曰滑寿,在吴曰伯仁氏,在鄞越曰撄宁生。

【按】滑伯仁原著《十四经发挥》成书于1341年,刊于元至正二十四年(1364),薛铠校正刊行时间据盛应阳序言,应在嘉靖戊子年(1528),或者之前,故确定成书年代为1528年。

滑氏鉴于当时针灸之道湮而不彰,经络之学晦而不明,故将《内经》之十二经及任督二脉逐条加以考订,疏其本旨,释其名物,训其字义,正其句读,撰为是编。本书卷上载手足阴阳流注篇,附仰伏人尺寸图,其正文与忽泰必列之《金兰循经取穴图解》同。卷中载十四经脉气所发篇,列各经穴图、歌诀、经脉原义注释,其正文也与《金兰循经》同。卷下载奇经八脉篇,是滑氏收集《素问》《难经》《甲乙经》《圣济总录》中有关内容参合成篇。现有日本宽用二年乙丑(1625)洛阳二条梅寿刻本,藏中国医学科学院;有日本庆安二年己丑(1649)刻本,藏中国中医科学院;有1921年大成书局石印本,藏中国中医科学院、上海中医药大学。另有日本宽文五年(1665)乙巳文荣堂刻本,日本延宝三年(1675)松会刻本,清嘉庆十四年己巳(1809)书业堂薛氏医案全书本。通行本有1953年苏州中国针灸学研究社铅印本,1956年上海卫生出版社铅印本和1958年上海科学技术出版社铅印本等。

《十四经穴歌》 一卷 1341

元·许昌滑寿(伯仁,撄宁生)撰

【按】原书《十四经发挥》传至日本后,影响极大,本书为抄录其中有关经络穴位歌诀的内容。有日本抄本藏中国中医科学院及中国医科大学图书馆。

《明堂图四幅》 不分卷 1341?

元·许昌滑寿(伯仁,撄宁生)撰
明·歙县吴崑(山甫,鹤臯山人,参黄子)校

【按】《全国中医图书联合目录》载录是书。有清乾隆四十七年壬寅(1782)吴郡魏玉麟刻本一册藏中国国家图书馆,内有《正人明堂图》《伏人明堂图》《侧人明堂图》《脏腑明堂图》等4幅。另有明万历五年(1577)刊本藏大英博物馆。

《中国针灸荟萃·现存针灸医籍之部》录有《明堂图》两种,由王雪苔提供资料,未见原图。一者标注为“[清]金又溪 集成”。目录:脏腑总、色诊;骨度(正背)(1轴);十二经穴及脏腑分部(6轴);督脉 背部总(1轴);任脉 腹脉总(1轴)。存“咸丰九年岁次己未长夏绘”版本。另一标注为“[清]作者不详”,目录:正人明堂图、伏人明堂图、侧人明堂图、脏腑明堂图(与本书一致),其下有文字述要:“在侧人明堂图末有‘丙子仲春谨按内经绘图简庭叶赞形’,下有朱印二:一为‘叶赞形印’,一为‘简庭’,丰隆穴在下巨虚下。”

《全身百穴歌》　一卷　1425

明・陈会(善同,宏纲)撰

【按】原书内容见载于陈氏《广爱书》(已佚),清道光咸丰年间叶志诜辑入《汉阳叶氏丛刻》之《观身集》中。本书与陈氏《神应经》"百穴法歌"内容相似,即将人身百余俞穴按十四经分属关系类编,逐经标明各经重要腧穴寻取部位、尺寸等,并编为七言韵语,以利初学者诵记。现有清道光咸丰年间两广督署雕刻《汉阳叶氏丛刻》本(残),分藏中国中医科学院和上海中医药大学图书馆。

《八十一难经经络解》　四卷　未见　1446

明・建阳熊均(宗立,道轩,鳌峰,勿听子)撰

【按】熊均,字宗立,号道轩,又号鳌峰,自号勿听子,明代福建建阳县人,元代名医熊彦明后裔。熊均早年从刘剡习儒,兼嗜阴阳占卜诸书。因自幼多病,故酷爱岐黄之学,博览历代医籍,多有心悟。熊均注释、刊刻医书甚多,为一时之冠,对中医文献传承贡献极大。此书《全国中医图书联合目录》载录。有明万历六年戊寅(1578)刻本藏四川省图书馆(经查未见)。

《窦太师针经》　不分卷　1473

元・广平窦杰(子声,汉卿)传

元・亡名氏重编补注

【按】此书现存抄本两部,但均有残缺。其一本题作《杨氏家传针经图像》,藏中国中医科学院图书馆,封面题"秘抄杨氏家传针经图",卷端题"杨氏家传针经图像",第一页下半部分内容不完整,注有"阙文"字样。另一本民国抄本封面题作《玉龙歌》,"玉龙歌"原文后接抄本书内容,第一页也有残缺。《窦太师针经》内容主要保存于《杨氏家传针经图像》《玉龙歌》《针方六集》及《循经考穴编》中,并散见于《窦太师秘传》《医学纲目》《大本琼瑶神书》《扁鹊神应针灸玉龙经・玉龙歌》及《针灸原枢・玉龙歌》腧穴注文等文献中。《窦太师针经》未曾刊行,主要以抄本形式流传,因传抄日久,故不同抄本之间存在一定的差异。

《神农皇帝真传针灸图》　二卷　1539?

明・亡名氏撰

《聿修堂藏书目录》:《神农皇帝真传针灸图经》一卷。一册,抄本。

《医籍考》:《神农皇帝真传针灸图》一卷。存。按:是书每图随病候而设焉,附以人神及尻神逐岁所在。雷火针法、药方数道。盖其依托,成于明人之手者也。

【按】此书为《神农皇帝真传针灸图》一卷与《神农皇帝真传针灸经》一卷合抄,应是出于明人之手,托名神农皇帝。主要内容包含头痛、项强、目中白翳、鼻衄、牙疼肿、脾寒、咳嗽、心下疼、心腹疼痛、小儿急慢惊风等内外儿科疾病,每病叙述前附有穴位定位图。见于2003年人民卫生出版社铅印本(《海外回归中医善本古籍丛书》第十二册,肖永芝点校)。

《经穴发明》　不分卷　1556

明・祁门徐春甫(汝元,汝源,思鹤,东皋)编

【按】《中医图书联合目录》载录。可见于《古今医统大全》卷六。

《经络全书》　二卷　1566

明・吴江沈子禄(承之)原撰

明・吴江徐师曾(伯鲁)删订

自序:嘉靖末年,余友沈君承之,手一编

见示曰：此予所述《经脉分野》也，子深于医者，幸为我订而序之。予谢不能。沈君祈请再三，往复不置，乃应曰：诺。予时方注《礼记》，未有以应也。已而沈君从计，偕士之京师，居岁余，竟无所遇而还，郁郁不得志，遂病以死。久之，《礼》注脱稿，乃受书而卒业焉。其书自巅放趾，条析分明，一本《内经》及诸大家之说，而时参以己见，可谓博洽君子，称名家矣。惜其引证繁复，补益太过，则其见讬订正之意，良非虚也。昔吴季子挂剑于徐君之墓，曰：吾已心许之矣，况于口诺者乎？窃惟先君早学斯道，洞究大旨，予不肖，弗克缵承先绪，改而从儒，儒幸晚成，犹及先君之存，旦夕过庭，每口授《内经》诸家之论，以为邪客诸脉，疢疾乃生。所谓脉者，非独寸关尺之谓也，盖脉之在人身也，有经、有络、有筋。而经有常奇，络有大小，又各有直，有支，有正，有别，有正别、诸阴之别，皆为正。而筋亦有直，有支，有别。其传注之所，曰端，曰俞，曰上，曰下，曰内，曰外，曰前，曰后，曰中，曰间，曰侧，曰交，曰会；传注之名，曰上，曰下，曰出，曰入，曰径，曰直，曰横，曰邪，曰起，曰从，曰及，曰循，曰历，曰注，曰行，曰走，曰之，曰去，曰乘，曰过，曰还，曰络，曰绕，曰系，曰属，曰结，曰合，曰交，曰贯，曰布，曰散，曰至，曰抵，曰并，曰挟，曰别，曰约，曰究，曰兼，以别表里，以分虚实，以明营卫，以测传变，以辨补泻，以审汗下，以决死生，皆于是乎取之。彼寸关尺者，特以候之而已。针石灼艾，固以此为要，而汤液丸散亦必藉焉。苟不先寻经络，而茫然施治，乌能中其肯綮，而收万全之功哉？其说盖与沈君合，固知此道渊微，唯精研者乃相契也。爰乘稍暇为之删校，复述《枢要》，以续斯编，更名曰《经络全书》，一以酬沈君见讬之意，一以缵先君不传之绪，一以裨后学搜括之勤。虽间与沈君异同，要不失为忠臣矣！死者如可作也，吾将质之。万历四年丙子五月望日，吴江徐师曾序。

康熙《吴江县志》：徐师曾，字伯鲁。十三岁能为古文词。嘉靖丙午举于乡，丁未成进士。庚申奉命册封周藩，阅岁历转左给事中。时世宗春秋高，严嵩父子用事，阴齮龁言路。师曾叹曰：吾谏官也，循默失职，岂周任之义耶。会得疾，遂屡疏乞休。尤邃医术，著论数十篇，皆未成书。卒年六十有四。遗命诫其子：毋狥俗尚求冥福。太常王世懋表其墓曰：徐鲁庵先生之墓。

【按】 书分前后二编，前编即沈子禄《经脉分野》，作者一改前人对十二经脉逐条论述的旧制，载颠顶、头、囟、额、头角、枕骨等共88部位，述其经脉所属及病症。下编《经络枢要》是徐师曾在校删《分野》之余，结合自己对经络的认识，后续而成，有原病、阴阳、藏府、营卫、经络、常经、奇经、人迎气口、三部、诊脉、清浊、虚实、客感、传变等篇，凡十四论。合称《经络全书》，末附《音释》。《医籍考》卷二十二载徐师鲁《经络全书》二卷、沈子禄《经脉分野》，俱言"佚"。"徐师鲁"应为"徐师曾"之误。

是书作者在世时未能及时刊行，仅有抄本留存于世。清康熙二十八年即己巳年(1689)尤乘又将《脏腑性鉴》和《经络全书》合在一起刊刻面世，简称己巳本。康熙三十年辛未年(1691)将《脏腑性鉴》《经络全书》《药品辨义》合刻，名之为《博物知本》，简称辛未本。有清康熙二十七年戊辰(1688)刻本藏南京图书馆、苏州市图书馆、安徽省图书馆；有清抄本藏中国国家图书馆；有抄本藏中国中医科学院图书馆。通行本有1989年中医古籍出版社的《经络全书》，人民卫生出版社于1990年将《经络全书》《经络考》和《经络汇编》三书合为一辑出版，2012年中国中医药出版社出版了"中医非物质文化遗产临床经典读本"丛书中也有《经络全书》单行本。又见于《脏腑性鉴经络全书合刻》《博物知本》。

《奇经八脉考》 一卷 1577

明·蕲州李时珍(东璧,濒湖)撰

吴哲序:奇经八脉,闻之旧矣,而不解其奥。今读濒湖李君《八脉考》,原委精详,经络贯彻,顿觉蒙开塞决,胸次豁然,诚仙医二家入室指南也。然匪易牙,亦未易味之。李君博极群书。参讨今古,九流百氏,咸有撰述,此特其一脔尔。因僭述其概而题之。隆庆任申中秋日道南吴哲拜题。

顾问序:《奇经八脉考》者,李君濒湖所撰辑以活人者也。经有正有奇,独考奇者,奇经,人所略,故致详焉。并病原治法,靡不条具,若指诸掌,岂惟医学有赖,玄修之士,亦因以见身中造化真机矣。用心之勤如此,何其仁哉!濒湖世儒,兼以医鸣,一门父子兄弟,富有著述,此特见一斑耳。问不佞,尝推其直谅多闻之益,因僭识简端,以告后之君子。明万历丁丑小暑日同里日顾问顿首书。

《四库全书总目提要》:《奇经八脉考》一卷(大学士于敏中家藏本)。明·李时珍撰。其书谓人身经脉,有正有奇,手三阴三阳,足三阴三阳,为十二正经;阴维、阳维、阴跷、阳跷、冲、任、督、带,为八奇经。正经人所共知,奇经医所易忽,故特评其病源治法,并参考诸家之说,荟粹成编。其原委精详,经纬贯彻,洵辨脉者所不可废。又创为气口九道脉图,畅发《内经》之旨,而详其诊法,尤能阐前人未泄之秘。考明初滑寿尝撰《十四经发挥》一卷,于十二经外,益以任督二脉,旧附刊《薛己医案》之首(案《薛己医案》凡二本,其一本不载此书),医家据为绳墨。时珍此书更加精核,然皆根据《灵枢》《素问》以究其委曲,而得其端绪。此以知征实之学,由于考证,递推递密,虽一技亦然矣。

《四库全书简明目录》:《奇经八脉考》一卷。明李时珍撰。以人身十二经脉,医家所共知,惟阴维、阳维、阴跷、阳跷、冲、任、督、带为奇经八脉,医所易忽,因各详其证治,并附以气口九道脉图,阐发《内经》之旨。

《四库简明目录标注》:《奇经八脉考》一卷。明李时珍撰。附《本草纲目》后。明万历刊三卷本。

《郑堂读书记》:《四库全书》著录,《明史·艺文志》亦载之。奇经八脉者,其名出于《难经》,而其论原于《素问》,以非十二经之正,故谓之奇经也。东璧以八脉散在群书者略而不悉,医不知此,罔探病机,乃参考诸说,萃集成编。前为奇经八脉总说,次分八脉:阴维脉、阳维脉、阴跷脉、阳跷脉、冲脉、任脉、督脉、带脉,气口九道十则,各详其证治,并附以九道脉图及说,阐发《内经》之旨,从此八脉明向脉理尽矣。脉理尽而病无不察,一可以穷治之之方矣。(《四部总录医药编》)

《万卷精华楼藏书记》:《奇经八脉考》一卷。明李时珍撰。通行本。与《本草纲目》合刊,未见单行本。前有张鼎思序,引书目六十五种,后有释音。张氏序曰:李君心力尽在此书,予奉夏公命既刻《本草》因并刻之为全书。《简明目录》曰:时珍以人身十二经脉,医家所共知,惟阴维、阳维、阴跷、阳跷、冲、任、督、带为奇经八脉,医所易忽。因各详其证治,并附气口九道脉图,阐发《内》之旨。

《中国医学大成总目提要》:《本草纲目》附《奇经八脉考》一卷。明李时珍撰。其书谓人身经脉有正有奇,(下同《四库全书总目提要》)医家据为绳墨。时珍此书,更加精当,要皆根据《灵枢》《素问》以究其委曲,而得其端绪也。

【按】李时珍,字东璧,晚号濒湖山人,生于明正德十三年(1518),卒于万历二十一年(1593),死后葬于蕲州瓦硝坝故居附近的雨湖南岸。祖父为铃医,父亲李言闻,字子郁,号月池,为当地名医,曾任太医院吏目,著有《医学八脉注》《四诊发明》等书,今已佚。李时珍著有《本草纲目》一书，为明代本草集大成之巨著，另著有《濒湖脉学》《奇经八脉考》《三焦客难》《命门考》《五脏图论》《濒湖医案》《濒湖集简》等。李时珍因“八脉散在群书者，略而不悉”，参考历代有关文献，阐发《内经》之旨，对十二正经以外的阴维、阳维、阴跷、阳跷、任、督、带、冲八脉循行路线和主治病证，进行了整理说明、考述订正，著《奇经八脉考》一书。其言：“阳维主一身之表，阴维主一身之里，以乾坤言也；阳跷主一身左右之阳，阴跷主一身左右之阴，以东西言也；督主身后之阳，任、冲主身前之阴，以南北言也；带脉横束诸脉，以六合言也。”有清刻本，有1970年日本盛文堂影印本藏中国中医科学院图书馆。又见于《濒湖脉学奇经八脉考脉诀考证合刻》《本草纲目附录》《四库全书》《医方全书》《脉学本草医方全书》《中国医学大成三编》。

《铜人明堂之图》　四幅　1601

明・燕赵赵文炳(含章)重刊

赵文炳序：古之名医率先针灸，立起沉疴，见效捷于药饵。迩来医家业此科者绝少，余惧失其传，委集《针灸大成》一书，已付之梓矣。然经图相为表里，无经不能察脏腑之病源，无图不能知孔穴之所在，孙真人谓不可缺一者良是也。于是取南北两都板印《铜人图》，考正穴道，且用阴图阳图以别脏腑，一展阅间而经络之条分缕析，了然在目。针灸中穴，厥疾无不瘳者，于医道不无小补云。万历辛丑桂月吉旦，巡按山西检察御史燕赵含章赵文炳书。

【按】赵文炳，明代燕赵任县(今河北邢台任泽区)人，隆庆年间举人，先任知县，后提拔为御史。曾出按湖广，万历年间巡按山西。赵氏得到杨继洲《玄机秘要》后，“犹以诸家未备”，于是广求与针灸有关之书，并“委晋阳靳贤通校”，详列针法纲目，又令能工巧匠在太医院肖刻铜人像，详著其穴，刻画成图，配于文内，共编为十卷，取名《针灸大成》。后赵文炳又考虑到经图相为表里，无经不能察脏腑之病源，无图不能知孔穴之所在。于是又取南京、北京的版印铜人图，考证穴道，并用阴图阳图分别脏腑，刻印《铜人明堂之图》与《针灸大成》同时发行，以期“一展阅间，而经络条分缕析，了然在目，针灸中穴，厥疾无不瘳者，于医道不无小补”。《铜人明堂之图》共四幅。第一图为正面图，上刻赵文炳序；第二图为背面图，上刻孙真人《千金方》图经序，下有交经流注说、十二经穴始终歌；第三图为背侧图，两旁刻有明堂针灸尺寸总法、十四经流注长短尺寸、经络流注歌、奇经八脉歌；第四图为前侧图，两旁刻有十一募、十五络穴歌、八法交会歌、八脉交会八穴歌、十二经纳天干地支歌，并题“晋阳靳贤通校”。有清康熙四年乙巳(1665)刻本(邵岐摹绘)藏上海中医药大学图书馆；有清康熙林起龙刻嘉庆九年甲子(1804)重摹本藏中国科学院图书馆、中国中医科学院图书馆、山东省图书馆。

《明堂图》　四幅　1601

元・许昌滑寿(伯仁，撄宁生)撰
明・歙县吴崑(山甫，鹤皋山人，参黄子)校

【按】《全国中医图书联合目录》载录。有清乾隆四十七年壬寅(1782)吴郡魏玉麟刻本藏中国国家图书馆。《旧唐书・经籍志》载有北朝・秦承祖所撰《明堂图》三卷，成书年代及内容不详。《千金翼方》：“余退以《甲乙》校秦承《图》有旁庭藏会等一十九穴，按六百四十九穴有目无名，其角孙景风一十七穴，三部针经具存焉。然其图阙漏仍有四十九穴上下倒错，前后易处，不合本经，所谓失之毫厘，差之千里也。”

《经络考》　一卷　1609

明·应天张三锡(叔承,嗣泉,嗣全)撰

自序:脏腑阴阳,各有其经,四肢筋骨,各有所主。明其部以定经,循其流以寻源,舍此而欲知病之所在,犹适燕而南行,岂不愈劳而愈远哉?方书云:不读十二经络,开口动手便错。诚确论也。世人以经络为针灸家书,皆懵然罔究,妄举妄谈。即如头痛一症,左右分经,前后异位;同一腹痛也,而有中脘、当脐、少腹之分;同一害眼也,而有大眦、小眦、黑珠、白珠、上下胞之异。在肺而用心药,则肺病不去而复损心经;在血而用气药,则气反伤而血病益滋。东垣曰:伤寒邪在太阳经,误用葛根汤,则引邪入阳明,是葛根乃阳明经药,非太阳经药也。即此而推,其乑于药者,不知其几矣。仁人君子,慎勿轻议,当留心于此焉。今将《素》《难》《灵枢》等经,及滑伯仁《十四经络发挥》,纂其最要者为《经络考》。

【按】张三锡,盱江(今属江西)人,后居应天府(今江苏南京)。世医出身,行医30余年,博采群书,结合已见,著有《医学六要》,其中包括《四诊法》《经络考》《病机部》《治法汇》《本草选》《运气略》6部分,影响甚大。本书以《内经》《难经》及滑寿《十四经发挥》为主要依据,“纂其最要者”而成,且较多引用马莳《内经》注解。全书依次论列十四经文字、图形、歌诀,以及营卫、正伏人脏图、精气津液血脉等,末载取膏肓穴法图像、崔氏四花穴法图像,即从经穴扩展到奇穴。张氏于书中全面论述经络,以期达到自序所说“明其部以定经,循其流以寻源”的主旨。有明崇祯十二年己卯(1639)张维翰补刻《医学六要》本藏浙江中医药研究所;有明崇祯十七年甲申(1644)聚锦堂刻《医学六要》本藏中国科学院图书馆、同济医科大学图书馆。通行本为1992年中医古籍出版社点校排印本。

《循经考穴编》　二卷　1619

明·亡名氏原撰

范行准跋:《循经考穴编》原分上下两册,不著撰人姓氏。但在下册膺腹部穴图后,背部图八髎穴辨及膺腹部穴图辨二篇文后,并有“严振识”三字,疑本书即严氏所作,惜无序跋,不能考定也。至于撰者的时代,可能也是明季人,因本书引用的书,至明万历而止,所以我姑定它是明季的书。本书可分三个部分,其一是十四经部分,其二是奇经部分,其三是内景图部分。此书可能是仿元忽公泰《金兰循经取穴图解》之例的,但《金兰循经》早已亡佚,今惟元人滑寿《十四经发挥》尚存其要略。本书多以经文为提纲,而广征明堂一类之书作为考证。十四经之提纲原文,多本之晋皇甫谧《黄帝针灸甲乙经》十二经脉络支别,亦即《灵枢经·经脉篇》及《八十一难经》《脉经》等书。但其中也羼人其他文字,如肺手太阴之脉,自“起于中焦”,至“下肘中”下,又杂出“云门以出腋下,下循臑内,历天府、侠白,行手少阴心主之前,下入肘中,抵尺泽”等文字,又接《甲乙》本文“循臂内……出大指之端”,以下仍杂出孔最、列缺两穴,以至“出大指之端,至少商而终也”,然后又接《甲乙》本文。督、任二经的提纲文字,多取《难经》而兼参《甲乙》。至奇经,则又参李时珍之《奇经八脉考》《脉学》。至内景诸图,似与明人刊的《铜人腧穴针灸图经》相近。明堂与针灸,本属二种不同性质之书。明堂是研究人身经脉气血流通起讫和其经过的孔穴的书,古人又把气血流注孔穴的生理现象,分井、荥、俞、经、合五种性质不同的名称,本书基本上是属于明堂范围以内之书。但明堂之书却往往与针灸互相表里,因他们认为许多疾病所以发生,是由于气血流通发生故障而来的,什么地方发生故障,就发生什么病,因为它是与内脏相联系的。这样明堂书自然主要的为针灸服务，而针灸也自然以明堂为其基础之学。如用现代语来解说，明堂有类今之生理解剖学，因此学针灸的就不能离开明堂，而明堂之书也就与针灸发生密切的关系。由于明堂是针灸学家的基础学问，所以学习针灸的都一致重视它，很早以前，这两家之书已互为表里、结合一起了。如见于《隋志》《七录》的有《黄帝针灸虾蟆忌》《黄帝明堂偃人图》《扁鹊偃侧针灸图》等不下三十种，现在所能见到的，仅有《甲乙经》及残存的《黄帝虾蟆经》等，而《千金方》《翼》及《外台秘要》、日本康赖《医心方》等书尚往往杂引各家之书，虽属一鳞半爪，然其殷殷于孔穴是非之考订，都可看出他们是曾经再三致意过的。因为那时的针灸家深知学以致用，如对十二经和奇经八脉等气血流通现象不先行研究，那末那一处发生的疾患，属于那一经，取治那一穴的方法，都无从下手了。此书体制，虽或取法于忽氏之书，但从滑寿《十四经发挥》所引之文字而言，它又是根据宋王惟一《铜人腧穴针灸图经》，而《图经》之文，固本之《甲乙》《内》《难》诸书。此类明堂书现在存者已很少了，滑氏《十四经发挥》在历史上虽有过一定贡献，但其书志在发挥，于经穴的考证却少注意，那末发挥也等于空论了。足见明堂之学失修已久，惟本书的作者，于此学能独具只眼，把它所能搜集到的一些材料，都搜集一起，而对孔穴一一加以考订，较之那些无根之学徒然抄袭坊间一二俗本，便夸为深得此中三昧，腆然自称为著作的，真有上下床之别。由于作者是明季人，距今已三百多年，所引用之书已有不少失传了。总它所引之书，有《内经》《难经》《习医直格》《明堂诀式》(或作《修明堂诀式》)《内外二景图》《千金方》《翼》《外台秘要》《明堂经》《铜人经》《脉经》《针灸资生经》《此事难知》《滑氏十四经发挥》《骨度统论》《要穴补遗》《经神集》《经脉考》等，此外尚有引用张仲景、崔知悌、刘元宾、许叔微、常器之、张元素、李杲、朱震亨等著作，不下数十家之众，也是以往的明堂书所罕见的。内惟引用“素注”“广注”之文，不知何家之书，匆促未能考定。本书所附之图，一般说来并无特异之处，惟应特别提出的就是欧希范《五脏图》一幅，确属罕觏。但持校一般内景图，仍无什么特异之处，真伪未易论定，但从作者多见古书一点上来看，它可能是真的。因欧希范《五脏图》，据日本僧幻云《史记标注》引用《存真图》杨介之说，谓其源流悉如古书，无少异者，今此图脏腑部位，如肝仍居左，肺仍居右，这说明与古书无异。幻云又引杨介说，《存真图》喉中有三窍，一食、一水、一气，此并属不知生理解剖者之妄说，此图仍为二窍，为反得其真。总观本书对于经脉腧穴考订的详确，为以往所未有。而明堂之书，为学习针灸者所必读，独惜未有善本，偶有所见，亦多属杂凑而成，视此书系统分明，首尾条贯，诚不可同日而语。而此书罕有著录，仅存此旧抄，故亟为印行，作为学习针灸者及一般医家的参考。

【按】 原写本上、下两册，不著撰者，书末收录有题为“背部图八髎穴辨”“膺腹部穴图辨”两文，作者分别题作“严振”“严振漫翁”(“漫翁”应是严振的自号)，书末署有“严振漫翁氏识”。有学者研究认为，此二文与正文中相应腧穴下的该书编者的按语内容完全相符，推测《循经考穴编》的编者可能为严振。

全书按十四经气血流注顺序，依次述脏经脉的分布、循行、功能和病候，并随经插叙各经所属的腧穴，考证注释其位置、针灸法及主治病症；其后介绍奇经八脉(除任脉、督脉外)及其所属腧穴。书末附人体脏图(9幅)、骨度尺寸图(4幅)、背部及腹部穴图(各1幅)。全书对经脉、腧穴方面的论述考证极

为详明，所引书籍有《内经》《难经》《脉经》《千金方》《千金翼方》《外台秘要》《习医直格》《明堂诀式》（又作《修明堂诀式》）《内外二景图》《明堂经》《骨度统论》《铜人经》《针灸资生经》《此事难知》《十四经发挥》《要穴补遗》《要旨论》《经神集》《奇经八脉考》等，还引用张仲景、崔知悌、刘元宾、许叔微、常器之、张元素、李杲、朱震亨等人著作，其中不少文献早已失传，赖此书得见一斑。所附"欧希范五脏图"等也属罕见，是我国古代人体解剖的宝贵资料。

原书为明清间写本。有清康熙抄本藏中国中医研究研究图书馆；有 1955 年群联出版社据清康熙抄本影印本（中国古典医学丛刊）。通行本有 1959 年上海科学技术出版社铅印本。

《经络汇编》 一卷 1628

清 · 益都翟良（玉华）撰

自序：经络者，人之元气伏于气血之中，周身流行，昼夜无间，可谓脉也。其脉之直行大隧者为经，其脉之分派交经者为络，其脉络之支别者，如树之有枝，又以其自直行之脉络而旁行之者也。人肖天地以有生，其经络亦肖天地之时运以流行。如每日寅时肺脏生，卯时流入大肠经，辰胃巳脾午心火，未时又到小肠经，申属膀胱酉属肾，戌居包络亥三焦，子胆丑肝又属肺，十二经脉任流行。十二经之脉一有壅滞则病，太过、不及则病，外邪入经络亦病。有始在一经，久而传变，为症多端，其症各有经络。如一头痛也，而有左右之分、前后不同。一眼病也，而有大眦、小眦、黑珠、白珠、上下胞之异，当分经络而治。经络不分，倘病在肺经也，而用心经药，则肺病不除，徒损其心；病在血分也，而用气药，则气受其伤，而血病益甚。至外邪入经络而为传变之症，尤不可不分经络。东垣曰：伤寒邪在太阳经，误用葛根汤，则引邪入阳明，是葛根乃阳明经药，非太阳经药也。由此推之，患病之夭于药者，不知其几许也矣。方书云：不明十二经络，开口动手便错。诚确论也。世之庸医辄曰：吾大方脉也，非针灸科，何必识穴？曾不知先知经络，后能定穴，穴可不识，经络亦可不知乎？此其所以为庸也。今所汇之书，经络最晰，穴不混淆，使学者因穴以寻络，因络以寻经，经络了然，直寻病源，庶用药无惑。仁人君子有实心济世者，当注意于此矣。

【按】翟良，清山东益都县人，诸生。弱冠时从父宦游武昌，患危重之疾，得明医诊治，数月始愈。嗣后，翟良刻意于医书，苦读 7 年，神悟奥理。及归乡，重习举业，而研修医学益甚，凡乡里友朋患病，皆为诊治，投药则效。久之，医名渐盛，求治者众多。其治病多宗古方，以己意互用之，为时医所不及。顺治五年（1648），应召至京师，遭人妒忌，居数月而辞归。有《脉诀汇辨说统》二卷、《痘科类编释意》三卷、《经络汇编》一卷、《医学启蒙汇编》六卷等刊行于世。本书又名《经络汇编释义》。卷前有经络统序，其后为释义、原始释义、脏腑经络分合说，以图文形式介绍十二经及任、督两脉的循行图、穴位，以及相关脏的形状、功能，请穴歌、分寸歌等。其后为手经起止图、足经起止图、十二经脏腑图、十二经脏表里图、经有十二络有十五等，并配以相应文字论述。另载十二经所属歌、十二经纳甲歌、十二经气血多少歌、十二经注释、营卫清浊升降论、入式歌、冲脉论、带脉论、阳脉论、阴脉论、阳维脉论、阴维脉论、奇经八脉总论等篇章，末附内景图、内景赋。本书联系脏腑的属性、生理特点对十四经脉的循行、属络、经穴部位和主病等予以论述。1999 年中医古籍出版社将《经络汇编》与徐师曾《经络全书》、张三锡《经络考》合刊，排印出版。有清康熙六年丁未（1667）

天绘阁刻本藏山西医科大学图书馆；有清康熙刻本藏首都图书馆、中国中医科学院图书馆。又见于《脉诀汇编说统经络汇编合刻》《翟氏医书五种汇刻》。

《经络图说》 一卷 1630

清·西吴张明(宿明)绘图集说
清·笠泽周思藻(含初)校订

自序:先觉有曰:不读本草,焉知药性?专一药性,决不识病,能穷《素问》,病受何气,便知用药当得何味。不识十二经络,开口动手便错,不通五运六气,阅遍方书何济?经络明认得标,运气明认得本,求得标而取本,治千人无一损。又曰:知本知标,万举万当,不知标本,是谓妄行。盖六气为本,三阴三阳为标。又云:致病之气为本,受病之经络脏腑为标。是知本乃病之源,标乃病之派也,欲明源派之理,当穷运气经络而已。世之业医者,不阐明标本之道而妄为施治,犹欲习射而不操弓矢,其谬何如耶?故昔滑伯仁先生著《十四经发挥》,图解训释,示人五脏六腑、手足阴阳之经络,其旨亦微矣。但其书所载止有穴道一途以便砭灸,而砭灸之外未之全备也。今明推此而广之,绘其图于右。经络穴道外,更集运气之所值,药性之所投,六淫之自来,七情之虚实,阴阳表里之分,气血多少之别,五形所属,五味所主,脉之平病,病之标本,分类发明于其左。便鉴者易知何病在何经,何补而何泻,则针灸药饵之投,咸在不爽矣。因名之曰《经络图说》云。举其大概,不能备陈精蕴之奥,实亦撮其枢要以省检帙之劳,诸大方家幸勿以蛇足见嗤。崇祯庚午夏孟明生谨序。

【按】《全国中医图书联合目录》载录。有明崇祯庚午三年(1630)刻本藏北京大学图书馆。1993年中医古籍出版社将其收于《中医古籍孤本大全》影印出版。是书有图有说,说分经络、穴道、发明、平脉、主病、用药。又有汪昂(讱庵)、高思敬(憩云)所著《经络图说》,为同名异书。

《经络笺注》 二卷 1636

明·乌程韦编(勤甫,警台,儆台)撰
明·乌程韦明辅、韦明杰校订

《中国善本书提要》:《经络笺注》二卷。二册(北图),钞本[十行二十二字],原题:"西吴韦编勤甫纂述,男明辅订正,明杰同较。"卷内有:"明善堂珍藏书画印记""安乐堂藏书记"等印记。此本似从刻本钞出,然无论钞本刻本,诸家均未著录。余以是书在我国医书内,为别开生面之一部著作,兹录韦明辅《刻书小引》于下:人身一小天地也,星辰川岳各有经纬,而脉络贯焉。人之四体百骸,莫不筦于脏腑,其经络或自上而下,或自下而上,有正有别,有支有孙,又有奇经之络,未有内病不征于外,未有外病不通于内,上池之水不可得,隔垣之视不再见,使不熟察乎此,漫焉尝试,未免适燕而南辕也,不几以治人者误人耶?甚矣经络不可不明也。先君少善病,游学松陵,遍访医,博览《灵》《素》,久之大有得,遂弃铅椠,业青囊,而深慨经络无专书也,说经络者从内指陈,不从外显示也,乃取人之身从头至足分为六十六纲,于一纲中又条分众目,有专属一经者,有兼属二、三经者,有合众经皆属者,胪列之为正文,随采《内经》诸书为注,而间以意参焉。每出治病,书必自随,因委测源,罔不奇中,其之死而生之者,不可数计,吴中无不知有警台先生者。而先君晚年神愈旺,兴愈高,享年且八十,则其得力于此者多也。不肖及艾亦徙业,先君举以授曰:"医不知此,何异盲夫就道,我自谓明且确矣,不妨再订以求可传,至缮写之法,须求自当,庶一展卷而了然也。"不肖谨受命,细加研考,布置规格,数

年始脱稿，而先君逝矣，可痛也。叔弟举进士，令万载，亦在先君没后，虽叨恩赠，弟之痛亦未已也。七年未调，兄弟暌违，不肖走视之，示以此书，相对潸然，因谋永先君于不朽，付之剞劂，以公四方。此非独医不可无，即人人宜备览，勿致临病懵然，徒以姓名付之术家之手也。崇祯丙子季春月吉，不肖男明辅百拜谨题于万载署中之有斐轩。

【按】韦编，明代浙江乌程县人，自少善病，后游学松陵（今江苏吴江），遍访名医，复博览《素问》《灵枢》诸书，久之，大有所得，遂弃儒业医。韦编重视经络，尝谓："医不知此，何异盲夫就道。"其治"因委测源，罔不奇中，其之死而生之者，不可数计"，吴中无不知有警台先生者。其子明辅、明杰校订其父《经络笺注》一书，刊刻于世。本书以形体为纲，从头至足分为66纲，于每一纲中又分众目，分别其属何脏腑、经络。乌程陶集恂庵编次《经络考略》三卷，其卷三即为《纂勤甫经络笺注》，题下注：先生姓韦讳编，号儆台，湖滨人。内容：自巅顶一至耳十九，述头面各部位经络走向、交会，次十四经见证，次伤寒六经见证，次分行载穴位，次十四经奇穴歌，次井荥输经合解、井荥输经合配合五行刚柔、十二原解，次十二经六十六穴歌，次六十六穴应病针灸歌，末为脏腑井荥输经合主治。有民国据明抄本复制缩微胶片藏中国国家图书馆。

《经穴指掌图》 一卷 1639

明·华亭施沛（沛然，元元子，笠泽居士）撰

自序：古人有言，治病犹治水。今夫水，其原可滥觞，放乎海以为壑矣。然北条南条，江河异其脉，如任督然。而沇而漾，而漯而汶，而淮而漳，而泗沂，而滹易，而沱潜，而三澨，而九江，而伊洛涧瀍，而沣泾渭漆沮，宗一而脉百也。其经者纬者、过者为者、猪者流者、汇者乱者、绝者渡者，入而出者，会而同者，支纷而轮贯也，故必洞其所自来，烛其所必至，然后九川距海，畎浍距川，行无事而……（下缺页，共8行，每行13字，计117字）见，伏者露，庶几□□□□□□□。崇祯己卯修禊日华亭施沛□□笠泽草堂。

凡例：一、左图右书，古不偏废，况人身经络潜行，非图莫考，故是编图书并列，俾一览了然。一、经络全图，向因形长幅短，难于绘事，他刻多为割裂，殊不雅观，今照《图书编》横列其图，使体脉联属，中有差讹者，悉经改正。一、十二经脉，始终一贯，内连脏腑，外注经络，通五行，合八卦，以坤艮分腹背，以坎离交任督，乃轩岐之密旨，实先圣之梯阶，图难具陈，义难尽述，在人之慧悟耳。一、十二经脉全文出自《灵枢·经脉》篇，其文字古劲，初学颇难记诵，后人编成歌括，往往颠倒其辞，或失本旨，故是编悉照原文，止大小行列，以顺口气，稍添一二字，以叶韵脚，仍加圈分别，示不敢妄有增损也。一、人身脏腑经络，内外相贯，必明十二经脉，方知疾病所生，如某经受邪，则现某证，按证施治，庶几无差，故曰经脉者，所以决死生，处百病，调虚实，不可不通，非止为针灸设也。一、十五别络及脾胃二络，向无经证歌诀，今悉编补各经之后。一、奇经八脉乃诸脉之纲领，针灸家以八脉分配八卦，名曰八法流注，为治病总司，向来诸书止详任督二脉，以余经孔穴已见各经，故不复图。今刻虽仍其旧，然经证孔穴悉依《灵》《素》原文括为歌诀，分载各经之下。

【按】施沛，明代惠州通判施大经子，贡生。天启初，授河南廉州通判，调署钦州，转南康同知，辞归。熟读经史，嗜黄老之学，尤精医术，与名医李中梓、秦昌遇相往还。解官后以术济人，全活甚众。施氏通经络脏腑，明道家黄庭内外景图说，"此参彼证，沉酣四十余年"。著有《经穴指掌图》一卷、《祖

剂》四卷、《云起堂诊籍》一卷、《脉微》二卷、《医医》一卷、《说疗》一卷、《脏腑指掌图书》一卷、《素问遗篇》等书，收入《灵兰集》。其书远播日本。此书包括经络总论、经络全图、十二经穴起止图、十二经脉始终一贯图、十二经腧图等内容。施沛认为经穴病证相连，如某经受邪，则现某证，不明经脉者无有不误。然人身经络潜行，非图莫考，故是编图文并列，绘其外景，括为歌诀，以便诵记。有明崇祯十二年己卯(1639)抄本(仅18页半)藏湖南中医药大学。又载于施氏《灵兰集》，日本独立行政法人国立公文书馆内阁文库藏有崇祯末年华亭施衙啬斋刊本，现收载于人民卫生出版社排印出版的《海外回归中医善本古籍丛书》(第十二册，吴晓东点校)。

《步穴歌》 一卷 1643?

明·归安凌云(汉章，卧岩)撰

《明史·列传第一百八十七》：凌云，字汉章，归安人。为诸生，弃去。北游泰山，古庙前遇病人，气垂绝，云嗟叹久之。一道人忽曰：汝欲生之乎？曰：然。道人针其左股，立苏。曰：此人毒气内侵，非死也，毒散自生耳。因授云针术，治疾无不效。里人病嗽，绝食五日，众投以补剂，益甚。云曰：此寒湿积也，穴在顶，针之必晕绝，逾时始苏。命四人分牵其发，使勿倾侧，乃针，果晕绝，家人皆哭，云言笑自如。顷之气渐苏，复加补，始出针，呕积痰斗许，病即除。有男子病后舌吐，云兄亦知医，谓云曰：此病后近女色太蚤也。舌者心之苗，肾水竭，不能制心火，病在阴虚。其穴在左股太阳，是当以阳攻阴。云曰：然。如其穴针之，舌吐如故。云曰：此知泻而不知补也。补数剂，舌渐复故。淮阳王病风三载，请于朝，召四方名医治不效。云投以针，不三日，行步如故。金华富家妇少寡，得狂疾，至裸形野立。云视曰：是谓丧心，吾针其心，心正必知耻，蔽之帐中，慰以好言，释其愧，可不发。乃令二人坚持用凉水喷面，针之果愈。吴江妇临产，胎不下者三日，呼号求死。云针刺其心，针出，儿应手下。主人喜，问故。曰：此抱心生也，手针痛则舒。取儿掌视之，有针痕。孝宗闻云名，召至京，命太医官出铜人，蔽以衣而试之，所刺无不中，乃授御医。年七十七，卒于家。子孙传其术，海内称针法者，曰归安凌氏。

乾隆《浙江通志·方技》：凌汉章，湖州人。成化间，针术神灵，擅名吴浙。汉章为人慷慨负义气，见人之病，如痛在身，有迎者，虽昏夜风雨，无不疾赴。砭石所投，诸患脱然。每晨启门，舆疾求治者数十百人，贫者未尝受直。故身死之日，家无余资。至今以针灸行者，皆称汉章弟子，然术多不逮矣。

【按】凌云早年习儒，为诸生，屡试不得，叹曰："大丈夫志在万里，顾屑屑研析章句何为？"遂弃所学。其母患痞病，留连弥岁，百方不效，凌云乃赴泰山求医。至泰山下，遇一道人，邀于俱归。时因疾危殆，勺水不下者二十余日，道人即以针灸请治之，居三日，疾去如脱。云欲倾囊谢之，道人坚辞，却出其肘后方书，并针数十枚与之，又授以内炼之术，挥手别去。自此，凌云以医问世，所治无不奇效。凌云为人慷慨尚义，见人之病，如在己身，求治立往，风雨昏夜不辞。因其医术，后授御医。兄凌天章，亦通医术。孙凌瑄，继业尤精。此书即《针灸聚英》之《十四经步穴歌》，依次介绍十四经腧穴，其下有跋语曰：右《十四经步穴歌》，原用《铜人》穴编叶，今以《十四经发挥》为主，有繁多者皆去之，如督俞、风市、羊矢之类是也。《浙江历代医药著作》载录，言是书有家传抄本。

《析骨分经》　一卷　1644

明·绥安宁一玉撰辑
清·秀水计楠(寿齐)校

《四库简明目录标注》:《析骨分经》一卷,录有抄本。题绥安宁一玉撰。赵与时《宾退录》称庆历间广西戮欧希范党五十余人,宜州推官吴简详视之,图其脏腑诸穴,以传于世云云。

《古越藏书楼书目》:《析骨分经》一卷。明宁一玉。《续说郛》本。

《聿修堂藏书目录》:《析骨分经》一卷。一册,抄本。

【按】是书前后无序跋,成书于清顺治元年(1644)。将人体各部位予以命名,述其所属经络,对研究中医藏象学说和经络理论有参考价值。收于《说郛续》,又附录于《采艾编》。有清顺治三年丙戌(1646)李氏宛委山堂刻本藏湖州嘉业堂藏书楼。通行本见1985年湖南科学技术出版社《中国针灸荟萃》,又见1994年中国社会科学出版社《中华杂经集成》。清秀水计楠校本改名为《按部分经录》,收于《一隅草堂医书》《黄寿南抄辑医书二十种》。

《经外奇俞绀英歌》　一卷　1643?

明·归安凌云(汉章,卧岩)撰

【按】《浙江历代医药著作》载录,言是书有家传抄本。

《经学会宗》　不分卷　1643?

明·归安凌云(汉章,卧岩)撰
明·凌振湖(士麟,成孺)汇编
明·凌一鹄(序贤)订正

民国《双林镇志·艺文》:《经学会宗》,或云即《医学会综》。

【按】此书题为"明双林卧岩凌云汉章定本,孙振湖士麟成孺汇编,六世孙一鹄序贤订正",内容包括"气穴上",为手太阴肺经、手阳明大肠经、足阳明胃经、足太阴脾经、手少阴心经;"气穴下",为手太阳小肠经、足太阳膀胱经、足少阴肾经;其后残缺不全。有抄本藏南京图书馆,又有抄本藏上海中华医学会,二册,不分卷,与双林正则丁平《天地人三图大旨论》二册共一函。通行本有1995年人民卫生出版社铅印本(题《校注经学会宗》)。

《足经图》　不分卷　1644

亡名氏撰

【按】《中医图书联合目录》载录。有明抄本(存3页半)藏中国国家图书馆。

《经络穴法》　二卷　1644

明·亡名氏辑

【按】上卷首载"标幽赋",后为"十二经络",引述《灵枢·经脉》篇;"流注针经逐日时开合分阴阳注井荥输原经合",以表格、歌诀述子午流注;"任督经穴尺寸歌",述十四经腧穴;"八法起例",标题下注:日星起十例歌,述十天干法例,末言:"其余法例禁忌,徐氏行针开截未载",则内容抄录自徐氏,又载列十四经起止穴位;"神应经",首列洪熙乙巳四月廿一日序,次梓桑君针灸道传家、梓桑君言传道,下为百穴法歌、折量法、用针补泻手法、手足三阴三阳穴法、崔氏灸四花穴法、逐日人神歌。下卷载诸公针灸治病,所分诸风部、伤寒部、痰喘咳嗽部同《神应经》。有明抄本(残)藏上海图书馆。

《明抄本十四经络图歌诀图》　不分卷　1644?

明·亡名氏辑

【按】此书收集我国明代以前诸多医家

关于经络、穴位、针灸以及治疗等方面的理论和方法，包括督脉阳海之经等28歌、通玄指要赋等3赋、仰人尺寸图等18图、定取崔氏四花六穴之法等2篇说明。医理颇深，歌体文字易读易记，医疗方法简要，绘图清晰。有明手抄善本藏西北大学图书馆，1985年西北大学出版社排印出版。

《十四经发挥抄》 十卷 1659

元·许昌滑寿(伯仁，撄宁生)原著

日·谷村玄仙编注

【按】《全国中医图书联合目录》载录。日本业医者多依《十四经发挥》"审俞穴以针之，以灸之，明经络以汤液用之"，然该书流传日久，字画、句读、和训有舛误，而经络、俞穴不容差错。于是谷村玄仙"执《十四经发挥》，明其训故，析其句读，辨其鲁鱼，审其名义，俾初学者一阅易晓"，编注而成是书。书中多考《内经》等多部医籍经典，对滑氏原著几乎字字注释，句句考证，期望"俾针灸者不敢误用俞穴，汤液者亦不敢差经络"。有日本万治二年(1659)吉野屋权兵卫刻本藏中国医学科学院、中国中医科学院图书馆。

《经穴解》 不分卷 1668?

附《针灸阐岐》残卷

清·博山岳含珍(玉也，思莲子)撰

乾隆十八年《博山县志·事功传》：岳含珍，字玉也，储珍之弟。性聪慧，好读书，经史子集靡不博览，尤旁通岐黄之术。年十四，补博士弟子员，屡战棘闱不克。值明季世乱，慨然曰：古人云"宁为百夫长，胜作一书生"。乃投笔从军，为材官。皇朝定鼎，除山西璐安道中军，寻升浙江金华府都司签署。时海寇内犯，有平定功，迁陕西巡绥靖边游击兼定边副总兵，敕授昭勇将军。未几，乞骸骨归。楗户著书，有《灵素区别》《针灸阐奇》《古方体用考》《分经本草》《大病论》若干卷。

民国二十六年《博山县志·人物志》：岳含珍精医理，著有《经穴解》《六一衡训》《咳嗽议》《针灸类证》诸书。

【按】岳含珍，早年习儒，旁通医术。年十四补博士弟子员，后屡试不中。值明末世乱，慨然曰："宁为百夫长，胜作一书生。"乃投笔从戎。后降清，官至昭勇将军。晚年归乡，闭门著书。撰有《灵素区别》《针灸阐奇》《古方体用考》《分经本草》《大病论》《经穴六解》《针灸类证》《咳嗽议》诸书，现仅见《经穴解》流传。此书为岳含珍参照《内经》《铜人腧穴针灸图经》《针灸大成》等有关经络腧穴内容，结合本人临证经验编撰而成，主要阐释了穴名、穴性、取穴缘由、主治宜忌等。有1990年人民卫生出版社由张灿玾、柳长华据清抄本点校繁体竖排本。前后无序跋，首载内景赋，分十二经络、奇经八脉，各述总论、经穴总计、经筋、诸经穴奇穴解，后附岳氏《针灸阐岐》《幼科阐岐》二书残卷。《针灸阐岐》残存卷十、卷十一下、卷十五、卷十九，述瘘、痹、恶寒、伤寒、痓、瘟疫等19症，各症内容详略不一，如消渴下列歌赋类症、要穴、治症总要、八法、奇穴、三消诸症；痈疽下列内经治症、歌赋类症、治症总要、八法、杨氏治症、名医治法、捷要灸法、治法；痓下列《内经》治症、针灸类症；振寒下列《内经》治症。

《重辑经络全书》 二卷 1668

明·吴江沈子禄(承之)原撰

明·吴江徐师曾(伯鲁)删订

清·长洲尤乘(生洲，无求子)辑

凡例曰：一、医学之道，以洞视藏府为

贵,非扁鹊有神授也。轩岐之书皆所以教人洞视者,后人竟忽焉而莫能察,其不至费人也几希。所幸沈承之先生编为《经脉分野》,而脏腑咸得以洞视矣!惜其书迄今将二百年未寿诸梓,虽有传写,故得其益者尚寡,兹刻之所以不容已也。一、沈君之书,已经伯鲁先生为订正矣。伯鲁以为引证繁复,故爰加删校。予得是编,窃心喜而朝夕读之。是以知其尚未备也,因僭加补订,亦经三易稿矣。不谓戊辰冬闻有吴君聘者,隐于西郊,予慕往就教焉。见予手订,则曰:"非沈君之原本乎?"乃出其姻亲顾君所增订者示予,予不胜击节,先得君心之所同,然抑又幸也!由是采以所增,广以未备,辨以讹,删以复,庶可称《全书》,洵为不易之典也。一、伯鲁删校之后,复续以《经络枢要》,因名曰:《经络全书》,似可谓尽善矣!然脏腑、经络及筋,有正、有别、有直、有支之类,悉加详注,不厌重复,务便读者无遗憾焉。一、脉学之晦,不徒一高阳生也,编中间有正误,以俟有识者鉴别之。一、医学之书,通儒习之者甚罕,故鲁鱼虚虎谬戾,兹为最焉。今虽不暇字音句释,其义有极难明者,则即注于本句之下,字有不恒见者,则即音于本文之简端,庶令读者可以无语塞之忧矣。康熙戊辰腊月,无求子尤乘生洲氏识。

尤乘合刻二书后跋:或曰:彼何人斯,敢操著述乎?予骤聆之,遂赧然障面而退。因自讼曰:谬矣,妄矣,几乎将废书矣!既而此心,若终有所未释,复反覆阅之,不禁喟然叹曰:噫,是出前贤往圣,精思极论,予不过表章发明,提其目,举其纲而已,岂敢之著作乎?为慨世之征逐者流,不学无术,卤莽应世,自轩自岐,轻操司命,夸浮词,驾高轩,日见其征征也,日见其逐逐也,日持刃以屠,而苦不自觉也,奈何世皆习焉不察,设有叵测,惟委于命乎!岂不可痛可哀也哉?故每思得晨钟一振,唤醒大地,所以奋然有合刻二书之举,不吝变产鸠工,竭蹶从事,幸邀同志,共襄厥成,又作如是观。效二氏福田利益之说,以异传之遐迩,如暗室一灯,迷津有筏。庶卤莽者,不轻为人司命;乞生者,亦令知所鉴别。不抒鄙人拯救之怀,上体造物好生之德,则未必无小补云。刻既成,复缀数语以见鄙志如此。知我罪我,其在斯乎!其在斯乎!林屋无求子尤乘识。

【按】尤乘,清时长洲(今江苏苏州)人,初治举业,弃儒习医。年弱冠,受业于名医李中梓,后遍访良师,又得针灸之传,名重于时。曾任太医院御前待值,3年后辞归故里。尤乘与同学蒋示吉皆悬壶于世,延治者日盈其门,积岁沉疴,无不应手。著有《喉科秘书》《食治秘方》《勿药须知》等书,皆梓行。又参订李中梓著作辑《士材三书》,增订贾所学《脏腑性鉴》,均刊刻行世。沈承之在世时《经络分野》未能刊刻发行,即便是徐师曾增补成《经络全书》后也未能及时刊行,仅有抄本留存于世。直到100多年后,清康熙二十七年(1688)吴中名医尤乘得到《经络全书》抄本,"窃心喜而朝夕读之",不胜击节,评价此书为"不易之典"。于是"辨以讹,删其复",疑难之处加以注释、注音,首次刊刻发行《重辑经络全书》,即目前所说的清康熙二十七年戊辰刻本,简称戊辰本。除此之外,清康熙二十八年即己巳年(1689)尤乘又将《脏腑性鉴》和《经络全书》合在一起刊刻面世,简称己巳本。康熙三十年辛未年(1691)将《脏腑性鉴》《经络全书》《药品辨义》合刻,名之为《博物知本》,简称辛未本。现代《经络全书》的校刊本大多依据辛未本,如1989年中医古籍出版社的《经络全书》,人民卫生出版社于1990年将《经络全书》《经络考》和《经络汇编》三书合为一辑出版,2012年中国中医药出版社出版了《中医非物质文化遗产临床经典读本》丛书中也有《经络全书》单行本。《博物知本》本,卷端署:吴江沈子禄承

之原编，徐师曾伯鲁删订，后学顾伟英白增补，吴陛徵君聘校阅，吴门后学尤乘生洲重辑。

《黄帝秘传经脉发挥》 未见 1668

日・飨庭东庵(立伯)撰

【按】《全国中医图书联合目录》载录。原有日本活字本，藏北京大学图书馆，经查未见。

《身经通考》 四卷 1671

清・高邑李潆(伯清，禹门，三希道人)撰

自序：按朱子云：天以阴阳五行化生万物，气以成形，而理亦赋焉。所谓性也。试以医道推之。医道探于五藏，五藏本于五行，五行本于太极。天者，太极之理也。太极动而生阳，静而生阴。阳之象圆。圆者，径一而围三。阴之象方，方者，径一而围四。围三者，以一为一，故参其一阳而为三。围四者，以二为一，故两其一阴而为二。是参天两地之道也。合三与二则为五矣。河图、洛书之数皆以五位居中，天一生水，地二生火，天三生木，地四生金，天五生土，此五行之名义所由起乎？蔡虚斋云：气本一也。分而为二，则曰阴阳。析而五之，则曰五行。天之所以化生万物者，唯此而已矣。故曰：气以成形。得木之气，成肝之形；得火之气，成心之形；得金之气，成肺之形；得水之气，成肾之形；得土之气，成脾之形，此五脏之出于五行者然也。又以外体言之：火为目，水为口，左耳属木，右耳属金，鼻居中而属土焉。又通一身而言之：吴文正公云：气火，血脉水，骨金，毛发木，五行皆有土，四气藏于内，所谓气以成形者如此。有气斯有理：木之理为仁，火之理为礼，金之理为义，水之理为智，土之理为信。更以事物言之；虎狼之知，乃有宜壮也而不壮，不应死也而反死，岂独命之有修短哉！亦其由来之斫丧者过也。尝见有道者，鹤发童颜而未艾，失养者，喘咯痰嗽而不已，此两等之，在世或逍遥谈笑之间，或呻吟床褥之上，其一苦一乐之情，孰为可慕？孰为可恶？不待智者而自辨矣。则医又安可不学乎？于是先察脉理，次审经络，次明药性，求七方之安，通十剂之原，见形而知其所苦，闻声而知其所患，毋守株而待兔，毋刻舟而求剑！其于医也，或庶几乎？虽然，此为有病者言也，人至于病而求医，已非上士所以自期之意矣。上士与春夏同其生长，与秋冬共其收藏。知四大为有尽之躯，故不以血气徇其愁苦。知富贵非百年之业，故不以精神湛于嗜欲，优优焉，坦坦焉，不以喜伤心，不以忧伤肺，不以怒伤肝，不以志伤肾，不以思虑伤脾。避风雨，所以护皮毛也。节饮食，所以护肌肉也。寡色欲，所以护骨髓也。可劳而劳，劳焉而百节流通。可逸而逸，逸焉而天君宁谧。水火不能为之犯也，寒暑不能为之侵也。是谓非医之医，不药之药乎？如此，则可以引年长生而无难矣。由此进之，又非特养形而已。人身不止于心，而圣人以正心为要；人心之理不止于仁，而圣人以父子仁也。蜂蚁之君臣，义也。豺獭之报本，礼也。雎雄之有别，智也。鸿雁之去来，信也。酸者，木之气，仁之理也；苦者，火之气，礼之理也；辛者，金之气，义之理也；咸者，水之气，智之理也；甘者，土之气，信之理也，所谓理亦赋焉者又如此。色青者，象木归肝，色赤者，象火归心；色白者，象金归肺；色黑者，象水归肾；色黄者，象土归脾。诸禽之飞者，翅也，依木食木。诸兽之走者，趾也，依草食草。人之手足兼翅趾之能，故兼食草木而又食飞走。盖物之身得其偏，而人之身得其全也。夫身于天地之间，所以异于草木禽兽者，内有父子、夫妇、昆弟之亲，外有君臣、朋友之义，欲立忠孝之

节，必先求性命之宗。

儒者上下古今囊括千年之事，而于一身之理或茫然无闻，不几于逐末而遗其本乎？原夫医药肇于羲农，而问答盛于黄帝，其时君相之所讲求，莫非身心性命之旨，故尊岐伯为天师，而以臾区、雷公、伯高之属为之佐。自经穴骨度及藏象病能，罔不一一而立之以名，陈之以义，上合于天文，下通于地理，中验于人事，而统之以望闻问切，以为治疗之端。盖真为天地立心，生民立命矣！甚矣，身之不可不知，医之不可不学也。人无壮而不老，亦无老而不存。仁为先，此心既纯乎仁，则生生不息之理已具。理既存，则朱子所谓天赋之正在我，又何藉乎参苓归地？何用乎望闻问切乎？子舆曰：夭寿不二，修身以俟之。彼世之有身而不知身者，乌足与之论天道之微哉？余因先大夫病隔，庸医难倚，遂究心此道二十余年，每仿《朱子或问》而为《身经答问》，仿《禹贡投壶图考》而为《身经图说》，仿《朱子注疏》而为《身经脉说》，因附以古方为四卷，统谓之《身经通考》。友人仲开一先生，较以问世。盖仍以儒言儒，初不敢以一艺之微身，味其为生平而已也。康熙十年岁次辛亥十月，鄗上李潆禹门父述于瑕丘署中。

伊辟序：滋阳明府李公禹门者，鄗郡人也，以儒业起家，顷来谒选京师，余得定交焉。乃出所著《身经通考》，属余为序。余受而读之，见其间引绳切墨，权衡斟酌，举凡周身之内，肢体经络，罔不辨其阴阳，究其标本，丝分而缕析之。谈医之精殆莫以过，而综其大旨则一归于儒，故《身经》之有《答问》，即紫阳《或问》之义也，《身经》之有《图说》，即诸经之有《图考》也，而又本《注疏》之旨，著为《脉说》，广参考之，益附以《古方》。此可以传鸿术，光绿籍矣！顾余之为公称述者，有进于是。医和之言曰：上医医国。《艺文志》曰：论病以及国，原诊以知政。若是乎，医之可通于治也。今公以寿世之术奏功花封，所谓仁爱聪明，廉洁淳良，胥于是乎见之。盖治一邑，而一邑既已治矣，虽然，独一邑乎哉？由是晋秩而台省，而卿贰，而师保公孤，为圣天子任燮理之寄。意其为治，必且视天下如周身，而为之切绳墨，立文权衡，协阴阳之会，维标本之义，使肢体靡不调适，经络靡不浃贯，人登上寿，俗跻平康。然后知医之保元与儒之调元，理固有一致者，则《通考》一书，即谓为先资之献也亦可。时康熙岁次壬子谷旦日，赐进士第通政使司右参议巡抚山西兼巡宣大巡视南城内翰林院庶吉士治年家第济南伊辟题。

仲弘道序：忆予辛卯薄游鄗上，与李子康臣、来臣昆季论文角艺于泲水之阳，遂与李禹门先生订欢缟纻。禹门因尊人奋翁先生抱恙，每于作文著书外究心《素问》诸书，惜竞作雕虫，不暇质询也。迨岁癸巳，余则学制凫绎，来臣则司李韶阳，康臣挟少陵南游之兴，访泰岱岨崃间，便途过余署中。余握手寒温已，即以禹门为问。康臣则为予盛称禹门道学之纯笃，医学之精深，燕赵中未易伯仲，时余即异。一见禹门，欲以其洞垣之见疗予痼疾，以其春风之养牖予鄙怀，而禹门则逍遥于予昔年所游泲水之上，欲以大魁疗天下，正不屑以一参一苓起病人于指下也。比数岁，予被调，来臣亦改补永宁，而禹门则束装投牒来京领选，报国古松之下，卒然相遇，二十年契阔，虽淳于一石，未足浇予二人积渴矣。因各出生平著作，共相较订，而其中足以援世而活人者，莫如《身经答问》诸书。时又以索米长安，无由问世。岁辛亥，禹门筮仕滋阳，予亦以归途之便，连镳共路，因请全书而卒业焉。其诠注周身，则如异人铁镜，五脏具见也；其分疏经络，则如《禹贡》随刊，源流并悉也；其分治各部，则如孙武谈兵，握要制胜也；其辨别阴阳，察量虚实，权衡子母，则如经纬千头，丝分缕析也；

其开陈脉诀，指点脉源，列疏脉病，则如耒者教耕，织者训纴，条条井井也。而且按图知孔穴之攸关，考说识本标之各异，详用药得应手之无疑，则又如希夷诸子之图六十四卦，濂溪周子之演说太极，而西山琼山诸先生之衍补《大学》也。是非以纯笃之道学，究精深之医学，其能如是乎？噫！观止矣！夏秋间，余养病嵫山，朝夕请业，因取答问而分为章节，取散帙而汇为一书，取疑义而略为音释，颜曰《身经通考》，为援世活人者宝筏焉。若夫镌方，则非禹门意也。禹门集方数卷，尝曰：此筌蹄也。按脉测经，按经测病，按病施剂，方如用兵，临机应变，忘乎筌，忘乎蹄矣！余则曰：此模范也。道路间关，穷乡僻邑，万一诊视无人，考方无据，模不模，范不范，人命重大，俾谁寄托乎？应将方之秘密单传及和平中正者，选集而公诸当世，庶武穆运用之妙，仍在一心，而刁斗森严，令人犹识程不识军容也。禹门以为然。遂选方若干，合为四卷，统系以《身经》而绣梓之，称完璧云。呜呼！予因之有感矣！七尺有涯，双丸若毂，回视辛卯，迄今曾几何时？而聚散升沉，月移云驶，有如今古。获兹保命之书，得不诵太白富贵与神仙蹉跎成两失之句，以为浩叹哉？若禹门则莅政方始，正欲以扶危急病之心，为滋民造命，行将充扩仁术，胥天下而同归仁寿焉，又宁仅此《通考》一书起人指下已也？予因书成，纪其大略如此。时康熙十年小春日也，桐溪仲弘道开一氏撰。

后序：予刻《通考》一书，不欲录方，非不欲录方也，轩岐问答原不立方。世之庸医不谙运气，不循经络，不熟药性，不明脉理，而徒以成方治病，不敢自为增减，往往为方所误，而病亦莫能全疗。是非古人之方谬，而倚方治人者谬也。夫古人因病以立方，非执方以待病。尝时有此病始立此方，此方既效，始传此方。后之用方者，适与症对则愈，不与症对则否，往往以病试药，非以药投病也。予每惩此失，故首论经络之理，次酌应病之药，而归重于诊视之法。先立于活泼泼地为之诊脉，而分其病在何经，应用何药，而通以四时之变，权乎脏腑生克之原，庶得《内经》之意，而不悖岐黄之旨。则可治之病，决无不愈，不治之症，断不下手，而学医费人之叹或可免。吾友开一仲先生，则怀济世之心，又恐天下之人，生病者众，知脉者寡，必责之以循经络，按形图，方今之时能有几人？若坐视夫抱疴负痛之俦，瞠目偃仰而不为之捄，不几又邻于忍乎？则古人之方，又不可不选也。予考诸书之方，其行于世者汗牛充栋，用不胜用，犹之入海望洋，增人眩惑。于是出箧中秘方与先生商订，择其不常见而最效者载于篇中，以为应急之具。倘能酌斟而善用之，犹愈于信巫而不信医者，一中其病，沉疴顿瘥，亦人生之一大快也！至于大病之传变，久病之沉积，或用轻药而从天，或用重剂而从地，宜攻而攻，宜补而补，敢用巴豆、牵牛、大黄、附子，非真见其有何脉、证在何经，古方具在，谁敢轻用乎？则余之选方，仍以无方之道行之，俾同志者不为成方所误，斯余录方之意也夫。沛水三希道人李潆禹门父识。

仲弘道跋略：余不谙医而尝读《易》，李禹门先生则习《易》而又谙医者也，明易医，通阐悉，甚至今《身经通考》一书，其为答、问、图、脉诸说，莫不以一身之理合全易之理。苟能按经切脉，照病施方，则分门别类之书可以不载，而又何方选之有？而余则终以为道路间关，穷乡僻邑，若论经论脉而不论宣通补泄，是犹言变言动而不言承乘比应也，易乎？医乎？均有未尽。因于《局方》之外，搜集异人所授，或即《局方》之中，留集祖方所传，门类不必其备，药品不必其多，精选若干方，余为汇而参之为一卷，以为一时□□之是□非□一时□故则仍俟之。按脉

测病，按病立方，而未可倚乎纸上之规格也。若曰仁术所关，矩不可逾，则盈梁充栋之书，其方现在。诚能神而明之、变而通之，庶几神农、黄帝、岐伯之书，与伏羲、文王、周公、孔子之书，相为表里也夫。康熙岁次壬子正月谷旦，桐溪仲弘道开一父谨撰。

嘉庆五年《高邑县志》：李潆，字伯清，号禹门，临洮郡丞鹏程之子也。中顺治辛卯乡试，有异才，精医术，著《身经通考》行世，设为问答，阐轩岐之奥旨。任滋阳知县，因事谪戍关东，以医术济人，有仁声，关外称为关西神人。

【按】此书引用《内经》《难经》《神农本草经》《金匮要略》《脉经》《诸病源候论》《千金方》《赤水玄珠》《脉诀举要》《圣济经》《仁斋直指方》《太平惠民和剂局方》《心印绀珠经》等书的部分内容，汲取了东垣、丹溪、河间等数家学说，分为《答问》《图说》《脉说》及《方卷》四卷，详释人身体表部位及脏腑的名称含义，体表各部的经脉分布，十二经脉、奇经八脉的循行，以及脏腑的功能、病候及治疗，脉象的机理及其在诊断方面的运用，五运六气、药物归经以及针刺穴位，等等，并附有方药。卷一：阐述脏腑气血、十二经脉生理病理；卷二：阐述脏腑及所属经脉部位、循行路线、诸穴名称，图文并茂；卷三：阐述常脉、四时脉、病脉及持脉之道；卷四：分四十八门列述内外妇儿诸科病证方药。有清康熙刻本藏中国科学院图书馆。

《经络图解》 一卷 1689

清・石邑澹庵老人撰辑

清・东垣守拙居士订录

小引：脉理若真，则十二经之虚实寒热明于指下矣。若外而四肢百骸，内而五脏六腑，脉脉相通，偶遇一处痛痒泛常，应酬未必失当。因取《内经》图解，绘形察病，又将本经补泻温凉药味选择而附于各经之后，如某处有病，瞭若观火，信手拈来，头头皆是肯綮矣。康熙二十二年癸亥春日，淡庵主人识。

痴睡主人序：百脉原自流通，一有凝滞，而病生焉，医之者揣摩仿佛，期幸中于万一，难矣。夫各经之起止支直与阴阳之交会上下，前人固备言之，而澹庵老人又原其主病、列其药品以分注之，俾学者遵循而无误，而其能神而明之者，益可知矣。可谓详且尽矣。壬子暮春，痴睡主人识。

东垣守拙居士按：此卷按病而分经，因经而注药，最为真切明显，细心求之，其于医也可以无大过矣。二月二十二日，东垣守拙居士识于老榆书屋。

澹庵老人：取十二经络之主病药味，各详于《本经》之下，汇为一帙，曰《经络图解》。（《却病延年全书自序》）

【按】澹庵老人与东垣守拙居士，未知具体姓氏及里籍，仅在《却病延年全书》作者自序末有“时康熙二十八年岁在己巳四月上浣，石邑澹庵老人自序于在山园大椿棠中”落款，故将澹庵老人里籍确定为“石邑”。本书收于综合性著作《却病延年全书》第四卷。《却病延年全书》共八卷，分别为丹经宝筏、运气纪要、脉理阐微、经络图解、病能口问、百病嘹然、古今名方、分病药性。有乾隆间钞本藏中国国家图书馆，2002 年收于《国家图书馆藏稀见古代医籍钞（稿）本丛编》影印出版。

《经络歌诀》 一卷 1694

清・休宁汪昂（讱庵）撰

自序：古云不熟十二经络，开口动手便错，如审病在某经，必用某经之药以治之，庶乎药病相当，成功可必。而不然者，病源莫辨，部分差讹，舍此有辜，伐彼无过，其不贻致邪失正之祸者几希矣！《灵枢·经脉》一篇，为证治之纲领，奈其文句参差繁复，讽诵不易，记忆尤难，读者苦之。偶阅东垣《医宗起儒》，书中有《经络歌》十二首，假为七言，以便诵习，良为尽善，第其中词句音韵，未尽谐畅。不揣愚瞽，僭为增润，复加《奇经歌诀》四首，补所未备，其经脉所行，病证所发，下为详注，使考者无烦钩索，读者不复聱牙，昔日蚕丛，今成坦道，适口爽心，讵不快欤？此医家必读之书，特为梓之，以公同好。康熙三十三年岁次甲戌秋月，休宁八十老人汪昂题。

《四库全书总目提要·医家类续编》：《经络歌诀》一卷（翠琅玕馆丛书本）。清汪昂撰。昂有《素灵类纂约注》，已著录。是书《十二经脉歌》乃增润古本，加注详释，奇经八脉，昂所补辑。案：医家专言经络之书，以元滑氏寿《十四经发挥》为最著，以《素问》《灵枢》为本，加之训释，缀以韵语，明人继作诸家，无以出其范围。昂既类纂《素》《灵》，又撰是书，即就《类纂》中经络一门约言之，编为歌诀，其注释亦即《类纂》之原注，盖为学医者便于诵读而作。昂自称非岐黄家，而喜读其书（《本草备要》自序），生平著述皆由博反约，不妄侈高深，但求便于实用，如所集本草医方诸书，皆守斯义。是书命意亦同，其取材《内经》，乃合诸篇融贯之，自出机杼，其注亦兼采诸家，有所折衷，非苟作也。因其说已全具《素灵类纂约注》中，可勿重叠著录，特存其目焉。

《中国医学大辞典》：《经络歌诀》一卷。清汪昂撰。《灵枢·经脉》一篇，为证治之纲领，惟文字参差繁复，讽咏不易，记忆遂难。李杲《医宗起儒》书中，有经络歌诀十二首，裁为七言，以便诵习，颇称善法，惟其词句音韵未尽谐畅，昂因为之增润，并为补奇经八脉歌，亦医家诵习之善本也。坊肆多与昂所著《汤头歌诀》合刻。《奇经歌诀》，清汪昂撰。亦称《奇经八脉歌》，见《经络歌诀》条。

【按】汪昂（1615—1694），字讱庵，初名恒，清安徽休宁县西门人，寄籍括苍（今浙江丽水），早年业儒，于经史百家，靡不殚究，为明末诸生。明亡，尽弃举业，归隐林泉，致力于《素问》《灵枢》及仲景、叔和之书，多有心悟。虑世行医书"义蕴殊少诠释，千书一律，开卷茫然"，故"博采群书，遐稽经册，集前人之长，成一家之说"，撰《素问灵枢类纂约注》三卷、《医方集解》三卷、《本草备要》四卷，总名《延禧堂医书》，其弟汪桓为之序，刊行于世。此外，又陆续编辑《汤头歌诀》《经络歌诀》《药性歌括》等书，亦梓行。此书以歌诀形式介绍十二经脉和奇经八脉。有清同治八年己巳（1869）刻本藏上海图书馆；有抄本藏中国中医科学院图书馆。又见于《汤头歌诀附录》《汤头钱数抉微附录》《藏修堂丛书》《述古丛抄》《脉草经络五种汇编》。

《经络图说》　不分卷　1694

清·休宁汪昂（讱庵）编

【按】《全国中医图书联合目录》载录。可见于《脉草经络五种汇编》。

《经络穴道歌》　一卷　1694

清·休宁汪昂（讱庵）撰

【按】又名《十四经络三百五十四穴道歌括》，载十二经经脉歌、奇经八脉歌、十五络穴歌、十一募穴歌、十二经纳天干歌、十二经纳地支歌、五运六气歌等有关针灸歌诀。内夹注释，附《内景图》及《内景真传说》。有广陵唐嘉燕抄本藏中国中医科学院图书馆；有鲁氏抄本（附内景仿真论）藏中国中医科学院图书馆。

《针灸阿是要穴》　五卷　1703

日·冈本为竹(一抱子)撰

【按】《全国中医图书联合目录》载录。本书是一部记述阿是穴、奇穴治疗疾病的专著。汇集了《内经》《千金方》《千金翼方》《居家必用》《神应经》《明堂灸经》《玉机微义》《类经》《玉龙赋》《医学捷径》《十药神书》《医学入门》等中医书籍,以及日本经验记载的经外奇穴治疗疾病及取穴方法、部位等。主要内容为阿是穴、痞根穴、痞根别法、腰眼、脊背五穴、巨阙俞、督俞、中枢、接骨等共150余条。书末附录《辨针灸之疑义》凡23条,包括针灸耐痛与不耐痛、针灸各有位辨、针着内不出辨等。有日本元禄十六年(1703)刻本藏中国医学科学院图书馆(残存卷一至卷四);有1957年抄本藏中国中医科学院图书馆;也有1976年横须贺医道日本社据元禄十六年大阪五兵卫刻本重刻本存世。

《隧输通考》　六卷　1706

日·堀元厚、衢昌柏合编

【按】《全国中医图书联合目录》载录。本书是编者参阅62种历代中医古籍编就,主要介绍并考证人体腧穴。卷一为总考,卷二至卷五分别介绍人体十四经脉及冲、带、阳跷、阴跷、阳维、阴维等脉穴,卷六介绍奇俞怪穴及其主治疾病。有抄本存北京大学、中国中医科学院图书馆。

《经络正统》　二卷　1711

日·浅井正纯撰

【按】《全国中医图书联合目录》载录。是书据《灵枢》论述经络相关内容。有日本抄本藏中国医学科学院图书馆。

《引经口诀》　二卷　1711

日·浅井正纯撰

【按】《全国中医图书联合目录》载录。本书始载腧穴凡例,论人体腧穴及所取之法、针灸宜忌;次为骨度篇,述诸穴骨度尺寸;后分督脉、任脉、足少阴肾经、足阳明胃经、足太阴脾经、足厥阴肝经、足太阳膀胱经、足少阳胆经、手阳明大肠经、手太阳小肠经、手少阳三焦经、手太阴肺经、手厥阴心包经,叙述诸经穴部位及取穴简要方法。注释中引据前人之说考订腧穴,尤重"铜人引经"之论。有日本正德元年(1711)杉山氏抄本,藏中国医学科学院图书馆。又见载于《经络正统》附录。

《经络门汇考》　五卷　1723

清·闽侯陈梦雷(则震,省斋,天一道人)等原辑
清·常熟蒋廷锡(扬孙,西谷)等重辑

【按】可见于《古今图书集成医部全录》卷一百零六至卷一百一十。

《铜人图》　一册　1738?

亡名氏撰

【按】《全国中医图书联合目录》载录。全书以图详明经络穴位,并简介各脏腑经络的生理特点、解剖知识及功能。首载仰人、伏人全图,次为十二经脉、任脉、督脉经穴图,宗荣卫三气图,面部图,脏腑、肢节色见面部图,脉案图式,前面颈穴总图,侧头肩项总图,背部总图,阴手总图,阳手总图,阴足、阳足总图,仰人部位骨度图,等等,图旁均有简要的注释。有石印本藏河南中医药大学图书馆。

《铜人新图》 不分卷 1738

亡名氏撰

【按】清乾隆三年(1738)由周廷兰辑入《环秀堂医书丛刻三种》。有清刻本藏云南省图书馆。

《经络歌诀》 一卷 1744

清·山阴刘奂(礼门,礼道人)撰辑

自序:治病必先识经用药,乃无舛误,譬诸为人处事,排难解纷,自将是非洞判,因而调剂,使屈者平,暴者解,苟颠倒错乱,未有不卒酿大害者也。《灵枢·经脉》一篇,诚为证治之纲领,奈文繁义复,诵记为难。惟东垣《医宗起儒》集中《经络歌诀》十二章,最为简赅,便于诵习,为后学切要之书。第其词句间有未谐,爰是妄为润色,复增汪讱庵《奇经歌诀》四章,以补缺略,至于经脉所行,病症所发,更加详注,俾考诵尤易,而今而后吾知免夫古语云不熟十二经络,开口动手便错之讥矣。乾隆十有三年秋七月,山阴礼道人自题于白石山房。

【按】有乾隆九年甲子(1744)稿本藏上海中医药大学。又见于《卫生纂要》。

《骨度正误图说》 不分卷 1744

日·村上亲方(宗占)撰

【按】《全国中医图书联合目录》载录。是书系村上氏考证经穴的著作。书中对针灸铜人的骨度定穴法,征引《内经》《甲乙经》诸书,辨正其内容,图文结合,便于理解。如脐至横骨的骨度六寸半,或作五寸;两乳间骨度九寸半,或作八寸;对腹部、背部腧穴的定位差异都详加辨论等。在铜人总图后附载禁灸、禁针穴歌等。有日本宝历二年(1752)江户须原屋平左卫门初刻本,藏北京大学、中国中医科学院图书馆。

《穴名备考》 不分卷 1756

日·竹田景纯撰

【按】《全国中医图书联合目录》载录。本书所载诸穴以《经络发挥》所收为正名,他书所载为异名,奇俞一从习俗。排列次序"不效世之修饰书体",专按日本假名顺序,字音不论正俗,并从旧习秉读。凡异名,系字谬者考而正之,疑问处姑存之,对于以往文献记载有名无穴或有穴无名者皆省之。凡引各书资料,如无异同,则取文义详尽者,"异名奇俞"不可尽考者录入亲见,以备后人补充。现有日本宝历六年(1756)皇都书肆刻本,藏中国中医科学院图书馆。

《灸点图解》 不分卷 1756?

亡名氏撰

【按】《全国中医图书联合目录》载录。是书以图解方式介绍腧穴的定位,对八髎穴尤为详细。现有静俭堂抄本藏上海图书馆。

《挨穴捷径》 不分卷 1761

日·杉原敦撰

【按】《全国中医图书联合目录》载录。是书书名取"孔穴者,攻疾病之道路也,假道于孔穴,发针灸之兵,伐疾病之贼"之意,即得向导从捷径,庶免行军失道之弊。作者究心《素问》《灵枢》《甲乙经》《千金方》《外台秘要》及后世百家之说,集其日常经验撰成是书。书分前后两部分。前述诸经脉穴位,每穴名下各记一字,标属本经经脉名称,并据其经验收录若干奇穴,取穴尺寸以同身寸为主,另列十二条法则予以参照,穴位定位法

依元代滑寿及先师之意，禁针禁灸则据《千金方》。后载诸证灸法要穴，在内外妇儿诸科病证名下，选列配穴处方间或简述灸法要诀。现有日本宝历十一年(1761)平安书林刻本，藏首都图书馆。

《腧穴折衷》　二卷　1764

日・安井元越撰

【按】《全国中医图书联合目录》载录。安井氏曾就学于堀元厚，参考其《隧输通考》而成本书。书中所称“先师”和“师说”均指堀元厚言。卷首列“诸穴自然所持寸法”；卷上载肺、大肠、胃、脾、心、小肠、膀胱等经定穴法；卷下载肾、心包、三焦、胆、肝、督脉、任脉定穴法。书中引用《内经》《甲乙经》及历代经穴书，对腧穴别名和定位等加以考证，名为“折衷”，意在折衷诸说。现有1937年上海医界春秋社影印(《古本医学丛刊》)本，藏中国中医科学院、北京中医药大学、天津医科大学、天津中医药大学、上海中医药大学等图书馆。

《经络诊视图》　不分卷　1764

清・吴江徐大椿(大业，灵胎，洄溪老人)撰

【按】《全国中医图书联合目录》载录。见《徐灵胎医书三十二种》《徐灵胎医略六书》第二种附录。书中载图包括仰人、伏人骨度部位图，仰人、伏人全图，十四经图，藏府全人图，十六络图(圆图)，宗荣卫三气图，面部图，脉诊图。

《考定经穴》　不分卷　1764

清・吴超士撰

【按】作者里籍、生平不传。全书经穴按手足三阴三阳排列，依次为手太阴肺经、手厥阴心包经、手少阴心经、手阳明大肠经、手少阳三焦经、手太阳小肠经、足太阴脾经、足厥阴肝经、足少阴肾经、足阳明胃经、足少阳胆经、足太阳膀胱经，以及督脉、任脉经穴。各穴均注明穴位功用、位置、针刺深浅及主治等。有稿本(徐洄溪跋)藏浙江省图书馆。

《周身经络总诀》　不分卷　1772

清・吴县唐大烈(立三，笠三)纂辑

自序：治病须分经络，古人以经界喻之，犹夫射之的、御之范也。《灵枢・经脉》一篇为我医所必读，惟是其文参差繁复，习者苦之。东垣编为歌诀，国朝汪讱庵更为谐畅，可为记诵无难矣。惟是熟此经脉，于逐经之起止循行虽已了了，而人之身体每一处有二三经或四五经错综循及者，皆散见于各经之下，临证仓卒，未免或遗。烈不揣愚陋，窃以人身自巅至足，凡十二经络行及之所，汇而辑之。再，奇经八脉除带及阴阳维跷，皆简明易晓，可无纂辑外，其冲任督三经亦为摘入。仿四六之体编为俚句，而不拘拈对，不嫌粗俗，惟求便于记诵。俾人之身体四肢，一云某处便识为某经某络，实为临证辨经分经议治之捷径。但不敢曰熟此总诀竟可置经文而不读也。譬之《本草纲目》，既已按药而治病，复有《本草类方》为之按病以集方，二者纵横为用，尤为心目了然耳。

【按】唐大烈，早期习儒，后究心医学，博极群书，通明医理，为医林所垂。乾隆间，官苏州府医学正科。唐氏生平好学，临证之暇，静坐书斋，手不释卷。晚年征集同道论医之稿，反复校阅，考订尽善，辑成《吴医汇讲》，吴医始广为天下知。本书收录于《吴医汇讲》卷七，无单行本。分头上诸脉、在身诸脉、脏腑中诸脉、手经诸脉、足经诸脉五部编诀。

《经穴考》 不分卷 1780

亡名氏撰

【按】全书对十四经穴共355穴的位置作了考订，某些穴位的归经和排列顺序与通行者有所不同。分载手太阴肺经12穴，手阳明大肠经21穴，足阳明胃经44穴，足太阴脾经20穴，手少阴心经9穴，手太阳小肠经18穴，足太阳膀胱经66穴，足少阴肾经29穴，手厥阴心包经9穴，手少阳三焦经22穴，足少阳胆经47穴，足厥阴肝经12穴，督脉28穴，任脉28穴。有日本安永九年庚子(1780)抄本藏中华医学会上海分会图书馆。

《凌门传授铜人指穴》 不分卷 1795

亡名氏辑传

【按】《全国中医图书联合目录》载录。"凌门"，指明代凌云(汉章)一派，凌氏为明孝宗弘治(1458—1505)时人，早于汪机和高武，此书内容为高武《针灸聚英》所引用，未有刊本。前后无序跋，内容以针灸歌赋和经穴图为主，载有百症赋、玉龙赋、灵光赋、拦江赋、席弘赋、八法八穴歌(西江月调)、十四经步穴歌、十四经周身歌、十二经脉歌、十五络脉歌、千金十一穴歌、孙思邈十三鬼穴歌、长桑君天星秘诀歌、秋夫疗鬼十三穴歌、回阳九针歌、奇门经八脉歌、铜人指要赋等。其图除十二经要穴之外，还有天星穴法之形、秋夫疗鬼十三穴之格、回阳九针图、八脉之形(八穴图)，以及五脏正面背面图，精溺分图、气海膈膜图、肺膜心系图。有清乾隆精抄本藏中国中医科学院图书馆。1984年中医古籍出版社将其收于《中医珍本丛书》影印出版。

《周氏经络大全》 不分卷 1796

清·宁乡周世教(孔四，泗斋)撰

唐成之序：周孔四先生，宁乡人，博学之士。于医学研究尤精，著书甚伙，均未梓行。查《经络大全》一书，计分七十一门，详备极矣。展诵之余，不能释手，照缮一通于案头，治病助力多多，勿轻视耳。民国十五年补记，成之。

《周孔四传》：孔四公讳世教，家贫好学，师事族邑增生性载公，卒为高第，游庠食饩。品德端方，生平不苟言笑，不涉城府，廉洁清正，非为祖山祖冢事不践公庭，非为修谱建祠事不予族务。其所与晋接晤笑语者，多属学士文人，彬彬乎儒雅中拔萃者焉。究心天文，精习医理，乃其余事也。公出入经史，课徒数十年，门人大半显达，故吾族学问渊博如公者，于今罕有匹矣。著有天文、医学数种，惜贫乏未克寿枣，徒深后学愿望。夫以公之学、公之行、公之恬淡，等富贵如浮云，而竟以嘉庆丙辰一正贡而终老，盖时命为之也与？族侄典绪、族侄孙永桂、永鹗同识。

【按】周世教，清代湖南宁乡县人，嘉庆丁巳(1797)贡生。周氏好读书，务为有用之学，尤精医理。尝谓："医不明《内经》，如无源之水，涸可立待。"又谓："张仲景《伤寒论》为百病之首，《金匮》为杂疗之书，医不读《伤寒》《金匮》，则无从下手。"周氏著述颇丰，计有《素问注》十二卷、《灵枢注》八卷、《伤寒发明》六卷、《金匮发明》六卷、《医方集解论》六卷、《周氏经络大全》不分卷，诸书博采众长，多发前人所未发。后两书今存抄本，余未见。全书分总论、各论两部分。总论列诸经起止、诸经别络、诸经位置统贯、诸经顺逆、诸经根结、经别、诸经经筋、经络浅深浮沉属络穴结、《难经》异同、穴数、筋经、孙穴溪谷、经折、阴阳之序14个专题以阐述经络理论。各论分71门，论述十二经和奇经八脉的循

行、俞穴、主病、用药，以及募穴、会穴、经外奇穴等的功能主治。十二经论述较详，每一经均按经、病、药、穴顺序详论该经生理、病理与用药。本书分类较细，阐论简要，多采用诗歌形式表述，易于记诵。有清嘉庆元年丙辰(1796)抄本藏中国中医科学院。通行本有1996年中医古籍出版社据清嘉庆元年抄本影印本。

《医会元要》　一卷　1812

清·攸邑蔡贻绩(乃庵)撰

自序：嘉庆壬申，予在都梁署中集成《医学指要》，荷蒙陈观察顾庐先生暨省垣诸知交醵金怂恿授梓，书原专重脉理，而经络为脉根原，故首列焉。夫经络系属人身五官百骸，内外贯通，虽古圣剖析详尽，究亦未易明彻，矧在浅见寡闻，狃于汤头之歌、药性之赋，辄以医道自任，故其临证施治，未克明其病在何部，发于何经，往往毫厘千里，谬误不可胜言。因是寸心耿耿于《医学指要》外，直将十二经绘图以告，即举《内经》所言脉证，注明各经条下，并其药性之补泻温凉，附载不爽，复于人身自头至足指明某部分系某经之筋脉所属，而外形之本诸脏腑者靡不条分缕析，乃颜之以《医会元要》。盖是书虽为浅近说法，而究之提纲挈领，无不明晰，由此而触类引伸，亦自范围不过曲成不遗耳！孔子所谓下学上达，孟子所谓取之左右逢其原，胥在是矣。学者熟悉于中，则临证施治何至茫然莫识其指归也哉！曩本欲并付剞劂，时值囊涩未果，兹因年老旋里，戚友兰尚纲、李枝芳等见而心赏，为之乐助授梓。斯愈见予生知遇多为利济同心之仁人君子也，何幸如之！道光三年癸未岁仲夏月夏至前三日，蔡贻绩乃庵氏自识。

陈佐序略：间尝流览古籍，如匡氏仁斋，幼业儒，笃于孝友，恩义兼至，故其医常起危殆之疾，不责人之报；张氏叔朋少多疾，由儒而师事史载之，极医方之妙，无论贵贱，有谒必往视之，不避寒暑，活人不可胜计，魏惔之称为“太古遗民”；而李庆嗣由儒习医，活人甚众，所著有《伤寒纂要》及《针经》等书；徐纯乡为诸生，穷医活人，年八十手不释卷，著有《并元医案》；至于陆宣公本不以医名，而尝居忠州十余年，闭户不出，集古今名方为《集验良方》五十卷。凡此非以济人为心者乎？惟我乃庵蔡君，实与数公为从同同者，君固楚攸名宿，因年少多疾，由儒而习医，生平存心立品，予于《医学指要》序中曾乐道其梗概矣。兹予奉上宪题升入觐，晋省过访，因出《内伤集要》一书，将与《寒瘟抉要》合编付刻，并以《医会元要》请序于予。细阅是书，于内伤虚劳、经旨脉证治法，钩元扼要，本提纲而挈领，亦缕晰而条分。君已年登古稀，而济世婆心不懈如此，此诚为盛世之人瑞也，爰喜而复为之序焉。然君著述甚富，《四书释考汇抄》暨《石经考正》《历代帝王诗赋会纪》《历代书画综览》等书，颇称博雅精赅，予极心慕久之，本欲表彰以行于世，第因卷帙浩繁，成功匪易，则将俟诸异日云尔。嘉庆二十五年庚辰岁孟春之朔八日，湖南辰沅水靖兵备道加三级同学愚弟陈佐顿首拜赠。

陈新跋：蔡乃庵七兄先生，为攸江名士。新会晤于姻亲王仁山家，具大傅之仪容，兼邺侯之品骨，襟怀磊落，倜傥不群。以其涉猎经史，博洽淹通，并著有《医学指要》一编，固于此道三折肱，是以理明义举，洞彻无遗。新赋质椎鲁，未尝学问，惟于佛圣劝戒诸经虔刊传布，若医学理微，未敢妄参末议。今读是书，知先生拯危救难，一片婆心尽见于此，其为利济无穷，功莫大矣。因谨跋数言于末，以志先生之种福将未有艾焉尔。嘉庆十八年春月，湘西华亭氏陈新敬跋。

【按】 蔡贻绩，清代湖南攸县人，诸生，品学纯粹，读书之暇，追究岐黄之术，本济物利人之心，拯危救难，全活甚众。撰有《医学指要》六卷、《内伤集要》六卷、《医会元要》一卷、《伤寒温疫抉要》五卷，总名之曰《医学四要》。

关于《医会元要》的成书时间，以《医学四要》作者自序落款，"嘉庆十七年壬申岁小春既望二日，蔡贻绩乃庵氏自识"，似应该不迟于清嘉庆十七年(1812)。然细读其自序，似为《医学指要》而序。又《医会元要》自序时间为"道光三年癸未岁仲夏月夏至前三日"，即1823年；陈佐序时间为"嘉庆二十五年庚辰岁孟春之朔八日"，即1820年；陈新跋时间为"嘉庆十八年春月"，即1813年，三者似有抵牾之处。细究《医会元要》自序，蔡氏将著述缘由加以阐释，且因囊中羞涩而未及时刊行，至老而归故里，得老友"乐助"而授梓，即可推断《医会元要》大致与《医学指要》同时成书，也就不难理解书后跋的时间为嘉庆十八年(1813)了。蔡氏自序应该是在刊刻时所加，晚于成书时间。从《医学四要》存本时间清道光二年(1822)，又与蔡氏自序道光三年(1823)不一，抑或是刊刻时蔡氏所补入自序内容，故晚于刻书开始时间。

由上，笔者将《医会元要》成书时间确定为清嘉庆十七年(1812)。本书收于《医学四要》。有清道光二年壬午(1822)翰墨园刻本藏山东医科大学图书馆、吉林省图书馆。通行本有2000年湖南科技出版社排印出版(《湖湘名医典籍精华》)。

《经穴汇解》 八卷 1803

日·原昌克(子柔)编著

丹波元简叙：余重表弟山崎子政(善)，世以针科仕朝，尤妙手爪之运，见为侍医兼医学教谕。尝语余曰：《灵》《素》之外，《明堂》尚矣，《甲乙》收而传焉，继之有徐叔向、秦承祖、甄权等书，俱系于亡佚，是可惜也。宋仁宗仿贞观故事，命翰林医官王惟一撰定《铜人针灸图经》，于是三阴三阳合任督而为十四，孔穴三百六十五，其义始备矣。元滑寿著《发挥》，一依忽公泰《金兰循经》云。忽氏之书，此间无传。然考其文，正与《铜人》同，则《循经》全采之于《铜人》，而滑氏不及寓目于《铜人》也。自此而降，各家撰述颇多，得失互存。后学不能无迷，今本之于《灵》《素》《甲乙》，参之于《铜人图经》，而上自《千金》《外台》，下至明清诸书，搜罗众说，会粹精要，正之以经脉流注，量之以尺度分寸，揣之以穴郄骨间，动脉宛宛中，则莫有孔穴乖错之弊，明堂之能事毕矣。若夫方圆迎随之微，吹云见苍之妙，则在于得之心手，岂可言传耶！水藩侍医原子子柔，撰《经穴汇解》八卷，纂二十有余家之说，考证辨订，定为一家之学，以嘉惠后学，殆与子政之言符，盖其用心也勤矣。书已上梓，以问序于余。余非颛门，故昧乎经俞之义，焉得措辞？然子柔在数百里之外，悬请不已，因缀所闻于子政，揭于卷端，以谂读斯书者云。文化四年岁在丁卯仲春上浣，东都医官督医学丹波元简撰，水户藩扈从士员立原任书。

自序：舅氏淡园碕翁作《经穴汇解》上下二卷，以其季子失明，从事于针刺，故有此著也。余幼时在武城侍膝下校之，无何季子夭翁亦弃此书而不省也。余之东归，从游二三子偶问俞穴，余素不解针刺，往往失其对，于是想往时《汇解》之事，乞之翁再阅，则所引仅仅三五家而已，未足以取征于斯焉。余乃以家藏书修补之，增为八卷。顷得堀主考《隧输通考》诸说颇具。余业已脱稿，故不取其说。安井元越《俞穴折衷》全抄《通考》，采择之不精，憾多遗漏。余固浅见寡闻，引证疏脱，岂啻《隧输通考》而已哉？希后之览者正之。享和癸亥仲春之日，南阳原昌克撰。

凡例：一、孔穴注解，以《甲乙经》为古，

《千金方》《外台秘要》次之，至后世随意增减，诸说纷纭，使人茫然。故此编务辨诸家之谬，令学人知所适从。一、今世言经穴者，率皆奉滑氏《十四经发挥穴歌》，以为金科玉条，乃就各经，揣摩以认俞穴，或自手而到于头，或自足而到于头，唯其流注是视，不更审各体全穴，故至数穴相接之处，动致混错。如下廉、丰隆、耳门、听宫、听会，重取一穴，而莫之能省。盖《发挥》穴注，虽据《资生经》为文，然其部分穴名，不主各体，而主各经。盖仿《外台秘要》，更于手足十二经之外加奇经任督二脉，创设十四经之目，因配以诸穴。学人由是而学焉，所以失也。今取俞穴，先就头面、腹背、项颈各部，悉详其处所，然后推求络经、上下前后犹指掌，故此据《甲乙》《千金》，以分诸部为图。若其流注，则具之于后。一、经络流注交会及穴歌尽具，《十四经发挥》其与经脉篇有异同，则冈本为竹著《脏腑经络详解》悉之，奇经八脉亦同。今诸经俞穴有异同者，《外台秘要》移肺经中府、云门入脾经之类，必记之备参考。灸壮刺分则诸书异同稍少，而至攻病则有不可守者，故不载穴下，举具于续编主治部中。如禁刺灸穴，亦不可不知焉，载在各穴下。一、此编一主《甲乙经》，故系诸本注，但《内经》文可征者先记，而后及《甲乙》，使学人知古书可据也。有异同辨之，两可者共载。误谬必从有考证者，所增补者，书增注。每穴名下，必记其书目者，又从其古者。一、《千金方》曰：吴蜀多行灸法，有阿是之法。阿是，天应穴，取病人称快者，自是陷中，而经脉所历也，故奏验不鲜，乃古所谓痛所为俞之义也。然徒执阿是而谓经穴之似迂者，去大道而从捷径也。疗其病，不知其所以愈也。所谓阿是而无名称者，皆载之续编主治部中。一、凡奇穴别分部，其阿是穴而无名目者，不收录。本邦之灸法传异域者，载在《圣济总录》《神应经》等。又如九曜点之类，乃今不录，详诸续编主治中。一、同身寸者不必用，只急卒之际或用之，而其法不一，诸说载在开卷第一者，所以先其急也。一、孔穴注解《资生经》等，引他书者就其所引之书校之，若不见其文者，直书《资生经》，或书今本不见。一、阅书之际，遇其异名，则不易知，乃细书异称于目录穴名下，便其搜索。一、引书目录只载其孔穴下，所引据者于考案条中所证订。如《素》《难》诸注、诸史注疏之类，总不注于穴下者皆不列目录而夸博洽，且偶有目录外书而注穴下者，则正录题名，若《癸辛杂识》、《幼幼新书》、《五云抄》等是也，引书省题名，例细书目录下。一、家藏《圣济总录》，誊写本也，其分寸字画不能无疑，故多不取征于此。吴文炳《针灸大成》无注于穴下者，杨继洲《针灸大成》往往载其说于穴下，单记《大成》者，杨氏之《大成》也。如吴氏《针灸大成》，只记吴文炳，不言《大成》以别之。一、流注编中，穴下所细注，一载《甲乙经》文故不记，《甲乙经》若有引他书者，则必记其所引书名。又不曰某经之所发，某经之所溜，单记所发、所溜者，省“本经”之字也。但“肺经”一条，悉加“太阴经”之字以示之，其经络别走某经之类，亦省“本经”字。一、奇穴部所载穴名，注文不同而其穴相同者，不敢改论焉。以其不拘经络流注也。一、凡奇穴同名异穴者，于各条不下注说，但如与俞穴同名者，必注曰：与某部某穴同名异穴，教读者不误。

【按】 是书以《甲乙经》为主，旁参各书，分部考定经穴位置、别名，并配合图解。卷一为折量分寸法，头面和项颈部穴；卷二为肩部、背腰部穴；卷三为胸、腹、侧胁部穴；卷四为上肢部穴；卷五为下肢部穴；卷六为经脉流注；卷七为头面、躯干部奇穴；卷八为四肢部奇穴。此书征引广博，考证周详，其成就超过《隧输通考》和《腧穴折衷》各书。现有日本享和三年(1803)江都青藜阁刻本，藏于上海中医药大学图书馆；有日本文化四年(1807)丛桂亭刻本，藏北京大学、中国中医科学院、上海图书馆、上海中医药大学等单位图书馆；有日本安政元年(1854)须原屋平左卫门刻本藏中国医学科学院图书馆。通行本有1982年中医古籍出版社影印本。

《假名读十四经发挥》　二卷　1805

元·许昌滑寿(伯仁，撄宁生)原著
明·吴县薛铠(良武)校
日·长泽柳杏(丹阳轩主人)题

【按】 本书成书于日本文化二年(1805)，在薛铠校刊的滑伯仁《十四经发挥》基础上重刊，注以日语假名。是书子目分为"假名读十四经发挥"二卷(元)滑寿撰、(明)薛铠校；"假名读十四经治法"二卷，(日)津山彪编。有日本文化六年己巳(1809)东都甘泉堂刻本藏上海中医药大学。又有《假名读十四经》一书，著者、校者、题者、成书年代均与是书同，未知是否为同一书籍，待考。

《经穴纂要》　五卷　1810

日·小阪元祐(营升)纂撰

【按】《全国中医图书联合目录》载录。有丹波元简序。全书引用95种文献，以滑寿《十四经发挥》为主，考其异同，取舍折衷，且亲自解剖，画成新图。卷首载骨度；卷一至卷三分列十二经脉、奇经八脉经穴；卷四为内景、七冲门；卷五载周身名位、骨及经穴别名等。引证丰富，图解周详，为全书的特色。现有日本文化七年(1810)东都十轩店万笈堂刻本，藏中国医学科学院、北京大学、山东中医药大学、上海图书馆；有日本文化七年(1810)东都青云堂刻本，藏中国科学院、北京大学、首都图书馆、中国中医科学院等单位图书馆；有抄本藏解放军医学图书馆、上海中医药大学图书馆。通行本有1935年上海皇汉医学编译社铅印本，藏西安交通大学西校区、贵阳中医药大学、成都中医药大学及广东省立中山图书馆。另有1955年北京人民卫生出版社铅印本。

《骨度正穴考图》　二卷　1812

日·冈田静默撰

【按】《全国中医图书联合目录》载录。本书按人身分部骨度考正全身经穴，绘图40多幅，标明经络、穴部位分和脏腑形状，载穴354个，与《十四经发挥》同。现有日本文化十年(1813)刻本，藏北京大学、中国中医科学院等图书馆。

《脏腑正伏侧人明堂图》　四幅　1819

亡名氏绘

【按】《全国中医图书联合目录》载录。有清嘉庆二十四年己卯(1819)钱镜湖刻本藏中国中医科学院图书馆；有民国石印本藏吉林省图书馆；有抄本藏中国国家图书馆。

《针灸内篇》　不分卷　1821

清·江上外史辑撰
清·凌声臣、宣沛九传

自序：夫针灸之道，方脉也，乃黄帝、岐伯疗病之源耳。盖人身气血周流则无病，如气逆血阻则病，故病人筋骨，药力未能骤到，非针不可。针者，流通之意。此秘由双林凌声臣先生传之外孙宣沛九，宣公乃传于余。先生口秘曰：针灸之道，治有三法，风病则痛，寒病则酸，湿病则肿，如酸麻相兼、风寒两有之疾，凡针入穴，宜渐次从容而进攻。病者知酸知麻知痛，或似酸似麻似痛之不可忍者即止，此乃病源已在于此。至于面部任

脉，不现此种情形，又有不二之法，横斜可深，直插宜浅，斜不过一寸，直不过五分，然非目击临症而不能。病者宜知，酸麻痛则病浅易治，针入不觉者病深难疗。用针之法，针入穴少停，须运动其针，左转为补，右转为泻，提针一飞三退为透天凉，一退三飞为烧山火，观人体气，察人颜色，或宜何法，先后而用。古法进针宜缓，出针宜迟，不可骤然拔出针头。且有一等眩针，或呕吐，或浑身发汗，或人事莫知，遗大小便者，其针头切不可拔出，只须嚼老姜三片即醒。倘拔出针头，或不出汗，即死无救。生死呼吸之间，学者宜不慎之？针把烧艾三壮，觉痛为度，针法之妙，尽乎斯矣。

【按】据述是书由双林派凌汉章后人凌声臣传与外孙宣沛九，再传编写者，“此册傍注，即摘录汉章先生之法也”。书中载用药“练针法”，为他书所未见。载列十四经穴图歌，与明代各书相类似。如胃经始于头维，督脉始于龈交；中冲旁注：“在中指内廉端，去爪甲如韭叶许。”其后载内丹诀、禁针歌、禁灸歌、《内经》补泻、《难经》补泻、《神应经》补泻，并称《神应经》补泻与双林派口传正相合。所举凌声臣针法经验俱极可贵。有清抄本（朱笔批校）藏中国中医科学院图书馆。通行本有1984年中医古籍出版社影印本（《中医珍本丛书》）。

《十四经穴法识》　不分卷　1829

日・相忘亭本履撰

【按】《全国中医图书联合目录》载录。是书首述十四经腧穴，次为人身腧穴定位，并列举历代中医典籍对腧穴的不同数量、不同定位的实例，以纠正重出之穴。对各书记载不一致的腧穴，则肯定其中的一种说法。本书对腧穴定位简明扼要，对定位有争议的腧穴，则列出各医籍中的不同之说，使读者能加以比较而有所选择。现有日本文政十二年（1829）抄本，藏中国中医科学院图书馆。

《经穴指掌》　不分卷　1829?

日・谷其章（元圭）辑

【按】《全国中医图书联合目录》载录。此书据《医宗金鉴》“骨度篇”录次周身尺寸，并辑录十二经及八脉歌括。现有日本赤山堂抄本，藏中国医学科学院图书馆。

《经脉（穴）图考》　不分卷　1830

清・武宁翁藻（稼江）撰

【按】翁藻，清代江西武宁县人。翁氏事亲尽孝，其母患病，每延医疏方，必检方书与之问难，久之精通医术，后以技活人，应手辄效。虑古今方书汗漫，学者不能遍视尽识，乃发所藏书百种，历数十寒暑，年七十二岁始编成《医钞类编》二十四卷。本书由《中医图书联合目录》载录。以图解形式介绍全身骨度名位、脏腑、经络、腧穴。是书与《奇经八脉》《运气要诀》并收于《医钞类编》第一卷。

《奇经八脉》　不分卷　1830

清・武宁翁藻（稼江）撰

【按】《中医图书联合目录》载录。阐述各经经文、诊法、主治、经穴图。是书与《经脉（穴）图考》《运气要诀》并收于《医钞类编》第一卷。有清道光十年庚寅（1830）奉新许氏刻本藏河南中医药大学、上海中医药大学图书馆；有清光绪二十一年乙未（1895）本藏中国科学院、中国医学科学院、中国中医科学院、北京中医药大学、上海中医药大学等图书馆。又见于湖南科学技术出版社2000年出版的《湖湘名医典籍精华》。

《经穴备要》 一卷 1831

日·谷其章(元圭)编

【按】《全国中医图书联合目录》载录。是书据《医宗金鉴》抄出人体十二经及八脉歌括,并附以各穴分寸及主治。卷首录有《骨度篇》之周身尺寸。现有清抄本藏中国中医科学院图书馆,有日本抄本藏上海中医药大学图书馆。

《经穴图》 不分卷 1832

亡名氏撰

【按】《全国中医图书联合目录》载录。是书系《飨庭口诀等四种》之一。现有日本安政二年(1885)佐藤氏绘本,藏中国医学科学院图书馆。

《藏府经络指掌》 二卷 1834

附《补遗》一卷

亡名氏撰

《补遗》弁言:既纂《经络指掌》成,而经文犹有未尽,兹择其可与前文相发明者十一则,附录卷末以备学者参详焉。道光甲午秋八月四日又记。

【按】是书撰者无署名,前后无序跋,亦无目录、凡例。上卷载十二经脉循行部位、穴位、形态功能、穴位、是动所生病、归经及引经报使药等;下卷录奇经八脉循行部位、主病、穴位;末附《藏府经络补遗》。有抄本藏上海中医药大学图书馆。

《经脉图考》 四卷 1838?

清·湘潭陈惠畴(寿田)撰

自序略:予幼攻制举,潦倒名场,迄无成就,遂决然舍去,肆力于医……业此有年,今老矣,虽乏生枯起朽之术,窃谓治病者,必列别脏腑,端络经脉,周身部节,不爽毫厘,乃能由外达内,穷及根蒂,得其受病之由而施其补救之术。因留心古籍,参考会通,发明前哲,辨其讹谬,图而正之,书成,曰《经脉图考》,庶权度规矩,不迷所设,而芸芸众生即以同登仁寿也。夫天地有疾,圣人正之以至德,辅之以人事,人有疾,良医导之以药石,救之以针灸,固欲培其元善之气,而葆其太和之体也。昔管子之言曰:人能正静,皮肤宽裕,耳目聪明,筋伸而骨坚,始足戴大圆而履大方。是则予管窥蠡测之意也夫!

黎培敬序:忆余髫龄时即耳同里陈寿田先生名,咸谓其精于医也。后闻摹刻《铜人图》行世。余时方习举子业,亦不暇考究及此。通籍复服官来黔,地僻鲜藏书,且兵燹既久,疫疠流行,为补刊《温证条辨》及《寒温条辨》各医书,通行各属。岁丁丑,表兄马云牧封翁以先生所著《经脉图考》一书寄余,余展读再三,见其讲求经络,考证脉源,旁搜博采,引据确凿,为业医家所必不可少之书,云牧固素稔先生之为人,愿为梓行以广其传,余亦乐捐廉以勷此举。所有校勘诸务,云牧偏任其劳,书成属余弁言以纪其事。余不敏,惟即平昔所向往先生者藉是书以阐其济世之深心,至是书之妙用,读先生自叙可得其大要矣。是为序。光绪四年岁在戊寅仲秋月,同邑后学黎培敬识于筑垣节署并书。

马传卿序:陆敬舆有活国活人之称,范希文有良相良医之慕,古君子以仁存心,大用之则为良相活国,小用之则为良医活人。若取良医之术表而彰之,以公诸世,斯又良相活国之心分而用之活人也。我姑丈陈公寿田先生,天姿英迈,隐于岐黄,每视人病,百不失一。晚年悯医学之逐末而弃本也,爰纂《经脉图考》四编,一骨一络,辨正详明,表里孔穴,朗若列眉,后有学者不难循是而参

妙奥。於戏！先生殁垂四十余年，景其术者称之倾之，习其业者宗之仰之，独惜是书未克遽行于世耳。丁丑春仲，姻家子陈寿焜游黔，箧中适携是编，黎简堂中丞见而悦之，捐廉百金命焜付梓。阅今夏而工竣，书来属予为之序。予维中丞奉天子命巡抚一方，其所以活黔之民者，吾不得周知，第即畴昔所学决之，盖骎骎乎有古相臣风焉。异时入参密勿调和中外，燮理阴阳，在中丞必有措之裕如者，今且于公余之暇，留心方术，锓善本而惠生灵，是真能以陆范之身，心陆范之心也夫。相之良者非徒谙刑名、精法律之谓，其谓殚格致诚正之业，驯至修齐治平，财成辅相，俾无一民一物不得其所，夫而后为有本之学，即医何独不然，近世医师大都捃摭古方，粗识药性，出而操斯人生死之权，苟且耳，侥倖耳。兹编行而后天下习斯术者知以《灵》《素》为根本，由是辨腠理，考脉络，通神入圣，途径在斯，则所全活不可胜计，其为功德讵在良相下哉？噫！微先生是书不足副中丞济世之忱，微中丞是举又乌能成先生济世之美？予故两嘉之，而亟为之序，以志其巅末于此。光绪四年岁在戊寅仲秋月云牧马传卿撰。

【按】陈惠畴，清代湖南湘潭县人，早年习医，苦世无良师，遂游学京师，习医于太医院。后悬壶乡里，操术独精，尤擅针灸，名重于时。是书共四卷，卷一详述人体内景、周身骨度及经脉循行要穴等，为总论性内容；卷二、卷三录十二经脉循行路线、穴位名称、主病、图像及歌诀；卷四载奇经八脉的循行主病及诸部经络循行发明。本书是清代研究经脉的代表性著作，有图有考，较之《医宗金鉴》详备。有清光绪四年戊寅(1878)贵川黎培刻本藏中国中医科学院图书馆、上海图书馆；有清光绪二十年甲午(1894)浙江朱熙刻本藏中国中医科学院图书馆、上海图书馆。通行本有1928年上海民和书局影印本行世。

《脏腑经络图注》 不分卷 1849

清・缪云亭抄辑

【按】抄辑者生平、里居不存。是书《全国中医图书联合目录》载录。首录魏念廷五脏六腑十二经络论、三焦三中四穴论、内景赋；次载十二经脉、奇经八脉图说；书末附有杨继洲《针灸大成》诸穴异名录、王清任《脏腑改错图记》等。有抄本藏中国科学院国家科学图书馆、四川省图书馆(作《脏腑经络穴道图》)。

《十二经脉络》 一卷 1850

清・沈绂撰

【按】本书为《观身集》之一，书目标题下自注"撮纪铜人图大略"。就十二经脉原文加夹注，注文不甚确切。如注中焦为"幽门之间"，肺系为"肺系于脊骨之第三椎下"，頞中为"頞，额也"，顽颡为"顽亦颈也；颡，额也，但此乃行于内者"。在十二经中各举一动脉穴，如肺经"动见太渊"等。作者生平、里居不传。现存道光、咸丰年间两广督署《汉阳叶氏丛刻》刊本。有《汉阳叶氏丛刻医书七种》之《观身集》本。

《十二经脉歌》 一卷 1868

清・枝江栗山痴叟辑

【按】本书为《医学便览》丛书之一。收载十二经脉歌、奇经八脉歌、十八反歌、十九畏歌、六陈歌、炮制药歌等6种。其中的"十二经脉歌"与明代徐凤《针灸大全》卷一所载内容基本相同，"增润古本加注注释"，叙述了十二经脉的起止部位及路线，阐述了各经气血的多少和是动所生病，在歌诀中以小字加注；"奇经八脉歌"题汪讱庵补辑，叙述奇经的起止与循行部位。末附"释音"，对针灸

疑难字词以音义注释。收于《医学便览》第五卷,有清同治七年戊辰(1868)自刻本藏中国中医科学院图书馆。

《和汉三才图会》 阙 1868

日·寺岛良安撰

【按】《全国中医图书联合目录》载录。本书仅存卷十一、十二两卷。卷十一为经络部,载五脏六腑、气血、铜人明堂图、正人脏图、伏人脏图、奇经八脉图、三部九候脉及骨度脉度等;卷十二为肢体部,选录82个肢体部位。本书的主要特点是具备工具书的作用,逐条予以解释,词释精当。又在每一脏腑肢体后附加按语,评述其性质与作用等,按语颇有见地。还载有本脏器或肢体常见病所使用的通治方药,并有文图对照,简洁醒目。现有1980年日本盛文堂影印本,藏中国中医科学院图书馆。

《考正周身穴法歌》 一卷 1874

清·渌江廖润鸿(逵宾)撰

自序:医用针灸,由来久矣。尝见痼疾沉疴药力所不能愈者,得针灸而奏效独奇。自穴道难明,业医者惮于穷究,遂借口泄气,极力诋诃,俾患者视为畏途,致令《内经·素问》心法终于就湮,可慨也!今岁夏,偶遇明师以《针灸集成》相示,因取而读之,渐觉豁然有得。窃以为下手用功处,在熟穴法,熟极则巧自生,而余性健忘,深虑旋得旋失,因将原书考正穴法,韵以五言,用当记诵,并遵御纂《医宗金鉴》,参互考究,正其讹舛,且近取诸身,时尝寻按,至忘寝食,更觉胸有把握,益信古人救世深心,金针度尽,特患不甚研求耳。余自维留京五载,年已四十,文章无灵,终不能进蓬瀛一步,虽平日于天文、算学、地学以及卜筮、壬遁、星命诸学,时深探讨,究无补于斯世,独得此一端,可以卫生,并可以济人,殆所谓"思之思之,鬼神通之"者耶?歌既成,将《铜人图》按法缩绘小幅,以便案头搜讨。坊友饶君松圃谓是可益初学,乐为梓行,附诸《针灸集成》之后,因记其缘起如此。同治十三年甲戌冬十月,湖南渌江廖润鸿逵宾氏叙于都门琉璃厂有真乐斋寄庐。

裕麟跋:余患拘挛,至不能俯仰将十年。癸酉十月朔,遇聂复生先生于济宁行针灸,灸十余,历针逾二百,期年如常人。综其治法,不外《针灸大成》一书。察其运用,手与神会,以视以听,若有独得。正如运斤成风,垩去而鼻不伤。规规于古法求之,亦有不尽然者,身受其益,莫能悉其妙。殆亦圣则力而智则巧耶?噫!治法必人而兴。针,危器也;刺,危道也;病,危机也。危机而以危器行危道,求安于危,盖亦难矣。故用之当,效捷影响。一不当,呼吸间废且死,祸于将来。幸耳无惑乎!针法之失传久也,非聂先生之仁明廉慎,其孰能神于斯?成书具在,人得习之,原聂先生非其人毋传也。偶读《针灸大成》,书其后。同治甲戌冬月上浣,沈阳裕麟识于京邸酉愚昧淡之轩。

【按】本书对人体穴位进行考证,参照《医宗金鉴》,纠正讹误,以五言歌写成。全书按人体十四经脉、冲脉、带脉、阳跷、阴跷、阳维、阴维及经外奇穴、人身尺寸等分为17首歌诀,并分别详加注释。末附《铜人图》2张。有清同治十三年甲戌(1874)都门善成堂刻本藏中国中医科学院图书馆。通行本有1939年北平国医砥柱总社铅印本藏中国国家图书馆、中国中医科学院图书馆。

《针灸穴法》 不分卷 1875

亡名氏撰

【按】是书前后无序跋,亦无目录。扉

页署：光绪乙亥仲秋冯文轩氏手抄。第一部分载八法交会八脉、手六经主病、足六经主病；第二部分载千金歌、十二穴治症歌、天星秘诀歌；第三部分载穴位图，有头部、身部正面取穴图，头后部、身部背脊取穴图，足内踝、足外踝取穴图等，共10幅；第四部分载穴位主治，为其论述之主体部分；第五部分载忌针灸穴及灸治方；第六部分载消渴、中风等病证的针灸治法；最后载针灸秘传心得，有消疮神法、灸疮秘法、灸牙痛神法等。全书内容简要，治法颇有特色。末有钢笔字迹：广州珠光路一百四十八号苏寿祺医师寄来。有清光绪元年乙亥(1875)冯文轩抄本藏中国中医科学院图书馆。

《针灸穴法》　不分卷　1879

清·仲山氏编撰

【按】《全国中医图书联合目录》载录。有清光绪五年己卯(1879)抄本藏上海图书馆。

《经络穴位》　一卷　1879

清·仲山氏撰辑

【按】是书前后无序跋，亦无目录、凡例，封面题署：医学秘本，光绪五年仲春日，仲山氏精选。首载经络统序、释义、原始，次录脏腑经络分合详说、仰人骨度部位图、伏人骨度部位图，次绘内景图，内容包括脏腑之图、经络穴位图、诸穴歌、经络分寸歌、述义、释义，再次手足经起止图，设为问答，明阴阳交济之理，末附新著四言脉诀。撰者仲山氏生平、里居不传。有清光绪五年己卯(1879)抄本藏上海中医药大学。

《经络穴位》　一卷　1879

亡名氏撰

【按】是书前后无序跋，无署名，亦无目录、凡例。首列十四经穴位，次录同名异穴及一穴多名，次录奇经八脉穴，末为诸症要穴。有抄本藏上海中医药大学，内容与仲山氏所辑异，故判断为两书同名。

《经络全图》　一卷　1880

清·樊舆马人镜(鉴心)撰

自序略：今依准《甲乙经》，人长七尺六寸四分之身，今半之以为图，人长三尺八寸二分，其穴相去亦皆半之，以五分为寸。庶几后之学者披图一睹，可以了解于胸次，临病而施其能，则不至于逆施倒置，是以知经络穴道之处。若遇急迫之症，当用针灸之法，其功过半于汤药耳。光绪庚辰梅月，古樊舆马人镜鉴心氏自序之于萝月轩。

【按】收于《济生津梁》卷三。有稿本藏天津中医药大学图书馆。

《针法经穴编》　二卷　1886

清·盘溪子木亢氏撰录

自序：自书也，从《医宗金鉴》抄录，然本在医家，能明者为统兼十三科也，无有内外并大小男妇、疮疡痧痘、针灸惊痧之别，故先圣先贤、岐黄卢扁俱能见症而治之，迨后张朱刘李，已属凡师，故寻核一技而即，亦还能兼诸科之要领，亦能明悉其源流耳。降至于今，世道日下，出此一派下流之辈，医门无所窥见，辄敢悬壶都市，乘蹇策肥，大其装潢，以为时医耳。又有自分门类，只专一科，余者我不知也，及其视人疾苦，只当儿嬉也，只图得多诈人钱，文为的是耳。又有最下一等看惊挑痧之徒，连医道一点也不知，亦要轧

在其中，亦想吃天鹅肉也。若不知人为重，冥报难逃，未知于心安否？是摘针科一门，在于丙戌年春三月，施完有感于中，故记此一言耳。盘溪子木亢氏识。

【按】是书内容主要录自《医宗金鉴》。卷一辑录《刺灸心法要诀》，载有九针原始歌、十二经气血深浅、十二经脉起止、十二经图、通身名目及奇经八脉等；卷二录《经络穴篇歌》。有抄本藏苏州大学炳麟图书馆，其序前有缺失。刘视觉认为："木亢，自序署为上下二字，《联目》《大辞典》误作'杭'。"

《经络图说》 不分卷 1889

清·江阴高思敬（憩云）撰

【按】《中医图书联合目录》载录，又名《五脏六腑图说》，系《高憩云外科全书》之一。该书据《黄帝内经》《医林改错》以及西医的解剖图形绘制各脏腑形态图，以绘图和歌诀形式介绍脏腑形状功能、十四经循行及经穴分布。书末附五脏药性补泻温凉歌、三百六十穴歌及经脉经穴图等。有清光绪十五年己丑（1889）南昌天禄阁刻本（附太乙离火感应神针治病图说）藏上海图书馆、江西省图书馆。通行本有1917年天津新华印刷局铅印本藏中国中医科学院图书馆、天津中医药大学图书馆、上海中医药大学图书馆。又见于《高憩云外科全书十种》。

《经脉表》 一卷 1892

清·瑞安陈虬（志三，蛰庐，皋牢子）撰

【按】陈虬，清末浙江瑞安县人，原籍乐清县，故有文献将陈虬里籍定为"乐清"。陈虬家贫，祖上三代，无知书者。其自幼勤学好读，潜心经史，于诸子百家，皆能得其旨要，慨然有志四方。早年钻研医典，师事名医孟河费氏，医技精湛，所著医著甚富，多不传。

《经脉表》为《元经宝要》（《利济元经》）卷三内容。《元经宝要》包括《运气表》《脏象表》《经脉表》。《经脉表》包括：五藏经脉表第一、六府经络表第二、奇经八脉表第三。有清光绪十八年壬辰（1892）瑞安利济医院刻本藏天津中医药大学、上海中医药大学图书馆。

《脉度运行考》 不分卷 1898

清·李彰五（盛卿）撰

自序：余弱冠肄医，垂四十年矣。所撰《病家须知歌诀》，批点《寒温条辨》，业付手民。其《仲景伤寒辑注》及《仲景脉法外注》都三十卷，既无力付梓，又不敢遽尔门世。惟《脉度运行考》，因宦海飘泊，原稿遗失。虽有古歌"肺寅大卯胃辰宫，脾巳心午小未中，申膀酉肾戌包络，亥三子胆丑肝通"行世，人多宗之，然究属参差，未敢沿误。盖以人生经脉度数，连阳跷、阴跷附足太阳、少阴合一丈五尺，共一十六丈二尺。手之三阴各长三尺五寸，手之三阳各长五尺，足之三阴各长六尺五寸，足之三阳各长八尺，督脉、任脉各长四尺五寸。长短既已悬殊，安能以有定之十二时辰，配长短各殊之十二经络，置督任于不论乎？思欲再加厘定，吏事又复羁身，无暇及此，因命内子按照《内经·营气运行》诸册，详为核计。将某经在某时某刻某分若干尺寸，逐一标出，毫不插以臆见，庶经络、脉度，两相符合，按时施治，或不致误。又复附以歌诀简语，然亦不过自为阅历，非敢以之炫世。其所以妄蓄枣梨者，恐一失再失也，阅者谅之。时大清光绪二十四年岁在著雍阉茂孟春之吉，彰五李盛卿叙于昆阳观海轩。

【按】是书正文题"《内经》脉度营气运行各经时刻分数考"，署"肄灵素凡吏、慕灵

素女史同考”，为李氏夫妇笔名，生平、里居均不传。据《内经》考定十二经气血流注，异于子午流注说。有清光绪二十四年戊戌(1898)云南刻本藏云南省图书馆，通行本有1985年辽宁科学技术出版社出版的彭静山校注本。

《中西汇参铜人图说》 一卷 1899

清·湘乡刘钟衡(时育)撰

自序：医之为道，古今异辙，中西殊途，聚讼纷纭，莫衷一是。衡自束发受书，课暇辄涉猎医门方论，适先慈中风，举家仓皇，爰对症投方，幸保无恙。越年延师就学，指授门径。每阅《灵》《素》，《内经》所论三焦、膻中，语多骑墙，如肝居于左，左肋属肝，以脉之相应定位之左右，尤属臆断。旦夕思之，医不溯脏腑之原，探阴阳之本，焉能造于精要？汉唐以来，代有传人，若薛立斋、李士材、张景岳、赵献可、张石顽诸家，著书林立，非不足资博览、广见闻，而理不本于《内经》，法未熟乎仲景，即等而上之金元刘、李、朱、张，要亦各守师说，而拘于一偏，于脏腑功用、经络部位，皆语焉弗详。因取《内经》及世所流传绘图铜人，证诸往年从事戎马见所杀逆贼验其形状者，大相径庭，心窃恨焉。寻游辰州，得《铜人真象》秘册，并王清任先生《医林改错》一书，以独见之智力，辟古人之非，惊喜交集，半生疑窦一旦豁然，然尚恐有不实不尽之处。逮甲申来沪，又购得西书数种，有《全体新论》，详绘骨肉脏腑，半与前书吻合，西医所谓脑气筋，与聪明出于脑之说若合符节，自此益以考校为念。适于台湾、上海两充官医，偕友多互相讨论，历览泰西医院图说与西国腊人形象，知西医于骨肉脏腑逐层剖验，形真体晰，中华向无此条，奥窔鲜通，千载而后阐发余蕴，实王先生《改错》一书为之嚆矢也。爰照旧册，参以西法，图绘脏腑，注其节略，以明其体，宗前贤手足六阴六阳，图绘经络部位，缀以歌诀，以标其用，合订成册，颜曰《中西汇参铜人图说》。友人见而韪之，怂恿付梓以公同好。衡窃惟医之为道，识愈精则用愈神，区区一得，即出而问世，恐见之者之嗢噱不一而足，适足使我赧颜也。世有穷源竞委之儒，钩深索隐之彦，其策衡以所不及，而衡得谬附医者之后，则快慰益无既极矣。湘乡刘钟衡自序于上海江南机器制造总局，光绪二十五年十月刻于上海。

【按】本书内容主要结合解剖学知识分析十二经所属脏腑，指出两者不相符合之处。绘有全体脉管图和周身血管图、周身血脉总管图、全身脏腑合图、正面人骨图、仰面尺寸图、背面尺寸图以及经脉图、会脉图、小儿面部五位图。分经记述十二正经、任督二脉经穴歌，并绘有相应脏腑的解剖图。最后载述了有关生殖系统的内容，尤其对女性生殖系统及胎儿的生长发育过程描述较详。末附小儿初生拔毒奇方及明堂图。收于《四库未收书辑刊》。有清光绪二十五年己亥(1899)上海江南机器制造总局石印本藏中国中医科学院图书馆、故宫博物院图书馆、解放军医学图书馆、北京中医药大学图书馆、上海图书馆；有清刻本藏中国科学院国家科学图书馆、四川省图书馆；有抄本藏黑龙江中医药大学图书馆。

《经脉分图》 四卷 1900

清·名山吴之英(伯朅)撰

自序：甲午夏，在灌读《内经》，因为图，属稿未终。越七年，复采秦越人《难经》，主以皇甫谧《甲乙经》，兼及王冰《素问注》，酌经谊增之说之，续前图为分图二十，图辑会经文，次三十八论附焉。都一集，取简易，待证后之读《内经》者。庚子冬十月望，名山吴

之英自识。

《续修四库全书总目提要》：《经脉分图》四卷，清吴之英撰。之英字伯朅，蜀南名山人，累世积学。之英举茂后，肄业于成都尊经书院，为院长王壬秋及大吏丁文诚公所赏重，旋以优行荐朝考第二，归训导灌县。时德宗孤弱，母后主政，而维新议起，氏以天下将大乱，乃弃官奉母，息心著述。谓学者趋平易，避烦难，故所为学皆戛戛独造，博极群经，尤邃于礼，著有《仪礼奭固》等。此书四卷，乃论经脉医理者，分图次与论次，互相发明。全书分条叙述，凡数十条，每论皆以图象为证明，足见其研讨之细。按：此书多论人身脉络五藏，以秦越人《难经》、皇甫谧《甲乙经》为主，兼及王冰《素问注》，以分图二十图辑会经文，次三十八论附焉。文取简易，事主理论。考氏此书之作，谓礼之薄、道之汩、形之所由弊，因撰是编，以说经者说医。盖自来儒者除诗文经术外，多喜究术数医药，以夸其博，然每偏理论，不切实用。此书亦然。他如廖氏《六译》，言医之著尤众，亦莫不然也。故此编虽可供医学参考，以之实行求明效，则多迂滞矣。

民国十九年《名山县志》：《寿栎庐丛书》，清吴之英撰。民国九年，里人胡存琮募资，傅守中校刊。凡十种：《仪礼奭固》十七篇、《礼器图》五百六十三（帧）、《周政图》三篇、《礼事图》四百有二（帧）、《天文图考》四卷、《经脉分图》四卷、《汉师传经表》一卷、《文集》一集、《诗集》一集、《卮言和天》四卷。

【按】本书系吴氏于光绪二十年（1894）年据《内经》作经络图，经七年，"复采秦越人《难经》，主以皇甫谧《甲乙经》，兼及王冰《素问注》"而成篇。书分前后两部。首载十二经及奇经八脉图20幅，以图辑经脉为主。后述圣智全形、四时调气、六气应时、六气应地阴阳纳甲纳干支、六气本中见、十经纳五行、脏腑所主等共38论。图论皆取简，便于阅读。有1920年刻寿栎庐丛书本，藏中国中医科学院图书馆、天津图书馆、南京图书馆等。

《经穴考正》 一卷 1904

清·成都何仲皋（汝夔）撰

【按】《中医图书联合目录》载录，又名《经穴考证》。有清光绪三十年甲辰（1904）石印本藏四川大学医学图书馆；有民国成都学润印刷社铅印本藏四川省图书馆。

《十二经络图典义》 不分卷 1907

亡名氏撰

《六经图说》引言略：余考《黄帝内经》经络图，以六经画成六象，注明某部某脉某经，某病主用何药，宜用何方，乃一定而不可易。此愚自悟而自制，实六经之至理，而曩哲所未发明者。余特表而出之，使业医者无分智愚，开卷瞭如指掌，不致叹为朦混焉。古人曰：医者易也，未有不通乎易而知医者也，不信然乎？合而议之，五脏相生则百体谐和，一有相克，则干苛竞起，至哉斯言！实可为千古之指南也。

【按】是书前后无序跋，无著者署名，目录下有"唐成之家宝藏"章。本书首先阐述人体五脏六腑生理功能和脏腑表里、经络所属，并将人体划分为头、面、眉、目、耳等19部，分别介绍其功能和穴位，最后为十二经络歌诀。书中内容大多录自其他医书。有清光绪三十三年（1907）抄本藏中国中医科学院图书馆。

《考正穴法》 一卷 1907

清·长洲王鋆辑校

【按】《中医图书联合目录》载录。是书前后无序跋，分头、膺腹、背、手足四部，考证

80余穴位部位和取穴法，各部分寸法。有1916年广益书局石印《陈修园医书七十种》之单行本，藏中国中医科学院、南京图书馆；有上海锦章书局石印《陈修园医书四十八种》之单行本，藏南京图书馆。

《杨氏家传针经(灸)图像》 不分卷 1908

亡名氏撰

【按】《全国中医图书联合目录》载录。是书无著者署名，前后无序跋，亦无目录，以图记穴位位置及主治，末署：锦堂录，有阳文章一枚：孤云野鹤。书中共绘制131幅人体各部位图像，列230个针灸穴位。每穴之下，以文字标明位名部位、取穴手法、进针深度、行针手法、适应证、禁忌证及禁针事项等。有光绪三十四年(1908)抄本藏中国中医科学院图书馆。

《明堂孔穴针灸治要》 二卷 1909

清·湘潭孙鼎宜辑

自序：《明堂孔穴》仅见《隋志》，据《甲乙经》序，实与《针灸治要》为一书。意者犹《老子》以道、德二经分帙与？去古既远，疾病多端，有非方药所能尽治者，余于是取《甲乙经》所载，汇为二卷，列八图以明之。据《千金》《外台》以校之，其言某病主定某穴，与《内经》以五输分主五时法不同；其于手少阴经别立五输，与《内经》以手厥阴穴代之者亦不合；其刺之浅深与灸之壮数各有定制，亦不若《内经》临病斟酌，不为拘执之无弊。皇甫谧乃谓三部同归，又疑其错互非一，其抑知各自为书，而不可强使之合与？其引《易》曰：观其所聚，而天地之情事见矣。若专谓合《素问》九卷以还《内经》之原焉，则可也。其所载孔穴，皆以部为次，是则本于《内经》，若网在纲，披寻既易，与后世以十二经分隶者实相悬殊。检《外台》所列，各经之穴出入不同，如督脉孔穴并入膀胱经，任脉孔穴并入肾经，又如中府、云门不属肺而属脾，如斯之类，不一而足。而一穴之中有数经脉气所共会者，欲辨定专为某经所发，固无由也。诸子百家远托黄帝者多矣，岂能尽出一辙邪？要其言之，足以辅翼《内经》，斯取焉耳。针灸诸书未有古于是者，惜乎经谧之错乱，未能复全也。己酉闰月，孙鼎宜序。

【按】《中国医籍大辞典》载录。是书卷一分列头、面、颈项、肩、腋、胁、胸、腹、背、手、足等11部经穴，附“经穴图”8幅，为《明堂孔穴》部分；卷二先列刺禁、禁灸，次叙伤寒热病及妇人、小儿杂病共44节，为《针灸治要》部分。全书以《甲乙经》所载为正文，并引用《明堂类成》(首卷)《千金要方》《外台秘要》《铜人经》《素问》王冰注等作部分校注，对辑复《明堂》有参考价值。有1936年上海中华书局铅印本藏首都医科大学图书馆、浙江中医药大学图书馆。收于《孙氏医学丛书》。

《脏腑总论经穴起止》 一卷 1909

亡名氏撰

【按】《全国中医图书联合目录》载录。全书首载脏腑总论，引经据典，阐述脏腑之间的表里关系、经络的连属、功能的协同、脏腑间的支配或从属关系、脏腑辨证及其证治用药等。末为经穴起止，逐一介绍十四经各经的起止部位、连属穴位、如何循经取穴、穴位定位、主治病症、进针尺度、行针手法、行针时间、禁忌证与禁忌穴等。有宣统元年(1909)抄本藏中国中医科学院图书馆。

《十二经图并见症用药法》 不分卷 1910

清·东武钟石顽(更叟)抄辑

【按】《全国中医图书联合目录》载录。

封面署：甲寅夏月，更叟手录。书稿录有五运六气、十二经循行部位歌、五脏六腑脉病虚实例（11条）、五脏补泻主治例、十二经脉病能用药诸法（附有小图，以朱钩经络线）等，于三焦经后补入“命门经”，未录胆经、肝经文。有宣统二年（1910）抄本藏上海中医药大学。又见于《石室丛抄医书十七种》。

《十二经分寸歌》 不分卷 1911

附《脉诀入门》

清·青浦陈秉钧（莲舫，乐余老人）辑

【按】《全国中医图书联合目录》载录。是书前后无序跋，无目录，名为十二经，实为十四经。载十四经诸穴，每经包括腧穴分寸歌及穴位歌各1首，穴图1幅。末附《脉诀入门》。有许鼎安抄本藏上海中医药大学图书馆。抄本署为青浦珠溪陈莲舫先生识，后学许鼎安抄录。

《针灸穴法》 不分卷 1911?

亡名氏撰

【按】《全国中医图书联合目录》载录。本书主要介绍小儿疾病的针灸诊治。首载审察小儿“三关”的方法，并绘有图形。后为灸面部穴法及图，取头面、躯干、四肢穴法及图，临床常见病证的针灸治法。书末附有关诊法和穴法的歌诀及图。现存抄本，藏中国中医科学院图书馆。

《经络汇编》 一卷 1911?

亡名氏编纂

【按】《全国中医图书联合目录》所载《经络汇编》为明代翟良（玉华）所撰，本书未录。是书无序跋，不著编纂者，具体成书时间不详。有清钞本藏中国国家图书馆。又见2002年《国家图书馆藏稀见古代医籍钞（稿）本丛编》。

《经络考略》 三卷 1911?

清·乌程陶集（恂庵）编次

【按】著者时代不详，当为清人。卷一《纂内经藏象经络》，卷二《纂内经经络图象》，卷三为韦编《纂勤甫经络笺注》。有清钞本藏中国国家图书馆，又见于2002年《国家图书馆藏稀见古代医籍钞（稿）本丛编》。

《素灵约选经穴歌括》 一卷 1911

亡名氏辑

【按】《全国中医图书联合目录》未载录。是书前后无序跋，载十四经穴、十四经要穴、三气歌、十四经穴位。有清末民初抄本藏中国国家图书馆，又见于张文睿校辑《温症论治》，2002年《国家图书馆藏稀见古代医籍钞（稿）本丛编》。

《延寿针治病穴道图》 一卷 1911

清·项延寿（耐庵）撰

【按】《全国中医图书联合目录》载录，又名《延寿针图》。扉页有圆形阳文章：项氏延寿，方形阴文章：耐庵，作《项氏耐庵延寿针图》。是书前后无序跋，正背穴图，载诸症经验取穴法44则。有清石印本藏上海中医药大学，有抄本藏中国中医科学院图书馆。

《脏腑经络辑要》 一卷 1911

清·毋自欺斋主人辑

【按】《全国中医图书联合目录》载录。是书前后无序跋，无目录。卷首载录李士材内景脏腑图、李士材仰人骨度部位图、汪讱

庵经络歌诀；次为陈修园医书脏腑十二宫，及六脏六腑纳甲诗、内景说、经络说、经络诗、十三经诸穴歌；末附十二经图形，有脏腑图、经脉穴位图、分寸歌、八会图。全书共收录326个腧穴，部分与现代论述不同。有抄本藏浙江省中医药研究院。

《治病要穴》　一卷　1911？

亡名氏编

引言曰：针灸穴治不同，但头面诸阳之会，胸膈二火之地，不宜多灸，背腹阴虚有火者亦不宜灸。惟四肢穴最妙。凡上体及当骨处针入浅而灸宜少，凡下体及肉厚处针可入深，灸多无害。前经络注《素问》未载，针灸分寸者以此推之。

【按】《全国中医图书联合目录》未载录。是书按部位分载人体穴位及主治。有清钞本藏中国国家图书馆，2002年收于《国家图书馆藏稀见古代医籍钞（稿）本丛编》影印出版。著者时代不详。

《针法穴道记》　不分卷　1911

清·王崇一编

【按】《全国中医图书联合目录》载录。本书载录霍乱转筋、痧症、小儿惊风、中风等急症的针灸治法及针灸禁忌。有清宣统三年辛亥（1911）实修竹堂石印本藏天津中医药大学图书馆；有1936年上海中医书局影印本藏中国国家图书馆、首都图书馆、中国中医科学院图书馆、北京大学医学部图书馆、上海图书馆、上海中医药大学图书馆等。

《针灸图注》　不分卷　1911

亡名氏撰

【按】《全国中医图书联合目录》载录。有抄本藏中国国家图书馆。

《经穴辑要》　四册　1911

亡名氏撰

【按】《全国中医图书联合目录》载录，又名《疡医心方》。本书共分4册，前3册为内景图说，载述脏腑的形态、功能、病候及归经药物；后1册分经介绍十四经的循行分布及所属腧穴。有抄本藏中华医学会上海分会图书馆、浙江省中医药研究院。

《明堂脏腑经络图解》　不分卷　1911

亡名氏撰

【按】《全国中医图书联合目录》载录。本书绘有脏腑内景图、分经腧穴图，并以文字描述经脉的循行分布，附有各腧穴穴名歌。有抄本藏中华医学会上海分会图书馆。

《十二经总歌》　不分卷　1911

亡名氏撰

【按】《全国中医图书联合目录》载录。有希凡道人抄本藏中国科学院国家科学图书馆。

《十二经奇经循行图》　不分卷　1911

亡名氏撰

【按】《全国中医图书联合目录》载录。本书首绘十二经脉循行图，一经一图，并附《灵枢》原文；次参《奇经八脉考》绘奇经八脉循行图。有抄本藏上海中医药大学图书馆。

《经络歌》　不分卷　1911

亡名氏撰

【按】《全国中医图书联合目录》载录。

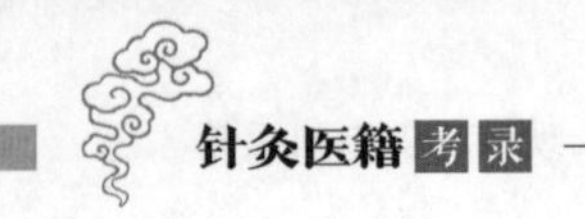

本书载录《灵枢》十二经脉循行原文，附注解，并对内容进行归纳概括，每经后记补、泻、温、凉药物及饮食；后载奇经八脉及脾、胃之大络循行及主症。有抄本藏上海中医药大学图书馆。

《奇经八脉总论》 不分卷 1911

亡名氏撰

【按】《全国中医图书联合目录》载录。有抄本藏中国科学院、国家科学图书馆。

《脉络真经》 不分卷 1911

亡名氏撰

【按】《全国中医图书联合目录》载录。有抄本藏长春中医药大学图书馆。

《经络总括附方》 不分卷 1911

亡名氏撰

【按】《全国中医图书联合目录》载录。有抄本藏河南中医药大学图书馆。

《医学简粹十二经脉起止诀》 不分卷 1911

亡名氏撰

【按】《全国中医图书联合目录》载录。本书以歌诀形式载述十二经脉、奇经八脉循行路线及腧穴。有抄本藏上海中医药大学图书馆。

《内经藏府经络穴名绘考》 二卷 1911

亡名氏撰

【按】《全国中医图书联合目录》载录。是书上卷绘诸经起止穴图、骨度尺寸图、分部腧穴图及手足阴阳经总穴图等，并详细考订了周身骨度名位及骨度尺寸；下卷录十二经脉和奇经八脉循行图、腧穴图以及十二脏腑图。有抄本藏上海中医药大学图书馆。

《十二经脉碎金》 不分卷 1911

亡名氏撰

【按】《全国中医图书联合目录》载录。本书首录《灵枢》《素问》《伤寒论》《濒湖脉诀》等脉学内容；次录手、足六经之脉起止图及各经络病脉症用药，并附伤寒、中风、咳嗽、呕吐等病症脉象；末为妇儿病脉、扁鹊论脉，以及脏腑诸病外候。有抄本藏上海中医药大学图书馆。

《脏腑经络摘要》 不分卷 1911

亡名氏撰

【按】《全国中医图书联合目录》载录。有抄本藏陕西省中医药研究院图书馆。

《奇经八脉图歌》 不分卷 1911

附《内景图》

亡名氏撰

【按】《全国中医图书联合目录》载录。书内绘有内景图、奇经八脉穴图以及十二正经络穴图，并附有奇经八脉总要歌等歌诀；末列头、胸腹、背、手足等部位主病针灸要穴歌，并附有63种疾病的灸治穴道。有抄本藏上海中医药大学图书馆。

《经脉直指》 不分卷 1911

亡名氏撰

【按】《全国中医图书联合目录》载录。

是书由《经脉直指》和《药性赋》两部分组成。有抄本藏上海中医药大学图书馆。

《经穴摘要》　不分卷　1911

附《虚劳论治》

亡名氏撰

【按】《全国中医图书联合目录》载录。本书首载十二经及奇经循行及各经穴位；后题《景岳全书虚劳摘要》，总括虚损病源、见症、病变及预后。有抄本藏云南省图书馆。

《十二经脉篇》　不分卷　1911

附《医学三字经》

亡名氏撰

【按】《全国中医图书联合目录》载录。本书由3部分组成。第一部分内容辑选陈修园《医学三字经》。第二部分题“经络篇”，首录《灵枢·经脉篇》十二经脉循行原文，并注明其经过、出入、交会之穴位及各经的腧穴总数；次录十四经穴位歌、奇经八脉歌和十四经针灸要穴歌，并附有臌胀歌诀2首。第三部分题“自纂药性赋”，分寒性赋、温性赋、热性赋和平性赋。有抄本藏上海图书馆、浙江省中医药研究院。

《铜人图考正穴法》　不分卷　1911

亡名氏撰

【按】《中医图书联合目录》载录。有抄本藏四川省图书馆。

《经脉图》　不分卷　1911

亡名氏撰

【按】《中医图书联合目录》载录。有抄本藏广东省立中山图书馆。

《十二经络奇经八脉》　不分卷　1911

亡名氏撰

【按】《全国中医图书联合目录》载录。本书辑录十二经和奇经相关经文以及循行歌、经穴歌、分寸歌等，并加以注释。有抄本藏中国中医科学院图书馆。

《经脉一览》　不分卷　1911

清·岳尊撰

【按】《中医图书联合目录》载录。有抄本藏南京图书馆。

《奇经八脉总说》　不分卷　1911

亡名氏撰

【按】《全国中医图书联合目录》载录。有清抄本藏吉林省图书馆。

《节穴身镜》　二卷　1911?

清·新安张星余（澹初，白岳山人）纂著

自序：今夫业医者比比，而医书之汗牛充栋，不可谓不备矣。第经络一书，出自《内经》，载之《铜人》，十二经之常，八脉之奇，赅乎一身，细微曲折，曰仓曰俞，亦无有不尽焉。若就地问径，假询臑趾，罣篡履历，确难据对，原由是慨，世则卒无专便要典。不揣鄙陋，执诸《素问》《灵枢》《难经》《脉理》及沈承之之《分野》，并历代先贤所注之经络与夫

《御院图篇》等书，参究研悉，乃自顶至踵，分门列款，逐件提出，四肢各项，一一条析，名曰《节穴身镜》。照经加药引者，是为上卷，照穴尊针灸者，是为下卷，分地水火风四集，以便考钉，庶开卷宛如临镜，了然肯綮矣。稿成欲梓公世，奈尔囊涩中止。偶津抚中军苗将军病剧，诸医不疗，危在呼吸，适余知遇于大中丞李公，公闻，亟召诊脉。已手足脉脱，舌卷目窜，角弓转筋，入腹则毙，幸存一线活路，睾丸在外，急命下将毋纵其缩，投以霍香正气散，倍加木瓜、防己，药进吐止，数日而愈。自信再生，愿作善果，首恳是帙以付剞劂。余因感之，喟然叹曰：原为刻书，初拟入京，讵意烽火烛天，阻于津门，目睹河北仅一带隔耳，悔来无及，惶惶数穷，琴书不为者，亦幸矣。兹已归心似箭，候舟南还，复闻滞于胶浅，而竟若有所待者，岂因苗将军之谓欤？信乎夙根前定，在在事有机缘，丹经有望，入山可期，记此数语以伺他日太室相思之意云。

李继贞序：吾吴医帜林立，其侈然师王自雄者率游大人以成名，而究以他技辅医而行，故声称籍甚，舆马赫奕，中人之家可望不可致。然征其效茫如捕风，且有延之疗疾更益之疾者，而余心笑之久矣。乃至津而遇白岳山人，则初以形家言迹之，竟不知其能医，后余病嗽病脾病臂病疟，或言山人亦解疗者，用试之，良验。一苍头病疸，简方无不言宜茵陈汤，即问山人，初亦如方言，而服数剂弥甚。山人谓：吾未脉耳。脉之曰：是宜用川山甲峻剂攻之。余犹疑信半，再剂果立愈。其后部曲舍人等疾，无不向山人求药，亦无不应手愈。而山人顾耻以医名，为其生平艺能甚多，诗画琴奕、图书蹴踘、剑射堪舆、玄禅之类，无所不讨，反欲以医辅他技而行，故所至不携药囊，有求药者，呼纸书一方授之已耳。亦不冀人酬，或反捐橐赠之。唯立起苗游戎之危疾，德之甚，却其礼币而为梓其所葺《身镜录》以行世。是录也，鉴古酌今，订讹标异，一览而周身脉络洞然，寻味终帙，即无人不可为名医，而使其流布吾吴有意成名者，亦不必取他技辅医行矣。镜材非金非锡，不方不圆，楮为质，墨为用，山人心胸为炉冶，与咸阳之炤胆、身毒之烛妖，并称宝镜也宜哉！娄东李继贞题于惟月公署。

张元始序：往在长安，赵南屏水部每为余言澹初高士。余曰：是故新安籍而海上产者非耶？何名可闻人不可见也？昨冬以儹漕之役有事津门，晤孝萍槎司马，亦称澹初落禾彦真奉，绝不落山人习气，于诗坛画苑、奕品琴心，靡不涉猎，然皆寄也而非其好。至青囊术殆进乎技矣。腹痛洒然曰：他山人以欺世者谐世，澹初独以出世者济世也。披帷请教，帷若乎生，出所著《节穴身镜》示余。余阅之，自顶至踵，各各以脏腑相附，至于脉穴经络、内外百骸，悉系以图，视宋杨介《存真》《明堂针灸》，较更精核。昔北齐徐之才五世祖仲融隐秦望山，有道士过之求饮，以葫芦遗之，曰：习是，子孙当以道术救世，位至二千石。启视，乃扁鹊《人镜经》一卷，习之，遂为良医，仕终濮阳太守。此事《齐书》《北史》皆不载，而后世传之。夫《素问》可托轩岐，何以是书非扁鹊也？澹初《身镜》手自纂述，不借古人文，其说要以理足垂后，自镜镜人，千年如照，卓然自成一家言为也。海上友人张元始书于津门之艺玉堂。

【按】有抄本藏中国国家图书馆，2002年收于《国家图书馆藏稀见古代医籍钞(稿)本丛编》影印出版。

《经俞选》 三卷 残存 撰年不详

日·源常彧撰

日·源常斌校

日·源常言重订

【按】《全国中医图书联合目录》载录。

是书由源常彧撰，源常斌校，源常言重订，约成书于日本宝历年间(1751—1763)。卷上论述十二经脉循行部位及所属脏腑、奇经八脉循行部位与相关脏腑生理病理及常见病证；卷中论骨度，以及肺、脾、心、小肠等经脉腧穴和刺灸法；卷下缺佚。书中记述简便取穴之法，无便法者均依尺寸；一穴数名者亦予以收入；诸书所载经验之说悉附各穴之后。现有日本抄本(残)藏中国医学科学院图书馆。

《脉络分明》　不分卷　撰年不详

亡名氏撰

【按】《全国中医图书联合目录》载录。有亦女轩汇抄本藏哈尔滨医科大学图书馆。

《经穴全集》　不分卷　撰年不详

徐青岑撰

【按】《全国中医图书联合目录》载录。有抄本藏南京图书馆。

《十四经考》　不分卷　撰年不详

宫本家传

【按】《全国中医图书联合目录》载录。有抄本藏吉林大学白求恩医学部图书馆。

《奇经八脉总歌》　不分卷　撰年不详

倪芳华编

【按】《中医图书联合目录》载录。有抄本藏南京中医药大学图书馆。

四、针法灸法

《针经节要》 一卷 1315

元·亡名氏撰

元·铜鞮杜思敬(亨甫,散夫,醉经,宝善老人)辑

《济生拔粹》自序:医之为业,切于用世,而学士大夫,目为工技,贱不知省。业其家者,又或不能至道,苟焉以自肥,此医道之晦而不弘也。若乃发于论注,开惠后学,则安得不资于前人也?《素问》述针刺,仲景始方论,今诸家所集浩繁,孰能遍览枚试?而果适用者,固在乎明者之择焉也。昔尝闻许文正公语及近代医术,谓洁古之书,医中之王道,服膺斯言,未暇寻绎。洁古者,张元素也。洁古,其号也,云岐子璧,其子也,东垣、李杲明之,海藏、王好古进之,宗其道者也。罗天益谦甫,绍述其术者也。皆有书行于世,往年致政中书,家居沁上,因取而读之,大抵其言理胜,不尚幸功,圆融变化,不滞一隅,开阖抑扬,所取中会其要,以扶护元气为主,谓类王道,良有以也。于是择其尤切用者,节而录之,门分类析,有论有方,详不致冗,简不至略,仍省针法,以放古制,并及余人之不戾而同者,以示取舍之公,釐为五帙,帙具各书,总名之曰《济生拔粹》。盖不敢徇人言妄以诸家为非,尤不敢执己见,谩以此书为是。自度行年八十有一,目力心思,不逮前日,从事简要,庶于己便,复思刻板广传,喜与群人,同兹开惠。虽然,医不专于药,而舍药无以全医,药不必于方,而舍方无以为药,若夫学究天人,洞识物理,意之所会,治法以之者,将不屑于此。是书也,虽于大方之家,无所发挥,苟同余之志者,亦未必无所补也。延祐二年十月初吉,宝善老人铜鞮杜思敬序。

《仪顾堂续跋》:《济生拔粹方》十九卷。小名在上,大名在下。卷一《针经节要》,卷二《洁古云岐针法》《窦太师流注指要赋》,卷三《针经摘英》,卷四《云岐子脉诀论治》,卷五《珍珠囊》,卷六《医学发明》,卷七《脾胃论》,卷八《洁古家珍》,卷九《此事难知》,卷十《医垒元戎》,卷十一《阴证略例》,卷十二、十三《伤寒保命集》,十四《癍论萃英》,十五《田氏保婴集》,十六《兰室秘藏》,十七《活法机要》,十八《卫生宝鉴》,十九《杂方》。每页二十四行,每行二十四字,版心各刊书名,亦有字数,延祐中杜思敬致政家居集。张元素、张璧、李杲、王好古、罗天益诸家医书选其精要为此书。盖医书之选本,亦医家之丛书也。洁古《珍珠囊》《医学发明》,云岐子《癍论萃英》《脉诀论治》,田氏《保婴集》,东垣之《活法机要》,今皆不传,藉是以存梗概。四库未收,阮文达亦未进呈。杜思敬铜鞮人,自号宝善老人,元时曾官中书省,退居沁上。延祐二年八十一。

【按】是书收于杜思敬辑《济生拔粹》卷一。《济生拔粹》成书于延祐二年(1315),择要辑录金元时期医著19种,《针经节要》为

其卷一内容。

《针经节要》一书完全抄录五卷本《铜人腧穴针灸图经》卷一、卷五原文，书名中“针经”系指王惟一《铜人针经》，而与《灵枢经》的古传本《针经》无关。此书节录《铜人针经》中十二经脉的五输穴流注部分并加以发挥，首论十二经气血多少、十二经流注孔穴、十二经是动病所生病，最后为十二经穴治症，分述66穴的部位、主治及针刺法等。现有元刻本和1938年上海涵芬楼影印本。1955年人民卫生出版社据元刻《济生拔粹》本影印单行本(《济生拔粹》方卷第一)。又见于《济生拔粹》《影印元明善本丛书十种》。

《洁古云岐针法》 一卷 1315

元·易州张璧(云岐子)原撰
元·铜鞮杜思敬(亨甫，散夫，醉经，宝善老人)辑

引言：能知迎随，可令调之，调气之方，必别阴阳。阴阳者，知荣卫之流行逆顺，经脉往来终始。凡用针顺经而刺之为之补，迎经而夺之为之泻，故迎而夺之，安得无虚？随而取之，安得无实？此谓迎随补泻之法也。

【按】又名《云岐子论经络迎随补泻法》，收于杜思敬辑《济生拔粹》卷二。《洁古云岐针法》卷端题作《云岐子论经络迎随补泻法》，《济生拔粹》总目所载《洁古云岐针法》实际包括二集，上集为《洁古云岐针法》；下集为《窦太师针法》。二集共载云岐子论经络迎随补泻法、经络取原法、王海藏拔原例、经络腧穴配合法、辨伤寒热甚五十九刺、刺热病汗不出等21篇。现有元刻本和1938年上海涵芬楼影印本。1955年人民卫生出版社据元刻《济生拔粹》本影印单行本(《济生拔粹》方卷第二)。又见于《济生拔粹》《影印元明善本丛书十种》。

《针经摘英集》 一卷 1315

元·铜鞮杜思敬(亨甫，散夫，醉经，宝善老人)辑

《医籍考》：《针经摘英集》一卷。存。按右二种收于《济生拔粹》。

【按】本书是杜思敬《济生拔粹》中所辑的一本针灸类著作。首列九针式，画有九针图，介绍九针的大小、形状和用途。这是现存较早的九针图，但其形式和名称与《灵枢》记载有出入。后次第折量取腧穴法、补泻法、用针呼吸法、治病直刺诀，列数十证之取穴针法。现有元刻本和1938年上海涵芬楼影印本。1955年人民卫生出版社据元刻《济生拔粹》本影印单行本(《济生拔粹》方卷第三)。又见于《济生拔粹》《影印元明善本丛书十种》。

《治病针法》 一卷 1569

明·六安李氏原撰
明·海陵何柬(文选，一阳)授正

李松序：六安李氏曾祖号石磷，仕六安卫千帅公，暇精岐黄业而留心于针灸焉。见其经书隐秘，理法玄微，诚浩瀚难穷，不便于后学者也。乃于子午八法取六，摽由之旨，著为诗章，以授我先大父，号四一叟。我先大父授我父，号杏庄，我父授予。语约义博，辞典理完，针灸中之捷径者也。予尝诵之，则微奥妙固未得其浑融，而阴阳五行之蕴，风寒暑湿之变，一按图而可以识其概矣。予与维扬一阳何公友，何公久得针法之正传，予与公朝夕相论，潜合符节，不敢自私，托一阳公锓梓与四方同志者共焉。俾我曾祖仁天下、康后世之心，一阳公与予之心，得以绵绵而未泯也。高明君子勿以僭逾见诮，予惟

叙其源流云。时嘉靖己酉中秋旦六安后学李松寿苓友鹤谨著于熙春草堂。

自引：六十二难至八十一，越人备载用针之法，但世人多不录绎正经根本上做工夫，只在毫末上说些话头，自为知要，妄谬尊大。有海言，我是天星十一穴，某家传授；我是子午流注，我是捷径八法，某家传授。噫！是何言哉？骗财事小，而阴损人寿元害大。予不得已又续《针治心法》一册，内采集近理切要者成帙，以便时俗之尚，以资医者之用，于中有心领神会默得旨趣者，自成一家，俾《灵枢》、越人之意千万世不泥。由粗入精，在兹有径，亦予志道之初心也。不揣谫陋，是为引云。

【按】李氏曾祖名玉，字成章，号石磷。李玉曾孙李松（字寿苓，号友鹤）与何柬相友善。何柬，字文选，号一阳，泰州（古称海陵）人。李松在嘉靖己酉（1549）写的序文中称："予与维扬一阳何公友，何公久得针法之正传，予与公朝夕相论，潜合符节……"此书之前半即为李松所提供的家传内容，后半则为何氏所补集，汇合刊行。李氏将"子午八法、取穴、《标幽》之旨，著为诗章"。书的前半，先载八穴的歌诀，各配取穴图，上歌下图，形象生动。次载八补泻歌诀，分别称阴阳补泻、虚实补泻、子午补泻、子母补泻、呼吸补泻、提按补泻、迎随补泻、转针补泻。又载龙虎升腾、苍龙摆尾、赤凤摇头、龙虎交战、烧山火、透天凉、子午捣臼各歌诀。后载《子午流注六十六穴》歌诀，其后载医人、针头、病人及八穴主治，后有《十二经呼吸歌》《九针形制治病歌》，列举手道、足道的穴位、图，以及身前、身后穴位图（表）等。何柬言："予不得已又续《针治心法》一册，内采集近理切要者成帙，以便时俗之尚，以资医者之用。"何氏又补《九针十二原天人针法》《九变刺十二经刺五脏刺心法》，又引刘宗厚《医经小学》针法歌，滑伯仁《十四经发挥》经络部穴图。

《医意》 二卷 1896

清·奉天徐延祚（龄臣）撰

【按】是书为外治专论，卷一载针、火针、熏、照、阳燧锭等为 66 法，卷二录望诊、诊候生死要法及外治法 20 种，共载外治法 86 种。收于《铁如意轩医书四种》，有清光绪二十二年丙申（1896）奉天徐氏铁如意轩刻本藏中国中医科学院、首都医科大学图书馆、天津中医药大学图书馆等。

《家传针灸秘诀》 不分卷 1910

清·枝江曹廷杰（彝卿）编

【按】曹廷杰，清末湖北枝江县人，生平未传。曹氏为救治宣统二年发生于东北的瘟疫而撰刊《家传针灸秘诀》，并附《卫生各诀》。为曹氏所著《救疫速效良法》中一部分。有清宣统二年庚戌（1910）吉林官书印刷局铅印本，藏上海辞书出版社图书馆。又见于《防疫刍言（附录）》。

《针法图说》 不分卷 未见 1910

清·竹贤氏编

【按】《全国中医图书联合目录》载录。原有清宣统二年（1910）抄本藏中国中医科学院图书馆，经查未见。

《集英撮要针砭全书》 不分卷 撰年不详

亡名氏撰

【按】《中医图书联合目录》载录。有旧抄本藏南京图书馆。

《流注指微赋》　一卷　1153

金·庐江何若愚撰
金·常山阎明广注

《续通志艺文略》:《流注指微赋》一卷。元何若愚撰。

《续文献通考经籍考》:何若愚添注《指微赋》一卷。若愚,爵里无考。

《四库全书提要》:《流注指微赋》一卷,元何若愚撰。若愚,爵里未详。原注有云:《指微论》三卷,亦是何公所作。探经络之赜,原针灸之理,明营卫之清浊,别孔穴之部分。然未广传于世,于内自取义以成此赋。则若愚先著《指微论》,又自约其义为此赋,便记诵也。今《指微论》不传,惟此赋载《永乐大典》中。

《医籍考》卷二十二:《何氏若愚流注指微赋》一卷。存。按:此赋载于《子午流注针经》卷首,题云"南唐何若愚撰,常山阎明广注"。考赋中有"范九思疗咽于江夏,闻见言希"之语,盖范宋嘉祐中人,然则此非南唐人所撰者。《提要》以为元人,当又有所据。

《爱日精庐藏书志》:《流注指微赋》,金南唐何若愚集,常山阎明广注。若愚、明广仕履俱未详。案序云:近有南唐何公撰《指微论》,又云:近于贞元癸酉收何公所作《指微赋》。贞元癸酉,金海陵王贞元元年也,则若愚、明广俱金人可知。赋后即附明广《子午流注针经》,合三卷。《流注指微赋》序曰:(以下同《子午流注针经》阎明广序)。

《医学源流》:何若愚,南唐人,字公务。少习医业,既得针法,撰《指微论》三卷,探经络之原,赜针刺之理,又作《指微针赋》。贞元初,常山阎明广为之注解,今载《针灸四书》之首。

《宋以前医籍考》按:《针灸聚英》(卷四)载《流注指微赋》,其后云:右《流注指微赋》,窦桂芳撰次。《四库提要》《医籍考》并云何若愚所撰,据阎序而考,后说为是。意高武从《针灸四书》中辑录此赋,以《四书》之编者误赋之撰者而已。又按:《四库提要》以若愚为元人,《医籍考》亦赞之。然阎序既云:近有南唐何公,务法上古,撰《指微论》。又云:又近于贞元癸酉间,收何公所作《指微针赋》一通。盖若愚是金中世人,赋中所云"范九思疗咽"之一节,亦其证耳,《爱日志》称金南唐何若愚撰集,当是定论也。

【按】《流注指微赋》初载于《子午流注针经》卷首,是关于子午流注法的早期著作。该书收载窦桂芳所辑的《针灸四书》,后《针灸聚英》等书转载此赋时,误作"窦桂芳撰次"。又见于《针灸大成》等。

《子午流注针经》　三卷　1153

金·庐江何若愚撰
金·常山阎明广注

阎明广序:窃以久习医业,好读《难》《素》,辞理精微,妙门隐奥,古今所难而不易也。是以针刺之理尤为难解,博而寡要,劳而少功,穷而通之,积有万端之广,近世指病直刺,不务法者多矣。近有南唐何公,务法上古,撰《指微论》三卷,探经络之源,顺针刺之理,明荣卫之清浊,别孔穴之部分,然未广传于世。又近于贞元癸酉年间,收何公所作《指微针赋》一道,叙其首云:皆按《指微论》中之妙理,先贤秘隐之枢机,复增多事,凡百余门,悉便于讨阅者也。非得《难》《素》不传之妙,孰能至此哉?广不度荒拙,随其意韵,辄申短说,采摭群经,为之注解。广今复采《难》《素》遗文,贾氏井荥六十首,法布经络往还,复针刺孔穴部分,钤括图形,集成一义,目之曰《流注经络井荥图歌诀》,续于赋后,非显不肖之狂迷,启明何氏之用心,致验于人也。自虑未备其善,更祈明智,乃恳续焉。常山阎明广序。

《鄞范氏天一阁书目内编》：新刊《子午流注针经》三卷。南唐何若愚撰，金阎明广注。十行，二十二字，上下黑口，双鱼尾，左右双阑，匡高一寸七厘八，宽一寸一厘一，写体字。

《艺风藏书续记》：新刊《子午流注针经》二卷。日本钞本。南唐何若愚撰，常山阎明广注。只存上卷，首卷窦太师流注指微要，见仪顾堂《济生拔萃方》跋。

《聿修堂藏书目录》：新刊《子午流注针经》二卷。一册，抄溪林大明国本。元何若愚撰。

《经籍访古志》：新刊《子午流注针经》三卷，南唐何若愚撰，常山阎明广注。

《宋以前医籍考》按：所谓《子午流注针经》者，何若愚《指微针赋》，阎明广《流注经络井荥图歌诀》，并二书而名也。

《经籍访古志补遗》：《针灸四书》（成化刊本，宝素堂藏）：新刊《子午流注针经》三卷，南唐何若愚撰，常山阎明广注；新刊《黄帝明堂灸经》三卷（序云，至大辛庆春月，燕山活济堂刊）；新刊窦汉卿编集《针经指南》一卷，古肥窦汉卿撰次。附《针灸杂说》一卷，逮安后学窦桂芳类次；新刊庄季裕编《灸膏肓腧穴法》一卷，清源庄季裕编（跋云建炎二年），子午流注目录后有成化癸巳罗氏竹坪书堂新刊木记。

【按】《子午流注针经》是既知最早的论述子午流注学说的专书。卷上为流注指微赋、流注经络井荥说、平人气象论经隧周环图及十二经脉的循行主病图形；卷中论子午流注；卷下为井荥歌诀及图。书中探经络之原，求针刺之理，阐述营卫之清浊、区分孔穴之部位，强调人体经脉气血的流注、开合随干支配合的不同日时而变化，后世针灸发展上出现的飞腾八法或灵龟八法盖源于此。收于《针灸四书》。有学者认为仅卷上第一节《指微针赋》为何氏所作，余皆为阎氏著作。有1962年据日本抄宣德壬子勤书堂抄本藏中国中医科学院图书馆。有1986年上海中医药大学出版社铅印本（李鼎、李磊校订），也见于《针灸聚英》《针灸大成》。

《子午流注图说》 一卷 1643

明·归安凌云（汉章，卧岩）撰

杨仪曰：凌汉章，湖州人。少学针灸，三杀人，乃弃其针于水中，针皆上浮水面。汉章曰：天命我矣。拜而受之。遂精研其术，名动天下。尝至常熟，偶寓东海汤礼家。早起，闻其邻徐叔元家哭甚哀，往问之，乃其子妇以产难死。叔元以为不祥，将舁出付火葬。汉章急止之，命其夫发棺，揣胸前，尚微温，出针下数穴，良久，子下，妇得生。又一跛翁扶杖过之，自言少多疮疡，有庸医误折针膝中，令杖行二十年，莫能愈。汉章为从肩臂上针三四穴，折针从患处突出，弃杖再拜而去。（《高坡异纂》卷下）

陆稳《书凌汉章事》：先生讳云，字汉章，别号卧岩，世居双林。自幼善属文，补弟子员，屡试不得志。常叹曰：大丈夫志在万里，顾屑屑研析章句何为？遂屏旧殖。因母患瘖疾，留连弥岁，皇皇救治，百方不效，孔棘且殆，往泰山求医。趣装跋涉数千里，至泰山下遇一人，黄冠羽衣，遂与俱归。时母疾已笃，勺水不进者二十余日矣。道人诊视讫，取针治之。针未及泻，而即索饮食。居三日，疾去如脱。先生喜甚，愿倾囊谢焉。道人固辞曰：吾挟此术遍游天下，觅可授者莫得。汝相不凡，名在丹台，今当授汝。乃解其肘后书并针数十与之，且内炼之道，悉为指画。复戒曰：俟功行圆满复会我丈人峰，吾岂为利售乎？挥手别去。先生由是以医术名当世。（《双林镇志·文存》）

光绪《归安县志·人物传》：凌云，字汉章，归安人。为诸生，弃去，北游泰山，古庙

前遇病人气垂绝，云嗟叹久之。一道人忽曰：汝欲生之乎？曰：然。道人针其左股，立苏，曰：此人毒气内侵，非死也，毒散自生耳。因授云针术，治疾无不效。里人病嗽，绝食五日，众投以补剂，益甚。云曰：此寒湿积也，穴在顶，针之必晕绝，逾时始苏。命四人分牵其发，使勿倾侧，乃针。果晕绝，家人皆哭，云言笑自如，顷，气渐苏。复加补，始出针，呕积痰斗许，病即除。有男子病后舌吐，云兄亦知医。谓云曰：此病后近女色太早也，舌者心之苗，肾水竭不能制心火，病在阴虚，其穴在左股太阳，是当以阳攻阴。云曰：然。如其穴针之，舌吐如故。云曰：此知泻而不知补也。补数剂，舌渐如故。淮阳王病风三载，请于朝召四方名医治不效。云投以针，不三日，行步如故。金华富家妇少寡，得狂疾，至裸形野立。云视曰：是谓丧心，吾针其心，心正必知耻。蔽之帐中，慰以好言，释其愧，可不发。乃令二人坚持，用凉水喷面，针之果愈。吴江妇临产，胎衣不下者三日，呼号求死。云针刺其心，针出，儿应手下。主人喜问故。曰：此抱心生也，手针痛则舒。取儿掌视之，有针痕。孝宗闻云名，召至京。命太医官出铜人，蔽以衣面试之，所刺无不中，乃授御医。年七十七卒于家。子孙传其术，海内称针法者曰归安凌氏。

《双林镇志·艺术》：兄天章，亦能医。道遇跛翁扶杖而过，云：少时患疡，医误折针于膝间。云为针肩臂数穴，折针突出，立愈，弃杖再拜去。由是名闻天下。弘治中，秦王宾竹有痿疾，遣官赍束帛来聘。长洲沈石田、松陵史明古皆以诗劝驾，至则一针而愈。王使宫女奉黄金为寿。辞归，以诗饯送之曰：寻常药饵何曾效，分寸针芒却奏功。云为人慷慨负义，有延之者，虽昏夜风雨必疾赴，贫者不受酬。所至有桥梁、寺宇损坏者，即留数日，取求治者馈资与之。身没之日，家无余财，年七十七。慎山泉御史囊，陆北川司马稳各为之《传》，详《明史》。再传为双湖，名瑄，字子完，奉慈寿太后诏，施针浙闽，全活甚众，授登仕郎。三传藻湖、四传振湖，皆名重公卿，待诏太医院。今子孙世其家学。

《赠凌振湖先生序》：不佞向善病阅医多，始知医之难也。无论史书所称大还之丹、上池之水，隔垣而照症结，登榻而起沉危者，遐哉不可遘，即稍通草木之夹，粗识刀圭之诀，可寄性命者，庶几旦暮遇之，虽为执鞭，所欣慕焉。及病痿，颓然不良于行，于是益求医，医趾错而进，其无害则疗饥之画饼，其无济则沃石之弃汤。阅三载有奇，蹣跚如故，而药穷于医，医亦穷于药矣。客有过余者曰：是宜针。昔黄帝再拜受针于岐伯，法至今存。昭代得其传者独吴兴凌氏，洪武间，汉章先生名满天下，诚长桑、越人、挚、竘、缓、和之流亚也。其子姓多以诗书显，顾犹不废此道。若藻湖翁克绳祖武，今复成古人，幸有其子世其业，则振湖君也。徯其来则瘳矣。予素熟于耳，遂走一介赍书币迎于家，重以严中翰为之劝驾，幸不鄙遗，俨然一临觃之。予一晤对，则慥慥无华，有道之光，贮于颜面，至谈病源，如烛照龟灼。悟古人用医必取名医之后，且曰：医非仁爱不可托也，非聪明达理不可任也，非廉洁淳良不可信也。凌君其备此三善，殆不弃予，赐之再造也。居无何，砥砺针砭，为攻所患数处，余殊不觉苦，得非中于腠理而视于毫毛耶？时新安数辈，皆以奇病委治，奏效甚捷。予间二日亦扶杖起，越数辰则霍然矣。今凌君且归，为之清道祖帐，殷勤叙别。夫凌君家素封，闻舆疾就砭者骈首门庭，顾为余跋涉数千里，是岂利戋戋之享哉？诚不忍孤鄙人旱云之望也，务期广其神术，不坠家声耳。说者谓受法先人，亲承弓冶，业乃精固也。第观凌君下针时，凝神以察候，定志以审穴，无异痀瘘丈人承蜩，不以天地万物易蜩之翼。

又如郢人斫鼻灭垩，而人不知其专精乃尔，岂斤斤读父书者可能耶？盖法之世行，若薪之传火，其机具在，至若神而明之，得心应手，即轮扁所谓子不得之父者。凌君独有元指，虽谓师长桑、越人、挚、竘、缓、和而法岐黄可也，安论世德哉？噫！不遇振湖，予几视天下无医，然天下如振湖者有几？则益信医之难也，故因其行而述以赠之。天启癸亥孟夏之吉，太祖高皇帝七世周藩辅国中尉奉敕提督宗学三荷钦褒赐金命有司树宗正大梁勤美。(《双林镇志·文存》)

【按】 有抄本藏南京中医药大学图书馆。

《黄帝虾蟆经》 一卷 419

亡名氏原撰

日·和气奕世传

丹波元胤跋：右《黄帝虾蟆图》一卷，和气氏奕世所传，丙辰秋转借自白川侍从，抄而得之。按隋《经籍志》"《黄帝虾蟆忌》一卷"，正斯书也。渺茫不经，置而无论，千载遗编，倏发幽光，宜珍惜也。宽政纪元九年龙集丁巳仲春，丹波元简廉夫识《黄帝虾蟆经》轴子一卷，先子借录之列相白河侯，其书虽全，然出于假托，而《太平御览》引《抱朴子》曰：《黄帝经》有《虾蟆图》，言月生始二日，虾蟆始生，人亦不可针灸其处。《隋志》又有《明堂虾蟆图》一卷、徐悦《孔穴虾蟆图》三卷，则知晋宋间已行于世。考日中有乌，月中有虾兔，其说来亦尚矣。《史·龟策传》曰：日为德而君于天下，辱于三足之乌，月为刑而相佐，见食于虾蟆。《淮南子·精神训》曰：日中有踆乌，而月中有蟾蜍。又《说林训》曰：月昭天下，蚀于詹诸，乌力胜日，而服于雖礼。《参同契》曰：蟾蜍与兔魄，日月气双明，蟾蜍视卦节，兔魄吐生光。李善《文选·谢庄〈月赋〉》注曰：张衡《灵宪》云：月者，阴精之宗，积成为兽，象兔形。《春秋元命苞》云：月之为言阙也。两说蟾蜍与兔者，阴阳双居，明阳之制阴，阴之倚阳也。据此，则其书似出于汉人者矣。旧抄颇多讹舛，然世久失传，无他本可校，今虽明辨其为误写，不敢妄改，唯换轴为册，付诸开雕，览者益足以知非晚近假托之书也。文政辛巳季春初五日，东都丹波元胤识。

《医籍考》：《黄帝针灸蝦蟆经》，《隋志》一卷，存。按太医和气氏奕世所传，有《黄帝蝦蟆经》轴子一卷，盖此书也，首举蝦兔图，随月生毁日月饤避灸刺法(书中蚀、刺字，俱讹作饤、判)。次载灸刺法入门，其事虽似渺茫，非后人可为假托者也。考日中有乌，月中有虾兔，其说来尚矣。《史·龟策传》曰：日为德而君于天下，辱于三足之乌，月为刑而相佐，见食于虾蟆。《淮南子·精神训》曰：日中有踆乌，而月中有蟾蜍。又《说林训》曰：月昭天下，蚀于詹诸，乌力胜日，而服于雖礼。《论衡·顺鼓篇》曰：月中之兽，兔蟾蜍也，其类在地，螺与蚄也。《参同契》曰，蟾蜍与兔魄，日月气双明，蟾蜍视卦节，兔魄吐生光。李善《文选·谢庄月赋注》曰：张衡《灵宪》云：月者，阴精之宗，积成为兽，像兔形。《春秋元命苞》云：月之为言阙也。两说蟾蜍与兔者，阴阳双居，明阳之制阴，阴之倚阳。《太平御览》引《抱朴子》曰：黄帝医经，有虾蟆图，言月生始二日，虾蟆始生，人亦不可针灸其处，据此，则此书当汉人所撰。

《中国医籍通考》：《黄帝虾蟆经》。佚名。一卷。存。按：《黄帝虾蟆经》内容如下：虾蟆图随月生毁、日月饤避灸刺法第一，年神舍九部避灸刺法第二，六甲日神游舍避灸刺图第三，择五神所舍时避灸刺法第四，五脏出属气主壬日避灸刺法第五，择四时禁处绝离日及六甲旬中不治病第六，推天医天德生气死气日淫第七，诸合药禁忌日时法第

八，诸服药吉日吉者及灸火木治病时向背咒法第九。虾蟆图随月生毁、日月饤避灸刺法首载日蚀图，其图日中有三足乌，其文曰：日斗者，色赤而无光，阳气大乱。右日不可灸刺，伤人诸阳气，终令人发狂也。月蚀无图，其文曰：月蚀者，毁赤黄而无光，阴气大乱。不可灸刺，伤之经络脉发气，鬲中满塞不通。月图：月中为桂树，左兔右虾蟆。月生一日至十五日，共十五图，自虾蟆生（现）头喙、肩、胁、股、尻，至兔生头、肩、胁、股、尻，月毁十六日至三十日，亦十五图，自虾蟆省（缺）头、肩、胁、股、尻至兔生头、肩、胁、股、尻。各日人气所在阴阳经脉俱不相同，据此而知避灸之法。考《备急千金要方》有《太医针灸宜忌》，诸说可与《黄帝虾蟆经》相参。又按：《隋志》有《黄帝针灸虾蟆忌》一卷，丹波元胤曰系太医和气氏奕世所传，有《黄帝虾蟆经》轴子一卷，盖此书也。又谓此书汉人所撰。是书辑入《卫生汇编》，兹并录日人樗园杉本良、千田恭子序以备考。

《经籍访古志补遗》：《黄帝虾蟆经》一卷（卷子本，影写旧抄本，聿修堂藏）。界行高七寸强，每行字数不均，十七八字至廿七八字。是书和气氏奕世所传。栎窗先生借之阁老白川侍从，抄而藏之，以为《隋书·经籍志》载《黄帝虾蟆忌》一卷，正即斯书。文政中柳沜先生收入《卫生汇编》中刊行。

《宋以前医籍考》按：是书与《医心方》所引合，然据校之，所逸殆数十条。因考，此系后人节略本，恐非全帙也。

《中国医学书目续编》针灸二七：《黄帝虾蟆经》一卷（十行二十一字，栏高 18.2 厘米，幅 13.5 厘米）。敬业乐群楼新镌《卫生汇编》，第一集内《卫生汇编》序。杉本良文政六年《卫生汇编》序。千田恭，文政六年跋。丹波元简，宽政九年跋。丹波元胤，文政辛巳跋。

《伪书通考·子部医家类》：《黄帝针灸虾蟆经》一卷，伪。《隋书·经籍志》有黄帝《针灸虾蟆忌》一卷。《旧唐书·经籍志》。《唐书·艺文志》明堂经脉类均有龙衔素《针经》并《孔穴虾蟆图》三卷。

《中国医学源流论》：《黄帝虾蟆经》一卷，日本人所刻。论月中逐日虾蟆、兔之生长及人气所在，与之相应，不可针灸等说。原有识语，谓《隋志》有《黄帝虾蟆忌》一卷，当即此书。又《太平御览》引《抱朴子》黄帝有虾蟆图，言月生始二日虾蟆始生，人亦不可针灸其处。《隋志》又有《明堂虾蟆图》一卷、徐悦《孔穴虾蟆图》三卷，则似晋宋间其说已行于世。《史记·龟策列传》有"月见食于虾蟆"之语，则其书似出于汉人云云。案：日本人所云中国古籍，亦有不可尽信者，然此书则似非伪造也。

【按】《隋书·经籍志》载有《黄帝针灸虾蟆忌》一卷，《明堂虾蟆图》一卷，似与本书相同。《太平御览》引《抱朴子》说：《黄帝经》有《虾蟆图》，其说与本书所载相合。书分 9 篇。首列虾蟆图，共 30 幅，即从初一至三十每日一图。图形画月中有树，树左有兔，右有虾蟆（即蟾蜍），表示以月的盈亏来确定灸刺的禁忌。有日本文政六年癸未（1823）敬业乐群楼刻《卫生汇编》本，藏北京大学图书馆、中国中医科学院图书馆、北京中医药大学图书馆、南京图书馆。通行本有 1984 年中国古籍出版社影印本（《中医珍本丛书》）。

《灸法图》　残卷　唐

亡名氏撰

【按】又称为《灸法图残卷》，是 1900 年在我国甘肃省敦煌市千佛洞中所发现的古代卷子之一种，现在存于英国伦敦大不列颠博物馆，编号为 S. 6168（二卷）及 S. 6262（四卷），各卷前后互不连属。各卷均无首尾，不详原书名称、撰人及具体年代。各卷内容，均系绘有正(或背)面人体全身的灸穴图像。从现存的6个残卷中可以大致看出此书的编写体例,即书中分段论述各类病证的名称、主治及其所应用的灸穴及壮数。每段文字之后绘有人体正面或背面的全身图。图上点记灸穴,不标经络,图的左右两侧则标以穴名(或部位名),图文并茂,亦无篇目及图名。各图外形轮廓相似,图中穴点少则5、6穴,多则10余穴,据残图推算计百余穴。从现存的6个残卷中,可以辨识出的全身外形的灸穴图像及其遗迹,共18图,也即18个段落。原卷残断破损,大多不全,其中有点只存图的半截,有点只存图前的主治用穴残文。

《灸法图》反映了隋唐时期灸疗法的兴盛和对灸疗法的重视,和《外台秘要》一书在倡导灸法方面,互有特色。《灸法图》主治疾病涉及风劳、咽喉强、目痛、头痛、面上游风、男子五劳七伤、失精、尿血、杂癫等近40种。《灸法图》治疗各种疾病的艾灸壮数从3壮、30壮、100壮、300壮、500壮至1000壮不等,如治疗面瘫仅用3壮,而治疗五劳七伤竟用到1000壮。

《新集备急灸经》 一卷 891前

亡名氏撰

序曰:《灸经》云:四大成身,一脉不调,百病皆起。或居偏远,州县路遥,或隔山河,村坊草野,小小灾疾,药饵难求,性命之忧,如何所治?今略诸家灸法,用济不虞,兼及年月日等人神,并诸家杂忌,用之请审详,神验无比。

《续修四库全书提要》:《新集备急灸经》一卷(敦煌卷子本),不著撰人姓氏。前有小序云:四大成身,一脉不调,百病皆起,或居偏远,州县路遥,或隔山河,村坊草野,小小灾疾,药饵难求,性命之忧,如何所治?今略集诸家灸法,用济不虞,兼及年月日等人神,并诸家杂忌,神验无比。书题下又有“京中李家于东市印”一行,则为据印本传抄者。考隋唐志著录针灸之书不下十种,今并亡佚,所存者惟宋人《铜人针灸经》七卷,《明堂灸经》八卷。此书作于唐末五代之世,较二书为近古,惜仅存腧穴正面一图并说明。图上天门犹题明堂二字,明堂之义当即指此,今医家犹有此称。钱曾《读书敏求记》云:黄帝问岐伯以人之经络,尽书其言,藏于兰台之室,及雷公请问,乃坐明堂授之,后世言明堂者以此。今证以此书,可知所诠非是。《四库提要》采之,斯为误矣。王焘《外台秘要》力言误针之害,此书言灸不言针,盖即师焘意。然据此又适足为作于唐人之一证也。

【按】 此本是1900年所出敦煌古医籍之一种,现藏法国巴黎国立图书馆,编号P.2675,在此编号中又包括了同一部书的两种不同抄本的残卷,分别称为甲本与乙本。首题“新集备急灸经一卷”,其后有书题及小序,书提下有“京中李家于东市印”,小序后有正面人形穴位图的上半身图像,图像正上方有大字“明堂”卷首署,卷末署“咸通二年岁次辛巳十二月二十五,衙前通引并通舍人范子盈阴阳氾景询二人写记”。“咸通二年”即公元861年,这是抄传此卷的年代,成书应早于此年。此卷为写绘本,卷子高28厘米,长50.5厘米。这是一部针灸图谱类著作的残篇,诸家皆依首题定名为《新集备急灸经》。书中言灸不言针,显与王焘所作《外台秘要》极言针能死活人之说暗合,当有师承关系。可见于《敦煌石室医方书类纂》《敦煌中医药全书》。

《敦煌藏医灸法残卷》 残卷 撰年不详

亡名氏撰

【按】 此本简称《藏医灸法残卷》,是1900年所出敦煌古医籍之一种,藏文书写,

编号 P. T. 127 及 P. T. 1044，原件现存法国巴黎国立图书馆，为现存最早的灸法专著。

本书主要记载了具有民族特色的火灸疗法。全书共载方 66 首，编写体例统一，有较为固定的格式，一般先叙施灸部位，再论其适应症，最后述施灸的手法、次数。全书只有穴位，没有经络的论述及远距离取穴治疗法的记载，既支持先有穴位后有经络的假说，也是一个由穴位的发现逐渐引向发现经络的佐证。

《吐蕃藏文针灸图》　两幅　撰年不详

亡名氏撰

【按】针灸图经专书，又称《藏文针灸图经》，是 1900 年所出敦煌古医籍之一种，藏文书写，现存法国巴黎国立图书馆，编号 P. 18·017。此为一份图文并茂的吐蕃医药学文献，北京图书馆善本组藏该图照片 3 张，有学者考察，其中两张图内容相同，故吐蕃藏文针灸图实际是两张图。藏文针灸图系裸体侧位吐蕃人形，两图共标记 16 个穴点，各穴均有标引线指示，但均不记穴名、功能、主治、禁忌、刺灸法。据考证，两幅针灸图属敦煌蕃占时期(781—848)晚期写绘。1951 年 6 月号"医道の日本"曾予刊载《藏文针灸图经》图影，并有福永胜美氏之说明。

《灸经明堂》　残卷　撰年不详

亡名氏撰

【按】此本是 1900 年所出敦煌古医籍之一种，残卷，现藏英国伦敦博物馆，编号为 S. 5737。卷中的内容在我国现存古医籍及簿录中均未见载录。原残卷共存 23 行，但是卷子下三分之一处缺佚，留下明显残痕，致使文义时断时续，难以理解，现代医家如马继兴、丛春雨等多参照《新集备急灸经》《人神日忌》等相关书籍对其进行补校和注释。从保存较完整的内容来看，此卷记有一月三十日人神禁忌部位并误刺人神的后果，可领略到古代医家刺灸术的严谨与认真。

《黄帝明堂灸经》　三卷　1126

宋·亡名氏撰

序曰：夫玄黄始判，上下爰分，中和之气为人，万物之间最贵，莫不禀阴阳气度，作天地英灵，头象圆穹，足模厚载，五脏法之五岳，九窍以应九州，四肢体彼四时，六腑配乎六律，瞻亲同于日月，呼吸犹若风云，气血以类江河，毛发比之草木，虽继体于父母，悉取象于乾坤，贵且若斯，命岂轻也？是以立身之道，济物居先，保寿之宜，治病为要，草木有蠲疴之力，针灸有劫病之功，欲涤邪由，信兹益矣。夫明堂者，圣人之遗教，黄帝之正经，纪血脉循环，明阴阳俞募，穷流注之玄妙，辨穴道之根元，为脏腑权衡，作经络津要。今则采其精粹，去彼繁芜，皆目睹有凭，手经奇效，书病源以知主疗，人形贵免参差，并集小儿明堂，编录于次，庶几命是长幼尽涉安衢，欲俾华夷同归寿域云尔。至大辛亥春月燕山活济堂刊。

《小儿明堂序》：夫治小儿之患，诊察幽玄，默而抱疾，自不能言也，或即胎中受病，或是生后伤风，动发无时，寒温各异，且据诸家方论，医药多门，药既无全，全凭灸法。况小儿灸法，散在诸经，文繁至甚，互说不同，既穴默以差讹，则治病全然纰缪。按诸家明堂之内，精选到小儿应验七十余穴，并是曾经使用，累验神功，今具编录于后。燕山活济堂刊，建安窦桂芳校正时刊。

周艺人识：右《明堂灸经》三卷，不纪撰人名氏。日多纪元胤《医籍考》载称一卷，此则至大间活济堂所刊分者。图为正、背、侧三部，计列大人正人形二十，背人形九，侧人形七；小儿正人形六，背人形三。每形列穴，

每穴系主疗之症并艾灸壮数，按其取穴，一以《明堂》为主，而不旁及他书。《明堂》所有者，则径称其穴名，《明堂》所无者，则图形其处，而不名其穴，意必灸疗别有师传，而以《明堂》经穴参辑成书，其自序所称"目睹有凭，手经奇效"者，盖可信矣，自与仅凭载籍泛泛表录者不同。至其论灸而不论针，亦唐时王氏恶针之流亚欤？版本校刊欠精，兹取《甲乙经》《针灸聚英》《经穴汇解》等书，参阅互泐，附按所疑于下，以便研正，惟多纪元胤称其书已收入《圣惠方》中，兹尚未能取以参校，衷心滋多悬疚也。

《医籍考》：《明堂灸经》，一卷，存。按：右收在于《圣惠方》第一百卷，是王怀隐等编书时所采入者，其实唐以前书也。《隋唐志》载明堂书数部，若此二书，不记撰人名氏，是以不可决定其何是，乃著于斯，至大辛亥春月燕山活济堂刊本，分正背侧人图及小儿灸方，为三卷。

《经籍访古志补遗》：《黄帝明堂灸经》一卷(北宋椠本，跻寿馆藏)。每半板，高七寸四分，幅三寸，十三行，行廿二三字。卷首捺长门光永寺墨印。按：此书并序，旧系《圣惠方》等一百卷，其实唐以前书，王怀隐等编书时所采入，首行空五字位，盖是删去《太平圣惠方》字，以单行者耳。至大辛亥燕山活济堂所刊《针灸四书》中，亦载有此书。今正背侧人图及小儿灸方，为三卷，大失古色。酌源堂亦藏此本，纸墨颇精，捺吉氏家藏印。

《倭版书籍考》：《黄帝明堂灸经》上中下三卷，下卷即小儿明堂，盖元窦桂芳所附者也。宋太宗《太平圣惠方》百卷中附载《明堂灸经》，是书即从《圣惠方》中拔出者，编者不明。桂芳则窦杰字，汉卿之子，并精于外科针灸，是书有倭字谚解。

《木樨轩藏书题记及书录》：新刊《黄帝明堂经》三卷。日本旧刊本[日本重刻元至大四年(1311)燕山窦氏活济堂本]半页十一行，行二十字。前有新刊黄帝明堂灸经序，末题"至大辛亥[四年·1311]春月燕山活济堂刊"。卷下首页有"建安窦桂芳校正时刊"一行。

《鄞范氏天一阁书目内编》：新刊《黄帝明堂灸经》三卷。十二行，二十字，上下黑口，双鱼尾，左右双阑，写体字。序末有"至大辛亥春月燕山活济堂刊"十二字一行。存三十八页(卷上第四十五页已前脱)。

《聿修堂藏书目录》：《黄帝明堂灸经》二卷。一册，国朝翻刊至大辛亥刊本，燕山活济堂刊本。

《中国医籍通考》：《黄帝明堂灸经》，窦桂芳，三卷，存。按此书内容与《太平圣惠方》第一百卷类同之。即《明堂灸经》。

【按】本书有一卷本及三卷本两种，内容全同。内容为《太平圣惠方》卷一百中的《明堂灸经》及《小儿明堂灸经》的全文，改题此名刊行者，北宋末年(1127)刊有单行本。书中分别记载成人及小儿常用要穴的灸治方法和所治疾病，并附40余幅腧穴图。至大辛亥四年(1311)窦桂芳将其收于《针灸四书》。《旧唐书》有《撰注黄帝明堂灸经》记载，撰人不详，三卷，书佚，与是书的关联待考。本书有日本延宝三年乙卯(1675)刻本藏中国中医科学院，有近代抄本藏上海图书馆。

《灸膏肓腧穴法》 一卷 1128

宋·许昌庄绰(季裕)撰

自跋：余自许昌遭在狄之难，忧劳艰危，冲冒寒暑，避地东下，丁未八月抵泗滨感痎疟。既至琴川为医妄治，营卫消耗，明年春末，尚若胕肿、胀腹、气促不能食，而大便利，身重足痿，杖而后起。得陈了翁家，专为灸膏肓俞，自丁亥至癸巳积三百壮，灸之次日，即胸中气平，肿胀俱损，利止而食进，甲午已

能肩舆出谒，后再报之，仍得百壮，自是疾证浸减，以至康宁。时亲旧间，见此殊切，灸者数百人，宿疴皆除。孙真人谓若能用心方便，求得其穴而灸之，无疾不愈，信不虚也。因考医经同异，参以诸家之说，及所亲试，自量寸以至补养之法，分为十篇，并绘身指屈伸坐立之像，图于逐篇之后，令览之者，易解而无徒冤之失，亦使真人求穴济众之仁，益广于天下也。建炎二年二月十二日朝奉即前南道都总管，同于办公事赐绯鱼袋庄绰记。

《经籍访古志补遗》：新刊庄季裕编《灸膏肓腧穴法》一卷。清源庄绰季裕编。

《图寮汉籍善本书目》：新刊庄季裕编《灸膏肓腧穴法》一卷，今缀为一册，皆为明刊本。

《鄞范氏天一阁书目内编》：新刊庄季裕编《灸膏肓腧穴法》一卷。宋庄绰撰。十行，二十二字，上下黑口，双鱼尾，左右双阑，写体字。

《聿修堂藏书目录》：新刊《膏肓腧穴法》一卷。一册，抄大明国王氏月轩书本。宋庄绰撰。

《医学源流》：庄绰，字季裕，清源县人。宋高宗建炎中，官至朝奉郎，前江南道都总管同干公事，以医显于时，熟砭焫之微，乃取膏肓腧穴灸法，著书作图，刊行于世，今附《针灸四书》中是也。

【按】又名《膏肓腧穴灸法》。庄绰，字季裕(《医籍考》将庄绰与庄季裕分列为二人，误)，原籍颍川(今河南许昌)，亦有言清源(今山西清徐)者，后迁至琴川(今江苏常熟)，得陈了翁家膏肓俞灸法，著《灸膏肓腧穴法》，又名《膏肓腧穴灸法》。是书首载孙真人《千金方》、王惟一《明堂铜人灸经》有关膏肓穴的记载，下列十编：量同身寸法第一、正坐伸臂法第二、揣椎骨定穴高下法第三、定穴相去远近法第四、钩股按穴取平法第五、参验求穴法第六、坐点坐灸法第七、石用之取穴别法第八、叶潘等取穴别法第九、灸讫补养法第十，后有建炎二年自跋。作者以膏肓穴于人体病理关系至重，故此书专门介绍膏肓穴的主治、部位及不同流派的取穴法等，并附有插图。本书与《子午流注针经》《针经指南》《黄帝明堂灸经》合称“针灸四书”。

有日本抄本名《新刊庄季裕编灸膏肓腧穴法》，藏“台北故宫博物院”，1987 年台北新文丰出版公司影印出版，2014 年上海科学技术出版社收于《台北故宫珍藏板中医手抄孤本丛书》校注排印出版。

《实验特效灸法》　不分卷　1133

宋·郑州张锐(子刚)撰
志学居士删订

【按】《全国中医图书联合目录》载录，可见于《增订太乙神针实验特效灸法家庭应用良方合编》(弘化社编，现有 1936 年弘化社铅印本)。

《备急灸法》　一卷　1226

宋·檇李闻人耆年撰

闻人耆年题词：古人云：凡为人子，而不读医书，是谓不孝。则夫有方论，而不传诸人者，宁不谓之不仁乎？然方书浩博，无虑万数，自非夙昔究心，未易寻检。本朝名医团练使张涣著《鸡峰普济方》外，又立《备急》一卷，其方皆单行独味，缓急有赖者。张公之用心，其可谓切于济人者矣。仆自幼业医，凡古人一方一技，悉讲求其要，居乡凡四五十载，虽以此养生，亦以此利人。仆今齿发衰矣，每念施药惠人，力不能逮，其间惠而不费者，莫如针艾之术，然而针不易传，凡仓卒救人者，惟灼艾为第一。今将已试之方，

编述成集，锓木以广其传，施之无疑，用之有效，返死回生，妙夺造化，其有稍涉疑难之穴，见诸图画，使抱疾遇患者，按策可愈，庶几少补云。宝庆丙戌正月望，杜一针防御壻槜李闻人耆年述。

孙炬卿序：余十有三岁而失所怙，母氏以教敦为爱，逾四十无所成，自谓膝下之乐有足以尽此身者，忽抱终天之恨，泪涸而痛不定。试为陈之：母氏素患头风，岁十数作，作必呕痰，加以昏眩，因得默斋抚干叔父乌辛茶方，于是作少疏，虽作亦易愈。近时乌附不易得，每闻入京有便，必以买川乌为先，或它出亦预合数服以进。前数年，或鼻塞不通，或脾弱无味，随证审方，储材合剂，或丸或散，朝构暮成，未尝敢求诸市肆，然头风则年余不作矣。矧又饮食顿饮，但觉脚力微怯。岁旦家常茹素，饭则尽碗，羹亦称美，炬卿私谓，吾母今年七十而胃府如此，眉寿何疑者。越八日，忽有小红粟粒发右耳旁，次日右颊右目颇肿，命医视之，用药敷贴，脓毒渐出，谓可徐徐抽减，谨重太过，专守"头面不可妄施针砭"之说，有令灸三里穴下抽者，医持不可。未几，其肿愈坚似疮而根则大，名疖而反无脓，外不热而内不痛，旬日后始窘甚矣。吾母至谓炬卿曰：汝抄方嗜药，胡不晓此证？仓忙中罔知所措，更医亦云无策。母氏神识了然，以至不救。日月不居，俄至卒哭。客有携示蜀本《灸经》与《竹马灸法》者，备述克验，内有鬓疽疔疮，乃知咸有灸法，而竹马一法则诸证无不治。痛哉！痛哉！何嗟及矣！炬卿平时每虑风在头目，犹谓老人脱有隐疾，可以延寿，幸而头风已痊，又孰知危证之窃发，喜未几而痛罔极哉！此所以仰天捶心而呕血也。世有此方，吾不早得而见之，吾母不存而其方则存，其方存而后之人有早得而见之者，庶几乎吾母虽无及而犹及人也。遂与乌辛茶方并刊以传焉。吾母，山阴博古石氏也。淳祐乙巳五月朔，孤学乡贡进士孙炬卿序。

罗嘉杰序：韩昌黎曰：善医者不视人之瘠肥，察其脉之病否而已矣。脉不病虽瘠不害，脉病而肥者死矣。然世有痈疽、发背之疾，其起也渐，其发也烈，人往往忽于微芒而昧于不自觉，一旦发暴盛肿，猝不及治，若再误于庸医，靡有不戕其生者。至如穷乡委巷，医药何求？奇疾乍婴，徒嗟束手。余愧不知医，每念及此，未尝不怒焉伤之。贵阳陈衡山鹾尹，嗜古笃学，尤喜搜石渠金匮之书，曾于扶桑都市得南宋孙炬卿旧刻团练使张公涣所著《备急灸法》一卷，以畀余曰：此灸法中国不甚概见，盖以世失其传，耳食者习焉不察，每易忽之，苟得此编，按图点穴，如法炷灸，则消患未然，化艰为易，其方药味无多，见功綦速，诚为济世救人之宝筏。余尝考针灸科居十三科之一，宋熙宁、元丰间，特置提举判官设科以教之，当时已信行如斯，其应效有可想见者。细绎此卷，觉男女老少童稚内外杂症，无不可疗，其中骑竹马灸法之良，更他人所未及论。《抱朴子》云：百家之言，与经一揆，譬操水者，器虽小而救火同焉，犹施灸者，术虽殊而救疾均焉。况返死回生，孰如灸法之神且速耶？良友针砭之投，何敢自秘？爰将原本并余所得《针灸择日编集》一并付梓，俾广流传，亦以副衡山济世深心。此二者流落东瀛数百载，几无知者，今复归之中国，遍起沉疴，庶知广陵散犹在人间也。光绪十六年岁次庚寅仲夏，上杭罗嘉杰少耕氏识于日本横滨理廨。

《三三医书提要》：夫灸治之法，吾国发明最早，且亦为特具效验之一种疗法。日本医学改革，惟传自吾国之灸法至今研究不遗余力。是书所列灸法，似别具真传，为南宋孙炬卿先生旧刻，即著《鸡峰方》张焕先生所著。本国亡佚久矣，日本人仿宋影刻。前数年社友李程九君寄自河南之抄本，裘君吉生将旧藏原刻本校对补正。尚有《增刻针灸择

日编集》一卷，容再续印。

《经籍访古志》：《备急灸法》一卷（宋椠本，寄所寄楼藏）。宝庆丙戌正月望。杜一针婿檇李闻人耆年述。首载淳祐乙巳五月朔，孤学乡贡进士孙炬卿序（行书），每半板十行，行二十四五六字。

《历代中医珍本集成》：《备急灸法》一卷。南宋医家闻人耆年编撰，约成书于宝庆二年（1226）。闻人氏檇李（今浙江嘉兴）人，约生活于12世纪下半叶至13世纪上半叶间。闻人氏治病追求实效，崇尚简便验廉疗法，颇为推重同时代名医张锐（仿宋本误作"张涣"）所著《鸡峰普济方》"备急"一卷所载诸方，具有简便易行，切于济人之特点。因此，凡古人一方一技，悉讲求其要，浸淫于仓卒救人，惠而不费之方技者40余载，以为惟针艾之术为最，尤以灼艾为第一。故广采宋以前历代名家艾灸之法，逐加验证，撰为是书。本书共辑录22种常见危重急症之艾灸疗法，论述极其朴实简要，并均附有生动逼真之图画，以便抱疾遇患者按策可愈。淳祐五年（1245）孙炬卿氏重刊本书时，复以佚名氏所撰《骑竹马灸法》《竹阁经验备急药方》二种缀于书后，合刊仍称《备急灸法》。《骑竹马灸法》专论痈疽发背诸证灸法；《竹阁经验备急药方》载有40首验方，并附有熏喉等特殊疗法，对研究宋以前艾灸等民间疗法有相当参考价值。兹据十瓣同心室仿宋本影刊。

《传世藏书提要》：《备急灸法》为宋闻人耆年所撰。成书于1226年。原书一卷。书中介绍了22种急性病证的灸法，并附简明图说。本书为灸法专书，把许多重要的急救方法搜集在一起，并且附图多幅，用通俗易晓的方式编辑成册，便于普及应用，是研究古代急救学及针灸学的一部珍贵文献。现有宋刊本[光绪十六年庚寅（1890）上杭罗氏影刻于日本]、光绪十七年辛卯（1891）江宁藩署影宋重刊本、1955—1956年人民卫生出版社据十瓣同心兰室仿宋本影印本和1987年中国书店铅印本等。

《中国医学大辞典》：《备急灸法》，一卷。宋张锐撰。述诸病之可以艾灸者，疑难之穴，明之以图。清光绪中，上杭罗嘉杰得之于日本，重刻之。

【按】由"闻人耆年题词"可知，檇李闻人耆年乃宋时杜一针之婿。杜一针传《太乙神针》，闻人耆年著《备急灸法》，针灸并备矣。此书为灸法专书，介绍了22种急性疾病的灸法，并附插图十六幅及草药图。1245年孙炬卿重刊，并附佚名氏《骑竹马灸法》及《竹阁经验备急药方》二种，三书合为一书，仍称《备急灸法》。有1955年人民卫生出版社据十瓣同心兰室仿宋本影印本，有1987年中国书店影印本（中医基础丛书，第四辑）。可见于《针灸择日编集备急灸法》《太乙神针备急灸法合编》《三三医书》《中国医学大成三编》《历代中医珍本集成》。

《痈疽神秘灸经》　不分卷　1354

元・胡元庆（鹤溪）撰

明・吴郡薛己（新甫、立斋）校补

杨子成序：人具五脏之形，而气血之运，必有以疏载之，其流则曰历，曰循，曰经，曰至，曰抵；其交际，则曰会，曰过，曰行，曰达者，概又所谓十二经焉。十二经，左右手足各备阴阳者三，阴右而阳左也，阳顺施而阴逆施，以阳言之，则太阳少阳阳明，则阳有太少也矣，而有阳明者，取阴阳合明之意也。以三阴言之，则太阴少阴厥阴，阴既有太少矣，又有厥阴者，取两阴交会之义也。非徒经之有十二，又有系络者，为系络之数，三百六十五，所以附经而行，周流不息，若阴阳维跷冲带六脉，皆有所系。唯任督二经，则包乎腹背，而有专穴，诸经满而溢者则受之，初不可常而忽焉，宜与诸经并论，通考其穴，三百五十又七，此人身之常遍也，概经血所滞，发而为痈疽、为疔疖，此皆气血不能通之谓也。历观诸经，传变不一，是经之滞，当审何经所发，何穴所滞，辨视其穴，则用火以攻之，疏其源流，而无滞也，犹如沟渠塞，其庭水泛滥。今胡元庆先生，深穷妙理，周遍玄微，遂辑十二经所滞之穴，毫端妙理，用以广生民之福，同跻仁寿之域也。至正甲子永昌杨子成序。

薛己序：人身之气血，昼则行阳二十五度，夜则行阴二十五度，如环无端，会于寸口，是为真息，滞则壅肿，或六淫七情、饮食起居所伤，则痈疽疔肿之症发焉。治者察其受症之经，灸其应症之穴，使气血流畅，隧道疏通，其功为捷，或灸而毒不解，欲其溃敛，然后投之以汤药，而辅其不逮，尤当审各经气血多少、地部远近、禀赋虚实而用之，辄用攻劫之剂，未及患所而肠胃先伤，反有所误。故上古之治疾，针灸为尚，而汤药次之，前元鹤溪胡先生，著《神秘灸经》，我朝节庵先生集《神秘验方》，探玄发微，灸药之功具载。二先生之用心，可谓精矣，后之医者，必合是二书，而后可收全功，予尝访吾乡贞庵都，宪周公，出是书示予曰：子宜发明之，以惠斯人。噫！公之心仁矣哉，予因喜而叹曰：予家旧有是书，亡失者几年，今复得之，其斯人之幸哉。但其穴其方有未详，辄按针灸家书，以图其穴之所在，或一穴而可兼治者，亦明著之。至于各方之剂，辨其性之寒热温凉，别其证之阴阳虚实，补其缺略，锓梓以传，俾后之君子，酌而用之。庶乎前人几微简要之法，传于世而不泯云。嘉靖丁亥孟冬吉日南京太医院院判吴郡薛己谨识。

【按】 又名《痈疽灸经》《痈疽神妙灸经》，原书成于元至正十四年(1354)，明嘉靖六年(1527)薛己校刊后刊入《薛氏医案》，嘉靖四十年(1561)又汇刊于彭用广《简易普济方》中。是书是一部用灸法治疗外科痈疽病的专书。主要论述十四经脉中治疗痈疽的主要腧穴及其灸治方法，并载不见于其他专著的若干灸疮秘穴，均附插图。有日本享保十三年戊申(1728)铁研斋刻本藏中国医学科学院图书馆。又见于《简易普济良方》《医学集览》。

《西方子明堂灸经》 八卷 1368?

(原题)西方子撰

冯一梅跋：右《西方子明堂灸经》八卷。盖世医依据王惟德所著《铜人经》删去针法以成此书，其分别部居，取用《千金方·明堂三人图》，其主治各病，兼采《外台》诸书附益之，故与王惟德旧经互校，同者半，异者亦半，旧经头部止偃伏形，此书头部分正伏形。而上星、囟会、前顶、百会、五处、承光、通天、临泣、目窗、正营，入正头部。神庭、曲差，入正面部。旧经侧面、侧头、侧颈三部，此书止侧头项一部，而侧面之头维、上关、下关、颊车，入正面部；侧头之颅息、瘈脉、完骨、窍阴、浮白、翳风别为耳后。旧经侧腋、侧胁二部，此书并为侧胁一部。旧经跗阳在足太阳部，此书入足少阳部。旧经有肩髆部，此书以肩髎、秉风、肩井、天髎、肩髃、巨骨入手阳明部，天宗、臑俞、肩外俞、肩中俞、曲垣入手少阳部，肩贞入手太阳部，臑会入手太阴部，而不立专部。此皆据《千金》以改王惟德旧经者也。然《千金》会阴在足少阴部，今此书在腹部。《千金》膏肓俞不入《明堂三人图》，别见杂病篇中，今此书入背部。《千金》伏人无灵台、阳关、厥阴俞，今此书亦入背部，则用王惟德旧经，不尽依《千金》者也。督俞、气海俞、关元俞，旧经与《千金》诸书均无之，惟七卷本之《铜人经》与近刻《针灸大成》始有其目，今此书亦在背部，疑于古书外，又别有师承者也。考《甲乙》肩井、天髎并在手少

阳部(王惟德旧经肩井为手足少阳阳维之会,较《甲乙》多一足字,故《圣济》肩井入足少阳,惟天髎入手少阳)。《甲乙》臑俞为手足太阳阳维跷脉之会,天宗为手太阳脉气所发,故《外台》《圣济》臑俞、天宗并在手太阳部;《甲乙》臑会为手阳明之络,故《外台》臑会入手阳明部(《圣济》臑会入足少阳亦可疑)。今此书专主《千金》而手阳明之肩井、天髎、手少阳之臑俞、天宗,手太阴之臑会,与《甲乙》《外台》诸书均不合。案《千金·明堂三人图》序云署旧《明堂图》,年代久远,传写错误,不足指南,今一依甄权等新撰为定据,此则《千金》本于甄权《明堂》,而《甲乙》乃本于《黄帝明堂》,两存异文,正资参考。若肩髎、肩贞、肩外俞、肩中俞、曲垣诸穴,《甲乙》不言何脉所发,而《外台》肩贞在手少阳与此书异,余与此书同。《圣济》肩外俞、肩中俞、曲垣在手太阳与此书异,余与此书同。曷若此书专主《千金》,较可据欤?钱塘竹舟松生两君校刊。四库著录各医书,以此书与大卷口《铜人经》并刻,七卷本于旧经,俞穴不全录,而此书俞穴较旧经有增无删,学者得此始睹该备,梅与襄焉校勘,仍属同里王君恩甫重为绘图,而《千金》之《明堂三人图》已佚于原书中者,今在此书中复显于世,岂非快事!惟原本胸腹背三图人形小,字多窃嫌未称,今仿《针灸大成》之例,于斯三者改作方图,以变通之,而《大成》之误,与此书原误,颇有所改正。胸部中央直下七穴,天突、璇机、华盖相去一寸,余穴相去各一寸六分,此书与《甲乙》诸经无异说。《大成》天突、璇机、华盖相去亦一寸六分,殆因胸部旁行诸穴,上下皆一寸六分,而俞府、气户、云门,皆在璇机旁,则彧中、库房、中府必在华盖旁,故强改分寸,以就旁行。不知中行诸穴作直势,旁行诸穴作斜势,一句一弦,与人身形正合,图虽方形,但取易观,不必泥腹部第二行肓俞,第三行天枢,皆直脐两侧,此书与《甲乙》诸论无异说,《大成》据此作图,而分寸悉依旧说,则中行巨阙与脐中相去六寸,第二行幽门与肓俞相去只五寸,肓俞、脐中不能相直,《大成》乃于肓俞去商曲改为二寸,以强通之,亦即改华盖、璇机之故,至今此书商曲在石关下二寸,石关在阴都下二寸,与旧说异。而第二行幽门至肓腧相去七寸,较中行巨阙至脐中反多一寸,而此书建里在中管下一寸三分,与旧说一寸异,《甲乙》《外台》《圣济》亦云上管在巨阙下一寸五分,与旧说一寸亦异。据此两说,则中行巨阙至脐中相去六寸八分,而肓俞、脐中相直处,止差二分,惟第三行,不容至天枢相去止六寸,旧说皆同,更无他说,可据改(若依《外台》关门在梁门下五分,则不容、天枢相去五寸五分)。然人身非正方形,天枢直脐,或由斜度中行,侧行差寸,自无足疑,《灵枢·骨度篇》云:髑骬以下至天枢长八寸,髑骬即心蔽骨,鸠尾在蔽骨下五分,巨阙在鸠尾下一寸,则髑骬去脐八寸三分,即使天枢与脐正相直,亦不能适符八寸数,髑骬在中,天枢在侧,盖亦斜度耳。第四行大横直脐侧,此书大横在腹哀下二寸,则恐误,当依王惟德旧经与《圣济》亦作三寸五分,则大横上去期门五寸五分,斜度方能直脐,而冲门去大横五寸,此书谓在横骨两端,亦斜度适相合。此书背脊原图。惟上髎穴在腰腧上,而次髎、中髎、下髎并在腰俞下,大成八髎均在腰俞下,尤恐误,当依沈果堂《释骨》脊骨自第十七椎至第二十一椎为腰髁所掩,故阳关以下脊部中行无穴,而八髎在腰髁骨两侧,腰俞则在第二十一椎节下间,八髎亦在腰俞上。近日本宽阪昇元祐著《经穴纂要》发明此义亦极详,其说可取。今重绘诸图亦正之,后有读此书者,庶不至惑于俗说乎。光绪十年三月慈溪冯一梅识。

《郡斋读书志》:《明堂针灸图》三卷(先谦案后志医家类十七),右题云:黄帝论人身

俞穴，及灼灸禁忌。明堂者，谓雷公问道，黄帝受之，故名云(案明堂以下，袁本脱去，瞿本、《通考》俱误置上，《铜人针灸图》条疏为序下，末三字袁本、瞿钞本脱。先谦案旧钞本，明堂以下脱)。

《读书敏求记校证》：《西方子明堂灸经》八卷(入《述古目》，无针字。钰案此书，四库本题《明堂灸经》，《提要》云王焘《外台秘要》力言误针之害，惟立灸法一门。此书言灸不言针，犹焘志也。是不应补针字，阮胡两本皆误，瞿目藏，元刻本，缪荃孙藏，与《铜人针灸经》合刻本，均无针字。元窦桂芳编《针灸四书》内附黄帝《明堂灸经》三卷，卷数不同，不知是一是二)。西方子，不知何解。昔黄帝问岐伯，以人之经络，穷妙于血脉，参变乎阴阳，尽书其言，藏于金兰之室，洎雷公请问，乃坐明堂以授之，后世言明堂者以此。今医家记针灸之穴，为偶人点识其处，名为明堂，非也。(黄丕烈云，己巳夏得明刻本，题曰山西平阳府重刊，乙亥秋见有昭刻，题曰熊氏卫生堂重刊，知山西平阳府重刊者，谓重刊元本也)。

《四库全书总目提要》：《明堂灸经》八卷(浙江范懋柱家天一阁藏本)。题曰西方子撰，不知何许人，与《铜人针灸经》俱刊于山西平阳府。其书专论灸法，《铜人》惟有正背左右人形，此则兼及侧伏，较更详密。考《唐志》有《黄帝十二经明堂偃侧人图》十二卷，兹或其遗法欤?《旧唐书·经籍志》以《明堂经脉》别为一类，则曾之说信矣。古法多针灸并言，或惟言针以该灸，《灵枢》称《针经》是也。自王焘《外台秘要》始力言误针之害，凡针法穴道，俱删不录，惟立灸法为一门，此书言灸不言针，盖犹焘志也。

《四库全书总目提要补正》：《明堂灸经》八卷。《铜人》惟有正背左右人形，此则兼及侧伏。案此书甚疏漏，唐人图已有侧伏，不始于西方子。

《四库全书简明目录》：《明堂灸经》八卷。旧本题西方子撰，不知何许人。其书专论灸法，铜人图式惟有正背左右，此所绘腧穴诸图，乃兼及侧伏，尤为详密。其曰明堂者，《素问》称雷公问黄帝以人身经络，黄帝坐明堂以授之，故《旧唐书·经籍志》以针灸诸书别为明堂经脉一类云。

《四库简明目录标注》：《明堂灸经》八卷。旧本题西方子撰。明山西平阳府刊本。[续录]元刊本。明刊仿宋本。日本重刊元至大四年燕山宝氏活济堂本《黄帝明堂灸经》三卷。当归草堂医学丛书本。

《慈云楼藏书志》：《西方子明堂灸经》八卷(山西平阳府刊本)。不知撰人名氏。《四库全书》著录。按：《崇文总目》载《新集明堂灸法》三卷，衢本《读书志》《文献通考》俱作《明堂针灸图》三卷，《宋志》作王惟一《明堂经》三卷，盖是书与《铜人针灸经》俱为宋天圣中王氏所修，故《崇文》有新集二字。此本卷数虽不同，然由《铜人针灸经》一例推之，亦可知即其书矣。其标题上有西方子三字者，虽不详西方子为何人，大约古之善灸者，故取以冠之，谓灸法乃西方子所传，如《素问》《灵枢》之冠以黄帝字也。所载人身腧穴更详于《铜人经》，盖铜人惟载正背左右，此更及于侧伏，二书实相辅而行。钱氏《读书敏求记》离而二之，非矣。

《铁琴铜剑楼藏书目录》：新编《西方子明堂灸经》八卷(元刊本)。不题撰人姓名，西方子亦无考。目录前有熊氏卫生堂重刊一行，卷一列正人头面图、胸膺图、腹肚图，卷二、卷三正人手图足图，卷四伏人头图，卷五、卷六伏人手图、足图，卷七侧人头颈图、胁图、手图，卷八足图，各详其穴处，论可灸不可灸，较《铜人针灸经》为备。《四库》著录为山西平阳府本，与铜人针灸经合刻，是本乃元椠之精好者，出曝书亭旧藏。

《善本书室藏书志》：《西方子明堂灸经》

八卷(明刊本)。《敏求记》曰:《西方子明堂灸经》八卷。西方子,不知何解。昔黄帝问岐伯,以人之经络,穷妙于血脉,参变乎阴阳,尽书其言,藏于金兰之室,洎雷公请问,乃坐明堂以授之,后世言明堂者以此。今医家记针灸之穴,为偶人点志其处,名为明堂,非也。检古黄周宏祖辑《古今书刻》,平阳府刊只有《铜人针灸经》,而未列此书。按《黄帝内经明堂》十三卷,取《素问》《灵枢》腧穴,针灸论治,分十二经编类而音释之。此《明堂针灸经》,大约言其名,本其治也。

《儆季文钞·读医家孔穴书》:《西方子明堂灸经》诸书,详其主治,不详其经脉,思饮忘源,真可谓不知妄作者矣。

《适园藏书志》:《西方子明堂灸经》八卷(明刻本)。山西平阳府重刊。只有《铜人针灸经》而未列此书。按《黄帝内经明堂》十三卷,取《素问》《灵枢》腧穴针灸论治,分十二经编类而音释之,此《明堂灸经》,大约沿其名、本其治,而专论灸,故曰灸经,与《铜人针灸经》不同。

《嘉业堂藏书志》:《西方子明堂针灸经》八卷(文宗阁钞本)。题曰西方子撰,不知何许人。与《铜人针灸经》俱刊于山西平阳府。其书专论灸法,《铜人》惟有正背、左右人形,此则兼及侧伏,较更详密。考《旧唐书·经籍志》,以明堂经脉别一类。三校对、双玺与前书[笔者按:指文宗阁本《颅囟经》]同。

《经籍访古志补遗》:新编《西方子明堂灸经》八卷(明熊氏卫生堂重雕,聿修堂藏。卷首捺吉氏家藏印。又东都针医官山崎氏藏本)。按:此书字体行款,总与前书[《铜人针灸经》]同,盖是合刻者。又有一种明板,亦以二书并刻,而体式全同,但文字多误,未审何先何后,俟考。

《中国医学大成总目提要》:《西方子明堂灸经》八卷,《校勘记》一卷(不著撰人名,山西平阳府明刊本,冯氏校勘订刊本)。《四库提要》云:[见前]。是书乃依据王惟德所著《铜人经》,删去针法以成,其分别部居,取用《千金方》明堂三人图,其主治各病,兼采《外台》诸书附益之,故与王惟德旧经互校,同者半,异者亦半,其间异同考正,俱详冯氏校勘记,及冯氏后跋,兹不具赘。近有日本小阪营升祐著《经穴纂要》,发明此义极详,其说颇多可取,今即根据其说,将此本诸图重绘,以正其谬。

【按】 此书为灸法专书,又名《明堂灸经》。成书年不详,初刊于元至正末年(1368),姑以此为成书时间。考书中将“大敦”写作“大训”,应是避宋光宗赵惇(音敦,1189—1194在位)之讳,成书于宋朝无疑,或不晚于1194年。是书主要论述全身腧穴之灸法主治。卷一列正人头面图、胸膺图、腹肚图;卷二至卷三列正人手图、足图;卷四列伏人头图;卷五至卷六列伏人手图、足图;卷七列侧人头颈图、胁图、手图;卷八列足图。内容系据《铜人腧穴针灸图经》删去针法而成。其分别部居取用《千金方》之仰、伏、侧明堂三人图,其主治各病兼采《外台秘要》诸书,故此书与《铜人腧穴针灸图经》同者几半,但其论穴位处所,可灸与不可灸,则更为详备。清代将此书收入《四库全书》。清光绪十年(1884)当归草堂重刊山西平阳府本时附有冯一梅校勘一卷及跋一篇。有元熊氏卫生堂刻本藏中国国家图书馆,有1989年上海中医药大学出版社铅印本(与《灸膏肓腧穴法》合订,李鼎、吴自东校注)。又见于《铜人针灸经西方子明堂灸经》。

《采艾编》 三卷 1668

清·新兴叶广祚(澄泉)撰

潘毓玠序:宇内方脉诸书,托始于岐黄,而灼艾一种,义每从略,岂火灸多妄,存而不论,故医学恒阁置欤?余少多病,尝抽阅青囊，怖其奥渺精要，虽心知其意，而丝分条达，戛戛乎其难之。明传先生正业之外，于二氏九流，饶有综核，而火攻一道，常善救人。盖乃祖澄泉老先生遇异人传异书，兼以宦游，多所博济，三世薪传，思以公之海内。读是编者于诊视调摄种种端绪，如见垣一方，和盘托出，其稽古实理，悯世婆心，视术流局曲之技，大有径庭，将与《难经》《外台》典要前籍，长留于天地间矣！康熙七年岁次戊申初夏，他山潘毓玠拜题。

康熙二十六年《新兴县志》:《采艾编》，叶广祚著，潘毓玠序。

《中国医籍通考》:《采艾编》，叶广祚，三卷，存。按：道光《肇庆府志》载：叶氏，顺治八年贡。所著《采艾编》及《荔谱参》，俱见康熙《新兴县志》。另岭南叶茶山辑有《采艾编翼》三卷，今存。

【按】本书是清初灸治专著，《全国中医图书联合目录》载录。叶氏谓“火攻虽出下策，勿药窃比中医”，故汇集前人艾灸证治经验，参合己见，撰为是编。首卷载汇引、条例、采艾考、十二经俞穴、十二经形图、周身总图、十二经俞募会络、析骨分经、十二经症候；卷一载经穴，分释名、汇疏、禁穴详考、周身尺寸，以及四诊等；卷二载中风等86种病证的灸治；卷三载儿科、妇科、外科17种病证的灸治。末附宁一玉所著《析骨分经》1篇，对分部分经有参考价值。现存清康熙七年戊申(1668)刻本藏上海中医药大学图书馆(附宁一玉《析骨分经》)。

《采艾编翼》 三卷 1711

清·新兴叶广祚(澄泉)撰
清·岭南叶茶山重辑

叶茶山序:是篇藏弆虽久，尚未校订，盖以前编残阙几半，痛无力以补辑，不暇痛心。戊子春，妹夫君以载，忾然自任，捐赀镌复。庚寅冬，以载复趣余抄正是帙，而同社顾君昆苑、陈君其统、彭君达海、李君子刚，咸愿捐助，登之梨枣，于是与每野、活人二家兄检视校订，阅两月而编就，壹林弟父大亦蠲工六之一，成之，俾公之同志云。时嘉庆岁次乙丑之春，岭南叶茶山题于环翠书屋。

《传世藏书提要》:《采艾编翼》原作者不详，约成书于1711年。后经清叶茶山补辑校正，重刊于1805年。全书三卷。卷一为十二经循行歌诀，以及头颈、胸腹、手臂、足膝等部位的循行图谱，十四经分经图说和经脉主治要穴；卷二为内外、妇、儿诸科113个症候的取穴处方及灸法要则，每症必配以方药；卷三搜集简便外科验方百余首，与针灸不相关连，疑为后人掺入。该书为一灸法专著，流传甚少，系国内珍本。本书治疾，针灸与方药参半，强调针药并用，所录多为山野医生的临症经验，有浓厚的地方特色。

【按】此书为综合性医书，是《采艾编》的补充本，于灸法之外兼及药物，强调灸药并用。有嘉庆十年乙丑(1805)六艺堂刻本藏中国科学院、中国中医科学院、广州中医药大学。1984年中医古籍出版社将其收于《中医珍本丛书》中影印出版。

《艾灸通说》 一卷 1762

日·后藤省(仲介，椿庵)撰

【按】《全国中医图书联合目录》载录。本书较全面地论述了有关艾灸的方法，包括制法精粗、艾炷大小、灸数多少、灸法异同、脊骨长短、点位狭阔、灸疮要发、艾火非燥、不选时日、火无良毒10个章节，分别阐述采艾制作、艾炷大小、灸数多少、用法差异、脊背部取灸方法，强调灸疮非发不愈、灸不拘于时等，并对张机“微数之脉慎不可灸”及徐汝元“浮数脉忌灸”的说法不以为然，认为“不必拘执”。最末附录有答文齐书、答植本

举书等5篇。现有日本宝历十二年(1762)中立斋刻本,藏上海交通大学医学院和上海中医药大学图书馆;有日本明和八年(1771)抄本藏吉林大学白求恩医学部图书馆;有日本文化五年(1808)三皂孝徇养浩塾抄本藏中国中医科学院图书馆;有日本文化六年(1809)文泉堂刻本藏中国医学科学院、中国中医科学院、南京图书馆等。

《神灸经纶》 四卷 1851

清・歙县吴亦鼎(砚丞)撰
清・歙县吴云路校订

自序:尝闻古之医者,识天时,知气运,通四诊之精微,熟诸经之奇正,洞见垣一方人,神乎伎矣。故自《灵》《素》传书,《难经》发难,其文渊深古奥,义理无不包括,诚为金匮之秘册,寿民之宝箓。后人得其一二意旨,遂以名家。但其书有论无方,特示人以大经大法。令后学心领而神悟。惟针灸之治,语焉必详,以针灸有定穴,不得不辨明经络,指示荥俞,使后之业此者,得按经而取穴也。以是知古圣人赞化调元,跻生民于寿域,何其用心之细、而立法之密欤!夫针灸由来久矣,《灵枢》为针灸之宗本,自后明医辈出,殆且百家,如扁鹊、仓公、张机、元化,以及东垣、河间、丹溪诸贤,此皆名之最著者,无不各有著述发明。先圣之经义,秦汉而下,代有传人,至明有越人张会卿,集诸家之要旨,著为《类经》,而针灸之学益显,然犹有未尽者。惟我国朝,纂《金鉴》一书,医林之总汇,如众水之归宗,其言针灸审穴分寸,的无差谬,诚哉卓越千古!惜近世医流,学焉者寡,治针者百无一二,治灸者十无二三,惟汤液之治,比比皆然,是岂汤液易而针灸难欤?非也。凡人受天地之气以生,莫不具有经络脏腑,其中病也,或在经在络,入腑入脏,则必待明经络脏腑者方可以去病,岂为汤液者可舍经络脏腑而别为治乎?吾知必无是理也。然则,何为治此者多而习彼者寡?盖以汤液之治易于藏拙,其用柔而取效可缓,即彼读汤头、记本草者,遂可以医名。若夫针灸之治,苟不明经络俞穴,无从下手,且其用刚而得失易见,人之不乐为此而乐为彼者,由此故也。不知针灸汤液其用不同,而为医则一也。独是用针之要,先重手法,手法不调,不可以言针,灸法亦与针并重,而其要在审穴,审得其穴,立可起死回生,所以古人合而言之,分而用之,务期于中病而已矣。是编置针言灸,非以针难而灸易,以针之手法未可以言传,灸之穴法尚可以度识也。苟能精意讲求,由灸而知针,由针而知道,绍先圣之渊源,补汤液所不及,其功效岂浅鲜哉!爰命孙云路草订成编,以为家藏备要云尔。时咸丰元年岁次辛亥仲秋月,古歙吴亦鼎砚丞氏自志。

吴建纲叙:书之有叙,叙其书之本末与作书者之意旨,因以俾观者开卷而得其要领也。近世好名之人,每多传书,往往假重名流,赞扬数言,叙于篇首以为荣,意谓非其人则叙不贵,其书亦不为世重。余曰不然,使其书果切于民生日用,将有不胫而走者矣,何用叙为?兹砚丞集《神灸》一册,皆述古之词,布帛粟菽之言也,无庸待人为之叙。然则予又曷为其叙?正以其书之平淡无奇,不为金玉锦绣而为布帛粟菽,通其意,足以卫生,用其法,足以济世。其中辨症论治,按穴指俞,有条不紊,实为寻常日用之不可缺者。考《汉书》载方技三十六家,皆生生之具,此又别为一家言,名之曰《神灸经纶》,代谋授诸剞劂。砚丞恐贻讥大雅,谦让未遑。余曰:无伤也,是乃仁术也。昔陆宣公退居闲暇,每好抄录方书,日以为课。子集是编,亦犹行古之志欤?世有同善,当不谓余阿私所好,是为叙。时咸丰三年岁在癸丑暮春之初,湘帆老人吴建纲书于他石山房。

《中国医学大成总目提要》:《神灸经纶》四卷。清吴砚丞编辑。砚丞字亦鼎,安徽歙县人。尝考唐时王焘撰《外台秘要》,其力言误针之害,凡属针法针穴,删而不录,惟列灸法为一门,《西方子明堂灸经》亦言灸不言针,先生亦继二公之志,其谓用针之要,先重手法,手法不调,不可言针,灸法亦与针并重,而其要在审穴,审得其穴,立可起死回生,所以古人合而言之,分而用之,务期于中病而已矣。是编置针言灸,非以针难而灸易,以针之手法未可以言传,灸之穴法尚可以度识也。苟能精意讲求,由灸而知针,由针而知道,绍先圣之渊源,补汤液之不及。其卷一首说原,蓄艾下火,坐向点穴,早晚次序,灸炷大小多寡,灸忌补泻,灸后调养,灸疮候发,灸疮膏药,十二经循行经络,奇经八脉循行经络,卷之二,列十二经脉起止,及经穴图歌,卷之三,列证治本义,各证忌灸宜灸,诸病灸治各法,卷之四,列手足证略及灸治,三阴证略及灸治,妇人小儿外科各证略及灸治,医愿,亦鼎先生之从灸略针,与西方子、王焘可称鼎足为三,先后媲美者矣。

【按】吴亦鼎,清代医家,精医理,鉴于世医多以汤液为本,于灸法不甚重视,故参考王焘、西方子等人针灸著作,取其所长,补其不足,编《神灸经纶》,经其孙吴之路校订,刊刻行世。是书系灸法专著,共四卷。卷一参考《医宗金鉴·刺灸心法》,载述蓄艾、用艾、禁忌、灸后调养等灸法基本知识,以及经络循行、五输、骨度、周身名位(详释部位名称)等;卷二绘录十二经、奇经八脉经穴位置,附有经穴歌;卷三、卷四载临床各科证候艾灸治法及隔药物饼灸治法,并介绍黄蜡灸法、豆豉饼灸法、神灯照法、桑柴火烘法等,末附《医愿》一文。有1983年中医古籍出版社据清咸丰三年癸丑(1853)古歙吴氏刻本影印本。收于《续修四库全书》。

《传悟灵济录》 二卷 1869

清·张衍恩(有恒,沛霖)撰

自序:余自幼赖双亲之抚养,至七龄入学于堂兄曙城门下,八岁肄业于刘丰旦先生,后四年受业于道周余先生处,又四年受教于二胞兄梅溪夫子,兼读医书。然余心存经营,吾父示吾曰:吾先祖业医以来,已八世于兹矣。汝其学之以继先人之遗业,若欲为商,亦可以拯济于盛世,汝毋忽之。于是,又习医于曙城兄门下。至十八岁成婚,十九岁咸丰庚申,长毛贼乱,家移象邑,杜门三年,笃志习医,至二十有二,同治癸亥归里。吾上有三兄,自别后三载,悲庆德二兄皆不幸长逝,意欲为商,惟恐老亲有风烛之虞,乃糊口于家,而兼理医道。丙寅分爨,戊辰长兄亦逝,至己巳母亦谢世。门衰祚薄,形影相吊,虽有弟侄,俱幼不足相与以当谈论。每至闲暇无可以娱心志,乃拂箧检阅,得先祖遗存针灸一书,其文虽博且多传写错讹,细察诸穴,尚有紊乱,第相传日久,以讹传讹,错误百出,或博而不精,或杂而不一,反足惑人,岂非遗害于后?余思医虽小道,实天下苍生性命所关,为济世之航楫,欲其同登寿域,必先精其奥理。然针灸之法始于《灵枢》,其文最精,如取穴毫厘一差,千里遂谬,若不细心详察,鲜能得其奥旨。余乃焚膏继晷,不辞辛劳,博集诸家,采其精粹,正其错讹,删其驳杂,补其阙漏,发其余蕴,考其分寸,明其行列,一一绘图润色,从旧改正,注释分明,搜集成编,重而新之,以为后学梯阶。俾无望洋之叹,愿后学者熟读玩味,临症之时自有得心应手之妙。余愧不才,未能深通其理。夫医者意也,神明其意则存乎其人也,父子不相授受,师弟不能使巧也。学本家传,道由心悟,然人与天地合德,为万物之最灵,冀后来者须念先人传授之德,当悟于心灵而变通以济斯世。故名是书曰《传悟灵济录》云尔。时在同治阏逢阉茂岁如月谷旦，沛霖张衍恩有恒氏识。

【按】本书系张氏（生平、里居不传）据祖传针灸书稿订正删补而成。上卷主述灸法和各种歌诀70余首，经络图40余幅（多系彩色绘图）；下卷载经穴歌诀9首、图20幅及30多种病证的针灸治法，近20个主要穴位的主治歌与附图。全书图文并茂，配合歌诀，颇具特色。收于《续修四库全书》。有清同治八年己巳（1869）彩绘稿本藏中国中医科学院图书馆。通行本为2005年中医古籍出版社据同治八年彩绘影印中医古籍孤本大全本。

《灸法秘传》　一卷　1883

清·柯城金镕（冶田）抄传
清·三衢雷丰（松存，侣菊，少逸）补编
清·柯城江诚（抱一）校

刘国光序：雷君少逸，衢之名医也。余守是郡，因病邀诊，遂与之善。其人秉至性，多读书，以医世其家，著作甚富，余尝序其《时病论》一书行之。一日，复出其戚金君冶田所藏《灸法秘传》见示，云得自蜀僧，施治颇验。原书谫陋不文，经雷君取所列诸证分门而为之说，言简意赅，深得经旨，诚济世之良术也。检阅方书，其论穴治病则从太乙神针神明而出，实近今所罕见之本。余恐秘本无传，因付手民，以公诸书，并附刊太乙神针诸方于后，俾阅是书者参互考证而信从焉。刊成，爰缀数语于简端，以见可传者之不能终秘，亦以嘉雷君与金君之急急于传也。是为序。光绪九年十一月望日尽先补用道知衢州府事楚北刘国光宾臣氏撰。

【按】原书无序，收于《近代中医珍本集》时据全集文例补。附刊《太乙神针》有《正面背面穴道诗》，后刘国光有识语："按穴治病，针无不愈。方自范毓𮤼而后，王大德、沈士元、周雍和诸人皆用之，实予人以易从，切勿以其浅近而忽之也。此法及诗，自古今医诗集中录出。"

全书内容广泛，一是著者宗太乙神针，故其论穴治病皆取法于太乙神针，为今所罕见；二是图文并茂，备有正面图、背面图、指节、灸盏图及灸药神方；三是详列针灸宜忌事项，并用歌括形式载述，读者易于记诵，如人神在日不宜灸单、十二时人神所在不宜针灸歌、十二支日人神所在不宜针灸歌、尻神图、九宫尻神歌等；四是介绍应灸70证，每证之下分述病因、症状、施灸穴位、注意事项等；五是详列太乙神针药方、用针法、穴道取寸法、正背面穴道证治、正背面穴道诗、雷火针法。另附诸方于后，便于阅习者参互考证。本书专论灸法，侧重于太乙神针灸治方法及其适应证的阐述，言简意赅深合经旨。有清光绪九年癸未（1883）刘氏乐善堂刊本藏中国中医科学院图书馆。

《灸法心传》　一卷　1883

亡名氏原撰
清·石门徐宝谦（亚陶，嚞斋）传

自序：此书余于咸丰庚申年回里，被兵燹后避难沪上得之，藏书家言系扁鹊所传，坊间却从未见过，问他人亦鲜有知者。余初阅之甚疑。入都以来，久藏行箧，嗣于同治戊辰岁，偶患脾泄，试之果愈，继又患此，时愈时发，并于光绪庚辰夏秋后患泻痢不止，服诸药未效，即以此法灸之月余，痢始已，乃叹扶阳一说，古人不我欺也。今沅孙自粤东来书，询及欲刻近著否，因出此寄为付梓，亦广以济世而传之永永云尔。光绪九年春三月，石门徐宝谦亚陶识于京都嚞斋。

陈元焯序：《素问》称雷公问黄帝以人身经络，黄帝坐明堂以授之，故《旧唐书·经籍志》以针灸诸书别为明堂经脉一类，然则言针灸者必托始于黄帝，信矣。唐宋以来，方书汗牛充栋，针灸一门亦纷焉旁骛，芜杂踳驳，诚不无覆瓿之虞，《四库》所收如《灵枢》《甲乙》《铜人》《针灸》《扁鹊神应针灸玉龙》等经，皆针灸中之最精善而近古者，《灵枢》与《素问》通号《内经》，最晚出，或以为王冰所依托，然所言俞穴、脉络之曲折，医者终莫能外，其书虽伪，其法则古所传也。《扁鹊神应针灸玉龙经》实元人王国瑞所撰，题曰扁鹊，原序以为托名，然《提要》称其以针灸俞穴编为歌诀专门之学，具有授受，盖亦其法近古，故虽出于依托而流传不废与？大抵著书之事，今人必不及古人，读书者亦必根据古书，然后徐及近今，方书其小焉者耳。今山西抚军张公之洞所著《书目答问》医家第六，但取初唐以前者，初唐后概不著录，胥其意也。石门徐亚陶年伯以鸿才绩学趋跄云署，儤直总理衙门，公暇旁及于医，曩辑《简要良方》，宛平沈相国已序以行世，兹复以《灸法心传》寄示，其文孙彤臣茂才命付手民，俾广仁术，而命序于焯。自维谫陋，曷赞一辞？继以其书近古而意在存活，辄有挂名文字之幸，至其得书之由，治验之速，则自叙已言之，兹不复赘。范文正公之言曰：吾不能为良相，必为良医。陆宣公闻有秘方，必手自抄录，曰：此亦活人之一术也。二公之勋业文章震铄今古矣！则以吾丈之志，事仿昔贤之轨躅，必有相逢于旷代者，岂第曰是书也不胫而走哉！光绪九年癸未四月，年小侄陈元焯谨序。

【按】 大略与《扁鹊心书》同，故自序有"一藏书家言系扁鹊所传"之言。内载灸法，介绍 27 个常用灸穴的部位，附正、背面图各一。末附治疗黄疸、痔等验方数首。有清光绪九年癸未(1883)刻本藏中国国家图书馆、福建省图书馆；有清光绪十年甲申(1884)潮州兰乐善堂刻本合成斋藏板藏中国河南省图书馆、上海中医药大学图书馆、浙江省中医药研究院。

《秘传经验灸法》 一卷 1887

亡名氏撰

清·王馨远(心原)抄录

王馨远识语：《秘传经验灸法》系抄录绍兴某尼庵之秘本，相传数代，专为病家施灸，极称其验。越郡妇孺咸知其术之神奇，惜乎抄录者仅得全集十分之八，未能窥其全豹，为遗憾耳。丁亥仲冬王馨远心原谨识。

【按】 该书述 18 种病证各种症状的灸法治疗，如中风虚劳、厥逆、伤寒、血证等，大部分只列穴名，无取穴方法；有施灸组方，无施灸方法(偶有壮数)，内容已有残缺。王氏生平、里居不传。有清光绪十三年丁亥(1887)王馨远抄本藏浙江省中医药研究院。

《灸法集验》 一卷 1906

清·钱塘姚襄(用孚)撰

自序：医虽小道，其理至微，疾病之来急如疾风迅雷，辄有医药不及之虞，而穷乡僻壤无力之家，又有医药为难之患，他如久年痼疾，药石罔效者尤多。襄以先慈多病，究心医学二十余年，详考《灵》《素》诸书，兼参之临证治验，惟灸法确有救危起痼之功，因就鄙见所及，汇为《集验》一编。证治七十，详明辨症应灸之方，要穴六十，分列俞穴尺寸之法，旁搜奇穴主治、捷要诸法，务使阅者一览了然，易于传述。俾世之急症痼疾应手取效，聊资医药不及之一助，非敢自诩为能也。至于疏漏之处，尚希博雅君子俯赐箴言，藉匡不逮为幸。时光绪三十二年丙午春日，钱塘姚襄用孚氏识。

周庠序略：今有读书不就，学剑无成，日暮途穷，不得已假针灸为糊口计。装一束艾，制数枝针，或托时医名下，或假通儒手笔，自欺欺世，倖而中一，辄诩诩然谓真能起人残废，以自神其技。甚有女巫僧道，掉三寸舌以渔利，因误传误，见病治病，草菅人命，不可胜道。是何异于以炮烙刑而故入人罪也？先王父奉直公伤之，著《针灸指南》八卷以问世，欲为世除炮烙刑。板甫竣而毁于兵燹，稿亦仅存，余时抱痛焉。姚君用孚儒而医，著《灸法集验》一书，走伻问序。余盥微虔诵，抉择谨严，论述精切，某穴属某部，某病灸某穴，别类分门，寻源竟委，洵属岐黄功臣，救时良相。习是业者诚能奉为圭臬，吾知医者了然，病者豁然，西伯复起，亦当輾然。光绪三十四年戊申小春月湖州夜大安吉县教谕愚弟周庠香泉甫拜稿。

【按】《全国中医图书联合目录》载录。本书包括70种病证的灸治方法，详明辨证应灸之方，列举60要穴，分列腧穴尺寸之法，旁搜奇穴主治。另附载“取膏肓穴法”“崔氏取四花穴法”等。有清宣统元年己酉(1909)杭州中合印书公司石印本藏浙江大学图书馆、浙江中医药大学图书馆及浙江省中医药研究院。

《灸科扎要》　不分卷　未见　1910

清·嵊县张树勋撰

【按】内容多引自杨氏《针灸大成》。《浙江历代医药著作》中记载是书成于宣统二年(1910)，现存抄本字迹清楚，绘图精美。经查未见原书。

《经验灸法独本》　不分卷　1911

亡名氏撰

【按】《全国中医图书联合目录》载录。有清抄本藏四川省图书馆。

《灸法纂要》　不分卷　1911

清·悔迟居士录

【按】《全国中医图书联合目录》载录。有抄本藏四川省图书馆。

《太乙神针》　一卷　1125

(原题)宋·杜一针撰

【按】《全国中医图书联合目录》载录此书。太乙神针之有专书，始见于清康熙五十六年(1717)韩贻丰《太乙神针心法》，因范培兰、沈士元诸人而盛行于嘉道之后。清雍正年间亦见有《太乙神针》一书，是在药卷灸法的一种形式即雷(神)针的基础上，调整了原来的处方而重新命名，书中简要地介绍了这种疗法。首载太乙神针方，次为用针法、人神禁忌、正面及背面穴道图及说明等。杜一针所撰《太乙神针》见于民国二十一年(1932)，弘化社将其与闻人耆年《备急灸法》合编为《太乙神针备急灸法合编》，近人刘时觉认为此书为后人所托。

《太乙神针心法》　二卷　1717

清·慈溪韩贻丰(芑斋)撰

弁言：人之一身疾病之薮，风寒暑湿触之于外，七情六欲戕之于中，无时不与病俱，治病之道不可不亟讲也。余自幼多病，每留心方术，而因知去病神速无过于针灸，但针灸以铁为针刺入穴内，以艾灼火烧皮肉间，此二者审穴一不得其真则针入必伤筋节，艾火烧皮烂肉大伤元气，非徒无益且甚有损矣。尝见有卷药作筒烧以熨重布之上者，名曰雷火针，有针之名而非针，用火攻而不伤皮肉，即游移其穴道无伤也。心窃善之，退而考其方类，皆蜈蚣、全蝎、乌头、巴豆等杂霸之药，非可一概而施，辄斥去其方不讲也。

岁戊子夏，客武林寓吴山道院于紫霞洞天，遇一道者庞眉修髯，飘飘有神仙气，相与晤对，累日阐说，参同悟真奥旨，如数家珍，欢然晨夕，恨相见之晚也。无何道者有武□之行，瓢笠随身，殷勤作别，临行手出一囊授余，曰：得此可以活万人，珍重珍重。余启囊视之，乃《太乙神针》也，状似雷火针，而功用药物迥不相同，余拜授之。下叩其证治、穴道、用针、诀法，一一道之甚详，语竟欢然径去。余因如法试之，遇病即医，生生多奇效，遂赋诗一律曰：神针久矣失真诠，何幸吴山得遇仙，邂逅谈心授密谛，殷勤摩顶诫轻传。一星火到鸿钧转，几味药参造化先，仗此愿除寓内疢，同登仁寿乐尧天。盖纪实也，谨将证治、穴道、用针、诀法详著于篇，以赠当世留心治病者用，广道人一片度世之婆心，云道人不肯言姓氏，因以无名老人称之。浙东韩贻丰芑斋自序。

《神针心法》琐言：昔黄帝岐伯时，针砭与方药并重，后世不知针砭，专事方药即名医，如张仲景尚不知针，何况其他。此《太乙神针》又与针砭之针不同，盖无名老人发前人之所未发云。

近有一种雷火针，误人不浅，专用杂霸之药，但又攻克更无滋补，且烧灼皮肉溃烂不堪。神针之药珍贵异常，妙用难测，有病者用之其病即除，无病者用之大补元气，绝无痛楚、溃烂之事。

汤药丸散原为医病而设，无如业医者不明脉诀、不精医理，患病之家又不能深悉时医之工拙，一遇有病辄以死生委之，庸医杀人甚于刀斧，可叹也。盖用药一误，无可挽回，无名老人特创此神针之妙用，以救人性命于刀斧之下，诚有益而无损、百发而百中者也。

凡用针先审是何病证，用何穴道，以黑墨涂记其穴，以红布七层放于穴上，将针头向烛火上点烧，按于红布穴道之上，俟药气温温透入，腠理渐开，直抵病奥，其一种氤氲畅美之致，难以言传。若觉太热将针提起，冷定再针，以七记数，少则一七、二七，多则六七、七七也。

凡用针点烧务透，揣穴宜真，补泻浮沉按须得法，针火觉冷便再烧之，针用已毕，熄针封固，善而藏之，以待后用。每针一枚，可治数病，毋轻弃掷也。

凡用针宜天气晴和，人情喜悦，窗明几净，日吉时良，密室焚香，如法用之，登时奏效。倘遇风雨晦暝及人神所在，切须忌之。若果证属危急，亦不必拘。针用已毕，缄闭言语，暂缓饮食，偃息片时，使药气周流畅达于脏腑脉络之间，然后略饮醇酒数杯，借酒力以助药力，微醺即止，遍体酥融。

凡用针之后务宜葆合元气，禁绝房劳，调摄起居，撙节饮食，勿因病体初痊，便尔恣情纵欲，病加于小愈，慎之慎之。

无名老人于紫霞洞天手授神针秘密时，仅传治病要穴四十有九，嘱云后七年当于崆峒山再授。丙申春，适贻丰奉委押饷赴军前道经崆峒山下，陡忆前言，登山遍访，履巉岩，扪虎豹，渡绝涧，攀藤萝，觅之杳无所得。翊日再往，忽远望翠微深处有虬松一树，偃盖数亩，白鹤一双，翔舞其间。急趋近前观鹤，瞥见一道者趺坐于磐石之上，谛而视之，则固宛然七年前于紫霞洞天所遇之无名老人也。惊喜之极，拜伏于地，已而握手，道故疑在梦中，老人随命童子出《铜人穴道图十》四幅相授日用，践前言耳。其图像长可六尺许，五官百骸筋节脉络，周身穴道纤毫毕具。盖因一图不能尽载，故分之为十四图，合之止一人之身，诚生平目所未睹者。往贻丰在都门于太医院内曾见《铜人真形四》图，一正面，一背面，一左一右，以为观止矣，又乌知天壤间更有如斯之大观乎？遂令书史缩成小幅藏之行笈中，俾得朝夕检阅云。

《心法》上卷所载论证治法，皆本于无名

老人之心传口授者而推广之。又于《灵枢》《素问》《内经》及《针灸大成》诸书内参互考订，删繁就简，撷其菁英，附以鄙见，以成全书，务期得观此书者同登寿域，各保天年，不致为庸医所误，则固无名老人所日夜瞪目以望者也。至下卷针案，乃门人辈之饶舌，横灾梨枣，见嗤大方，甚自愧也。

邱时敏序：乾隆辛亥，余游南丰，夏六月，右臂酸痛，大指麻木，而案头云积，不能举笔。居停徐岫东先生授予《太乙神针书》，历言经验之妙。即依方修合，十日内连灸四次，大指即能屈伸，复于六日内灸三次，酸痛亦止，右臂运动如常。遂录是书存诸行匣，复遇沉疴，无不奏效。癸丑夏，于江宁署中出示同人，争相传抄。吴门彭岩筠曰：与其抄而藏诸已，曷若刊而公诸世乎？受刊遍送，流传甚广，经验愈多，不能缕述，则此书之传不诚寿世之妙术耶？淮阳邱时敏谨书。

《续修四库全书提要》：《太乙神针心法》二卷（康熙刊本），清韩贻丰撰。贻丰字芑斋，慈溪人。康熙丙戌进士，官山西石楼县知县，擢汾州府同知。自记弁言：于杭州吴山紫霞洞遇云水道人，自隐其名，授以太乙针，于证治穴道、用针诀法，言之甚详，因述为是书。上卷言证治法，下卷为门人邵天祐记贻丰平生医案。据自记，道人口授要穴四十有九，续有推广，于《灵枢》《素问》及《针灸大成》诸书，参互考订，删繁就简，所列病证二十三门，附以诸论，则贻丰所增入也。所述针状用法，与世所行用雷火针大略相同，惟斥雷火针之方中有蜈蚣、全蝎、乌头、巴豆诸毒品，此针皆不用之。而其所用之药，则秘而未言。案：古于针灸之外，别有砭法，今已不传。此针卷药为筒，佐以火力，颇与砭法相类，与针灸义本相通。果能辨证确，取穴准，收效自捷。贻丰仕宦所至，以术济人，附载医效，似非尽虚诞。其记道人踪迹奇异，重访于崆峒山，复授以穴道图十四幅，视世传铜人图更精，曾缩绘小幅以备检阅，而未附入是书。此与制针之方药不为明示，二者并留疑窦。医家附会神仙，良方自秘，成为结习，贤者不免。窃意道人所授之穴道图，其时西医全体新图尚未通行中国，度其与铜人图未必大有异同。而太乙针方或除诸毒品外，与雷火针亦未必别有奇异之处，故略而未详耳。

【按】书前载“神针心法琐言”。卷上为内科病症的太乙神针治疗方法，选穴下均注明施治时辰；卷下为妇、儿、五官、外科等科病证的太乙神针治疗方法。书末附神针方药和穴道全图。有清康熙五十六年丁酉（1717）刻本藏中国医学科学院图书馆，有抄本藏上海图书馆。

《太乙神针》　一卷　1727

清・潮州范毓𮤹（培兰）编

周雍和序：雍正间，粤东潮州总镇范公，名毓𮤹，号培兰，留心寿世，遍阅方书。深叹方书之议论不一，而人身之疾病亦不一，以不一之议论，治不一之疾病，岂不戛戛乎其难之？然而绳墨贵在变通，成法不可拘滞。慨夫！今之庸医不分经络受病之由，不按阴阳表里之症，专以汤头为准，舛误甚多。药之不效，实艺之不精也。夫以微茫变化之经脉，概执成方以治病，一涉疑似，即有毫厘千里之谬。人命相关，可不慎哉？范公推其根源，舍诊视之外，欲求其所以治病之神，去病之速，莫若针矣。第针砭之法，有用铁针者，有用金石者，有用艾灸、灯灼者，种种不一，虽有急救之功，而焦头烂额，伤其肌肤，是一病未除，又增一病，亦非善道。惟有雷火针一法，针既非铁，且不着肉，最为善治，但考其药品，多用蜈蚣、全蝎、乌头、巴豆等毒物，率皆猛烈劫制，倘遇孱弱羸怯之躯，贻害不免，每为踌躇。适有一人踵其署而传其针，号曰“太乙神针”，制同雷火法，而药皆纯正，且用法隔布七层，不伤肌肉，非若铁针与艾灸火灼之令人彷徨畏惧也。范公心窃善之，随涓吉依法制造，每遇人有风寒暑湿、痼疾沉疴，治之无不奏效。即多制药针，详列症治，遍送亲朋，惜传针之人名轶不传，究莫知其何许人也。范公于数十年济人不少。有山阴幕友王公讳大德者，得其针，存之笥。乾隆二十年间过江宁，遇会稽沈公名士元者任江宁尉，患手指麻木，王公出针，针之立愈。沈公感王公之恩，更感范公之德，遂亦制针，遍赠同人。此范公倡始于前而沈公继美于后，二公可谓并善矣。壬辰秋，予至江宁，偶得其传，因足染木疾，多年未愈，阅之喜不自胜，抵都即如法制针。未及自治，先治痨病两人，风病一人，血病三人，手足麻木者无数，无不应手而愈，及予之病亦随治即痊。洵乎！此针功效异常，其为仙传无疑，愿与当世宝之。浙东周雍和谨识。

原序：针灸之法，自古有之，惟《太乙针》一书，医方所载及诸家所手录，不一其说。非药味之加减，即分两之悬殊，兼以穴道舛错，针法互异，遂致愈传愈失其真。此册在余家珍藏有年，己未之秋，余客居岭南，适同里吴子病痢经年，医穷于术，因照方合药，如法针之，不一月而沉疴全愈。复有患头风、目痛、风哮、咳嗽、气喘、肺痈、心痛、腹疼、翻胃、吐食、遗精、白浊、五劳、七伤诸证者，按穴针治，一一奏功，屡试多人，百无一失，洵济世良□□，因刊以问世。嘉禾松亭居士识。

续刊小引：太乙针确有奇效，实熨也，而以针得名。按：《说文》：针，所以缝也。熨作尉（音畏），从上按下，从𡰥（古文仁）。又：（仁又犹亲手也）持火，所以申绘也。《史记·扁鹊传》案抗毒熨注，毒病之处，以药物熨贴也。《风俗通》火斗曰尉（即衣工所用熨斗也）。太乙针深得扁鹊毒熨真传，而从上按下，隔布熨治，洵可与火斗申绘相印证，至以针名不以熨名之故。当必有说，惜无由起古人而问之。又相传用针，约以离布一分许为率，稍远则药无力，过近则气闭布焦，而针火且熄矣。他如二三穴同时并针，必须由上而下，由前而后，由腹背而四肢，男子由左而右，女子由右而左，循环次第施之。以上数层均关紧要，惜前人未经笔之于书，且松亭居士刊本久佚，近人传钞讹夺过多，穴道图尤甚。因仿《内经图说》，校正重刊。适少珊赵子见之，谓《内经》身首四肢，分刊数图，恐疗疾者仓猝未易稽核，复就传钞全身图，重加考订，另绘两图，与《内经》部位间有参差处，各存其说，不敢臆断也。又承范心区子见示所录太乙灸方，以硫磺为君，制成小丸，隔姜灸之，其法与针异，而《图说》证治略同，兹一并附刊，以待高明裁定。同治甲戌孟夏，宜兴汪川如嘉善陈士松谨识。

《八千卷楼书目》：《太乙神针》一卷。不著撰人名氏。曼陀罗华阁本。

《贩书偶记续编》：《太乙神针说》一卷。清范培兰撰。光绪癸巳复刊。

【按】又名《雷火针》《太乙针方》《太乙神针方》《太乙神针古方》《经验太乙神针方》。首载太乙神针方，次为用针法、人神禁忌、正面及背面穴道图。后增订穴位及歌赋，略加改编而改易书名者甚多，形成多种不同版本而内容大致相同。有清嘉庆十九年甲戌（1814）刻本藏苏州市中医医院图书馆；有清道光三年癸未（1823）京都宏文斋刻本藏中国中医科学院图书馆；有清咸丰十年庚申（1860）武昌陈文魁刻本藏上海中医药大学图书馆；有清同治冯卓怀重订刻本藏四川省图书馆。又见于《中国医学大成三编》。

《太乙离火感应神针》 一卷 1836

清·楚中虚白子、吴下七宝生校

自序：上古有针灸而无汤剂，中古汤剂开而针灸之法几失传，近世之所谓针灸云者，于古法毫无合处，用药既偏，审穴不的，是安能望其起人于生死间耶？此太乙离火感应神针，治用精当，功效奇速。自宋仁宗康定二年刊石于汉阴丛山之壁，云是神授古方，补泻兼行，迎随合度，虽至危急，针无不救，备载历朝治病之验，后列守令职官姓氏百余，乃尔时奉敕摩崖以济世者也。惟方后告诫谆谆，凡受药者须精诚信奉，临症时须持咒净心，自能针到病除，感应神速。万一此方为庸鄙之夫拾得，或以之戏侮弄人，或借此图利欺世，则天神鉴及，雷必殛之。后之得此神针者，宜察斯言，自当获福。爰是方药，未可妄传，谨将治用之说条晰登诸梨枣，俾世之有心人与有力者见之，或能悫志求方济世，则方亦终弗敢以自靳也。昔人有言：未能医国且医人。矧得此神针感应之速，遇人于疾病阽危之顷，有不为之垂手一援者耶？然吾辈惟周急也，而断弗继富。道光十有六年岁舍丙申重五前一日，流寓西江楚中虚白子、吴下七宝生同校序。

石麓跋：山行水宿，宜自佩藏，活人利己，功应无方，心诚求之，千金易得，惟彼匪人，雷霆殛馘。

《中国医籍通考》按：清虚白主人有《救生集》鉴定本四卷，道光十三年癸巳镌，太极轩刊刻。《太乙离火感应神针》石麓跋后有“太极轩”印章，因知虚白子即虚白主人，疑即石麓也。光绪刊本后有《补刊太乙离火神针秘方》，方后云：罗君柱丞曾得是方，欲公诸世，拟补刊穴道之前。余闻此言，极为钦佩，力怂成之。但愿得是方者广行方便，救人疾苦。光绪壬辰孟秋，南昌方内散人谨识于省垣客寓。

《中国医学大辞典》：《太乙离火感应神针图说》一卷。刻于道光十六年。前列楚中虚白子、吴下七宝生同校序，谓是书为神授古方，宋仁宗康定二年，刻石汉阴丛山之壁云。说颇无稽，全书词句亦极鄙俚。然专家传授之书，古都如是，固不能责以文事也。

【按】是书真正成书时间未明，由序言可知，此本为楚中虚白子、吴下七宝生校刊书，因有道光十六年(1836)刊本，故定是年为成书时间。《全国中医图书联合目录》著录为《太乙离火感应神针治病图说》，虚白子传。此书主要载述太乙神针(药艾条)的处方组成、施术部位及主治作用等。有道光十六年丙申刻本藏上海中医药大学图书馆。

《仙传神针》　不分卷　未见　1840

亡名氏撰

倪有生序：范文正先生者，系粤东潮州总镇。留心寿世，遍阅方书，深叹方书之议论不一，而人身之疾病亦不一。以不一之议论，治不一之疾，岂不戛戛乎其难之？然而绳墨贵在变通，成法不可拘滞。慨夫！今之庸医不分经络受病之由，不按阴阳表里之症，专以汤头为准，舛误甚多。药之不效，实由艺之不精也。夫以微茫变化之经脉，概执成方以治病，一涉疑似，即有毫厘千里之谬，人命相关，可不慎哉？范公推其根源，拟诊视之外，欲求其所以治病之神与去痛之速，莫若针矣。第针砭之法，有用铁针者，有用金石者，有用艾灸灯灼者，种种不一。虽有急救之功，恐伤肌肤，是一痛未除，又增一病，亦非善道。惟有雷火针一法，针即非铁，且不着肉，最为善治。但考其药品多用蜈蚣、全蝎等，药物皆猛烈，倘遇孱弱羸怯之躯，贻害不浅，每为踌躇，适遇道人传此针法，号曰太乙神针，制同雷火法，而药皆纯正，具用法隔布七层，不伤肌肉，非若铁针与艾灸火灼之令人彷徨畏惧也。范公心窃善之，随涓吉依法制造，每遇人有风寒病疾沉疴，治之无不奏效。岁甲午，予游粤东，就馆合浦。夏六月，忽右臂酸痛，大指麻木，而案

头云集，不能举笔。居停于书简中检出是方，历言范公处制救人经验之妙，予依方修合，半月间连灸五次，大指即能伸屈。复于六月间又灸三次，酸痛亦止，运动如常。道录是书，并询居停之言，始知巅末，询乎此针功效异常，其为仙传无疑。愿与当世宝之。（浙东倪有生谨识）

【按】此序言与《太乙神针》周雍和序言完全相同，仅署名有异，当为引用所致。此书主要载述太乙神针（药艾条）之药方、用法、禁忌、主治病症等。有清道光二十年庚子（1840）彝铭堂抄本藏中华医学会上海分会图书馆，经查未见。

《太乙神针集解》 不分卷 1872

清·萧山孔广培（筱亭）撰

自序：自古方书，流传不一，不经亲验，未敢信为实言，惟太乙神针一方则有历试不爽者。溯雍正时，范公培兰总镇潮州，修合丸丹，广为施济，精诚所感，灵异斯征。有道人踵署谒见，手授此方，如法疗治，沉疴悉起。数百年来，人之得其传者，自治治人，奏效均如应响。以故沈君士元制针施送，周子雍和为序以志其事，邱子时敏镌板以行于世，袁子质甫重为校订而珍藏之，盖皆身受其益，非传诸耳闻者比。洎咸丰时，沧州叶圭书两臂麻木，苦用针之轻重难于得当，易针为灸以试之，制为面碗，实药其中，隔姜灼之，其效愈捷，殆所谓巧过前人者乎？余妾患疟，间日一作，已有年矣，今春增剧，致废寝餐，多方调治，迄无应验，适有以此方抄本见示者，急为配合药味，按穴之所在而灸之，数年积疾，不逾月而霍然，此固予所目睹，可以信为实然者。因思方中药极和平，灼不着肌，更无剥肤之痛，拯救世人，洵称善术。无如刊本无多，流传未广，恐传抄舛误，致有毫厘千里之差，爰细加参订，添绘面碗取寸法式样，付诸剞劂。阅之者了然于目，即可了然于心，则是编之刊布流行，未始非医术之一助云尔。是为序。同治十一年壬申暮春萧山孔广培书于浑源州署。

鲍存贤跋：孔司马筱亭以《太乙神针》历试皆效，欲广其传，邮寄京师付刻，此诚仁者之用心也。虽然，此法久失真传，近世医家鲜得其要，遂置此科于不问。盖针灸失穴，立观危殆，不若沿袭成方之易于藏拙也。今此方以灸代针，而又曲尽其灸之法，曲异工同，往往奏效于瞬息，非妙术与？爰为备证诸书，详加补注，令阅者一目了然，区区苦心，当亦筱亭司马所乐许同志也夫？同治壬申菊秋钱塘鲍存贤跋于崇文门外东柳树井旅邸。

【按】是书为撰者在《太乙神针方》基础上细加参订，并增加相关图表及常用针灸穴位、主治。有清同治十一年壬申（1872）刻本藏中华医学会上海分会图书馆、上海中医药大学图书馆；有抄本藏中国中医科学院图书馆。

《太乙神针》 不分卷 1873

清·松亭居士传　汪川如、陈士松增订

【按】《全国中医图书联合目录》载录。有清同治十二年癸酉（1873）潮郡翰墨堂书坊刻本藏河南省图书馆、苏州图书馆、浙江中医学院图书馆。

《太乙神针方》 不分卷 1883

亡名氏原撰
清·潮州范毓䄅（培兰）传
清·蜀南龙文校订

龙文序：滇自兵燹后，疫疾间作，其感风寒暑湿而生病者犹常也。类皆以地僻鲜医，方书苦难多觏药且贵，无力之家每束手待毙，有心者恻然而亦无如之何。余家时得

《太乙神针》书，相传为潮镇范公培兰受自异人所著，嗣参阅《针灸大成》，摘录要穴附后，屡经试验，因携之行箧，并备药针，将以利己利人。今春奉檄来弥，权榷政间，出其针以治急症沉疴，无弗应手而愈。适朱君少云、杨君体乾见而珍之，约同人集赀翻刻，广为传布，亦好善之一班也。得是书者，人不必知医药，不大费钱，预制神针，随时按穴治症，可以补医药所不齐，并可以佐膏丹丸散所不逮，其有益滇人，岂浅鲜哉？书成校订，因弁数言于简端。光绪九年癸未秋季，蜀南龙文谨书并识。

绪言：窃闻针灸一科列医学各科之首，洵古法也。惜流传已久，精此针者渐稀，几视为可有可无。但针灸固有至神至速之功、温凉补泻之妙，然亦必学识经验皆备，方能施其手术，设有不慎，未免有毫厘千里之差。鄙人专习此学有年，稍能得其梗概。此科内有太乙神针法，相传为异人传授于范镇军，已历数百年之久，见之诸书中者不一。今之患病者每视针灸为畏途，惟此神针不伤皮肉，无论老幼男女，皆可施灸，并无禁忌。已经如法制成，屡试屡验，并因求诊者日多，待治需时，路途窎远者，往返不便。鄙人为便利病人起见，特虔制《太乙神针》，并将使用之法另绘正伏两图，点准穴道，说明于后，俾病人得按穴自灸，庶可无不便之虞乎？时中华民国十五年八月，长兴茂青辑著，丙寅春仲卢霖舒题。

郭寅皋重刊序：佛为大医王，善治众生身心二病。身病治，则得大健康，常享逍遥适悦。心病治，则得大智慧，远离颠倒梦想。心病，本也，身病，末也。本既不存，末将安附？以故古今达人多皆学佛，以期灭幼妄之惑业，证本具之佛性耳。世间医药只能治身，不能治心，治之适当则奏效，否则或致无效，或更增病。予少患痞积，药石杂投，终以针灸按摩而愈。当时曾闻有太乙神针之说，及长入学校习军旅，奔驰南北，亦既忘之矣。辛壬癸甲之交，以劳役于粤、桂、赣、闽等省烟瘴卑湿之地。时患脚气、腹痛、泄泻及失精之疾，遍指中西名医诊治，无非通利清导之剂，甚或苦寒转下，而较前益剧。因是颇留意于《灵》《素》之学，微觉徒恃药物，实不足以起予疴而复吾元。因《内经》言针灸者十之七八，言方药者十之二三也。岁丙寅，供职羊城电局，遇友徐君，教以再阅《扁鹊心书》及《针灸大成》，或能有所领解。如其言，自春徂夏，反复披读，遂发现予病非灸脐下不为功。夫肾为先天之本，脾乃后天之源，二者皆喜温暖，恶湿寒，而膀胱一经，号曰太阳，升清降浊，为全身荣卫之枢纽。譬如轮机之汽锅，必须火力旺盛，始能蒸发水分以催其运动。既有悟，遂合药，请人施灸，无虑三千余壮，贱躯果渐臻康强。然《扁鹊心书》说理虽透辟，惜灸法直接，手续累赘，灼伤肌肤，俞跗所谓案杌毒熨者是也。予漫游朔南，遇亲友之撄痼疾隐患者，虽常以此法劝进，而颇不为时医所欢迎，亦非膏粱之弟所能忍受。会东瀛医博研究一种金属温灸器，以便间接施灸，颇为简便易行，实我国磁缸灸法之改良者。因购置实验，但仍有未尽善尽美之处。辛未冬，自沪来苏，习静报国寺，获读所谓《太乙神针》一书，回环雒诵，不噤喟然叹曰：人类健康之福星，其在斯乎？其在斯乎！盖太乙神针，系以灸为针，乃我国古法押灸之遗，而其针料之配合，纯粹刚健中正之品，一经燃灸，不数分钟，其药力即能由毛细管直达病人体内，发生荣养、杀菌、吸收、兴奋、镇痛、消炎、宣滞、驱风等作用，而足以调整血液之运行，旺盛新陈代谢，促进神经之强固，结成生理之效果。然病由业起，业因心造，若患者更能持斋念佛，戒杀放生，则外感三室之加被，内禆身心之清泰，其明效大验，具载古今传记。智者覆按，自当征信。《易》曰：神也者，妙万物而为言者也。

此书一经流通，有得之者，只须依方配药，按穴施治，定可回春立奏，可谓人人和缓而家有华佗。非但于医药界别开生面，亦佛子修行方便般若之一种妙用也。明道大和尚拔苦为怀，志切寿世，爰请印光老法师校雠一过，付之剞劂，予故乐而为之序。壬申春，徐州郭寅皋识于姑苏。

周辛延跋：夙闻太乙神针之灵异而未得其方。数年前，浙友郑君之患乳岩，诸药罔效，得是针而病体顿痊。爰将针方抄示，并述治病之奇。厥后同人照方制治，无不应手奏效，然只知针患处，而不知有穴可按之。今夏，余以头恙就医淮阴小步市廛，偶于坊间得见是书，细阅穴图，治各有道，若从前之但针患处，犹未尽善也。急购以归，告吾同人，自后按穴而针，其功效当必有更速者。查斯刻尚在乾隆年间，旧板已无，故近来罕有其书。因即措资翻刻，俾广其传，庶几家有是针，病无不知。人之幸亦犹余之幸也夫。光绪四年岁次戊寅嘉平月，洞庭周辛延识于小补轩。

【按】清代范毓裿所著《太乙神针》是一部药卷灸法专著，后人增订穴位及歌赋，略加改编而改易书名者甚多，形成多种不同版本，而内容大致相同，此本即为其中一种。上诸序跋见诸不同版本，汇辑于此，以见其概，并不一一具载。原本有周雍和序，与范毓裿之《太乙神针》所录基本相同，故未录。有清道光三年癸未(1823)刻本京都宏文斋藏板藏中国中医科学院图书馆；有清道光十九年己亥(1839)刻本挂月山庄藏板藏首都医科大学图书馆；有清咸丰十年庚申(1860)武昌陈文魁刻本藏上海中医药大学图书馆；有清同治六年丁卯(1867)种德堂刻本藏南京中医药大学图书馆；清光绪一年乙亥(1875)斌陞堂刻本藏中国国家图书馆、中国中医科学院图书馆等。通行本有1913年北京达仁堂刻本藏中国中医科学院图书馆等。又见于《陈修园医书》《曼陀罗华阁丛书》。

《秘传太乙神针》 不分卷 1885

亡名氏撰

清·樊师仲抄传

【按】该书载录78个穴位及其使用方法，并录32首证治取穴方，附穴位部位图、定位尺寸图3幅。另注每月日时“人神”所在穴针灸之忌。有清光绪十一年乙酉(1885)樊师仲抄本藏广西壮族自治区第一图书馆。

五、针灸临床

《刺数》　不分卷　西汉

亡名氏撰

【按】是书为老官山汉墓“天回医简”之一，单独成书，专载针灸临床刺法原则和40首针方，该书是迄今为止发现的中国最早记载刺法和针刺处方的专书，其“针方”是迄今为止发现的中国最早的规范针刺处方，虽然是基于理论和经验总结的预设方，而不是临证实际使用的经验方，但对针灸临床的价值和意义不言而喻。

《刺数》针方简有论有方，论述针刺诊断、治疗的规范，以及针具和数种定式刺法的标准。方中28个有专有名称和固定位置的刺灸处皆为脉输，脉输的命名主要采用“部位名＋三阴三阳脉名”命名法；针方内容包含病症、穴位和刺灸法三个方面，是首次记载和应用腧穴的临床文献；方中针刺部位，不论是脉输，还是随病所而刺，多标明刺数，充分体现出扁鹊针灸“守数精明”“守数据治”的鲜明特征；《刺数》构建了针灸处方的基础结构框架，提出了局部选穴和远部选穴的原则，确定了左右配穴、同名经配穴和上下配穴的腧穴配伍方法。

《针灸经验方》　三卷　1704

朝・许任撰

【按】《全国中医图书联合目录》载录。是书摄百家之要，结合作者行医经验而成。上卷介绍人体五脏六腑、十二经络、取穴和针灸方法等；中、下卷为各论，介绍人体各部位及40余种各科常见疾病的针灸治疗方法；末附有针灸吉日、忌日。有日本享保十年(1725)大阪刻本藏上海图书馆；有日本安永七年(1778)浪华浅野弥兵卫刻本藏中国医学科学院图书馆；有抄本藏中国中医科学院图书馆。

《推拿针灸仙术活幼良方》　二卷　1711

清・会稽范士浩(其天)撰

卷端引言：夫小儿之症，号曰哑科，口不能语，脉无可诊，惟其形色为凭，竭心思而施治。因无七情六欲之感，第有寒热暑湿伤食之类，且初生稚子脏腑脆薄，未经药饵，稍长又畏药难吃，惟先施推拿一术，取效于面部掌股之间。盖面部手股气脉与脏腑通，苟能察其病症，循穴道以施手法，庶足补造化之不及也。然而汗吐下三法运五经，掐五指节，分和阴阳，推补脾土，调和气血，尤为至紧。但于内外八卦所属干支经络、节气干支、面部手足图形，借道各穴摘要编，取效甚捷，直为奇特，然万不得已再施之针灸方药，令无一失，真活幼之良法无出于此也。凡我广仁者注意焉。

自序：夫人禀天地阴阳之气，阴阳顺行则精神清爽，阴阳逆行则诸病横待，皆由阴阳失序，以致乍寒乍热、疑神疑鬼。始传于

南宫列仙，嗣受于我恩师谈氏讳守印者，亲受仙术推拿针灸秘诀，请承道教，于是怜予有造，密传于予，予素怀济世之志，聊藉此而不敢私，于是摘要注书公行宇内，少舒己志，故简编阴阳节度、寒热虚实，任是诸般杂症并一切惊风刺灸各妙方药备录，以便随手而应，能补济世造化之不及也云尔。康熙辛卯岁次戊子月书于广仁斋，浙东会稽郡范士浩其天氏信录。

【按】是书有抄本藏上海中华医学会，分上下二册，封面作"幼科针灸穴法"，目录作"推拿针灸仙术活幼良方简编"，卷端作"增定便考医学广志"。

《针道秘诀集》 二卷 1773

日·僧梦分撰

【按】《全国中医图书联合目录》载录。是书卷一论经络学说、循经取穴、针灸种类及针法等；卷二论实之虚、虚之实、实实虚虚，针灸治疗诸证之针法，凉、热、补、泻之用，针灸禁忌证、禁忌穴及如何纠偏等。本书图文并茂，通俗实用，宜初学者阅读。现有1980年日本盛文堂据安永二年(1773)刻本影印本，藏中国中医科学院图书馆。

《济世神针》 一卷 1875

清·慈溪应侣笙(其南)撰
清·慈溪应遵诲(味农)录

自序：夫疔疮治法虽备载于《外科正宗》，然其见症也骤，其为害也速，往往药力不到，遂有朝不及夕之虑。惟针挑一法，立见神效，大抵秘焉而不传，传焉而不详。先从叔讳其南，博采秘方，详明针法，以此济世活人者不可数计。因绘图授予，颇得其术，亦试屡验。今年春，盛友篆珊过予斋，见抄本图而悦之，谓广行于世，其益人也更多矣。遂出资付手民，俾人人按图而之，随穴而刺之，庶免毫厘千里之差。夫先叔之苦心，盛友之乐善，以视夫秘焉不传、传焉不详者，其相去为何如哉？同治十三年甲戌九月，应遵诲味农氏谨识于成氏之醉经馆。

【按】应侣笙，清代医家，精医术，擅长外科，以治疗疔疮知名。临证每用针法，按穴施治，不日肿消而愈。除《济世神针》外，另有《疔疮要诀》一卷、《挑疔图说》一卷等著作。应氏著作多由其侄应遵诲校录后刊行。本书为针挑法治疗外科疔疮专著，应遵诲自序与《新增疔疮要诀》全同，同为录自《挑疔歌诀》。首录疔疮论、挑疔歌诀、挑法歌；次绘头面手足全身经穴图，分列吊脚疔等94种疔疮的针挑法，并随症附有内服方名，其中37种疔疮的治疗绘有图谱；末载50余首疔疮方，治疗绞肠痧等各科杂症经验方近200首。有清光绪元年乙亥(1875)宁城汲绠书庄刻本藏上海图书馆。

《百法针术》 不分卷 1887

日·杉山和一撰
常熟缪召予译

张世镳序：《百法针术》者，为日本管针鼻祖杉山和一翁所手编，凡管针之奥技，十八管术与八八重术等针术皆具焉。其法甚秘，不肯轻易公开，擅其术者，仅其门人数辈，号曰杉山嫡派。日本针术专家，擅刺针术者众矣，然擅刺针术而尚欲明其管针术者，非求杉山氏之书不可。是故日本针师有恒言，不习百法手技，不足以称针师，盖实际使用，确以管针术为适当云。杉山氏墓木久拱矣。昔时授徒，仅凭口传，门人笔之于书，视为枕秘，故其书不易轻得。日本延命山针灸学院讲师牛岛氏藏有真本，本社转展而求得之，迻译问世，以饷同志。虽卷帙无多，而其价值之贵重,可想见矣。本书凡百有十二术,始述针之术式,终则教以口传,并揭其术式之容易者,特设解释以说明之。其理奥,其辞明,读者得此一编,研求揣摩,不懈不倦,则管针之术,会心不远,用以应世,足破我国针术之新记录焉。民国二十一年三月十日,四明张世镳俊义序。

【按】《全国中医图书联合目录》载录。是书载列针刺手技112种,既有一般常用针术,还有管针的施用。各针法先介绍其术式,并详述"口传"解释,以与主治病症相对应。有1932年宁波东方针灸学社铅印本,藏中国国家图书馆、中国中医科学院、天津市医学科学技术信息研究所、镇江图书馆、长春中医药大学、上海中医药大学等图书馆。又见于《皇汉医学丛书》。

《针灸医案》 三卷 1911

亡名氏撰

悔过居士序:医者仁术也,大之可登人民于寿域,小之可疗一方之疾苦,历代圣君贤士莫不注意及之。如黄帝《明堂》之问答、仲景《伤寒》之著作、仁宗《千金》之校订、乾隆《医宗》之汇纂,皆所以广慈惠、救生命也。范文正曰不为良相则为良医,狄梁公曰为孝子者不可以不明医理,金仙证论云学道先学医,语云有万贯家财不如有一艺在身。以此言之,则医之不可不知也明矣。第医之最难知者莫如针灸,而医之最易知者,亦莫如针灸,盖不得师传则难,有人指授则易。溯自《灵》《素》不彰,针灸失传以来,迄今数千年,除历代圣佛仙真得其全谛外,其他则语焉不详,略焉不备,斯道之晦亦可概见。但晦梅生明,幸蒙敕封成王古佛就道,袁十五祖面谒药王,详加考证,始臻圆妙。又复本护道济善主旨,以所得心法授之于邓宪章夫子,递传于黄华岳夫子,又递传于姚学震夫子,迄今学者百余人,慈惠济世,辅助开化,道场前途,实多利赖。方今天时不正,灾祲迭乘,善社林立,多被摧残,不有医学,不特善缘难结,而且进行维艰。再四思维,惟有办道同人多习针灸,既能济世活人,又可广结善缘,善后之法,莫逾于此,办道同人,盍兴乎来?时在己巳仲冬月,悔过居士序于滨江大成祥迎圣室。

《明医寿世孙大真人真灵感应天尊谕》:一、以道德心从事,不可自存私见。二、不贫富,一律针灸。三、少年女子一律视为己之姊妹。四、凡有恶疾及秽臭等病,不可畏难苟安。五、凡来诊之病人,须体病人之意。六、除针药费之外,所得之钱须尽归道场。七、无论远近,不得因富而往,因贫而拒。八、不得自矜己长,须谦恭下人。九、随缘针灸,不得恃己之长以图炫耀。十、冤孽太重不治。以上各条若能一律遵守方可针,针见效处处欢迎,则吾将取死回生之妙术,时中教授倘有犯各条,所习针灸一律作为无效。切切此谕。

【按】《全国中医图书联合目录》载录。卷首列"明医寿世孙大真人真灵感应天尊谕"10条,其后各卷按诸风、眼耳鼻口、胸腹肿胀、伤感瘟疫等分列14门,载216病症,并按头部、中部、下部及杂症另设目次。每门先述病状或病源,次列治法(取穴、操作等),具有偏重针法、取穴偏多等特点。悔过居士另有《针灸医案》,成书于1929年,与本书不同。有抄本藏浙江省中医药研究院。

《痧惊合璧》 不分卷 1911

清・陈汝铥撰

序跋:《痧症要诀》一书,系暨阳陈氏秘本,相传已久,其四十有四症,皆绘具图像,检明穴堂,无不了如指掌,并随症施治,屡试屡验，真医中之仙术也！兹值番痧陟发，流入岭南，而于吾浙为尤甚。城市徬徨，莫知所措，乃陈氏后裔有汝铥先生者，慨然有济世之心。曰：痧之为症，危而且急，苟非如法速治，鲜有不立死者，吾安得秘此以自珍？遂付诸梓人，刊行世上，而山陬水澨略识之无者，可以照书医调，而无不立效，其于济世安人之策，岂无小补云？

【按】全书由3部分组成，分别为《痧症要诀》《惊风三十八症童人图》《急救经验良方》。《痧症要诀》载录了44种痧症，介绍针灸治法，或配合以方药，并注明预后，各痧症均绘有图像；《惊风三十八症童人图》介绍小儿惊风的症状、处理及注意事项，绘有童人图，治疗皆用灸法；《急救经验良方》载录了54种痧之兼类变症、痧症及喉科急症的治法方药，以及单验方的配制使用法度。陈氏生平、里居均不传。有清宣统三年辛亥(1911)绍兴明达书庄石印本藏中国中医科学院图书馆；有1917年上海天宝书局石印本藏中国中医科学院、山东中医药大学、河南中医药大学、山西省图书馆、陕西省中医药研究院、甘肃省图书馆、黑龙江省图书馆、贵阳中医学院、广州中医药大学；有1917、1930年上海千顷堂书局石印本藏中国中医科学院、北京中医药大学、河南中医药大学、呼和浩特市图书馆、上海交通大学、浙江中医药大学、成都中医药大学、四川省图书馆；有1930年上海文益书局铅印本藏上海中医药大学图书馆；有1931年上海广新书局石印本藏河南中医药大学、广西壮族自治区图书馆。

《历代针灸医案选按》 二卷 1911?

清·孔蔼如撰辑

【按】《全国中医图书联合目录》载录。本书前后均无序跋，无目录。为孔氏选录许叔微、朱丹溪、实材、杨继洲等数十位医家的针灸医案，涉及内、外、妇、儿、伤诸科100多种病症。如伤寒中风、痈疽、癫狂、产难、经水、小儿惊风、跌仆、犬伤等。一病一案，先录针灸处方，次载医家评论或孔氏按语，理法兼备。医案并无分类，杂乱成编，卷后有约三分之一空白稿纸，似摘录未毕。有抄本藏浙江省中医药研究院。

《秘本针灸医案》 不分卷 撰年未详

亡名氏撰

【按】《中医图书联合目录》载录。有待鉴定本藏内蒙古中蒙医研究所图书馆。

《针灸症治诀要》 不分卷 撰年不详

亡名氏撰

【按】《全国中医图书联合目录》载录。是书约成书于清末，论述病证病机与治法要点，主要采用针灸治疗，多为临证经验之心得。如开首即云："头为诸阳之会，阳中有阴，阴穴宜深，阳穴宜浅，四季随时。"又如"火亏水肿，取气海、丹田不效，直补命门二、三分及三焦俞"等。末附急救、杂证方。现存蔡蔚华抄本，藏河南中医药大学图书馆。

卷二 综合性医籍之针灸

《黄帝内经素问》 九卷 战国

战国·亡名氏撰

【按】原书九卷，计81篇。托名黄帝所述，实非出自一时一人之手，大约历经战国至秦汉陆续汇集而成，简称《素问》，与《灵枢》合称《黄帝内经》。全书以黄帝与岐伯、雷公等君臣问答体例讨论了摄生、藏象、病因病机、色脉诊法、治则方药、针刺方法及有关疾病治疗等内容。作为现存最早、最系统的医学经典著作，本书更是针灸理论的渊薮，系统记载了针灸临床运用的规范，为后世研究发展针灸学之蓝本。《黄帝内经素问》九卷本有日本田中靖左卫门刻本和日本风月左卫门刻本，藏中国中医科学院图书馆；十二卷本有明嘉靖金溪吴悌校刻本，藏上海图书馆、中国中医科学院图书馆(仅存《素问》)。现代铅印通行本众多，为中医经典著作之首。

《黄帝八十一难经》 二卷 战国

战国·勃海秦越人(扁鹊)撰

【按】又名《难经》《八十一难经》。本书大抵可分为难经集注系统、难经本义系统及古本难经系统，三者源流不同，其内容与编次略有差异。全书设81难，以问难答疑体例阐释并发挥《内经》等古医经要旨。其中62至68难论腧穴，69至81难论针法。其学术内容涉及中医学理论体系诸方面，脉诊、奇经、三焦命门、诸病病机及治则等论述多能阐发《内经》微义，并有与《内经》持不同论见者。在经络学及针法理论方面，不仅系统阐述了奇经八脉之循行、功能及病候特征，全面论述了五输穴、原穴、俞穴、募穴之作用，还确立了“虚则补其母，实则泻其子”“泻南方，补北方”等针刺治疗原则，对经络学说与针刺理论的完善和发展产生了积极的推动作用。有明经厂刻《医要集览》本藏中国中医科学院和成都中医药大学图书馆。通行本有1940年樊川乐素洞刻黄竹斋校本以及近代出版的多种铅印本。又见于《医要集览》《传世藏书·子库医部》等。

《伤寒杂病论》 十六卷 东汉

东汉·南阳张机(仲景)撰

【按】是书涉及针灸条文颇多，全书共有60余条。仲景用针重视辨证求本，随证施针；强调外感杂病都可用针治疗，实针虚灸各有所宜。仲景的针灸思想对后世影响颇深，在预防、诊治疾病中发挥着巨大的作用。有清乾隆娄东曹氏稿本藏南京图书馆；有清道光二十七年丁未(1847)海隐书屋刻本藏中国医学科学院、中国中医科学院、上海中医药大学等图书馆。通行本有1932年据曹氏稿本的影印本，藏南京中医药大学图书馆，现代各种铅印本版本众多。

《金匮要略》 三卷 东汉

东汉·南阳张机(仲景)撰

【按】又名《金匮玉函要略方论》《金匮要略方论》。因《伤寒论》已有王叔和编次本，故林亿等将《金匮玉函要略》之上卷删去，仅留中、下卷，又以下卷方剂分列诸证之下，遂编为上、中、下三卷，并采它书所载的仲景方与后世效方，分类附载于每篇之末，以广其法，从而自成一书，改为现名。计25篇，共载608节条文，所及病证60余种，方剂262首。《金匮要略》所涉针灸经典内容丰富，倡导针、灸、药用法有别；针灸治未病；临床证治灸药并用等思想，对后世针灸学的发展有深远影响。有元后至元六年庚辰(1340)邓珍序刻本藏北京大学图书馆；有

明洪武二十八年乙亥(1395)吴迁抄本藏上海图书馆;有明万历二十九年辛丑(1601)新安吴勉学校刻《古今医统正脉全书》本藏中国科学院、天津医学高等专科学校、中华医学会上海分会图书馆等;有明刻本、清康熙刻本藏中国科学院图书馆等。又见于《仲景全书》《古今医统正脉全书》《伤寒全书》《四部丛刊》《四部备要》。

《脉经》　十卷　280

魏晋·高平王熙(叔和)撰

【按】 本书是我国现存最早的脉学专著,又是一部保存了大量针灸资料的医学巨著,其中涉及针灸的内容约占全书的八分之一,为发展中医针灸理论和临床提供了借鉴。有元天历三年庚午(1330)广勤堂刻本藏中国国家图书馆;有明成化十年(1474)苏州毕玉刻本藏中国国家图书馆、上海图书馆;有明嘉靖赵康王朱厚煜居敬堂刻本藏北京大学图书馆、中国中医科学院图书馆(残)、上海图书馆;有明万历三年乙亥(1575)福建袁表校徐中行刻本藏中国国家图书馆、中国中医科学院图书馆(残,有朱笔校勘)、上海图书馆、上海中医药大学图书馆。通行本有1954年商务印书馆铅印本,1956和1962年人民卫生出版社影印本;有1957年上海卫生出版社影印本,1958年上海科技卫生出版社影印本,1959年上海科学技术出版社影印本。又见于《古今医统正脉全书》《程刻秘传医书四种》《守山阁丛书》《守中正斋丛书》《姜氏医学丛书》《周氏医学从书》《四部丛刊(影印元广勤书堂本)》《医学六经》《万有文库》《中国医学大成》《中国医药汇海》《基本医书集成》《石室丛抄医书十七种》《传世藏书·子库医部》等著作中。

《脉经》　撰年不详

亡名氏撰

【按】 脉学专著,是1900年在我国甘肃省敦煌市千佛洞中所发现的古代卷子之一种,现藏法国巴黎国立图书馆,编号P.3287。其书包含有针灸类的内容主要体现在:①论述了肺经经气流注及五输穴名称来源。如“以寸气下入泽(尺泽穴)中,泽能出水,流注太渊(太渊穴),以济于鱼(鱼际穴)”。②记载了肺经五输穴、风府、天柱、章门等14个穴位的精确定位及发际、项后、乳下等定位标志。③重视针药灸熨并举的综合治疗特色。如在治疗外感中风发热、头痛时,书中提到的先服桂枝汤等汤药以内治,配合膏药外摩以外治,后针灸特定穴位以加强疗效,且先针后灸,井然有序。④强调脉证结合辨证施治理论。全书以脉之阴阳虚实定或针或灸,或补或泻。全书针灸内容约占八分之一。

《肘后备急方》　三卷　晋

晋·句容葛洪(稚川,抱朴子)撰

【按】 又名《肘后救卒方》《肘后方》,梁·陶弘景将其整理成79方,并增补22方,以佛教一百一病之一说,足成101首,改名《补阙肘后百一方》,仍为上、中、下三卷。金皇统四年(1144)杨用道参考《经史证类本草》附方,依类附入书中,共增511方,名为《附广肘后备急方》。经多次增补,现通行八卷本。原书上卷即现存第一至四卷,为“内疾”;中卷即现存第五至六卷,为“外发”;下卷即现存第七至八卷,为“他犯”。全书内容涉及急救、传染病以及内、外、妇、五官、精神、骨伤、针灸各科。是书载有不少针灸验方,用灸甚多,其灸法内容,简明通俗,便于掌握,尚有推拿、角法(拔罐)、搐鼻、蒸、熨等疗法。有明嘉靖三十年辛亥(1551)襄阳吕氏刻本藏上海图书馆(残存六卷);有明万历二年甲戌(1574)剑江李栻刻本藏中国国家图书馆、上海图书馆、中国中医科学院、北京医科大学、陕西省中医药研究院等图书馆;有清乾隆五十九年甲寅(1794)修敬堂刻六醴斋医书本藏中国中医科学院、天津图书馆、天津中医药大学、山西医科大学、上海图书馆、中华医学会上海分会图书馆、上海中医药大学、扬州图书馆、成都中医药大学等图书馆。通行本有1955年商务印书馆铅印本,1956年人民卫生出版社据万历刻本影印本,1963年人民卫生出版社铅印本,1983年安徽科学技术出版社铅印本。又见于《道藏》《道藏医书十四种》《道藏举要》《四库全书》《六醴斋医书》《瓶花书屋医书》《中国医学大成三编》等著作中。

《刘涓子鬼遗方》 五卷 422

晋·京口刘涓子撰

南北朝·龚庆宣重修

【按】原书十卷已散佚,今仅存宋刻五卷本,亦因年久讹误脱漏甚多,1986年人民卫生出版社重新校勘整理出版。在针灸方面,本书强调灸法应用,用针则重排脓泄毒,为针灸学的发展奠定了坚实的基础。有宋刻本藏中国国家图书馆;有日本宽政八年丙辰(1796)养气堂刻本藏中国中医科学院图书馆;有清嘉庆桐川顾氏刻本藏上海图书馆。通行本有1956年人民卫生出版社据仿宋本影印本,1986年人民卫生出版社铅印本(于文中点校)。又见于《三三医书》《中国医学大成》《丛书集成初编》《历代中医珍本集成》《传世藏书·子库医部》。

《真诰》 二十卷 南北朝

南北朝·秣陵陶弘景(通明,华阳隐居,贞白先生)撰

【按】本书集录晋以前神仙真人授受口诀及叙述道教上清派源流等事,又参杂佛教经旨、封都鬼宫、地狱托生等说,记述神鬼往来、居处职司及其与善恶之人的关系等神话。据今本《真诰》卷十九《叙录》所载,全书计7篇20卷,仿纬书之例,篇名都以3字命题。分为"运象篇第一",四卷;"甄命授第二",四卷;"协昌期第三",二卷;"稽神枢第四",四卷;"阐幽微第五",二卷;"握真辅第六",二卷;"翼真检第七",二卷。本书载有针灸诸法,记录了道教针灸特有的腧穴,并涵盖按摩、导引等。肖少卿《中国针灸学史》中论及是书。

《都邑师道兴造石像记并治疾方》 一册 571

南北朝·都邑师道兴撰

【按】本书是据原碑刻文字撰编而成。卷首有《石像记》1篇,记载造像治疾、遣药刻方之由来;继而分设疗病之证32种,每种病证下列治方、针灸数之则,共计118方。药方均无方名,用药不繁,属当时民间单方之类。卷末附记1篇。这些石刻药方不仅可以治疗常见疾病,有相当一部分还能治疗现代人所说的疑难杂症。这些药方在制剂方法上有丸、散、膏、汤等;在治疗方法上有内服、外洗、敷、熏和针灸治疗。在针灸方面多论灸法应用。治疗工具有针、钳、绢、竹筒、葱管、铛等。有日本抄本藏上海中医药大学图书馆;有巢念修抄本藏上海中医药大学图书馆。

《小品方》 十二卷 约454—473

南北朝·陈延之撰

【按】又名《经方小品》。是书分为妇人门、小儿门、热病门、杂病门、救急门、金伤门、五官门、服石门等部分,共载方约420余

首，每首方有主治功效、组成、出处等。该书多论及灸法治病。本书早佚，其佚文散见于《外台秘要》《医心方》等书中。日本发现《经方小品》残卷，今人据之辑出《小品方辑校》本。通行本有1983年天津科学技术出版社铅印本、1995年中国中医药出版社铅印本。

《黄帝内经太素》　三十卷　约666

隋·辽西杨上善撰

【按】本书系我国现存最早对《内经》全书进行分类合纂的注释本。全书将《素问》《灵枢》原有卷篇据其学术内容重新编次，分摄生、阴阳、人合、藏府、经脉、腧穴、营卫气、身度、诊候、证候、设方、九针、补泻、伤寒、寒热、邪论、风论、气论及杂病共19大类，各类之下则据所述内容分若干子目，然后再逐条加以溯释。《太素》重视针灸治疗理论的注释，继承了《内经》中的中医整体观念，不仅开创了两经合纂、以类相从的研究先例，且因此而使《内经》的针灸学术理论体系较原书更加系统化。有日本天宝五年甲午(1834)奈须仪惪抄本藏中国中医研究院图书馆；有清光绪二十三年丁酉(1897)通隐堂刻浙西村舍汇刻丛书本藏中国国家图书馆、中国科学院、中国医学科学院、中国中医科学院、上海图书馆、上海中医药大学等图书馆。通行本有1955年人民卫生出版社据兰陵堂仿宋嘉祐本影印本，1965年人民卫生出版社铅印本，1992年北京中国书店影印本(1函8册)。又见于《兰陵堂校刻医书三种》《丛书集成初编》《中国医学大成续编》。

《诸病源候论》　五十卷　610

隋·巢元方撰

【按】又名《巢氏诸病源候论总论》《巢氏病源》。本书是我国第一部证候学专著，共计涉及71类疾病、1 739种病证。本书虽非针灸专著，但其收载的医学内容十分全面，包含的针灸及相关内容也十分丰富，涵盖经络、经筋、腧穴、刺灸、脉诊、导引等部分，其中所含的经络内容最为翔实。有元刻本藏中国国家图书馆、北京大学图书馆(卷六至卷十一抄本)；有明嘉靖歙岩镇主一斋刻本藏上海图书馆、上海中医药大学图书馆；有明嘉靖聚德奎堂刻本藏中国中医科学院、上海图书馆。通行本有1955年人民卫生出版社据周氏医学丛书本的影印本，1992年人民卫生出版社铅印本(题“诸病源候论校注”，《中医古籍整理丛书》)。又见于《四库全书》《周氏医学丛书》《中国医学大成》《传世藏书·子库医部》。

《外台秘要》　四十卷　752

唐·郿县王焘撰

【按】全书分1 104门(据今本核实为1 048门，或有散佚)，载方约6 743首。内容涉及临床各科，分篇论述。每篇首列《诸病源候论》有关病候，次述各家医疗方剂。书中卷三十九为明堂灸法七门，记载了经络、腧穴、特效穴等，其中各卷论灸治病甚多，是研究经脉、腧穴及灸疗应用等的重要参考文献。有宋刻本藏中国国家图书馆；有明崇祯十三年庚辰(1640)新安程衍道经余居刻本藏中国国家图书馆、中国科学院、中国中医科学院、上海图书馆、上海中医药大学图书馆。通行本有1955年人民卫生出版社据明崇祯十三年程衍道经余居本影印本。又见于《四库全书》。

《备急千金要方》　三十卷　652

唐·京兆华原孙思邈撰

【按】简称《千金要方》或《千金方》。全书计232门，载方3 360余首，其中卷二十九、卷三十专论针灸。本书对针灸论述丰富，强调针药并用，认为“知针知药，固是良医”。有元刻本藏中国国家图书馆（残存卷十一、卷二十九）；有明万历三十一年癸卯（1603）刻本藏中国医学科学院（朱蓝墨三色校点）、天津中医药大学图书馆；有清康熙三十年辛未（1691）江西喻正庵刻本临江府藏板藏中国国家图书馆、中国中医科学院、上海图书馆；有日本嘉永二年己酉（1849）江户医学据北宋本影刻本藏中国中医科学院、北京中医药大学、上海图书馆。通行本有1955年人民卫生出版社影印日本江户医学影宋本，1994年华夏出版社铅印本（实用中医经典名著大系，刘更生等校正），1933、1935年上海涵芬楼据明正统道藏本影印本，藏中国国家图书馆、中国中医科学院、上海图书馆、上海中医药大学。又见于《中国医学大成续编》《道藏》《四库全书》。

《千金翼方》 三十卷 682

唐·京兆华原孙思邈撰

【按】是书重视药物与针灸的配合治疗，认为“良医之道，必先诊脉处方，次即针灸，内外相接，病必当愈”。书中卷二十六至卷二十八专论针灸，对取穴和诸病的针灸治疗记述较详，并在临床各科中收载大量古方和当时验方。有明万历三十三年（1605）王肯堂校刻本藏中国中医科学院、上海图书馆、上海中医药大学；有清乾隆二十八年癸未（1763）金匮华希闳刻本保元堂藏板藏中国科学院、中国医学科学院、中国中医科学院等图书馆；有清光绪四年戊寅（1878）独山莫氏拓日本影刻元大德梅溪书院本影印本藏中国国家图书馆、中国科学院、中国医学科学院、中国中医科学院、上海图书馆、上海中医药大学等图书馆。通行本有1955年锦章书局影印本（六册），1955年人民卫生出版社据元大德梅溪书院本影印本。

《普济本事方》 十卷 1132

宋·真州白沙许叔微（知可）撰

【按】许氏重视灸法应用，本书载有丰富的灸法验案，体现了晋唐以来的重灸风尚。有日本享保二十一年丙辰（1736）大阪向井八三郎刻中正堂训点本藏中国医学科学院、中国中医科学院、天津中医药大学（存续集卷一至五）、大连市图书馆、吉林省图书馆（存本事方）、上海图书馆、上海中医药大学、湖南省图书馆；有日本元文三年戊午（1738）刻本藏北京大学图书馆；有日本刻本六珍书屋藏板藏上海中医药大学图书馆；有抄本藏中国科学院上海生命科学信息中心生命科学图书馆（存《本事方》）。

《伤寒百证歌》 五卷 1132

宋·真州白沙许叔微（知可）撰

【按】是书虽为伤寒类著作，但论述广泛，内容涉及伤寒、温病、杂病、针灸诸方面。其中有3首歌赋为针灸学内容，即《可针不可针歌》《可灸不可灸歌》《可火不可火歌》。许氏运用精炼朴素而通俗的语言，以简短的篇幅概括了深刻广泛的针灸内容，着重临床实用，读之朗朗上口，因而对针灸学的学习、理解、记忆、传播都起到了良好作用。有元刻本藏中国国家图书馆；有清咸丰二年壬子（1852）藏修书屋刻本藏上海图书馆、上海中医药大学图书馆；有清光绪十五年己丑（1889）上海江左书林石印本藏中国中医科学院、天津中医药大学、南京医科大学等图书馆；有铁琴铜剑楼影抄本（附《发微论》二卷）藏中国国家图书馆。又见于《述古丛抄》《十万卷楼丛书》《丛书集成初编》《中国医学大成续编》。

《伤寒发微论》 二卷 1132

宋・真州白沙许叔微(知可)撰

【按】是书为许氏研究《伤寒论》之心得体会,意在发微探奥。本书涉及针灸内容颇多,偏主用灸,反映了许氏重视灸法应用,还原了晋唐以来的重灸风尚。有元刻本藏中国国家图书馆;有明万历三十九年辛亥(1611)乔山堂刘龙田刻本藏上海图书馆;有清光绪刻本(附《伤寒百证歌》)藏上海中医药大学图书馆;有影宋抄本(附《伤寒百证歌》五卷)藏中国中医科学院图书馆。又见于《十五卷楼丛书》《丛书集成初编》《中国医学大成续编》。

《伤寒九十论》 一卷 1322

宋・真州白沙许叔微(知可)撰

【按】本书为许氏的临床验案,共90则,每则医案后引证《素问》《难经》等精义论述,故曰"九十论"。医案涉及内、妇、外感、内伤、杂病,多为疑难之证。凡脉证与仲景论述相合者,悉以仲景之法论治,预决其可治不可治。本书中所录许氏针刺验案,体现了许氏继承仲景刺法理论在临床所取得的良好效验,显示了仲景针刺理论的价值和实践意义。有清咸丰三年癸丑(1853)木活字排印琳琅秘室丛书本,藏中国中医科学院图书馆、上海图书馆。又见于《琳琅秘室丛书》《求志居丛书》《丛书集成初编》《中国医学大成》。

《太平圣惠方》 一百卷 992

宋・睢阳王怀隐撰

【按】全书百卷,分为1 670门,共载方剂16 834首。其中卷九十九至卷一百为针灸及人形经穴图。是书每门之首总论病源、证候及治法,其内容大多录自隋代巢元方《诸病源候论》,故理论观点比较统一。在经络、腧穴及针灸治法等方面,本书"采摭前经,研复至理",涉及针灸临床甚多,附有验案及人形图,对后世临床针灸证治有指导作用。有日本抄本藏中国中医科学院图书馆(残);有抄本藏中国国家图书馆(残)、中国中医科学院图书馆(残)、北京医科大学图书馆、四川省图书馆。通行本有1958年人民卫生出版社铅印本(二册)。

《圣济总录》 二百卷 1111—1117

宋・徽宗赵佶敕编

【按】本书由宋徽宗赵佶敕编于政和年间,故又名《政和圣济总录》。全书凡二百卷,分为60余门,载方近2万首。由于成书之际正值宋徽宗推行"天运政治"之时,故书首数卷大量论述了当时盛行的运气学说,与叙例、治法等合为本书的总论部分。之后自"诸风"至"神仙服饵"止,共分66门,每门之下又分若干病证,每种病证先论病因病机,次列方药治疗。综合全书所载病证,涉及内、外、妇、儿、五官、针灸诸科,以及其他杂治、养生等。其中第一百九十一至一百九十四卷为针灸专论,详载骨节名称和部位,并且统一穴位的排列顺序,将354个腧穴根据经脉走向重新排定,并对针灸处方进行了总结和补充,罗列了30多个腧穴由于误刺所造成的不良后果,以及针灸解救的方法。有元大德四年庚子(1300)江浙等处行中书省刻本藏中国国家图书馆(残)、中国中医科学院图书馆(残存二卷);有清乾隆五十年乙巳(1785)震泽汪氏燕远堂刻本藏中国国家图书馆、中国医学科学院、中国中医科学院、上海图书馆;有日本文化十三年丙子(1816)东都医学活字本藏北京大学图书馆;有1919年上海文瑞楼石印本藏中国国家图书馆、中

国医学科学院、中国中医科学院、北京中医药大学、上海中医药大学、上海图书馆。通行本有1962年人民卫生出版社铅印本。

《仲景伤寒补亡论》 二十卷 1181

宋·洛阳郭雍(子和,白云先生,冲晦居士)撰

【按】本书宋版本原为二十五卷,其中第十六卷及方药五卷佚于兵火。书首有著者自序、刘世延序、朱熹序等。全书共列64门,1 450条。其中卷八至卷十二载灸法与针刺之法,其余章节也对针灸内容各有涉及,对针灸临床应用具有指导价值。有明万历刻本藏北京中医药大学图书馆;有清道光元年辛巳(1821)徐锦校刻本心太平轩藏板藏中国科学院、中国医学科学院、中国中医科学院、上海图书馆;有清宣统三年辛亥(1911)武昌医馆校刻本藏中国医学科学院、中国中医科学院、上海中医药大学等图书馆。通行本有1959年上海科学技术出版社铅印本,1992年北京中国书店据宣统二年(1910)刻本影印本,1994年人民卫生出版社铅印本(中医古籍整理丛书)。又见于《豫医双璧》《武昌医馆丛书》《历代中医珍本集成》。

《秘传眼科龙木总论》 十卷 1564?

明·葆光道人撰

【按】又名《眼科龙木论》《秘传眼科龙木集》《秘传眼科龙木论》。本书是我国现存最早的眼科专著,是在唐代《龙树菩萨眼论》的基础上,经宋元医家补充、辑录其他医著内容后,刊行于明万历年间的。该书记录了唐代《龙树眼论》《刘皓眼论准的歌》等书籍的内容,系统地记述了常见内外障眼病72证,载录多种眼科外治法,并论及眼科常用经穴与针灸宜忌,特别是有关白内障的分类、检查、手术适应证与禁忌证以及手术前后中医辨证论治等内容,是一部承前启后的重要中医眼科著作。其中卷之八“针灸经”,列22论。有明万历大业堂刻本藏中国国家图书馆、中国中医科学院图书馆、上海中医药大学图书馆。通行本有1958年人民卫生出版社铅印本。又见于《传世藏书·子库医部》《中国医学大成三编》。

《苏沈良方》 十卷 1075

宋·眉山苏轼(子瞻,和仲,铁冠道人,东坡居士) 钱塘沈括(存中,梦溪丈人)撰

【按】原书十五卷,元明以后传本渐寡。现流传较广的为十卷本。本书论述范围广,记述各种单验方100余首,并载有本草、灸法、养生、炼丹以及医案等内容。关于疾病治疗学的记载,有内科、外科、眼科、妇科、小儿科等简要治法。所载灸法,详论主治病症及取穴方法,切实可行。有明嘉靖刻本藏中国中医科学院图书馆;有清乾隆四十一年丙申(1776)武英殿活字本(八卷)藏首都图书馆、中国中医科学院和上海中医药大学图书馆。通行本有1956年人民卫生出版社据六醴斋十书本的影印本。又见于《四库全书》《知不足斋丛书》《六醴斋医书十种》《艺海珠尘》《丛书集成初编》《中国医学大成三编》等。

《医说》 十卷 1224

宋·新安张杲(季明)撰

【按】全书共分49门,专列“针灸”门。本书涉及针灸内容颇多,内容丰富,史料翔实,为后世针灸学研究、继承与发展提供了基础。有宋刻本藏北京大学图书馆、南京图

书馆(元印有抄配);有明嘉靖二十三年甲辰(1544)上海顾定芳刻本藏中国中医科学院、上海图书馆。通行本有1984年上海科学技术出版社影印本(附续医说,中国医学珍本丛书)。又见于《四库全书》《中国医学大成三编》。

《伤寒总病论》　六卷　1100

宋・蕲水庞安时(安常,蕲水道人)撰

【按】此书为论治伤寒外感病的专著,在理、法、方、药方面对《伤寒论》进行继承与发展,设专篇研究温病,别温病于伤寒,独树一帜,在治疗外感热病方面,立新法、订新方,以羽翼伤寒。对急性热病的辨证论治提出了一整套切合临床实际的有效方药,确立四时五种温病的临床治疗法则,创立了五证七方理、法、方、药体系,以及使用大剂量清热解毒、辛散透发之品和外治法、针灸法等。有日本宽延四年(1751)抄本藏中国中医科学院图书馆(残,有批注);有清道光三年癸未(1823)黄氏士礼居覆宋刻本(附札记一卷)藏中国医学科学院、中国中医科学院、上海图书馆。通行本有1956年商务印书馆铅印本(附黄丕烈札记),1989年人民卫生出版社铅印本(邹德琛、刘华生点校)。又见于《士礼居黄氏丛书》《四库全书》《武昌医馆丛书》《丛书集成初编》《历代中医珍本集成》《中国医学大成三编》。

《扁鹊心书》　三卷　1146

南宋・真定窦材辑

【按】卷上载当明经络、须识扶阳、住世之法、大病宜灸,以及黄帝灸法、扁鹊灸法等,后附窦氏灸法50条;卷中载伤寒等证治法共69条;卷下载"阴茎出脓"等证治法53条,后列"周身各穴",包括巨阙至风府26穴。书末附"神方"一卷,为金液丹等94方,另附金线重楼治证、风气灵膏、汗斑神效方等。窦氏认为"医之治病用灸,如做饭需薪",主张大病须灸至数百壮,用穴于关元、中脘等外,尤推重食窦穴,称为"命关"(其位"对中脘、两乳三角取之",即以乳头为标志,前下方平中脘,后方成角处定为"命关"穴),以治各种脾病。全书以倡用灸法和丹药治病,"以扶阳气"为其特色,对灸法临床发挥尤多,书中附用灸医案40余例。有清乾隆四十七年壬寅(1782)王涿崖刻本藏中国中医科学院图书馆;有清光绪七年辛巳(1881)上海王氏刻本藏中国国家图书馆、中国中医科学院、上海中医药大学、上海图书馆。通行本有1992年中医古籍出版社铅印本(珍本医籍丛刊)。又见于《医林指月》《中西医学劝读十二种》《中国医学大成三编》。

《素问病机气宜保命集》　三卷　1186

金・河间刘完素(守真,通玄处士,河间居士)撰

【按】此书为刘氏晚年医药理论和临床心得之系统总结,共载刘氏自拟方及各家经验方250余首。全书三卷,共55篇。各篇均先剖辨病源,然后据证立法,随法出方,或间附针灸之法,并详述其方药加减治例。本书对疮疡分经取穴、八关大刺、热证用灸等均有发挥。有明万历二十九年辛丑(1601)吴勉学校刻古今医统正脉全书本藏中国国家图书馆、中国中医科学院图书馆;有明怀德堂刻本藏中国科学院、中国中医科学院、上海图书馆、上海中医药大学等图书馆。通行本有1959年人民卫生出版社铅印本。又见于《刘河间医学六书》《古今医统正脉全书》《四库全书》《丛书集成初编》《中国医学大成三编》《河间医集》。

《儒门事亲》 十五卷 1228

金·考城张从正(子和,戴人)撰

【按】书中前三卷为张从正亲撰,其余各卷由张氏口述,经麻知几、常仲明记录、整理而成。书中对针砭放血疗法发挥尤多,附治验20余例。有蒙古中统三年壬戌(1262)刻本藏北京中医药大学、辽宁中医药大学图书馆;有明嘉靖二十年辛丑(1541)刻本藏中国科学院、首都图书馆、中国中医科学院、上海图书馆(残);有明万历二十九年辛丑(1601)吴勉学校刻古今医统正脉全书本映旭斋藏板藏中国医学科学院、中国中医科学院、上海中医药大学等图书馆。通行本有1958年上海卫生出版社铅印本,1959年上海科学技术出版社铅印本。又见于《古今医统正脉全书》《四库全书》《豫医双璧》《中国医学大成》《子和医集》《中国医学珍品名著集成》《金元四大家医学全书》《金元四大医学家名著集成》《传世藏书·子库医部》。

《内外伤辨惑论》 三卷 1231

金·真定李杲(明之,东垣)撰

【按】此书为李杲生前定稿并作自序的唯一的著作。全书围绕饮食劳倦所伤而致脾胃病的诊察及治疗用药等理论作了较全面而系统的阐述,突出了脾胃盛衰在内伤病的发生、发展、变化中的重要地位,并由此在内伤诸疾的治疗中加以充分体现。书中对针灸记载颇多。有明成化二十三年丁未(1487)刻本藏北京中医药大学图书馆;有明嘉靖梅南书屋刻《东垣十书》本藏上海图书馆;有清文奎堂刻《东垣十书》本藏中国中医科学院图书馆。通行本有1959年人民卫生出版社铅印本,1982年江苏科学技术出版社铅印本(《中医古籍整理丛书》,丁光迪校注)。又见于《东垣十书》《古今医统正脉全书》《四库全书》《丛书集成初编》《中国医学大成续编》《东垣医集》《传世藏书·子库医部》《金元四大家医学全书》《金元四大医学家名著集成》。

《脾胃论》 三卷 1249

金·真定李杲(明之,东垣)撰

【按】此书发展了《内经》《难经》的理论,提出"人以胃气为本"的论点,阐发"内伤脾胃,百病由生"的病机理论,倡导培补脾土、潜降阴火的治则思想,形成较为系统的脾胃内伤病的辨证论治理论体系。全书共载医论36篇,方论63篇。书中关于针灸的记载颇多,明代高武还从《脾胃论》中摘录若干有关内容,在所著《针灸聚英》中,专立一章,名之曰"东垣针法"。有明万历二十九年辛丑(1601)新安吴勉学校刻《古今医统正脉全书》本藏上海中医药大学;有明万历本藏上海图书馆。通行本有1957年人民卫生出版社据《古今医统正脉全书》影印本,1960年上海商务印书馆铅印本。又见于《济生拔粹》《古今医统正脉全书》《四库全书》《丛书集成初编》《中国医学大成续编》《东垣医集》《中国科学技术典籍通汇》《中国医学名著珍品全书》《传世藏书·子库医部》《金元四大家医学全书》《金元四大医学家名著集成》。

《兰室秘藏》 三卷 1276

金·真定李杲(明之,东垣)著述
元·真定罗天益(谦甫)整理

【按】书名取《素问·灵兰秘典论》"藏灵兰之室"一语,以示所载方论有珍藏的价值。全书共21门,分述内、外、妇、儿、五官等各科病证方药;每门下首列方论,述其证治大要,次列诸方,间附验案以证其说。《兰室秘藏》作为与《内外伤辨惑论》《脾胃论》互

为羽翼的李氏学术代表作，不仅全面反映了其对临床各科疾病的基本认识和诊治经验，而且始终贯穿“内伤脾胃，百病由生”的学术思想，体现了诸病皆从脾胃调治的证治特色。全书共载280余首方剂，多属李氏创制，药味虽较多，配伍却精当，合于方药之理，切于临床实用。书中亦较多针灸相关记载。有元刻本藏中国国家图书馆；有明刻本藏中国国家图书馆、中国中医科学院图书馆(残)；有清文奎堂刻东垣十书本藏中国医学科学院、中国中医科学院等图书馆；有清光绪七年辛巳(1881)广州云林阁刻本藏上海图书馆。通行本有1957年人民卫生出版社影印本(吴勉学校)、1986年中医古籍出版社铅印本(赵立岩点校)。又见于《济生拔粹》《东垣十书》《古今医统正脉全书》《四库全书》《丛书集成初编》《影印元明善本丛书十种》《中国医学大成续编》《中医基础丛书第二辑》《东垣医集》《传世藏书·子库医部》《金元四大家医学全书》《金元四大医学家名著集成》。

《卫生宝鉴》　二十四卷　1281

元·真定罗天益(谦甫)撰

【按】罗氏为李东垣门人，兼采众家之长，并结合临证治验，撰成是书。全书共分4编。卷一至卷三为“药误永鉴”，卷四至卷二十为“名方类集”，卷二十一为“药类法象”，卷二十二至卷二十四，为“医验纪述”。今通行本于书末附刊“补遗”一卷，系明永乐十五年(1417)韩凝(复阳)、韩夷(公达)父子重刊本书时，选辑张仲景以来历代名家治疗外感等病之经验方剂。书中继承发扬了“东垣针法”，载有用灸验案9则。有明永乐十五年丁酉(1417)吴郡韩氏刻本藏中国中医科学院、浙江省图书馆；有清道光二十六年丙午(1846)宏道书院刻惜阴轩丛书本藏上海中医药大学图书馆。通行本有1959年商务印书馆铅印本，1963年人民卫生出版社铅印本。又见于《济生拔萃》《惜阴轩丛书》《影印元明善本丛书十种》。

《丹溪手镜》　三卷　1621

元·义乌朱震亨(彦修，丹溪先生)撰

【按】全书以介绍内科杂病证治为主，兼及妇人、小儿、五官诸证，计有医论13篇、病症148种，较为系统全面地体现了朱氏“阳常有余，阴常不足”的学术思想，以及临证善以气血痰郁诊治杂病的证治特色，其中多涉及针灸诊治。有明天启元年辛酉(1621)吴尚默等刻本藏中国科学院、上海图书馆(残)；有抄本藏中国中医科学院图书馆。通行本有1982年人民卫生出版社铅印本(冷方南，王齐南校点)。又见于《丹溪医集》《金元四大医学家名著集成》《金元四大家医学全书》。

《丹溪心法》　五卷　1347

元·义乌朱震亨(彦修，丹溪先生)述
明·浦江戴思恭(元礼，复庵)等辑纂

【按】全书较为集中和全面地反映了朱氏“阳常有余，阴常不足”学说以及气、血、痰、郁诸病治疗见解和丰富经验，是一部研究内科杂症和朱氏学说的重要著作。各病症篇均先援引朱氏原论，继之述戴氏之辨证，再分列主治方法，末设“附录”以进一步阐释其病名、病因病机、诊治要点及用药经验等。朱氏在前人理论的基础上结合自己的临床所见作进一步发挥，更为系统全面地完善了十二经病候及主治病症理论体系，对“手足阴阳经合生见证”即表里经同时受病发生的病症也作了33条补充。此外，书中对热证用灸机理也多有发挥。有明成化十

七年辛丑(1481)刻本藏中国中医科学院、上海中医药大学图书馆;有明弘治六年癸丑(1493)程祖兴等刻本(三卷)藏上海图书馆(残)、苏州图书馆、重庆市图书馆。通行本有1959年上海科学技术出版社铅印本。又见于《古今医统正脉全书》《丛书集成初编》《中国医学大成三编》《丹溪医集》《中国医学名著珍品全书》《金元四大家医学全书》《传世藏书·子库医部》。

《局方发挥》 一卷 1347

元·义乌朱震亨(彦修,丹溪先生)撰

【按】宋代官修《和剂局方》只列各方主治症候,不载病原,立法虽简便,而未能变通。本书为纠《和剂局方》之偏,以问答体例予以评论。全书针对局方配伍原则与辨证论治等共提出30多个问题,先设"或问",提出问题,而后阐发作者见解,分析利害,阐明医理,着重阐发了滋阴降火的治疗法则,指出《和剂局方》常以温补、辛香燥热之剂治病的偏向,主张戒用温补燥热之法。朱氏在运用灸法方面独具匠心,别开生面,认为灸法有补火、泻火等作用。书中反映了朱氏丰富的临床经验,收录了不少丹溪针灸医案,其中多用灸取效。有元刻本藏上海中医药大学图书馆(拜经楼吴氏藏本);有日本元禄二年己巳(1689)书肆武村新兵卫刻本藏上海图书馆;有清文奎堂东垣十书本藏中国中医科学院图书馆。通行本有1956年人民卫生出版社影印本。又见于《古今医统正脉全书》《丹溪全书十种》《四库全书》《陈修园医书五十、六十、七十、七十二种》《中国医学大成续编》《丛书集成初编》《续金华丛书》《历代中医珍本集成》《丹溪先生医著四种》《丹溪医集》《金元四大医学家名著集成》《金元四大家医学全书》。

《格致余论》 一卷 1347

元·义乌朱震亨(彦修,丹溪先生)撰

【按】全书共载医学论文43篇,在医学理论、临床各科,以及摄生养老方面均有独到的阐发,有"饮食色欲箴序""阳有余阴不足论""治病必求其本论""老论""慈幼论""倒仓论""相火论""房中补益论""张子和攻击注论"等名论。其中"阳有余阴不足论"和"相火论"两篇更集中地反映了朱氏的基本医学观点,对人体阴阳及相火理论进行了深入的阐发。书中也有颇多针灸相关论述,载有不少热证用灸的医案。有元刻本(附《局方发挥》)藏镇江市图书馆;有明嘉靖梅南书屋刻本藏上海图书馆;有明万历二十九年辛丑(1601)吴勉学校刻古今医统正脉全书本藏中国中医科学院、上海图书馆。通行本有1956年人民卫生出版社影印本、1984年江苏科学技术出版社铅印本(中医古籍小丛书,第一集)。又见于《东垣十书》《古今医统正脉全书》《四库全书》《丹溪全书十种》《丛书集成初编》《续金华丛书》《丹溪先生医著四种》《中国医学名著珍品全书》《中国科学技术典籍通汇》《金元四大医学家名著集成》《丹溪医集》《金元四大家医学全书》《传世藏书·子库医部》。

《脉因证治》 二卷 1775

元·义乌朱震亨(彦修,丹溪先生)撰
清·浙江石门汤望久(来苏)校辑

【按】全书介绍了临床各科病证共70篇,各证论候的次序先后为脉诊、病因、证候及治法,故名。本书为采集《丹溪心法》《活法机要》《格致余论》等书的有关内容编辑而成,疾病证治部分多涉及针灸治疗。有清乾隆四十年乙未(1775)合志堂刻本藏中国国家图书馆、中国科学院、中国中医科学院、上

海图书馆；有日本抄本藏上海中医药大学。通行本有1958年上海卫生出版社铅印本，1958年科技卫生出版社铅印本，1959年上海科学技术出版社铅印本，1986年上海科学技术出版社点校本。又见于《翠琅玕馆丛书》《芋园丛书》《周氏医学丛书》《中国医学大成》《丹溪先生医著四种》《金元四大家医学全书》《丹溪医集》。

《此事难知》 二卷 1308

元·赵州王好古(进之，海藏)撰

【按】此书为王氏编集其师李杲之医论，包括脏腑、经络、气血、营卫、诊法、病因病机、天人相关、治法等。认为络脉有十六，当增胃之大络；三焦既有名又有状，并对其生理功能、病理变化进行了论述，还载述了察面部形色、诊手心手背等诊法，并强调诊脉定吉凶。其中，对伤寒六经证治叙述尤详，并有个人创见，也在一定程度上反映了李杲的学术思想。上卷主要论述脏腑、经络的生理、病理，六淫所犯，辨证要点，五经(缺厥阴经)证治有关问题，其中伤寒内容最多；下卷广泛涉及《内经》《难经》及脉法、针灸等有关问题，常附图表以助述；"附录"主要为病证诊治法内容。王氏在针灸方面具有突出的贡献，尤其在伤寒热病针灸法、五输穴的使用及阳证灸法等方面。《此事难知》中王好古在《内经》五输穴的基础上，根据临床实际总结出五输穴的选用方法。有元至大元年戊申(1308)刻本藏苏州图书馆；有明成化二十年甲辰(1484)刻本藏中国国家图书馆；明万历二十九年辛丑(1601)步月楼刻东垣十书本映旭斋藏板藏中国中医科学院图书馆。通行本有1956年人民卫生出版社影印本、1985年江苏科技出版社铅印本(项平校注)。又见于《济生拔粹》《古今医统正脉全书》《东垣十书》《四库全书》《影印元明善本丛书十种》《中国医学大成续编》。

《景岳全书》 六十四卷 1636

明·会稽张介宾(会卿，景岳，通一子)撰

【按】全书对中医基础理论及临床各科证治均有深入阐述。在基础理论方面，对阴阳、命门及相火等学说颇具卓识；在辨证论治方面，立阴阳为"二纲"，表里虚实寒热为"六变"，作为辨证施治的纲领。于问诊、辨脉尤多阐发，列"十问"为问诊之要领。全书计《传忠录》3卷，《脉神章》3卷，《伤寒典》2卷，《杂证谟》29卷，《妇人规》2卷，《小儿则》2卷，《痘疹诠》4卷，《外科钤》2卷，《本草正》2卷，《新方八阵》2卷，《古方八阵》9卷，《妇人规古方》1卷，《小儿则古方》1卷，《痘疹诠古方》1卷，《外科钤古方》1卷。书中论及针灸内容颇多，第29至36卷《杂证谟》中提到20类针灸疗法，除5类涉及针法外，其余15类为灸方内容。有明刻本藏首都图书馆、上海图书馆；有清康熙四十九年庚寅(1710)会稽鲁超寅畏堂刻本藏中国医学科学院、中国中医科学院、上海中医药大学、上海图书馆。通行本有1958年上海卫生出版社铅印本，1959、1984、1991年上海科学技术出版社铅印本，1961、1991、1994年人民卫生出版社铅印本，1994年中国中医药出版社铅印本(《明清中医名著丛刊》)。

《类经》 三十二卷 1624

明·会稽张介宾(会卿，景岳，通一子)撰注

【按】此书将《素问》《灵枢》各篇原文章节按照其所述内容分别类归于摄生、阴阳、象、脉色、经络、标本、气味、论治、疾病、针刺、运气及会通等12类，每类下再分为若干篇，总计390篇，然后对经文逐条注疏阐释。由于内容以类相从，故名《类经》。书中对

《内经》作了较广泛深入的研究，对《内经》原文作了极为详尽的注释。在全面注释和分类研究方面做出了巨大贡献。书中卷七、卷八、卷九专述经络类，卷十九至卷二十二专述针刺类。有明天启四年甲子(1624)天德堂刻本藏中国国家图书馆、中国中医科学院、首都医科大学等图书馆；有明金阊童涌泉刻本藏中国科学院、天津中医药大学、山东中医药大学等图书馆；有日本宽政三年辛亥(1791)刻本(无附翼)藏南京图书馆；有清嘉庆四年己未(1799)金阊苹英堂刻本藏中国科学院、中国中医科学院、首都图书馆等；有清道光二十年庚子(1840)宏道堂刻本藏中国科学院、中国中医科学院、中国医学科学院等图书馆；有清光绪三十一年乙巳(1905)刻本藏福建中医药大学图书馆；有清致和堂刻本藏南京中医药大学图书馆；有1919年上海千顷堂书局石印本藏中国科学院、首都图书馆、中国中医科学院等图书馆；有日本据明天启四年刻本重刻本(附图说心法)藏中国国家图书馆、北京中医药大学、复旦大学图书馆等。通行本有1957年人民卫生出版社据明金阊童涌泉刻本影印本。

《类经图翼》 十一卷 1624

附《类经附翼》四卷

明・会稽张介宾(会卿，景岳，通一子)撰注

【按】《类经图翼》《类经附翼》为《类经》的续编。《类经图翼》采用图解方式以辅助《类经》注文之不足，故名"图翼"，意在补充发挥《类经》对《内经》有关针灸经穴等方面注释之未尽。卷一、卷二为运气部分，主要有太极、阴阳、五行、干支、五运、六气等图文解说；卷三至卷十为经络部分，主要对脏腑、骨度、十二经脉、奇经八脉的循行、经穴、主治针穴及针灸操作等进行了系统的论述，并配以图解；卷十一为针灸要览，主要讨论十四经针灸要穴和中风等数十种病证的灸法要穴，包括内科、妇科、儿科、外科、五官科等疾病。《类经附翼》卷四为针灸诸赋，录《玉龙赋》《标幽赋》《通玄指要赋》等前人针灸歌赋11首。主要版本与《类经》相同，主要有明天启四年甲子(1624)天德堂刻本、明金阊童涌泉刻本、清道光二十年庚子(1840)宏道堂刻本等，又见于《四库全书》。

《医学入门》 八卷 1575

明・南丰李梴(健斋)编

【按】李氏以刘纯所著《医经小学》为蓝本，广采《灵枢》《素问》及《本草纲目》之精义，分类编辑而成本书。卷首载有正背面孔穴图各1幅，以及井、荥、输、经、合歌，历代医家传略，运气等内容。卷一记述经脉、脏腑、诊断、针法、灸法等，问诊篇设问达56项，对头面、胸腹、二便、妇女经产等，均细细询问；卷二载述药物，分本草引与本草分类2项，以歌赋形式明药物性味、功效、适应证，宜读易记；卷三治痰治食门，包括米谷、菜、果、兽、禽、虫6部；卷四分外感、内伤，外感遵仲景、河间等论述纂要，内伤崇东垣立论为主；卷五为朱丹溪杂病纂要，包括杂病提纲与杂病分类；卷六为妇人小儿门；卷七为杂病用药赋一编；卷八在习医规中要求医生诊病先问发病时间，再从头至足逐一而辨，可依据伤寒六经传变法，或内外伤辨惑法，来辨证施治。后又有急救诸方以备选用。本书阐述针灸之学，列举了100多个临床常用穴位，尤对五输穴、八脉交会穴作了重点论述。李氏创立的多元阴阳迎随补泻法，发展了传统的补泻理论，特别是杂病穴法歌，流传甚广。有明万历三年乙亥(1575)刻本崇祯九年补刻本藏中国中医科学院、首都医科大学、云南中医药大学等图书馆；有日本

元和三年丁巳(1617)刻本藏北京大学图书馆；有明刻清印本古吴郁郁堂藏板藏中国中医科学院、首都医科大学、辽宁省图书馆等；有清乾隆四年己未(1739)刻本藏四川省图书馆；有清嘉庆二十一年丙子(1816)金阊同青堂刻本藏中国医学科学院图书馆；有清道光二十年庚子(1840)广城福文堂刻本藏北京中医药大学、长春中医药大学、黑龙江中医药大学(残)图书馆；有清咸丰六年丙辰(1856)广城青云楼刻本藏长春中医药大学、上海中医药大学、南京图书馆等；有清同治九年庚午(1870)红杏山房刻本藏中国中医科学院、安徽中医药大学图书馆；有清光绪三年丁丑(1877)维经堂刻本藏广州中医药大学图书馆；有1912、1931年上海扫叶山房石印本藏中国中医科学院、首都医科大学、天津中医药大学等图书馆；有民国上海千顷堂石印本藏上海中医药大学、安徽中医药大学图书馆。

《普济方》 四百二十六卷 1406

明·周定王朱橚修撰

【按】本书原一百六十八卷，《四库全书》改编为四百二十六卷。全书共计1 960论，2 175类，778法，239幅插图，载方61 739首，集15世纪以前方书之大成。其中卷四百零九至卷四百二十六为针灸，首为总论，并载历代著名针灸书的序例、歌赋，概述取穴、补泻等法，以及经络腧穴和各种证候的针灸疗法，总结了明以前针灸学内容。有明永乐周藩刻本(一百六十八卷)藏中国国家图书馆(存十九卷)、中国医科大学图书馆(残)、上海图书馆(存卷六十三、六十四)；有明抄本(一百六十八卷)藏中国国家图书馆(存三十五卷)；有民国庐江刘氏远碧楼据四库全书抄本藏上海图书馆(残)；有抄本藏中国中医科学院、北京中医药大学、四川省图书馆。又见于《四库全书》。

《红炉点雪》 四卷 1630

明·金溪龚居中(应园，如虚子，寿世主人)撰

【按】又名《痰火点雪》。此书为龚氏考校并汇辑《内经》以降诸家虚损论治精要，结合其临证心得而撰就的痨瘵专著。其中卷四专述痰火灸法、忌戒及却病摄生诸法，对灸治虚劳多有阐发。有明建邑书林刘大易刻本藏南通大学医学院图书馆；有清嘉庆九年甲子(1804)鄞江书林星聚楼刻本藏中国国家图书馆、中国医学科学院、中国中医科学院等图书馆；有清道光二十年庚子(1840)刻本平远楼藏板藏中国国家图书馆、中国中医科学院、天津图书馆等；有清光绪二十五年己亥(1899)杭州衢樽书局石印本藏中国国家图书馆、中国科学院、北京中医药大学等图书馆；有1930年上海千顷堂书局石印本(八卷)藏中国国家图书馆、北京中医药大学、山东省图书馆。又见于《中国医学大成》。

《寿世保元》 十卷 1615

明·金溪龚廷贤(子才，云林，悟真子)撰

【按】是书为一部切于家庭实用的集明朝内府之所珍藏、宇内士夫之所家袭、方外异人之所秘传的宫廷医学养生全编，书中龚氏提供了为后世所公认的能收万全之功的补中益气汤、十全大补汤、六味地黄丸3方的配方和使用方法。在卷十中，特立“灸法”一章，首详灸治注意事项，次叙取穴，继述诸病灸法，撷取众长，融会贯通，条理清晰，堪为临床医家参考、运用。有明刻本藏中国科学院上海生命科学信息中心生命科学图书馆；有日本正保二年(1645)风月宗知据明周氏光霁堂本影刻本藏北京大学、中国中医科

学院、山西省图书馆等；有清康熙六年丁未(1667)刻本藏故宫博物院、天津市医学科学技术信息研究所、上海中医药大学等图书馆；有清雍正十年壬子(1732)刻本藏解放军医学图书馆；有清乾隆二十年乙亥(1755)广城福文堂刻本藏浙江大学、云南中医药大学图书馆；有清嘉庆二年丁巳(1797)大经堂刻本藏吉林省图书馆；有清道光三年癸未(1823)藜照书屋刻本藏浙江图书馆、成都中医药大学图书馆；有清咸丰八年戊午(1858)广城青云楼刻本藏长春中医药大学、广东省立中山图书馆；有清同治一年壬戌(1862)永福堂刻本藏陕西省图书馆(残)；有清光绪六年庚辰(1880)姑苏紫文阁刻本藏山东省图书馆、河南省图书馆、上海中医药大学图书馆；有清宣统一年己酉(1909)上海朱氏焕文书局石印本藏陕西中医药大学、南京中医药大学图书馆；有清文光堂刻本藏中国医学科学院、河南省图书馆；有1922年上海章福记书局石印本藏浙江图书馆；有民国上海校经山房铅印本藏中国科学院图书馆、首都图书馆。

《万病回春》 八卷 1587

明・金溪龚廷贤(子才，云林，悟真子)撰

【按】 龚氏“祖轩、岐，宗仓、越，法刘、张、朱、李及历代各家，茹其英华，参以己见，详审精密，集成此书”。书中选择病种较多，辨证详明，治法方剂选辑颇精。龚氏在灸法和脐疗上治疗特色突出，拓宽了灸法的治疗范围，不仅可治疗急危重症和疑难杂症，还能防病保健；丰富了灸穴取用思路，善取局部穴位治疗痈疽疮疡，取穴方法简单易行，又善用经外奇穴；施灸方法多样，以麦粒灸和隔物灸为特色，延展了灸法应用思路；注重施灸细节，在体位、壮数、顺序等方面提出了独特见解；脐疗应用特色突出，方法涉及蒸脐法、熨脐法、填脐法，可有效利用各类优势治疗疾病。其灸法和脐疗应用有较大的研究价值，对现今临床应用有较大的启发。有明万历十六年戊子(1588)苏州叶龙溪序刻本藏北京大学、苏州大学、吉林大学白求恩医学部图书馆等；有日本庆长十六年(1611)据金陵周氏刻本重刻本藏北京大学图书馆；有清康熙元年壬寅(1662)刻本藏浙江图书馆；有清乾隆七年壬戌(1742)文重堂刻本藏内蒙古自治区图书馆、苏州市中医医院图书馆；有清嘉庆五年庚申(1800)文德堂刻本藏广州中医药大学图书馆；有清道光八年戊子(1828)文渊堂刻本藏天津市医学科学技术信息研究所；有清咸丰八年戊午(1858)刻本藏山西医科大学博物馆；有清同治九年庚午(1870)书业德记刻本藏山东大学医学院、内蒙古自治区图书馆；有清光绪二十七年辛丑(1901)、三年丁未(1907)上海京师书业公司石印本藏甘肃省图书馆、齐齐哈尔图书馆、上海中医药大学图书馆等；有清南溪书屋刻本藏北京中医药大学图书馆；有1915、1948年上海广益书局石印本藏山西中医药大学、长春中医药大学、黑龙江中医药大学图书馆等；有民国绿慎堂刻本藏中国医科大学图书馆；有营口成文厚记石印本藏中国中医科学院图书馆。

《士材三书》 九卷 1667

明・华亭李中梓(士材，念莪，荩凡居士)撰

清・长洲尤乘(生洲，无求子)增辑

【按】 此书为辑录李士材所撰《诊家正眼》三卷、《本草通玄》二卷、《病机沙篆》而成，增辑清代名家尤乘所编《寿世青编》二卷，主要阐述勿药须知、疗心法言、服药须知及病后调理之法。《士材三书》书中卷一有奇经八脉一节，卷四有孔穴图，卷五、六有针灸疗法，书中有经穴专论，证治用针灸内容颇为丰富。有清康熙四十七年戊子(1708)

苹秀堂刻本藏中国国家图书馆；有清雍正六年戊申(1728)大典堂刻本藏中国中医科学院、山西医科大学、南京中医药大学等图书馆；有清乾隆三十二年丁亥(1767)丞德堂刻本藏首都医科大学、天津图书馆、陕西中医药大学图书馆等；有清嘉庆九年甲子(1804)金阊书业堂刻本藏中国中医科学院、北京中医药大学、天津中医药大学附属第一医院图书馆等；有清光绪十三年丁亥(1887)上海江左书林刻本藏首都图书馆、中国科学院、中国中医科学院图书馆等；有清宣统二年庚(1910)锦文堂刻本藏内蒙古医学院中蒙医学院图书馆；有清贵文堂刻本藏天津中医药大学附属第一医院、山东省图书馆；有1918年上海校经山房石印本藏中国中医科学院、首都医科大学、山东大学医学院图书馆；有江苏江阴宝文堂刻本藏天津中医院图书馆。

《奇效良方》　六十九卷　1470

明·会稽董宿编著
明·吴兴方贤、杨文翰补订

【按】太医院使董宿编辑诸家名方而成《试效神圣保命方》十卷，未竟而病逝，后由太医院使方贤与御医杨文翰重加订正，并改为现名(增至六十九卷，又名《太医院经验奇效良方大全》)。书分64门，有论有方，载方达7 000余首，主要以《内经》《脉经》等书理论为依据，综合内、外、妇、儿、杂病，汇集宋代至明初医方精华。书中第五十五卷专论针灸，主要介绍针灸的各种具体操作方法，并首创将“奇穴”单独立节专论。其余各卷证治也多涉及针灸。有明成化九年癸巳(1473)太医院刻本藏中国中医科学院、吉林省图书馆(存六十六卷)；有明正德六年辛未(1511)刘氏日新书堂刻本藏南京图书馆(存六十四卷)、浙江图书馆；有据明刻本抄本藏云南中医药大学图书馆。

《补要袖珍小儿方论》　十卷　1574

明·衢州徐用宣原撰
明·庄应祺补要

【按】全书以明代徐用宣《袖珍小儿方》为蓝本进行增补而成。载方论61篇，诊法图7幅，灸法图16幅，歌诀13首，方剂700余则。本书对望诊及切诊阐述颇详，且备形图歌诀，对新生儿接生、断脐、封脐、洗浴、哺乳、消乳、剃头、护养等亦述及，所载方均明示其主治，对伤寒、痫症、痘疹等，论述更为详备。其中卷十为小儿明堂灸经，述灸法，涉及经穴、针灸宜忌，并载灸法图及穴道诀。有明嘉靖十一年壬辰(1532)赣州陈琦刻本藏安徽省图书馆；有明万历二年甲戌(1574)太医院校刻本藏中国中医科学院、山东省图书馆、上海中医药大学图书馆；有清刻本藏抚顺市图书馆(残)；有据明万历刻本影抄本藏南京图书馆。

《薛立斋医案全集》　二十四种九十六卷　1861

明·吴县薛己(新甫，立斋)撰

【按】薛氏治医的特点是：①承受了明以前李东垣等温补学派的衣钵，偏于温补固本。②擅长外科，沈启原序《外科枢要》：“先生神于医而尤以疡擅名，所为诸疡书甚具。”③重视治验记录，辑有大量的医案。薛氏医案中，有关针灸医案不下百案，尤对针砭放血及灸法治外科病记载及验例甚多。有明万历刻本藏鞍山市图书馆(残)、黑龙江中医药大学、复旦大学图书馆等；有明陈长卿刻本藏首都医科大学(残)、河南中医药大学、上海图书馆等；有清嘉庆十四年己巳(1809)书业堂刻本藏中国国家图书馆、中国医学科学院、中国中医科学院等图书馆；有清味经堂刻本藏中国中医科学院图书馆；有清末上

海焕文书局石印本藏首都医科大学、天津中医药大学附属第一医院、青岛市图书馆等；有1921年大成书局石印本藏中国中医科学院、北京中医药大学、首都医科大学等图书馆。

《名医类案》 十二卷 1549

明·歙县江瓘(民莹，篁南)撰辑

【按】此书为江氏收集历代名医验案、家藏秘方，旁采经、史、子、集有关资料汇辑而成。辑录自淳于意、华佗至明代诸家医案，以及江氏个人临证验案共2 300余案，分205门。本书对明以前重要医家的治病经验，包括内科、外科、五官科、妇产科、儿科及传染病等多种病证进行了一次较为全面的总结，书中记载有颇多运用针刺和灸法的医案。有明万历十九年辛卯(1591)江应宿序刻本藏中国中医科学院、中国医科大学、黑龙江中医药大学等图书馆；有日本元和九年癸亥(1623)猪子梅寿刻本藏中国中医科学院、上海中医药大学图书馆；有清乾隆三十五年庚寅(1770)新安鲍氏知不足斋刻本藏中国国家图书馆、中国医学科学院、中国中医科学院图书馆等；有清同治十年辛未(1871)藏修堂重刻知不足斋本藏中国国家图书馆、首都图书馆、中国中医科学院图书馆等；有清光绪四年戊寅(1878)文富堂刻本藏甘肃省图书馆、成都中医药大学、吉林大学白求恩医学部图书馆。又见于《四库全书》。

《本草纲目》 五十二卷 1578

明·蕲州李时珍(东壁，濒湖山人)撰

【按】是书为我国16世纪之前药学成就之集大成者，共收载药物1 892种，附药图1 000余幅，阐发药物的性味、主治、用药法则、产地、形态、采集、炮制、方剂配伍等，并载附方10 000余首。书中对各种针灸法、诸病证治用针灸论述颇多，另附《奇经八脉考》。有明万历二十一年癸巳(1593)金陵胡承龙刻本藏中国中医科学院、上海图书馆；有明刻本清初立达堂印本藏中国国家图书馆；有清顺治十二年乙未(1655)刻本太和藏堂板(附濒湖脉学、脉诀考证、奇经八脉考、本草万方针线)藏中国国家图书馆、中国医学科学院、中国中医科学院等图书馆；有清康熙二十三年甲子(1684)金阊绿荫堂刻本藏北京大学、山西省图书馆、辽宁省图书馆等；有日本正德四年甲午(1714)含英豫章堂刻本(附濒湖脉学、脉诀考证、奇经八脉考、本草图翼结髦居别集)藏中国中医科学院、河北医科大学、甘肃省图书馆等；有清乾隆三十二年丁亥(1767)三乐斋校刻本(附濒湖脉学、脉诀考证、奇经八脉考、本草万方针线)藏中国人民大学、中国中医科学院(残)、故宫博物院等；有清道光六年丙戌(1826)务本堂刻本(附濒湖脉学、脉诀考证、奇经八脉考、本草万方针线)藏首都图书馆、中国中医科学院、故宫博物院等；有清同治六年丁卯(1867)藜照书屋刻本藏成都中医药大学图书馆；有清光绪元年乙亥(1875)、三十年甲辰(1904)、宣统元年己酉(1909)上海经香阁石印本(附濒湖脉学、脉诀考证、奇经八脉考、本草万方针线)藏中国中医科学院、辽宁省图书馆、沈阳市图书馆等；有清本立堂刻本(附濒湖脉学、脉诀考证、奇经八脉考)藏中国国家图书馆、南开大学图书馆、上海图书馆等。通行本有1913、1323、1926、1930、1932、1933、1935、1940年上海商务印书馆铅印本(附奇经八脉考、本草万方针线、本草纲目拾遗)，藏中国国家图书馆、首都图书馆、中国中医科学院图书馆等，1988、1996年中国书店据1930年商务印书馆铅印本影印本，1993年上海科技出版社据明万历金陵胡承龙刻本影印本。又见于《四库全书》《万有文库》。

《医学六要》　十九卷　1609

明·应天张三锡(叔承,嗣泉,嗣全)撰

【按】张氏认为医学要旨有诊法、经络、病机、药性、治法、运气6个方面,采辑《内经》《难经》《伤寒论》《金匮要略》及历代医著与六要有关内容分别予以汇编,分为四诊法一卷、经络考一卷、病机部二卷、本草选六卷、治法汇八卷、运气略一卷。有明万历刻崇祯17年张维翰重修本藏中国中医科学院(残)、长春中医药大学、苏州市中医医院图书馆等;有明崇祯十二年己卯(1639)刻本藏中国医学科学院(残)、宁波市图书馆;有明聚锦堂刻本藏上海图书馆;有日本刻本藏长春中医药大学图书馆、湖南省图书馆。

《古今医统大全》　一百卷　1554

明·祁门徐春甫(汝元,汝源,思鹤,东皋)辑

【按】全书引明代中叶以前医书及经史子集著作约390余部,为一部卷帙浩繁的综合性医学全书。其中卷六至卷七为经穴针灸;卷八至卷九十二为临床各科证治,包括内、外、妇、儿、骨伤、五官科以及老年病400余种,每病载有病机、脉候、治法、方药、易简诸方、灸法、导引法等项。该书涉及针灸内容广泛,理论、临床皆俱。徐氏在书中推崇《内经》,提倡经络养生,重取穴法,定经长短,强调刺宜从时、针有其法,倡导针药并用,尤尚灸法。有明隆庆四年庚午(1570)陈长卿刻本德聚堂藏板藏中国中医科学院、中国医学科学院(残)、上海图书馆等;有明万历刻本藏中国科学院、上海图书馆(残);有日本明历三年丁酉(1657)立野据金陵唐氏刻本重刻本藏中国中医科学院、长春中医药大学图书馆;有日本万治三年庚子(1660)刻本藏中国医学科学院、南京图书馆;有日本半半堂抄本(十八卷)藏首都医科大学图书馆。通行本有1996年中医古籍出版社据明嘉靖三十六年陈长卿刻本影印本。

《乾坤生意》　二卷　1406

明·宁献王朱权(臞仙,玄洲道人,涵虚子,丹丘先生)编

【按】此书内容分述用药大略、运气、各科病证治法以及丹药、膏药、针灸等,卷帙不多,包罗颇广。上卷论述用药大略、五运六气,并载录预防中风、诸风、五痹等13类内科病证的455个经验方和临床加减用法。下卷主要载录妇、儿、外、五官、骨伤等科24类病证的556个经验方和针灸科病症的若干治疗方法。有明刻本藏中国国家图书馆、解放军医学图书馆(残);有据明成化十四年(1478)刻本复制本藏中国中医科学院图书馆。

《医学纲目》　四十卷　1565

明·萧山楼英(公爽,全善)撰

【按】全书以阴阳脏腑分病为纲,分11部。卷首为总论,其后为阴阳脏腑部9卷,肝胆部9卷,心小肠部5卷,脾胃部5卷,脾肺部1卷,肺大肠部1卷,肾膀胱部2卷,伤寒部4卷,妇人部2卷,小儿部4卷,运气部1卷。各部皆以病证分门别类,每门列举不同病证之证候、治法及方药。书中第一部载刺灸法,对针灸有所发挥,在针灸临床中颇具指导价值。有明嘉靖四十四年乙丑(1565)曹灼刻本藏中国国家图书馆、中国科学院、首都图书馆等;有明刻本藏中国国家图书馆、中国医学科学院、中国中医科学院等图书馆;有明抄本藏天津图书馆(残)、天津中医药大学图书馆(残);有据明世德堂刻本复制本藏中国中医科学院图书馆。通行本有1937年上海世界书局铅印本藏中国国家图书馆、中国中医科学院、北京中医药大学等图书馆。

《潜斋医学丛书十四种》 三十六卷 1838

清·海宁王士雄(孟英,梦隐,潜斋,随息居士,海昌野云氏,半痴山人)撰辑

【按】“潜斋”为清代名医王士雄的书斋名。《潜斋医学丛书》为王氏等医家所撰辑若干种医书之合称,有三、五、八、十四种本之分。八种本包括《言医》(裴一中撰,王士雄评选);《愿体医话良方》(史典撰,俞世贵补);《医砭》(徐灵胎撰,张鸿补辑);《霍乱论》(王世雄撰);《潜斋简效方》(附《潜斋医话》,王世雄辑);《柳洲医话良方》(魏之琇辑);《女科辑要》(沈尧封辑,徐政杰补注);《重庆堂随笔》(王学权撰,王国祥注)。十四种本除上述八种外,另有《四科简效方》(王世雄辑);《古今医案按选》(俞震撰,王世雄等评);《王氏医案》(周鑅辑);《王氏医案续编》(张鸿辑);《王氏医案三编》(徐然石辑)及《归砚录》(王世雄撰)。王氏学验俱丰,故所撰辑之丛书为医林所重,流传颇广。书中对热证忌灸及针药结合治病多有发挥。八种本有清咸丰四年甲寅(1854)潜斋刻本藏山东省图书馆(题作《潜斋医学丛书七种》,少《重庆堂随笔》);1912 年上海李钟珏铅印本藏中国国家图书馆、中国医学科学院、中国中医科学院等图书馆。十四种本有 1912 年石印本藏陕西中医药大学、辽宁中医药大学、上海图书馆;1918 年集古阁石印本藏中国中医科学院、北京中医药大学、上海中医药大学等图书馆。

《串雅外编》 四卷 1759

清·钱塘赵学敏(恕轩,依吉)编

【按】《串雅》有内、外两编,本书为《串雅》的外编部分,分为 28 门、593 条(方)。卷一为禁药门、起死门、保生门、奇药门,卷二为针法门、灸法门、熏法门、贴法门、蒸法门、洗法门、熨法门、吸法门、杂法门,卷三为伪品门、法制门、药品门、食品门、杂品门,卷四为取虫门。书中整理收集了大量民间走方医的防治疾病经验,丰富了祖国医药内容。书中第二卷有针法门、灸法门共 23 条,列有 13 方,治疗病种广泛,其中治疗痈疽肿毒者为多。有清光绪宣统间抄本藏中国医学科学院图书馆;有清常熟周左季抄本藏中国中医科学院图书馆;有清抄本藏中国国家图书馆;有抄本藏中国医学科学院、中国中医科学院、北京中医药大学等图书馆。通行本有清末铅印本藏中国国家图书馆,1915 年上海广益书局铅印本藏苏州市中医医院图书馆,民国上海扫叶山房石印本藏天津医学高等专科学校图书馆。

《急救广生集》 十卷 1805

清·桐乡程鹏程(通清,南谷,讴叟)撰

【按】又名《得生堂外治秘方》,是现存最早的外治法专著,较《理瀹骈文》早问世 59 年。全书广征博引,仅引用之书目就多达 490 余种,不仅汇集了历代名医著录及民间广为传用的外治方法和用药经验,而且还有从各种笔记杂著中爬剔而得者,使外治之法蔚然大观。是书以各科病症门类齐全、选方用药简便实用之特点而见长,对外治法应用研究有重要参考价值。书中共辑录外治方 1 500 余首,均据其主治病症分门类编,以备读者仓卒遇病时对症寻检外治之法、效验之方。书中多涉针、灸、砭等方法。有清嘉庆十年乙丑(1805)得生堂刻本藏上海中医药大学图书馆;有清道光十一年辛卯(1831)王采霞书坊刻本藏解放军医学图书馆;有清道光十一年辛卯(1831)得生堂刻本藏辽宁中医药大学图书馆。通行本有 1984、1992、1995 年中国中医药出版社铅印本(明清中医临证小丛书,张静生点校)。

《医学指归》　二卷　1848

清·高邮赵术堂(观澜,双湖)撰

【按】卷首为十二经脉和脏腑图,次分十二经脉逐条阐述。每经首列《灵枢·经脉》中有关条文,继对经脉解、诸穴歌、病证解、本草脏腑虚实标本用药式等详加论述,末附“奇经八脉歌”,示明其大致循行路线;“穴同名异类”,指明一穴二名,乃至一穴六名之处;“名同穴异类”,指出二穴一名之现象。本书重点论经穴,以引经、绘图、论述相结合,并将理法方药一以贯之,对脏腑辨证、十二经脉辨证及其治疗(用药、针灸等)阐发甚详。有清咸丰一年辛亥(1851)高邮赵春普等刻本藏中国国家图书馆、天津市医学科学技术信息研究所、洛阳博物馆等;有清同治一年(1862)高邮赵氏旌孝堂刻本藏中国科学院、中国医学科学院(残)、中国中医科学院等图书馆;有清刻本藏安徽中医药大学图书馆;有1928年上海中一书局受古书店石印本藏中国中医科学院、天津中医药大学、长春中医药大学等图书馆。

《医门法律》　六卷　1658

清·南昌喻昌(嘉言,西昌老人)撰

【按】此书为喻氏晚年采集群芳并结合自己的临床经验撰写而成,书中还体现了喻氏重视医德规范“以律戒医”的医德思想,是我国第一部研究医德规范的著作,在中国医学伦理史上具有划时代的意义。本书卷一阐发望、闻、问、切四诊法则9条,次述《内经》《伤寒论》证治法则,并列先哲格言;卷二至卷六以风、寒、暑、湿、燥、火六气及杂症分门论述各类疾病的证治,每门先列“论”,分析每一病证的病因病机,次为“法”,再为“律”,末附诸方。书中有颇多涉及针灸、经络的内容。有清顺治十五年戊戌(1658)著者序刻本藏陕西中医药大学、辽宁中医药大学、中国科学院上海生命科学信息中心生命科学等图书馆;有清康熙五十三年甲午(1714)刻本藏安徽中医药大学图书馆;有日本宽文五年乙巳(1665)村上兵卫尉刻本藏中国医学科学院、吉林大学白求恩医学部图书馆;有清乾隆三十年乙酉(1765)黎川陈守诚刻本集思堂藏板(二十四卷)藏中国国家图书馆、中国科学院、北京大学等图书馆;有清光绪五年己卯(1879)京都成兴斋刻本藏山西中医药大学图书馆;有清经纶堂刻本藏河南中医药大学、陕西中医药大学、吉林省图书馆;有清末上海进步书局刻本藏内蒙古自治区图书馆、甘肃省图书馆、锦州市图书馆等。通行本有1926、1929年上海锦章书局石印本藏天津医科大学、天津中医药大学、陕西中医药大学图书馆等,民国上海章福记书局石印本藏南通图书馆。又见于《喻氏医书三种》《四库全书》。

《徐灵胎十二种全集》　二十三卷　1864

清·吴县徐大椿(大业,灵胎,洄溪道人)撰

【按】全集汇编徐氏著作12种,大多为医学专著。包括《难经经释》二卷、《神农本草经百种录》一卷、《伤寒类方》一卷、《医学源流论》二卷、《医贯砭》二卷、《兰台轨范》八卷、《慎疾刍言》一卷、《洄溪医案》一卷、《洄溪道情》一卷、《阴符经注》一卷、《乐府传声》不分卷、《老子道德经》二卷。徐灵胎临证重视针刺法、灸法及穴位定位,著述详细介绍定位方法及操作要领。临床诊治强调针灸并用、针药结合、灸药同用治疗各科疾病,给后世留下了宝贵的财富。有清同治三年甲子(1864)半松斋刻本洄溪草堂藏板藏中国国家图书馆、中国中医科学院、北京中医药大学等图书馆;有清同治三年甲子(1864)彭树萱善成堂刻本藏中国中医科学院、北京中

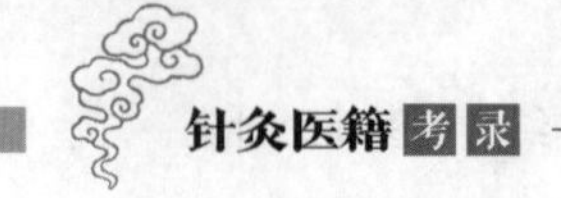

医药大学、首都医科大学等图书馆；有清经纶堂刻本藏中国医学科学院、中国中医科学院、青岛大学医学院、辽宁中医药大学图书馆；有清文奎堂刻本藏中国中医科学院、内蒙古自治区图书馆、长春中医药大学等图书馆；有1941年宝庆富记书局刻本藏首都医科大学、河南中医药大学、甘肃省图书馆等。

《冷庐医话》 五卷 1858

清·桐乡陆以湉(敬安，定圃)撰

【按】本书为作者数十年间的读书札记，前两卷论述医范、医鉴、慎疾、保生、慎药、求医、诊法、脉药，以及对古今医家、医书的评述；后三卷记载前代及当代医家对于临床多科疾病的诊治经验，间附作者的临证心得。本书卷五含有针灸专论，主要论灸，载有验案，精简易记，有一定的参考价值。有清咸丰刻本藏中国国家图书馆；有清光绪二十年甲午(1894)抄本藏上海中医药大学图书馆；有清末苏州留云阁刻本藏苏州图书馆。通行本有1916、1934年上海千顷堂书局石印本藏中国国家图书馆、首都图书馆、中国中医科学院图书馆等，1920年文明书局铅印本藏首都图书馆，1937年铅印本藏吉林市图书馆。又见于《中国医学大成》。

《续名医类案》 三十六卷 1774

清·钱塘魏之琇(玉璜，柳洲)编
清·海宁王士雄(孟英，梦隐，潜斋，随息居士，海昌野云氏，半痴山人)删订

【按】魏氏鉴于《名医类案》收录上的缺漏，拾遗补漏著成《续名医类案》六十卷，后经王孟英删订为现行的三十六卷。全书计345类病证，集录了清乾隆及以前名医临证验案5 000余首。本书所载治疗方法除药物处方及单方验方外，收入历代名医针灸治验颇多，如针刺法、灸法等，足堪临床参考。有清咸丰元年辛亥(1851)刻本藏长春中医药大学图书馆(残)；有清同治二年癸亥(1863)上海著易堂刻本藏中国国家图书馆、中国医学科学院、首都医科大学等图书馆；有清光绪十二年丙戌(1886)上海著易堂刻本藏山东中医药大学、长春中医药大学、内蒙古自治区图书馆、上海图书馆。又见于《名医类案续名医类案》《四库全书》。

《医宗金鉴》 九十卷 1742

清·歙县吴谦(六吉)等编撰

【按】本书是由清政府组织编写的大型综合性医书，共分15种，内容宏富，上自春秋战国，下至明清，历代名著之精义，分门别类，删其驳杂，采其精粹，发其余蕴，补其未备。内容包括基础理论，伤寒杂病、内、外、妇、儿、针灸、伤科、眼科等临床各科，以及诊断、方剂等。其中卷七十九至卷八十六为《刺灸心法要诀》，分述经脉、腧穴及适应证，并附图说明，颇为临床所重。有清乾隆七年壬戌(1742)内府稿本(附工笔精绘图)藏中国中医科学院(残)、辽宁中医药大学图书馆(残)；有清道光四年甲申(1824)云南刻本藏云南省图书馆、云南中医药大学图书馆；有清光绪二年丙子(1876)江西书局刻本藏中国国家图书馆、清华大学、北京大学等图书馆；有清宣统元年己酉(1909)铸记书局石印本藏广州省立中山图书馆。通行本有1912、1949年上海商务印书馆铅印本藏中国国家图书馆、中国中医科学院、故宫博物院等，有民国上海大成书局石印本藏首都医科大学、吉林省图书馆、湖北中医药大学图书馆，有1957、1980年人民卫生出版社据清乾隆武英殿聚珍版影印本等。又见于《四库全书》。

《古今图书集成·医部全录》　五百二十卷　1726

清·常熟蒋廷锡(扬孙,西谷,酉君,南沙,青桐居士)等辑

【按】本书系《古今图书集成》之一部分,另印成帙。其中卷一百二十二至卷五百二十中所论疾病辨证施治多涉针灸疗法,资料丰富,广采博收。有清光绪十年甲申(1884)上海图书集成印书局铅印本藏首都图书馆、北京师范大学、陕西中医药大学等图书馆;有清光绪十六年庚寅(1890)上海同文书局据上海图书集成印书局铅印本影印本,藏北京师范大学、中国中医科学院、故宫博物院等图书馆;有清光绪二十三年丁酉(1897)影印本藏中国医学科学院、中国中医科学院、北京大学等图书馆;有清抄本藏郑州市图书馆。通行本有1934年中华书局影印本藏中国国家图书馆、北京师范大学、中国中医科学院等图书馆,有1937年上海会文堂新记书局铅印本,藏中国国家图书馆、首都图书馆、中国中医科学院图书馆等。

《张氏医通》　十六卷　1695

清·长洲张璐(路玉,石顽老人)撰

【按】是书卷一至卷十二述内、外、妇、儿、五官各科病证,共16门,仿王肯堂《证治准绳》体例,每论各病,先列《内经》《金匮》论述,继引李东垣、朱丹溪、赵献可、薛己、张介宾、缪仲淳、喻嘉言等诸家之说,并参入己见,加以阐发,末附治效验案。卷十三至卷十六为诸门方论,列专方1门,以病类方,附以方解;祖方1门,叙诸方之原委、配伍、应用等。在针灸方面,张氏在书中载有针拨内障等针刺疗法,对后世针灸学的发展与应用具有一定的影响。有清康熙四十八年己丑(1709)宝翰楼刻本藏中国医学科学院、中国中医科学院、北京中医药大学等图书馆;有清嘉庆六年辛酉(1801)金阊书业堂刻本藏首都医科大学、浙江大学、湖北中医药大学、云南中医药大学等图书馆;有日本文化一年甲子(1804)思德堂刻本亦西斋藏板藏中国医学科学院、河北医科大学、内蒙古自治区图书馆等;有清光绪二十年甲午(1894)上海图书集成印书局铅印本藏河北医科大学、辽宁省图书馆、黑龙江省图书馆等;有清宣统元年己酉(1909)石印本藏甘肃中医药大学图书馆;有1925年上海锦章书局石印本藏山东大学医学院、黑龙江中医药大学、南京图书馆等。又见于《张氏医书七种》。

《陈修园医书五十种》　1905

清·长乐陈念祖(修园,良友,慎修)编

【按】本书在《陈修园医书四十八种》基础上去5种增入7种而成。即除去《绞肠痧证》《吊脚痧证》《伤寒舌诊》《刺疔捷法》及《古今医论》。增补清代郑奠一撰《瘟疫明辨》、徐子默撰《吊脚痧方论》、金德鉴撰《烂喉痧辑要》、王维德撰《外科证治全生集》、张登撰《伤寒舌鉴》、陆乐山撰《养生镜》、毓兰居士编《保婴要旨》。本丛书多处论及针灸,附有针灸验案,内容通俗易懂,切合实用。有清光绪三十一年乙巳(1905)上海商务印书馆铅印本藏首都图书馆、中国中医科学院、北京中医药大学、山东大学医学院(残)、山西医科大学(残)等图书馆。

《痧胀玉衡》　四卷　1675

清·秀水郭志邃(右陶)撰

【按】是书上卷载"痧胀发蒙论""痧胀要语"及"痧胀脉法";中卷列各痧症症状,并附以治疗验案;下卷列各痧症备用要方;卷后为"痧胀看法"及"痧胀兼证及变证",间附

以治疗验案。书中放血疗法使用颇多，后世治痧症者多宗其说，所载刮痧、放痧之法，多渊于此。有清康熙十四年乙卯(1675)书业堂刻本藏中国中医科学院、解放军医学图书馆、北京中医药大学等图书馆；有日本享保八年癸卯(1723)京都书肆刻本藏中国医科大学、吉林大学白求恩医学部图书馆、中山大学图书馆等；有清道光二十六年丙午(1846)九皇宫刻本藏南京图书馆、湖北中医药大学、湖南中医药大学等图书馆；有清咸丰十一年辛酉(1861)古华樵人抄本藏湖南省图书馆；有清光绪十七年辛卯(1891)善成堂刻本藏山东大学医学院图书馆、山西医科大学、湖北中医药大学；有清宣统三年辛亥(1911)广东穗雅堂铅印本藏广州中医药大学图书馆；有1934年羊城居稽书庄刻本藏广东省立中山图书馆。又见于《说疫全书》《三余堂丛刻》《中国医学大成》。

《厘正按摩要术》　四卷　1888

清·宝应张振鋆(醴泉，筱衫，惕厉子)编

【按】是书据周于蕃《小儿科推拿仙术》一书，删其重复，正其错误，补其阙漏，重新修改而成，故冠以“厘正”。卷一为“辨证”，较他书新增“按胸腹”一法，将胸腹按诊法引入小儿推拿；卷二为“立法”，辑录8种小儿推拿基本手法，并详细介绍汗、吐、下、针、灸等20种治法的具体运用；卷三为“取穴”，介绍十四经穴和小儿推拿特定穴，其经络、穴位和操作方法均有图解；卷四为“列证”，介绍惊风、疳积、呕吐、泄泻等24种小儿常见病的辨证、推拿和方药治疗。是书所含小儿针灸内容丰富，载录了诸多针法、灸法效验穴。有清光绪十五年己丑(1889)邗上张氏刻本藏中国中医科学院、山西医科大学、甘肃省图书馆等；有清聚昌公司铅印本藏中国中医科学院、陕西省中医药研究院。通行本有1922年上海千顷堂书局石印本藏中国中医科学院、天津中医药大学图书馆，2000年中医古籍出版社据清光绪十五年邗上张氏刻本影印本。又见于《述古斋幼科新书三种》。

《外科大成》　四卷　1665

清·山阴祁坤(愧庵，生阳子，广生)撰

【按】是书共载358种外科病症，几乎每病均涉及针灸疗法，言简意赅，临床颇为实用。有清康熙四年乙巳(1665)崇文堂刻本藏上海图书馆、苏州市中医医院、四川大学医学图书馆；有清雍正八年庚戌(1730)古雪堂刻本藏故宫博物院、辽宁中医药大学、中国医科大学等图书馆；有清乾隆八年癸亥(1743)三多斋刻本藏浙江图书馆；有日本宽政八年(1796)缮生堂铅印本藏中国医学科学院图书馆；有1916年上海广益书局石印本藏北京中医药大学、河南中医药大学、山西医科大学图书馆。

《大生要旨》　六卷　1762

清·上海唐千顷(桐园)撰

【按】又名《妇婴宝鉴》，为妇儿科类著作。书中载有太乙神针文献等针灸内容，内容简要，论述清晰。有清乾隆刻本藏中华医学会上海分会图书馆；有清嘉庆十三年戊辰(1808)云南刻本藏甘肃省图书馆、湖南中医药大学、云南省图书馆；有清道光九年己丑(1829)种善堂刻本藏甘肃中医药大学、上海中医药大学、中国科学院上海生命科学信息中心生命科学等图书馆；有清咸丰二年壬子(1852)朱兆传刻本生绿草堂藏板藏中国中医科学院图书馆；有清同治三年甲子(1864)香山集善堂刻本藏南京图书馆、南京中医药大学、云南省图书馆等；有清光绪二年丙子(1876)羊城合璧斋刻本藏广州中医药大学图书馆；有清宣统三年辛亥(1911)刻本藏山

东大学医学院图书馆。通行本有民国上海广益书局石印本藏南京图书馆、安徽省图书馆、重庆市图书馆。又见于《陈修园医书三十六种》《仙方合集》《产科四种》。

《保婴要言》　八卷　1910

清·贵池夏鼎(禹铸,卓溪叟)　武进庄一夔(在田)原撰　清·昆山王德森(严士,鞠坪,岁寒老人)编

【按】又名《保赤要言》(厘为五卷)。卷一至卷五分述急慢惊、麻痘、脐风;卷六至卷八列琐语、便方、救溺。书中内容多涉针灸,灸法尤多,如灯火灸法等。有清同治五年丙寅(1866)刻本藏绍兴鲁迅图书馆;有清宣统二年庚戌(1910)苏州笪锦和刻本藏中国国家图书馆、天津图书馆、河南中医药大学图书馆等;有1941年上海国光印书局铅印本藏北京中医药大学、河南中医药大学、吉林省图书馆等。又见于《病镜》。

《卫生鸿宝》　六卷　1844

清·崇明祝勤(修来,补斋,西溪外史)撰

【按】卷一内科方,先叙通治方,按病取方,详其主治、组成、剂量及用法;卷二外科方,分内服及外治方,据病位所在而论;卷三幼科方,强调婴孩脏腑柔嫩,药勿轻投;卷四痘科方,依症处方;卷五女科方,认为胎前以保孕为先,产后以理虚为本;卷六伤科方,强调以防患为先。是书内容中含针灸验方甚多,内容通俗易懂,切合临床使用。有清道光二十四年甲辰(1844)刻本藏安徽省图书馆、浙江省中医药研究院;有清咸丰七年丁巳(1857)刻本上海宝贤堂藏板藏中国科学院、中国医学科学院、首都图书馆等;有清光绪十一年乙酉(1885)上海务本堂刻本(附华岳纂华氏医方汇编)藏天津中医药大学、浙江省中医药研究院;有1911、1912年上海江东书局石印本藏中国中医科学院、天津中医药大学、山东省图书馆等;有上海扫叶山房石印本藏北京中医药大学、天津中医药大学附属第一医院、内蒙古医学院中蒙医学院等图书馆。

《重楼玉钥》　二卷　1768

清·歙县郑宏纲(纪原,梅涧,雪萼山人)撰

【按】又名《重楼玉钥喉科指南》《喉科指南》,又作一卷或四卷。本书是根据福建黄明生的传授秘本结合临床经验编纂而成。上卷17篇,首论咽喉的解剖及其生理病理的重要意义,继述喉风36种,包括咽喉、口腔、中耳、乳突等疾病,卷末附有梅涧医语一节;下卷39篇,专论各种喉风病症的针刺疗法,详述取穴、补泻、禁忌,以及咽喉病症常用的十四经穴位。下卷为喉科针灸专论,倡针灸治疗喉科病。有清道光十九年己亥(1839)苏城喜墨斋刻本谦吉堂藏板藏中国国家图书馆、中国科学院、中国中医科学院图书馆;有清咸丰五年乙卯(1855)天津同文仁南纸书局刻本藏中国中医科学院、北京中医药大学、河南中医药大学等图书馆;有清光绪四年戊寅(1878)盛京南彩盛刻本藏中国中医科学院、北京中医药大学、长春中医药大学等图书馆;有1915年天津同仁书局刻本藏河南中医药大学、内蒙古医学院中蒙医学院图书馆。通行本有1956年北京人民卫生出版社据清道光苏州喜墨斋刻本影印本。

《理瀹骈文》　不分卷　1864

清·钱塘吴尚先(安业,师机,杖仙)撰

【按】吴氏擅以外治法治疗各科疾病,结合其数十年外治临床实践体会,对外治理论与治疗方法进行了全面总结。卷首载"略

言”及“续增略言”，总论外治法历史沿革、作用机理及制膏加药法等；正文部分则分述伤寒、中风等内科及其他各科常见病证外治方法；书末附有存济堂药局诸方及治心病等两篇，侧重介绍吴氏21首自拟经验膏方的配方与用法。书中吴氏强调医者必须通晓经络腧穴及七窍之气感应于内的理论，并掌握三焦分治及辨证配穴方法，才能娴熟地应用各种外治方法通治内外诸疾。有清同治四年乙丑(1865)刻本藏中国医学科学院、中国中医科学院等图书馆；有清光绪元年乙亥(1875)杨城南皮市武林云蓝阁刻本藏河北医科大学、山西省图书馆等；有清光绪十二年丙戌(1886)扬州存济堂补刻本藏山东中医药大学、上海中医药大学、内蒙古自治区图书馆。通行本有1955年人民卫生出版社据清同治刻本影印本。

《疫喉浅论》 二卷 1875

附补遗一卷

清·江都夏云(春农，继昭，拙庵，希叟，耕云老人)撰

【按】又名《白喉浅论》。上卷论病，先设人体正面、背面穴位图，后分7部分论述疫喉之辨治。下卷论方，先列内服方药，分清透、清化、下夺、救液之剂，共18方，每方名前冠以“清咽”，以示疫喉治疗以清凉为要。继附13应用良方及漱、吹、洗、敷等外治之方。补遗一卷，叙疫喉痧后遗之痫、虚劳的原因、治疗方法。书末附“新补会厌论”1篇。是书倡咽喉急症用针刺疗法，辨证精详，说理明确，易于临床使用。有稿本藏中国中医科学院图书馆；有清光绪五年己卯(1879)刻本存吴春斋藏板藏中国国家图书馆、中国科学院图书馆等；有1912年耕心山房朱氏石印本藏中国中医科学院、山西省中医药研究院等图书馆；有上海日新书局石印本藏首都医科大学、黑龙江中医药大学等图书馆；有据1912年耕心山房石印本的影印本藏中国中医科学院、上海中医药大学等图书馆。

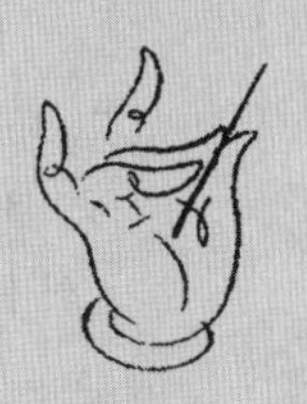

卷三

亡佚之针灸医籍

《八法针》

明·阜阳卢晋(伯进,东嵘)撰

【出典】清道光九年《阜阳县志》。

《碧峰道人八法神针》 一卷

亡名氏著

【出典】《玄赏斋书目》:《碧峰道人八法神针》。

《也是园藏书目》:《碧峰道人八法神针》一卷。

【按】有认为是书即《琼瑶真人八法神针》。

《砭焫考》

明·歙县吴崑(山甫,鹤皋山人,参黄子)撰

【出典】《医籍考》:《砭焫考》未见。按右见于《鹤皋山人小传》。

《扁鹊偃侧针灸图》 三卷

战国·勃海秦越人(扁鹊)

【出典】《隋书·经籍志》:《扁鹊偃侧针灸图》三卷。

【按】《隋书经籍志考证》言:"《扁鹊偃侧针灸图》三卷。《流注针经》一卷。扁鹊即秦越人,有《八十一难经》,见上篇医经类。案:《宋史·艺文志》有《扁鹊针传》一卷,疑即此《流注针经》一卷之留遗,而讹经为传也。或别为一家,与三卷之图不相属,今姑比附于此。"

《扁鹊针传》 一卷

亡名氏著

【出典】《宋史·艺文志》:《扁鹊针传》一卷。

【按】《秘书省续编到四库阙书目》言:"《扁鹊针传》一卷。阙。辉按:《宋志》《崇文目》《玉海》六十三,引《国史志》作《针传》。"

《曹氏灸方》 七卷

亡名氏著

【出典】《隋书·经籍志》:梁有《曹氏灸方》七卷。亡。

《通志·艺文略》:《曹氏灸方》十卷。

《曹氏灸经》 一卷

亡名氏著

【出典】《隋书·经籍志》:《曹氏灸经》一卷。

【按】《隋书经籍志考证》言:"曹氏不详何人。案:王伯厚氏《汉艺文志考证》引王勃《难经序》,言岐伯以《内经》授黄帝,历世相传,至秦越人始定立章句。又言,秦越人历九师以授华佗,华佗历六师以授黄公,黄公以授曹元,曹元不知何许人,疑即此曹氏也。上篇注云,梁有《曹氏灸方》七卷。亡。此卷,其散佚仅存者。"

《赤乌神针经》 一卷

东晋·前凉张子存撰

【出典】《隋书·经籍志》:《赤乌神针经》一卷。

《旧唐书·经籍志》:《赤乌神针经》一卷。张子存撰。

《新唐书·艺文志》:张子存《赤乌神针经》一卷。

《重刻明堂经络后图》

明·琼山邱濬撰

【出典】宣统三年《琼山县志》。

《重刻明堂经络前图》

明·琼山邱濬撰

【出典】宣统三年《琼山县志》。

【按】有邱浚自序略曰:"镇江府所刻《明堂铜人图》,面、背二幅。予悬之坐隅,朝夕玩焉。病其繁杂有未易晓者,乃就本图详加考订,复以《存真图》附系于内,命工重绘而刻之。"

《刺法》 一卷

亡名氏著

【出典】《宋史·艺文志》:《刺法》一卷。

《存真图》

宋·泗州杨介(吉老)著

【出典】《文渊阁书目》:《存真图》一部,一册,阙。

《大小金针八法》

清·云南尹丕著

【出典】清光绪二十六年《续云南通志稿》。

《大小铜人图经合册》

清·宁乡周晋钧著

【出典】民国三十年《宁乡县志·周培茂传》:周培茂,字馥卿。尚气节,重然诺。同治三年举于乡,官耒阳训导。子晋钧,诸生。保训导。精针灸,尝参和中西之说,著《大小铜人图经合册》。

《点烙三十六黄经》 一卷

亡名氏著

【出典】《郡斋读书志》:"《点烙三十六黄经》一卷。右不著撰人,唐世书也。"

《国史经籍志》:《点烙三十六黄经》一卷。《烙三十六黄法并明堂》一卷。

【按】《医籍考》云:"《点烙三十六黄经读书后志》一卷。佚。按《圣惠方》第五十五卷,载治三十六种黄证候点烙论并方,三十六种黄点烙应用俞穴处。盖采是书全文而编入者也。"

《发挥十二动脉图解》

明·芜湖刘继芳(养元)撰

【出典】《太平府志》:刘继芳,字养元,精治外证,得华佗、《肘后》之传,四方造请者屦尝满。著有《发挥十二动脉图解》,并《怪证表里因》等集。长子翱鲤绳家学,亦负重名,考授太医院吏目。三子腾鲤拔贡,任灵宝令。

《飞腾八法神针》

亡名氏著

【出典】《医藏书目·妙窍函目》:《飞腾八法》。

《玄赏斋书目》:《飞腾八法神针》。

《脉望馆书目》:《飞腾八法神针》一本。

【按】又名《飞腾八法》,《医籍考》言"未见"。

《涪翁针经》

汉·涪翁撰

【出典】《后汉书·艺文志》:《涪翁

针经》。

《后汉书·郭玉传》:初,有老父,不知何出,常渔钓于涪水,因号涪翁。乞食人间,见有疾者,时下针石,辄应时而效。乃著《针经》《诊脉法》降于世。弟子程高,寻求积年,翁乃授之。高亦隐迹不仕。

【按】又名《针经》。古传涪翁治病以针刺见长,是继扁鹊、仓公之后最早见于正式文献记载的一位针灸先贤。郭玉、程高为其弟子,皆为古时名医。涪翁所著的《针经》一书,是其研究医学的心得和实践经验的总结,并传播门人的一种专门论述针刺治疗的医籍,此书古时已亡佚。

《绀珠针法》

亡名氏著

【出典】《绛云楼书目》:《绀珠针法》。

《骨蒸病灸法》 一卷

唐·鄠陵崔知悌撰

【出典】《新唐书·艺文志》:《骨蒸病灸法》,一卷。

【按】又名《劳灸法》(《宋史·艺文志》)、《崔氏别录灸骨蒸方图》(《外台秘要》)。崔氏自序称:"余昔忝洛州司马,常三十日灸活十三人,前后差者,数过二百。"本书系骨蒸病灸治专著,指出其病亦名传尸,无问少长,皆可传注。其病状表现为发干而耸,或聚或分,夜卧盗汗,梦与鬼交,四肢无力,上气少食,或发为腹中有块,或颈傍小结累累,致沉羸不起。书中不仅介绍了灸治方法,而且还附以施灸图形,易学易用。虽原书已佚,佚文可见于《外台秘要》。

《广爱书》 十二卷

明·陈会(善同,宏纲)撰

【出典】《医方类聚》(引用诸书):针灸《广爱书》。

【按】《中国医籍通考》言:"《广爱书》。陈会。十卷。佚。按:《广爱书》原本佚。是书经刘瑾节编,易名《神应经》。"

《黄帝九经》

亡名氏著

【出典】《玉海》:《黄帝九经》。

【按】从《玉海》行文看,是书似指《灵枢经》,存考。

《黄帝九灵经》 十二卷

唐·灵宝注

【出典】《旧唐书·经籍志》:《黄帝九灵经》十二卷。灵宝注。

《新唐书·艺文志》:灵宝注《黄帝九灵经》十二卷。

《黄帝九虚内经》 五卷

亡名氏著

【出典】《宋史·艺文志》:《黄帝九虚内经》五卷。

《黄帝流注脉经》 一卷

亡名氏著

【出典】《隋书·经籍志》:《黄帝流注脉经》一卷。

【按】《隋书经籍志考证》言:"《黄帝流注脉经》一卷。按此《流注脉经》一卷,即梁时《明堂流注》六卷之仅存者。"

《黄帝明堂经》 三卷

唐·杨玄操注

【出典】《旧唐书·经籍志》:《黄帝明堂经》三卷。杨玄孙撰注。

《新唐书·艺文志》:杨玄注《黄帝明堂经》三卷。

《通志·艺文略》:《黄帝明堂经》三卷。杨元注。

《黄帝明堂》 三卷

亡名氏著

【出典】《旧唐书·经籍志》《新唐书·艺文志》:《黄帝明堂》三卷。

《黄帝明堂偃人图》 十二卷

亡名氏著

【出典】《隋书·经籍志》:《黄帝明堂偃人图》十二卷。

《旧唐书·经籍志》:《黄帝十二经明堂偃侧人图》十二卷。

《新唐书·艺文志》:曹氏《黄帝十二经明堂偃侧人图》十二卷。

《黄帝内经明堂》 十三卷

亡名氏著

【出典】《旧唐书·经籍志》:《黄帝内经明堂》十三卷。

《黄帝岐伯论针灸要诀》 一卷

亡名氏著

【出典】《宋史·艺文志》:《岐伯论针灸要诀》一卷。

《通志·艺文略》《国史经籍志》:《黄帝岐伯论针灸要诀》一卷。

《崇文总目》:《黄帝岐伯论针灸要诀》一卷。侗按:《宋志》无"黄帝"二字。

《黄帝岐伯针论》 二卷

亡名氏著

【出典】《通志·艺文略》:《黄帝岐伯针论》二卷。

《秘书省续编到四库阙书目》:《黄帝岐伯针论》一卷。阙。辉按:后有《岐伯论针灸要诀》一卷。《崇文目》作《黄帝岐伯论针灸要诀》一卷,疑即一书分卷。

《黄帝十二经脉明堂五藏人图》 一卷

亡名氏著

【出典】《隋书·经籍志》:《黄帝十二经脉明堂五藏人图》一卷。

【按】《隋书经籍志考证》言:"《黄帝十二经脉明堂五藏人图》一卷。案此似即前《十二人图》,亦即今所传《明堂铜人图》也。"

《黄帝杂著针经》 一卷

亡名氏著

【出典】《旧唐书·经籍志》:《黄帝杂著针经》一卷。

《黄帝针经》 十卷

亡名氏著

【出典】《旧唐书·经籍志》:《黄帝针经》十卷。

《通志·艺文略》:《黄帝针经》九卷。

《赵定宇书目》:《针经》二本。

《绛云楼书目》:《针经》十卷。

《黄帝针经》 一卷

亡名氏著

【出典】《通志·艺文略》:《黄帝针经》一卷。

《崇文总目》:《黄帝针经》一卷。原释以下俱阙。见天一阁抄本。侗按:《玉海》引《崇文目》同。《隋志》《通志略》《宋志》并九卷。

【按】《中国医籍通考》言:“《黄帝针经》,《崇文总目》一卷。佚。按:《旧唐志》亦载《黄帝针经》,卷数不同,前者为十卷,不知是否一书,后人重加编次,总为一卷。”

《黄帝针经音义》 一卷

宋·汶上席延赏撰

【出典】《宋史·艺文志》:席延赏《黄帝针经音义》一卷。

【按】《宋以前医籍考》引《日本见在书目录》,有《黄帝三部针经音义》。

《黄帝针灸经》 十二卷

亡名氏著

【出典】《隋书·经籍志》:梁有《黄帝针灸经》十二卷。佚。

《旧唐书·经籍志》:《黄帝针灸经》。

《日本国见在书目》:《黄帝针灸经》一。

《黄帝中诰图经》

亡名氏著

【出典】《素问·刺疟论》王冰注:《黄帝中诰图经》云:委中主之。

【按】又名《中诰孔穴图经》。《素问》王冰注多引此古籍内容。

《活人妙法针经》

明·徐廷璋(公器)撰

【出典】《故宫所藏观海堂书目》:《活人妙法针经》。明许廷璋撰。明刊本,存一册。

《医籍考》:徐氏(廷璋)《活人妙法针经》二卷,未见。

《甲乙经种记》 二卷

亡名氏著

【出典】《日本国见在书目》:《甲乙经种记》二。

《甲乙义宗》 十卷

亡名氏著

【出典】《日本国见在书目》:《甲乙义宗》十。

《洁古云岐针法》 一卷

金·易州张元素(洁古)撰

【出典】《中国医籍通考》:《洁古云岐针法》。张元素。

《金兰循经取穴图解》 一卷

元·大都忽泰必烈撰

【出典】《补元史艺文志》:忽先生《金兰循经取穴图解》一卷。名公泰,字吉甫,元翰林集贤直学士。

【按】忽泰必烈,名公泰,字吉甫,大都(今北京)人。蒙古族。元代针灸学家。元代翰林集贤直学士、中顺大夫。著有《金兰循经取穴图解》一卷,该书是王惟一《铜人腧穴针灸图经》后关于经穴图解的重要著作,为滑寿《十四经发挥》所本。

《金縢玉匮针经》　三卷

三国(吴)·吕博撰

【出典】《宋史·艺文志》:吕博《金縢玉匮针经》三卷。

《崇文总目》:《金縢玉匮针经》三卷。吕博撰。

《金针撮要》

清·惠州胡天铭撰

【出典】《惠州府志》。

《金针医学法门》

清·龙岩林鼎槐撰

【出典】《龙岩县志》。

《经络》

清·黟县俞正燮(理初)撰

【出典】清同治九年《黟县三志》。

《经络传》

清·太平韩士良(履石)撰

【出典】清光绪二十年《太平续志》。

《经络发明》

明·义乌金孔贤(希范)撰

【出典】清康熙十一年《义乌县志》:金孔贤,字希范。性恺悌好学,由庠生以例授京吏目。病归,因聚古今医书,穷究玄旨,尤精于针。尝从巡抚都御史王节斋、嘉兴凌汉章讲论。疗治有效,求者如市,不责报给,施贫者之药,给饥者之食。三十余年,远近感德。孔贤所著有《丹山心术》《经络发明》。

《经络汇纂》

清·郴州谢宜(南池)撰

【出典】《郴州直隶州乡土志》。

《经络考正》

明·鄞县赵献可(养葵,医巫闾子)撰

【出典】《医籍考》:赵氏献可《经络考》未见。右见于鄞县志。

【按】《中国分省医籍考》有按:"乾隆五十三年《鄞县志》卷二十一《艺文》上《子部》作《经络考》,系将'正'字,误属下《脉论》读,而作《经络考》,均误。"

《经络全解》

清·黄州陈其殷(楚奎)撰

【出典】清光绪十年《黄州府志》。

《经络十二论》

元·苏州葛乾孙(可久)撰

【出典】《补元史艺文志》《补辽金元艺文志》:葛乾孙《经络十二论》。

《医籍考》:葛氏可久《经络十二论》,佚。按右见于《古今医统》。

《经络提纲》

清·衢县陈埙(声伯)撰

【出典】民国二十六年《衢县志》。

《经络图解》

清·湘潭胡鼎(禹器)撰

【出典】《湘潭县志》。

《经络图说》

清·益都钟魁伦(卓庵)撰

【出典】清光绪三十三年《益都县图志》。

《经络详据》

明·江阴吕夔(大章)撰

【出典】《医籍考》:吕氏夔《经络详据》,未见。按右见于《江阴县志》。

《经络俞穴》

明·归安吴延龄(介石)撰

【出典】《浙江通志》:《经络俞穴》,《归安县志》吴延龄著,字介石。

《经络指南》

清·湘乡郑国器(用斋)撰

【出典】清同治十三年《湘乡县志》。

《经脉流注孔穴图经》

亡名氏著

【出典】《素问》王冰注。

《经脉药石》

明·钱塘孙纯(公锐,一松)撰

【出典】清光绪十九年校刻明万历三十七年《钱塘县志》。

《经脉指南》

清·新繁鄢孝先(伯埙)撰

【出典】民国三十五年《新繁县志》。

《经穴分寸歌》

清·婺源何第松(任迁)撰

【出典】清光绪八年《婺源县志》。

《经穴图解》

明·栖霞解延年(世纪)撰

【出典】《千顷堂书目》:解延年《经穴图解》。

《经穴异同考》

清·番禺孔继溶(绍修,苇渔)撰

【出典】民国二十年《番禺县续志》。

《经血起止》

清·通州卫公孙(述先)撰

【出典】清乾隆四十八年《通州志》。

《经验针法》

元·歙县鲍同仁(用良)撰

【出典】《补辽金元艺文志》:鲍同仁《经验针法》。字用良,歙人。

《补元史艺文志》:鲍同仁《经验针法》一卷。歙人,字用良,会昌州同知。

《经俞图说》　四卷

清·平湖张莀臣撰

【出典】清光绪二十年《平湖县志》。

《九部针经》　一卷

亡名氏著

【出典】《隋书·经籍志》:《九部针经》一卷。

《九墟经》

亡名氏著

【出典】《外台秘要》三十九卷。

《灸经背面相》 二卷

亡名氏著

【出典】《宋史·艺文志》:《灸经背面相》二卷。

《灸经》 十卷

宋?·杨颜齐著

【出典】《宋史·艺文志》:颜齐《灸经》十卷。

《通志·艺文略》《国史经籍志》:杨齐颜《灸经》十卷。

【按】又名《颜齐灸经》。

《灸经》 五卷

南北朝(梁)·广平程天祚撰

【出典】《隋书·经籍志》:梁有程天祚《针经》六卷,《灸经》五卷,亡。

《灸经》 一卷

亡名氏著

【出典】《旧唐书·经籍志》:《灸经》一卷。

《考古针灸图经》

元·吴县姚良(长卿,晋卿)撰

【出典】《补元史艺文志》:姚良《考古针灸图经》一卷。

《千顷堂书目》:姚良《考古针灸图经》一卷。字长卿,吴人。

《吴县志》:姚良,字晋卿,宋谥文康爽七世孙,明医,所著《尚书孔氏传》《律吕会元》《溯源指治方论》《考古针灸图经》。

《烙三十六黄法并明堂》 一卷

亡名氏著

【出典】《通志·艺文略》:《烙三十六黄法并明堂》一卷。

《国史经籍志》:《点烙三十六黄经》一卷。《烙三十六黄法并明堂》一卷。

【按】是书是否就是《点烙三十六黄经》,待考。

《雷氏灸经》 一卷

亡名氏著

【出典】《新唐书·艺文志》:《雷氏灸经》一卷。

《灵枢得要》

清·黄安王侯绂(燮堂)撰

【出典】清同治八年刻、光绪八年补刻《黄安县志》。

《灵枢解》

清·天津洪天锡(吉人,尚友山人)撰

【出典】清同治九年《续天津县志》。

《灵枢经脉笺》

元·鄞县吕复(元膺,松风,沧洲翁)撰

【出典】《补元史艺文志》:吕复《灵枢经

脉笺》。

《医籍考》：吕氏复《灵枢经脉笺》，佚。按右见于《九灵山房集·沧洲翁传》。

《灵枢经摘注》 十卷

明·鄞县高士(克学，志斋)撰

【出典】《医籍考》：高氏(士)《灵枢经摘注》一卷，未见。按右见于《鄞县志》。

《千顷堂书目》：高士《灵枢经补注》十卷。字克学。鄞县人。

《传是楼书目》：明高士《灵枢经摘注》十卷。二本。

《古今医统大全》(采摭诸书)：《灵枢摘注》。明浙人高士著。

《灵枢经注》

明·寿阳张鐇撰注

【出典】清乾隆三十四年《寿阳县志》。

《灵枢经注解》

清·金溪李相(作夔)撰

【出典】清道光三年《金溪县志》。

《灵枢秘要》

明·江苏华湘撰

【出典】《江苏通志稿》。

《灵枢素问注》

清·杭州陈水治(北山)撰

【出典】民国十一年《杭州府志》。

《灵枢悬解》

清·平度孙炎丙(次乙，文峰)撰

【出典】民国二十五年《平度县续志》。

《灵枢直解》

清·钱塘高世栻(士宗)撰

【出典】《医籍考》：高氏(世栻)《灵枢直解》，未见。高世栻曰：《素问直解》外，更有《本草崇原》《灵枢直解》《金匮集注》《圣经贤传》，剞劂告竣。(《素问·凡例》)

《灵素表微》

清·南汇顾麟(祥甫)撰

【出典】《南汇县续志》。

《灵素集解》

清·江宁田淑江撰

【出典】清光绪六年《江宁府志》。

《灵素集注》

清·丹徒陈世芳(菊坡)撰

【出典】民国六年《丹徒县志摭余》。

《灵素精采》

清·长乐郑葆仁(同亮，仲纯)撰

【出典】《长乐六里志》。约成书于清光绪年间。

《灵素精义》

清·井研朱嘉畅(葆田)撰

【出典】清光绪二十六年《井研县志》。

【按】是书为朱氏《医学五种》之一。

《灵素精义》

清·杭州郑家学(伯埙,澄园)撰

【出典】民国十一年《杭州府志》。

《灵素类述》

清·江宁田镛肇(肇墉)撰

【出典】清光绪九年《六合县志》《江宁府志》。

《灵素难经补注》　十二卷

清·江都于暹春(桐岗,不翁)撰。

【出典】清光绪九年《江都县续志》。

《灵素内经体用精蕴》

清·阳朔黄周(达成)撰

【出典】民国二十五年《阳朔县志》。

【按】本书分为脏腑经脉、经病、经方、经药四大纲,而以诊候、审治、调摄三类殿之后。

《灵素校注》

清·江宁田椿(锡龄)撰

【出典】清光绪六年《江宁府志》。

《灵素区别》

清·博山岳含珍(玉也,思莲子)撰

【出典】清乾隆十八年《博山县志》。

《灵素晰义》　四卷

清·海宁朱仁荣(丙鱼)撰

【出典】民国十一年《海宁州志稿》。

《灵素真诠》

清·江宁刘然(简斋,西涧)撰

【出典】清同治十三年《上江两县合志》。

《灵素直指》

清·通州孙讷(吾容)撰

【出典】清乾隆二十年《直隶通州志》。

《灵素志略》

清·怀宁杨銮坡(瑞甫)撰

【出典】民国四年《怀宁县志》。

《灵素诸家要论》

清·嘉定沈以义(仕行)撰

【出典】清光绪七年《嘉定县志》。

《灵应灵枢》

亡名氏著

【出典】《医籍考》:亡名氏《灵应灵枢》,《艺文略》九卷,佚。

《流注辨惑》　一卷

明·归安凌云(汉章,卧岩)著

【出典】《千顷堂书目》:凌云(汉章)《流注辨惑》一册。

《述古堂书目》:凌汉章《流注辨惑》一卷。

《脉望馆书目》:凌汉章《流注辨惑》一本。

《流注经络井荥图歌诀》

金·常山阎明广撰

【出典】《子午流注针经》阎明广序：广今复采《难》《素》遗文，贾氏井荥六十首，法布经络往还，复针刺孔穴部分，钤括图形，集成一义，目之曰《流注经络井荥图歌诀》，续于赋后，非显不肖之狂迷，启明何氏之用心，致验于人也。

《流注针经》 一卷

亡名氏著

【出典】《隋书·经籍志》：《流注针经》一卷。

《流注指微论》 三卷

金·庐江何若愚撰

【出典】《补元史艺文志》：何若愚《流注指微论》三卷。

【按】《四库全书总目提要》言："若愚先著《指微论》，又自约其义为此《流注指微赋》，便记诵也。今《指微论》不传，惟此赋载《永乐大典》中。"

《流注指要》

金·李源（巨川）撰

【出典】《医籍考》：李氏源《流注指要》，佚。按：右见于《医学源流》。

【按】《医学源流》言："李源，字巨川，金时名医也。《名医图》作李道源，窦太师序《流注指要》后有云：李君巨川以针法救疾，除疾病于目前，愈瘵疾于指下。信所谓伏如横弩，应若发机，万举万全，百发百中，加以好生之念，素无窃利之心。尝谓予曰：天宝不付于非仁，圣道须付于贤者。仆不揆，遂伸有求之恳，获垂无吝之诚，授穴之所秘者，四十有三；疗疾而弗瘳者，万千无一。云云。"

《六十六穴流注秘诀》 一卷

金·广平窦杰（子声，汉卿）著

【出典】《医藏书目·妙窍函目》：《六十六穴流注秘诀》一卷。窦文贞公。

【按】《宋以前医籍考》有按："《针灸聚英》卷四引《六十六穴阴阳二经相合相生养子流注歌》者，其注云：右六十六穴歌，窦桂芳原有七言叶句，今录五言者，便于记诵也，其治证相同耳。今按《医藏书目》所载者或此欤？唯作者与《聚英》所言不合，暂从《医藏书目》所言而揭之。"

《龙衔素针经并孔穴虾蟆图》 三卷

南朝（梁）·徐悦撰

【出典】《隋书·经籍志》：梁有徐悦《龙衔素针经并孔穴虾蟆图》三卷。亡。

《旧唐书·经籍志》《新唐书·艺文志》：《龙衔素针经并孔穴虾蟆图》三卷。

《通志·艺文略》：徐悦《龙衔素针经并孔穴虾蟆图》三卷。

【按】《隋书经籍志考证》："徐悦龙衔素始末并未详。《太平御览》天部，抱朴子曰：黄帝医经有《虾蟆图》，言月生始二日虾蟆始生，人亦不可针灸其处。案：徐悦疑即徐道度、徐叔响之族，东莞徐氏以医术传家，盛行于南北朝，悦与叔响同撰方书，并详于后。"

《密活针经》

亡名氏著

【出典】《绛云楼书目》：《密活针经》。

《明堂分类图解》　四卷

清·青浦卫朝栋(云墀)撰

【出典】民国二十三年《青浦县续志》。

《明堂经》　三卷

宋·王惟一(惟德)撰

【出典】《宋史·艺文志》:王惟一《明堂经》三卷。

《明堂经》　一卷

亡名氏著

【出典】《通志·艺文略》《国史经籍志》:路氏《明堂经》一卷。

《明堂灸法》　三卷

亡名氏著

【出典】《宋史·艺文志》:《明堂灸法》三卷。

《明堂灸经》　一卷

亡名氏著

【出典】《医方类聚》(引用诸书):《明堂灸经》。

【按】《医籍考》言:"《明堂灸经》一卷。存。按右收在于《圣惠方》第一百卷,是亦王怀隐等编书时所采入者,其实唐以前书也。隋、唐志载明堂书数部,若此二书,不记撰人名氏,是以不可决定其何是,乃著于斯。至大辛亥春月燕山活济堂刊本分正背侧人图及小儿灸方,为三卷。"《中国医籍通考》言:"《明堂灸经》一卷。佚。按:是书《经籍访古志》作《黄帝明堂灸经》,姑存其目。"

《明堂孔穴》　二卷

亡名氏著

【出典】《隋书·经籍志》:梁《明堂孔穴》二卷,《新撰针灸穴》一卷,亡。

《明堂孔穴图》　三卷

亡名氏著

【出典】《隋书·经籍志》:《明堂孔穴图》三卷。

【按】《隋书经籍志考证》言:"《明堂孔穴图》三卷。梁有《偃侧图》八卷,又《偃侧图》二卷。并不著撰人。《抱朴子·杂应篇》曰:世人多令人以针治病,其灸法又不明处所分寸,而但说身中孔穴,荥输之名,自非旧医备览《明堂流注侧偃图》者,安能晓之哉?案:《四库简明目录》《明堂灸经》条曰:其曰明堂者,《素问》称雷公问黄帝以人身经络,黄帝坐明堂以授之。故《旧唐书·经籍志》以针灸诸书别为明堂经脉一类。又钱遵王《读书敏求记》曰:昔黄帝问岐伯以人之经络,尽书其言,藏于灵兰之室。洎雷公诸问,乃坐明堂授之。后世言明堂者,以此。今医家记针灸之穴为偶人,点志其处名明堂,非也。案二家之说,则所谓明堂者,即天子明堂,犹明堂班宣月令,遂称明堂月堂,托以为重耳。"

《明堂孔穴》　五卷

亡名氏著

【出典】《隋书·经籍志》:《明堂孔穴》五卷。

《明堂流注》　六卷

亡名氏著

【出典】《隋书·经籍志》:梁有《明堂流

注》六卷。亡。

《明堂论》 一卷

唐·朱遂(米遂)撰

【出典】《新唐书·艺文志》:米遂《明堂论》一卷。

《宋史·艺文志》:朱遂《明堂论》一卷。

《通志·艺文略》:《明堂论》一卷。唐朱遂撰。《唐志》"朱"作:"米"。

《明堂人形图》 一卷

唐·扶沟甄权撰

【出典】《新唐书·艺文志》:甄权《明堂人形图》一卷。

《通志·艺文略》:《明堂人形图》一卷。

【按】《千金翼方》言:"今所述针灸孔穴,一依甄公《明堂图》为定,学者可细详定。"《旧唐书》言:"甄权,许州扶沟人也……撰《脉经》《针方》《明堂人形图》各一卷。"

《明堂三人图》

亡名氏著

【出典】《千金要方》。

【按】《千金要方·卷二十九·针灸上·明堂三人图第一》言:"余慨其不逮,聊因暇隙,鸠集今古名医《明堂》,以述针灸经一篇,用补私阙,庶根据图知穴,按经识分,则孔穴亲疏,居然可见矣。"所谓"三人",指仰人、伏人、侧人3种体位;"图之于后,亦睹之便令了耳",有学者认为是图为孙思邈所著,惜《千金要方》未明言,姑以佚名述之。

《明堂图》 三卷

南朝(宋)·秦承祖撰

【出典】《旧唐书·经籍志》:《明堂图》三卷。秦承祖。

《新唐书·艺文志》:秦承祖《明堂图》三卷。

《明堂虾蟆图》 一卷

亡名氏著

【出典】《隋书·经籍志》:《明堂虾蟆图》一卷。

《明堂玄真经诀》 一卷

亡名氏著

【出典】《宋史·艺文志》:《明堂玄真经诀》一卷。

《通志·艺文略》:《明堂元真经诀》一卷。

《国史经籍志》:《明堂真经诀》一卷。

《明堂音义》

唐·杨玄操撰

【出典】《日本国见在书目》:《明堂音义》二。杨玄操撰。

《明堂针灸经》 二卷

宋·清源庄绰(季裕)集

【出典】《直斋书录解题》:《明堂针灸经》二卷,《膏肓灸法》二卷。清源庄绰季裕集。

《明堂针灸图》　三卷

亡名氏著

【出典】《世善堂藏书目录》:《明堂针灸图》三卷。宋阳介。

《郡斋读书后志》:《明堂针灸图》三卷。右题云黄帝论人身俞穴及灼灸禁忌。明堂者,谓雷公问道,黄帝授之,故名云。

《募腧经》

三国(吴)·吕广(博,博望)撰

【出典】《针灸甲乙经》林亿注:吕广撰《募腧经》云:太仓在脐上三寸,非也。

《南乾针灸书》　二卷

亡名氏著

【出典】《医藏书目·妙窍函目》:《南乾针灸书》二卷。

《脉望馆书目》:《乾南针灸书》一本。

《内外二景图》　三卷

宋·归安朱肱(翼中,大隐先生,无求子)著

【出典】《宋史·艺文志》:朱肱《内外二景图》三卷。

《述古堂藏书目》:朱肱《内外二景图》一卷。

【按】《读书敏求记》言:"《内外二景图》一卷。朱肱,吴兴人,登进士科,深于医。政和八年,取嘉祐中丁德用画左右手足,井荥输经合原及石藏用画任督二脉、十二经流注,杨介画心、肺、肝、胆、脾、胃之系属,大小肠、膀胱之营垒,校其讹舛,补以针法,名曰《内外二景图》。此系旧抄,复以朱介其穴而标之,未知有刊本行世否。"《内外二景图》为宋代医家朱肱所著,此书为我国针灸明堂图中附系内脏图之最早者,惜图文早佚,难于稽考。有学者查《道藏》中《烟罗图》下有《朱提点内境论》,考证认为是朱肱所作,可能是《内外二景图》内景部分说明文字。

《岐伯经》　十卷

亡名氏著

【出典】《隋书·经籍志》:《岐伯经》十卷。

《太平御览·经史图书纲目》:《黄帝岐伯经》。

《岐伯灸经》　一卷

亡名氏著

【出典】《新唐书·艺文志》:《岐伯灸经》一卷。

《宋史·艺文志》:《黄帝问岐伯灸经》一卷。

《岐伯针经》　一卷

亡名氏著

【出典】《宋史·艺文志》:《岐伯针经》一卷。

《奇经八脉考》

清·嘉兴钱嘉钟(云庵)撰

【出典】清光绪四年《嘉兴府志》。

《奇经灵龟飞腾八法》

清·长葛李万轴(邺三,春岩)撰

【出典】民国二十八年《长葛县志》。

《气穴考略》

清·吴江沈彤(冠云,果堂)撰

【出典】《果堂集》。

【按】《清史稿》:"沈彤,字冠云,号果堂,江苏吴江人……兼通医术,又为《气穴考略》《内经本论》各若干卷。卒年六十五。"同治《苏州府志》载有沈彤生平,其略曰:沈彤,儒生,先后数从名士学,以穷经为务,能贯穿古人之异同。其文章不事文饰,务蹈道理。乾隆元年(1736),内阁学士吴家麒荐举博子鸿辞,复荐修《一统志》《三礼书》,授九品官,不就,归后与徐灵胎友善。又通医理,尤究心于《内经》,对经络、气血、骨度均有研究。尝著《内经本论》《释骨》《气穴考略》。

《琼瑶真人八法神针》 二卷

宋·琼瑶真人撰

【出典】《补元史艺文志》:《璚瑶道人八法神针》二卷。黄士真序。

《脉望馆书目》:《八法神针》二本。

《述古堂书目》:《琼瑶真人八法神针》二卷。

《人镜经》 八卷

亡名氏原撰 明·四明钱雷补录

【出典】《医藏书目·妙窍函目》:《人镜经》八卷。

《人身经脉图》

清·安岳邹绍观(海澜)撰

【出典】清光绪二十三年《安岳县志》。

《人身通考》

清·宁乡唐家圭(执镇,楚天)撰

【出典】民国三十年《宁乡县志》。

《三奇六仪针要经》 一卷

亡名氏著

【出典】《隋书·经籍志》:《三奇六仪针要经》一卷。

《山眺针灸经》 一卷

亡名氏著

【出典】《宋史·艺文志》:山眺(一作"兆")《针灸经》一卷。

《通志·艺文略》《国史经籍志》:《山兆针灸经》一卷。

《崇文总目》:《山眺针灸经》一卷。侗按:《通志略》"山眺"作"山兆"。《宋志》与此同。注云:"眺"一作"兆"。

《身经通考》

明·歙县吴崑(山甫,鹤皋山人,参黄子)撰

【出典】《古今图书集成医部全录》(引用医学书目):《身经通考》。吴崑。

【按】《医部全录》中同时载录了李潆的《身经通考》,且有具体录用内容。吴崑之《身经通考》仅列书名,未见具体载录。查吴崑所著医书,共6种,其中《医方考》六卷、《脉语》二卷、《素问吴注》二十四卷、《针方六集》六卷4种现存于世,《十三科证治》《药纂》两种已经亡佚,未有《身经通考》之记载,未知《医部全录》所据,待考。

《神农明堂图》　一卷

亡名氏著

【出典】《隋书·经籍志》：梁有《神农明堂图》一卷。

《神应经百穴法歌》　一卷

清·益都王乾(健阳)撰

【出典】清光绪三十三年《益都县图志》。

《神应针经要诀》　一卷

宋·开封许希撰

【出典】《宋史·艺文志》：《神应针经要诀》一卷。

《通志·艺文略》：许希《针经要诀》一卷。

【按】《宋史·本传》有许希传记，略曰："许希，开封人，以医为业，补翰林医学。景佑元年，仁宗不豫，侍医数进药不效，人心忧恐。冀国大长公主荐希，希诊曰：针心下包络之间，可亟愈。左右争以为不可，诸黄门祈以身试，试之无所害，遂以针进而帝疾愈……著《神应针经要诀》，行于世。"乾隆四年《天津府志》言："许希，渤海人。"

《神针论补》

明·松阳徐自新(元白)撰

【出典】清乾隆十五年《松阳县志》。

《神针诗赋歌诀》　一卷

亡名氏著

【出典】《孝慈堂书目》：《神针诗赋歌诀》一卷，后缺，一册，钞白三十三番。

《十二经络发挥》

明·娄东邵弁(伟元，希周，玄沙)著

【出典】《千顷堂书目》：邵弁《十二经络发挥》。

【按】是书又名《十二经发挥》。清康熙十七年补刻明崇祯十五年《太仓州志》言："邵弁，字伟元，号玄沙。于经学有师法，后生皆从问疑义，兼精医术。以岁贡卒。所著有《南华经解》《老庄汇铨》《十二经发挥》《春秋通义》《春秋尊王发微》《诗序解颐》。"

【按】

《十二经络分解》

清·高邮沙绍闻(又月)撰

【出典】清嘉庆十八年增修乾隆四十八年《高邮州志》。

《十二经络图像》　一卷

清·高邮赵术堂(观澜、双湖)撰

【出典】《贩书偶记续编》：《十二经络图像》一卷，附奇经八脉。清高邮赵术堂编辑。咸丰元年刊。

《十二经络针灸秘法》

清·商水王广运(芥庵)撰

【出典】清乾隆四十八年《商水县志》。

《十二经络治疗溯源》

明·吴县沈宗学(起宗，墨翁)撰

【出典】清康熙三十年《苏州府志》。

《十二人图》　一卷

亡名氏著

【出典】《隋书·经籍志》:《十二人图》一卷。

《十二时辰血脉歌》

清·丰城陈瀚琇(福坤)撰

【出典】《丰城县志》。约成书于清咸丰、同治年间。内容未详。

《十四经发挥》

明·吴县过龙(云从,十足道人)撰

【出典】《文渊阁书目》:《十四经发挥》。一部,一册,阙。

《十四经发挥合纂》　十六卷

明·吴江张权(浩然,知归子)撰

【出典】《医籍考》:张氏(权)《十四经发挥合纂》十六卷,存。

《十四经合参》　十六卷

明·吴江张权(浩然,知归子)撰

【出典】《聿修堂藏书目录》:《十四经合参》十六卷,附录一卷。一册,崇祯庚辰张氏初稿本。明张权撰。

《十四经络发挥》

明·嘉定庄某编撰

【出典】清光绪《嘉定县志》:庄某,明嘉定人。著《十四经络发挥》。

《寿世金针》

清·南陵程东贤(昌基)撰

【出典】《南陵县志》。

《素灵发伏》

清·江宁严长明(冬友)撰

【出典】清光绪六年重刻嘉庆十六年《江宁府志》。

《素灵广注》

清·嘉善金钧(上陶,沙南)撰

【出典】清嘉庆五年《嘉善县志》。

《素灵类纂集解》　十八卷

清·乌青陈世泽(我如)撰

【出典】民国二十五年《乌青镇志》。

《素问灵枢集要》

清·遵义李宝堂(森斋)撰

【出典】民国二十五年《遵义府志》。

《素问灵枢集要节文》

元·钱塘沈好问(裕生,启明)撰

【出典】清康熙二十三年《浙江通志》。

《素问灵枢直解》　六卷

明·黄州顾天锡(重光)撰

【出典】《黄州府志》。约成书于明天启年间。

《孙思邈五藏旁通明鉴图》　一卷

唐·裴灵(元灵,元明)撰

【出典】《宋史·艺文志》:《孙思邈五藏旁通明鉴图》一卷。

《通志·艺文略》:《五藏傍通明鉴图》一卷。唐道士裴元灵撰。

《国史经籍志》:《五藏旁通明鉴图》一卷。唐裴灵。

《崇文总目辑释》:《五藏旁通明鉴图》一卷。原释阙,见天一阁抄本。侗按:《通志略》道士裴元明撰,《宋志》孙思邈撰。

【按】又名《五藏傍通明鉴图》。

《铜人腧穴针灸图经都数》

亡名氏著

【出典】《医籍考》:《铜人腧穴针灸图经都数》一卷。存。按:此明英宗重修石本所附,徐三友校刊为第四卷,盖非宋板之旧也。

【按】《全国中医图书联合目录》等均未载录是书,多方查考未见,姑以亡佚书录之。

《铜人图》

清·梅里王爱(力行)撰

【出典】清乾隆三十八年《梅里志》。

《铜人图绘注》

清·湘乡郑国器(用斋)撰

【出典】清同治十三年《湘乡县志》。

《铜人图经》

亡名氏著

【出典】《脉望馆书目》:《铜人图经》一本。

《铜人图经考证》　二卷

清·直隶冉广鲤(海容,松亭)撰

【出典】清同治三年《酉阳直隶州总志》。

《铜人图说》

清·攸县陈金岐(小嵩)撰

【出典】清道光增嘉庆二十三年《攸县志》。

《铜人穴经》

明·华亭李中梓(士材,念莪,尽凡居士)撰

【出典】《医籍考》:李氏中梓《铜人穴经》,未见。

《铜人针经密语》

金·广平窦杰(子声,汉卿)著

【出典】《补元史艺文志》:窦默《铜人针经密语》一卷。

《绛云楼书目》:《密活针经》。

《医籍考》:《注铜人针经密语》一卷。佚。《密治针经》未见。按右见于《绛云楼书目》。

【按】《中国古医籍书目提要》有按:《绛云楼书目》著录有《密活针经》,丹波元胤《医籍考》著录为《密治针经》,疑"活"字为"语"字之讹,其书名应为《密语针经》。

《铜人针灸方》　一卷

亡名氏著

【出典】《菉竹堂书目》:《铜人针灸方》一卷。

《外科灸法论粹新书》 一卷

宋·徐梦符撰

【出典】《宋史·艺文志》:徐梦符《外科灸法论粹新书》一卷。

《西方子明堂针灸经》 八卷

亡名氏著

【出典】《医藏书目·妙窍函目》:《西方子明堂针灸经》八卷。

【按】是书似是《西方子明堂灸经》,待考。

《小儿明堂针灸经》 一卷

宋·吴复珪撰

【出典】《宋史·艺文志》:吴复珪《小儿明堂针灸经》一卷。

《新撰针灸穴》 一卷

亡名氏著

【出典】《隋书·经籍志》:《新撰针灸穴》一卷。亡。

《玄机秘要》 三卷

明·三衢杨济时(继洲)撰

【出典】《针灸大成》:《玄机秘要》,三衢继洲杨济时家传著集。

《医籍考》:杨氏济时《卫生针灸玄机秘要》三卷,未见。

《玄秘会要针经》 五卷

宋·王处明著

【出典】《宋史·艺文志》:王处明《玄秘会要针经》五卷。

《玄悟四神针经》 一卷

亡名氏著

【出典】《宋史·艺文志》:《玄悟四神针经》二卷。

《通志·艺文略》《国史经籍志》:《元悟四神针经》一卷。

《崇文总目》:《元悟四神针经》一卷。诸家书目并不著撰人。侗按:旧本"元悟"讹作"元悮",今校改。

《偃侧人经》 二卷

南朝(宋)·秦承祖撰

【出典】《隋书·经籍志》:《偃侧人经》二卷。秦承祖撰。

《偃侧图》 八卷

亡名氏著

【出典】《隋书·经籍志》:梁有《偃侧图》八卷。

《偃侧图》 二卷

亡名氏著

【出典】《隋书·经籍志》:梁有《偃侧图》八卷,又《偃侧图》二卷。

《偃侧杂针灸经》 三卷

南朝(宋)·秦承祖撰

【出典】《隋书·经籍志》:梁有秦承祖《偃侧杂针灸经》三卷。亡。

【按】《医学读书志》言:"《偃侧杂针灸经》三卷,宋大将军参军东海徐叔向撰。叔向为晋濮阳太守熙之孙,射阳令秋夫之子,熙好黄老,隐于秦望山。"

《要用孔穴》　一卷

亡名氏著

【出典】《隋书·经籍志》:《要用孔穴》一卷。

《医学金针》

清·吴江翁纯礼(嘉会,素风)撰

【出典】清同治《苏州府志》。

《医学金针》

清·临清童际昌(盛唐)撰

【出典】《临清县志》。约成书于清光绪年间。

《医学神法针经》

亡名氏著

【出典】《脉望馆书目》:《医学神法针经》一本。

《易灸方》

亡名氏著

【出典】《脉望馆书目》:《易灸方》一本。

《玉匮针经》　十二卷

三国(吴)·吕广(博,博望)撰

【出典】《隋书·经籍志》:《玉匮针经》一卷。

《旧唐书·经籍志》《新唐书·艺文志》:《玉匮针经》十二卷。

《通志·艺文略》:《玉匮针经》十二卷。

《国史经籍志》:《玉匮针经》一卷。《玉匮针经》十二卷。

《杂针经》　四卷

亡名氏著

【出典】《隋书·经籍志》:梁有《杂针经》四卷。亡。

《增注针经密语》　一卷

元·兰溪王开(叔启,启元,镜潭,镜泽)撰

【出典】《千顷堂书目》:王镜泽《增注针经密语》一卷。兰溪人,不知名,从窦默学针灸,能尽其术。至元初,领扬州教授。

《针砭证源》

清·吴江秦守诚(千之,二松)撰

【出典】光绪《平望志》:秦守诚,字千之,号二松,清吴江平望北溪人。精医。访名师,求秘笈二十年,学大成,道亦大行。治病必先贫后富。著有《湿温萃语》《针砭证源》《内经度蒙》。

《针砭指掌》　四卷

清·嘉定郁汉京(吾亭)撰

【出典】清光绪七年《嘉定县志》。

《针法辨》

明·潍县孙出声(振铎)撰

【出典】民国三十年《潍县志稿》。

《针法要览》

明·营山王宗谐撰

【出典】清同治九年《营山县志》。

《针法易简》

清·昌邑陈丕显(文谟)撰

【出典】清光绪三十三年《昌邑县续志》。

《针法指南》

明·巨野姚宏撰

【出典】清道光二十年《巨野县志》。

《针方》 一卷

唐·扶沟甄权撰

【出典】《新唐书·艺文志》:甄权《针方》一卷。

《针经钞》 三卷

唐·扶沟甄权撰

【出典】《新唐书·艺文志》:甄权《针经钞》三卷。

《针经订验》

明·余姚黄渊撰

【出典】《医籍考》:黄氏渊《针经订验》,未见。按右见于《浙江通志》经籍类。

《针经》 六卷

南北朝(梁)·广平程天祚撰

【出典】《隋书·经籍志》:梁有程天祚《针经》六卷,《灸经》五卷,亡。

《通志·艺文略》:程天祚《针经》六卷。

《针经》 一卷

亡名氏著

【出典】《隋书·经籍志》:谢氏《针经》一卷。

【按】《隋书经籍志考证》言:"谢氏不详何人。疑即前撰《消渴方》之谢南郡。"

《针经》 一卷

隋?·殷元撰

【出典】《隋书·经籍志》:殷元《针经》一卷。

《通志·艺文略》《国史经籍志》:商元《针经》一卷。

【按】《隋书经籍志考证》言:"殷元始末未详。案:两唐志有《殷子严本草音义》二卷,殷子严不详何人,或即此殷元之子。"《中国古医籍书目提要》言:"'殷元'《通志略》著录为'商元',避赵匡胤的'胤'字,《国史经籍志》因之。"

《针经》 一卷

亡名氏著

【出典】《宋史·艺文志》:又《针经》一卷。

《针经》 一卷

金·洺州李庆嗣著

【出典】《补三史艺文志》:李庆嗣《针经》一卷。

《世善堂藏书目录》:《针经》一卷。李庆嗣。

【按】《金史》言:"李庆嗣,洺人。少举进士不第,弃而学医,读《素问》诸书,洞晓其义。天德间,岁大疫,广平尤甚,贫者往往阖门卧病,庆嗣携药与米分遗之,全活者众。

庆嗣年八十余，无疾而终。所著《伤寒纂类》四卷，《考证活人书》二卷，《伤寒论》三卷，《针经》一卷，传于世。”

《针经音》

唐·杨玄操撰

【出典】《日本国见在书目》：《针经音》一。杨玄操撰。

《针经指南》

明·昆山褚祚晋撰

【出典】清光绪《昆新两县续修合志》。

《针灸便用》

清·交河卢梅（调卿）撰

【出典】民国五年《交河县志》。

《针灸阐奇》

清·博山岳含珍（玉也，思莲子）撰

【出典】清乾隆十八年《博山县志》。

《针灸撮要穴法》　一卷

亡名氏著

【出典】《玄赏斋书目》：《针灸撮要》。杨氏《针灸撮要穴法》。

《绛云楼书目》：《针灸撮要》。

《述古堂书目》：杨氏《针灸撮要穴法》一卷。抄。

《针灸发明》

清·虞乡邵化南（临棠）撰

【出典】《虞乡县志》。约成书于清嘉庆前后。

《针灸法剩语》

清·米脂高齐岱（青岩）撰

【出典】民国三十三年《米脂县志》。

《针灸服药禁忌》　五卷

亡名氏著

【出典】《新唐书·艺文志》：《针灸服药禁忌》五卷。

《针灸服药禁忌》　五卷

清·成阳王方庆撰

【出典】清乾隆十六年《成阳县志》。

《针灸合编》

清·庄平单振泗（圣泉）撰

【出典】民国二十五年《庄平县志》。

《针灸汇稿》

清·历城冯应麟（余斋）撰

【出典】民国十三年《历城县志》。

《针灸会元》　一卷

清·吴县蒋示吉（仲芳，自了汉）撰

【出典】《丰修堂藏书目录》：《针灸会元》一卷。

《针灸集成》　一卷

亡名氏著

【出典】《文渊阁书目》：《针灸集成》一

部，一册，阙。

《医籍考》：《针灸集成》一卷，未见。按右见于《菉竹堂书目》。

《针灸集要》

明·双林凌贞侯撰

【出典】《医籍考》：凌氏（贞侯）《针灸集要》，未见。

【按】《医籍考》录《遂初堂文集》中潘耒序：海内针灸家，独推双林凌氏，其先受针法于异人，以治病无不立瘥，远近数百里，趋之若神，传数世迄今。子孙多世其业，而贞侯最为工妙……间出一编示余曰：针灸惟《灵枢》《素问》精言之，自后传书绝少，吾惧其久而失真也。爰本黄帝岐伯书，参以诸家，述先世所传，传著己意，为《集要》一书，以示来兹，幸为我序之。嗟夫，针灸之妙，正以其不从方书得也，而贞侯顾为是乎？

《针灸辑要》

清·余姚胡杰人（芝麓，指六异人）撰

【出典】民国九年《余姚六仓志》。

《针灸揭要》

清·桓台王树愿撰

【出典】民国二十二年《桓台志略》。

《针灸仅存录》

明·祁门黄宰（敬甫）撰

【出典】《祁门县志》。约成书于明正德年间。

《针灸经》

宋·安福刘元宾（子仪，通真子）著

【出典】《医籍考》：刘氏元宾洞天《针灸经》，佚。按右见于《安福县志》。

《针灸经》　一卷

亡名氏著

【出典】《隋书·经籍志》：《针灸经》一卷。

《针灸经》　一卷

隋·释僧匡撰

【出典】《隋书·经籍志》：释僧匡《针灸经》一卷。

《针灸经》　一卷

宋·公孙克著

【出典】《宋史·艺文志》：公孙克《针灸经》一卷。

《针灸经考异》

亡名氏著

【出典】《故宫所藏观海堂书目》：《针灸经考异》，钞本，一册。

《针灸诀歌》

清·婺源何第松（任迁）撰

【出典】清光绪八年《婺源县志》。

《针灸脉诀书》　一卷

辽·突厥直鲁古撰

《世善堂藏书目录》：《针灸脉诀书》一

卷。辽直鲁古。

《针灸秘传》

？·邓良仲撰

【出典】《医籍考》：邓氏（良仲）《针灸秘传》，未见。

《针灸秘传》

清·钱塘张志聪（隐庵）撰

【出典】《清史稿》：张志聪，字隐庵，浙江钱塘人……其自著曰《侣山堂类辨》《针灸秘传》。志聪之学，以《素》《灵》《金匮》为归，生平著书，必守经法，遗书并行于世，惟《针灸秘传》佚。

《针灸秘诀辨证》

清·花县朱珩（楚白）撰

【出典】民国十三年《花县志》。

《针灸秘书》

亡名氏著

【出典】《孝慈堂书目》：《针灸秘书》一卷。一册，钞白九十三番。

《针灸秘要》　四卷

明·双林凌千一著

【出典】《医籍考》：凌氏（千一）《针灸秘要》四卷，未见。

【按】《医籍考》录《遂初堂文集》中大樵山人序：双林凌氏之以针灸名旧矣，有千一者，博综群书，留心济世，于是弃举子业业医，尤精于针灸学。著《针灸秘要》四卷，而亦于论针为特详。别是非，辨疑似，发先圣贤之微言，汇众见而归于一是。予于医绝无所知，今读其言，若自视其掌纹，井井然可数而得。

《针灸全书》

清·曲沃卫侣瑗（友玉）撰

【出典】清乾隆二十三年《新修曲沃县志》。

《针灸全书》　一卷

元·兰溪王开（叔启，启元，镜潭，镜泽）撰

【出典】《医藏书目·妙窍函目》：王镜潭《针灸全书》一卷。

《针灸书》

辽·突厥直鲁古撰

【出典】《补三史艺文志》：直鲁古《针灸书》。

《针灸述古》

清·长葛李万轴（郯三，春岩）撰

【出典】民国二十八年《长葛县志》。

《针灸图》

清·钟祥何惺（君慄，象山）撰

【出典】清同治六年《钟祥县志补篇》。

《针灸图法》

亡名氏著

【出典】《绛云楼书目》：《针灸图法》。

《述古堂书目》：《针灸图法》一卷。抄。

《针灸图经》 十一卷

亡名氏著

【出典】《隋书·经籍志》:《针灸图经》十一卷(本十八卷)。

《通志·艺文略》:《针灸图经》十一卷。

《针灸图》 四卷

清·江都葛天民(圣逸,春台)撰

【出典】清乾隆八年《江都县志》。

《针灸图要诀》 一卷

亡名氏著

【出典】《隋书·经籍志》:《针灸图要诀》一卷。

《针灸详说》 二卷

明·长安杨珣(楚玉,恒斋)撰

【出典】《明史·艺文志》:《针灸详说》二卷。

《千顷堂书目》:杨珣《针灸详说》二卷。

【按】有言是书即《针灸集书》,后者存。

《针灸小易赋》

元·昆山王履(安道,畸叟,抱独老人)撰

【出典】《绛云楼书目》:《针灸小易赋》。

《聿修堂藏书目录》:《小易赋》一卷。一册,宽保壬戌刊本,朝鲜国本对校。元王履。

《针灸要钞》 一卷

南朝(齐)·姑幕徐叔响(叔向)撰

【出典】《隋书·经籍志》《新唐书·艺文志》《通志·艺文略》:徐叔响《针灸要钞》一卷。

《国史经籍志》:徐叔向《针灸要钞》一卷。

【按】徐叔响,一作徐叔向,南北朝时期刘宋名医。祖籍东莞姑幕(今山东诸城),寄籍丹阳(今江苏南京)。曾任宋大将军。徐秋夫之子。传父业,究心医术。撰有《针灸要钞》1卷、《疗少小百病杂方》37卷、《杂疗方》20卷、《杂病方》6卷、《疗脚弱杂方》8卷(一说其兄徐道度撰)、《解散消息节度》8卷、《本草病源合药要钞》5卷、《体疗杂病本草要钞》10卷等,均佚。

《针灸要览》 一卷

明·吴县过龙(云从,十足道人)撰

【出典】清康熙三十年《苏州府志》:过龙,字云从,吴县人。丰神超逸,隐于医。著《针灸要览》《十四经发挥》《茶经》各一卷。时与祝京兆、文待诏游。生平不菑不畬,所需自足,自号十足道人,年九十三卒。文徵明有《十足道人传》。

《针灸易职》

亡名氏著

【出典】《绛云楼书目》:《针灸易职》。

《针灸摘要》

清·南皮张甘僧撰

【出典】民国二十一年《南皮县志》。

《针灸摘要六十二证》

清·长渭李行芳撰

【出典】清道光十五年《长渭县志》。

《针灸摘要图考》

清·大城刘钟俊撰

【出典】清光绪二十三年《大城县志》。

《针灸摘要》 一卷

清·南皮张永荫(海飃)撰

【出典】民国二十一年《南皮县志》。

【按】《全国中医图书联合目录》载录亡名氏撰《针灸摘要》一书有抄本存世，无法判定是否指本书。

《针灸真诠》

清·合川李成举(玉林)撰

【出典】民国九年《合川县志》。

《针灸正门》

亡名氏著

【出典】《医藏书目·声闻函》:《针灸正门》。

《针灸治例》 一卷

亡名氏著

【出典】《医藏书目·妙窍函目》:《针灸治例》一卷。

《针灸纂要》

亡名氏著

【出典】《医藏书目·妙窍函目》:《针灸纂要》一卷。

《针书》 一卷

亡名氏著

【出典】《玄赏斋书目》:《针书》。

《脉望馆书目》:《针书》一本。

《针学提纲》

亡名氏著

【出典】《医藏书目·妙窍函目》:《针学提纲》一卷。

【按】《医籍考》录为《针灸提纲》。

《针要诀》

清·郑县张希曾(省斋)撰

【出典】民国五年《郑县志》。

《枕中灸刺经》 一卷

汉·谯郡华佗(元化)撰

【出典】《后汉书·艺文志》:《华佗枕中灸刺经》一卷。

《隋书·经籍志》:《华佗枕中灸刺经》一卷。

【按】又名《华佗枕中灸刺经》。相传《枕中灸刺经》为华佗晚年撰写，主要内容围绕针刺治疗运用，已佚。其弟子樊阿继承其学术思想及临床经验，行医于世，以针灸著名。

《指迷赋》

金·广平窦杰(子声，汉卿)著

【出典】《补元史艺文志》:窦默《指迷赋》。

《千顷堂书目》:窦默《指迷赋》。

【按】《中国医籍通考》有按:"或即谓

《通玄指要赋》。”

《注灵枢经》

？·赵氏撰

【出典】《医籍考》：赵氏（阙名）《注灵枢经》，未见。

【按】《医籍考》录陈仁锡序：余尝题壁云“简方思节茗，耻役学尊生”。读赵先生《注灵枢》，盖信天下最可恃者，古人不变为今人；可恨者，古本时化为今本；可怪者，自家脉理，问之医王方寸，隔垣而求洞于秦越人。夫秦越人也，得无秦越我也。夫可笑者，脏府不自见，而辄许人有肝胆，且谁肝谁胆哉？赵先生早谢青衿，注经玄畅可传，居甫里不交富人，须眉皓然，似一精猛读书壮男子。尤好言三《礼》。余欲十七篇宗《仪礼》，入《礼记》之通十七篇者，六官宗《周礼》，入《礼记》之近六官者，各以历朝礼制、官制附焉。欲勒成一书，未能也，先生图之。礼以治身为先，此亦岐伯之大指矣。（《无梦园集》）

《祝氏注窦太师标幽赋》

明·丽水祝定（伯静）注

【出典】同治十三年《丽水县志》：祝定，字伯静。以医鸣。洪武初，授本府医学提领，转正科。注窦太师《标幽赋》，医家咸宗之。

《子午流注》

亡名氏著

【出典】《医籍考》：《子午流注》一卷，未见。

《子午流注通论》

元·嘉兴吴宣（泰然）撰

【出典】清康熙二十四年《嘉兴县志》。

【按】又名《子午流注论》。

《子午流注图说》

明·归安凌云（汉章，卧岩）撰

【出典】《中国针灸荟萃·现存针灸之部》。

【按】《中国针灸荟萃》列《子午流注图说》为所存针灸图书，言“未见刊本”，故未列序跋。然又言有“明抄本”，未知何据。今姑以亡佚书录之。

附录

民国时期针灸医籍考录

民国时期国内针灸专科医籍

《经脉考证》 1913

廖平(季平,六译老人)撰。《六译馆医学丛书》之一,此丛书包含22种医籍。有1913—1923年成都存古书局刻本。

《十二经动脉表》 1913

廖平(季平,六译老人)撰。《六译馆医学丛书》之一。有1913—1923年成都存古书局刻本。

《诊筋篇补证》 1913

廖平(季平,六译老人)撰。《六译馆医学丛书》之一。有1913—1923年成都存古书局刻本。

《针灸便用》 1914

著者佚名。存抄本。

《针灸指髓》 1915

裴荆山撰,二卷本。《裴氏医书指髓》之一,子目:《伤寒指髓》《金匮指髓》《温病指髓》《脉法指髓》《腧穴指髓》《针灸指髓》和《六经指髓》等7种,藏辽宁省图书馆。

《针灸诠述》 1915

黄灿(子持,持平,石屏)撰。有1915年铅印本。

《(最新)实习西法针灸》 1915

(日)冈本爰雄撰,顾鸣盛编译。1915、1917、1924年上海进步书局铅印本,1923、1932年上海文明书局铅印本。

《针灸菁华》 1915

佚名,一卷。有中国中医科学院图书馆所藏民国抄本。

《俞穴指髓》 1916

裴荆山撰。见《裴氏医学指髓》,有1916年稿本。

《经穴图考》 1917

佚名。存抄本。

《中医刺灸术讲义》 1917

陈立平编著。有1917年广州中汉印务局铅印本。

《针灸易知》 1919

中华书局编。有1919、1920、1922、1927、1929、1932、1936年中华书局铅印本;1929年文明书局铅印本。又见于《医学易知》,又名《学医捷径》,包括《药性易知》《脉法易知》等14种医学入门读本。

《针石之宝》 1919

佚名。有1919年抄本,藏北京图书馆。

《(实验)勿药医病法》 1919

顾鸣盛翻译。有上海文明书局铅印本。

《针灸变化精微》 1920

佚名,附《方剂歌括》。存抄本。

《经络解》 1921

杨钟濬(岘樵)著,八卷。见于《杨氏医解八种》,子目:《形体大略解》六卷,《藏府解》五卷,《经络解》八卷,《四诊法解》六卷,《经证解》十五卷,《杂病解》十八卷,《药解》八卷,《方解》十卷。1921年抄本。

《经脉俞穴记诵编》 1923

张山雷(寿颐)撰,二卷。有1923年兰溪中医专门学校油印本。

《经穴学孔穴学》 约1923

佚名。存抄本,藏镇江市图书馆。

《针灸问答》 1923

谭志光编著。存稿本及民国湖南针灸讲习所铅印本。

《针灸传真》 1923

又名《绘图针灸传真》。子目:《针灸传真》二卷,《内经刺法》二卷,《名医刺法》二卷,《考正穴法》二卷。

赵熙(辑庵)、孙秉彝(祥麟)、王秉礼(郁文)合编。有1923年山西代县亨利石印局石印本,1923、1933年山西中医改进研究会铅印本,1936、1946年铅印本。

《针灸经穴图考》 1924

黄维翰(竹斋)编。有1935年西安克兴印书馆铅印本,1996年中医古籍出版社据1935年此传影印本。

《彩色针灸铜人图》 1924

倪耀椙编绘。

《运针不痛心法》 1924

紫云上人撰。有1936年无锡中国针灸学研究社铅印本。

《十二经穴病候撮要》 1925

恽铁樵(树珏)编。有1941年上海铅印本,又见于《药盦医学丛书》(包括《论医集》《医学评议》等22种)。有1928年铅印本,1941—1948年章氏医寓铅印本,1948年上海新中国医学出版社铅印本。

《铜人经穴骨度图》 1925

张山雷(寿颐)撰。有1927年据稿本影印本、民国石印本、抄本。

《医技便巧针灸指南》 1925

佚名。有1925年上海大成书局石印本。

《针学通论》 1925

(日)佐藤利信撰,又名《针灸通论》。见于1935年《皇汉医学丛书》及其重印本。

《针灸菁华》 1927

韦格六(贯一山人)编著,二卷,附《小儿推拿法》一卷。有1927年安庆同德医院铅印本。

《针灸学讲义》 1927

周仲房编著。有民国广东中医药专门学校铅印本。

《经络腧穴新考证》 1927

张山雷(寿颐)撰,二卷。有1927年铅印本、油印本。

《疗病选穴》 1927

佚名,有1927年江苏苏氏珠光剑影楼晒图本。

《针灸穴道经验汇编》 1928

黄云章口授,罗祖鲑补注。有上海中医药大学图书馆抄本。

《针灸秘法》 1928

曾玉莲撰。有油印本藏中国中医科学院图书馆。

《简明针科学论》 1928

周伟呈编著。有1928年河南开封中文石印馆再版本。

《温灸学讲义》 1928

张世镳(俊义)编著。有1928、1930、1935年宁波东方针灸学社铅印本,1938、1940、1943年上海东方医学书局铅印本。

《(孔穴通用)针灸萃要》 1929

(日)吉田弘道编著。有盲人技术学校出版社印本。

《灸法医学研究》 1929

(日)原志免太郎编,周子叙译。有1930、1933、1935、1940年上海中华书局铅印本。

《针灸医案》 1929

姚寅生著。有民国铅印本。

《铜人新图》 1930

范更生绘,4幅,全名《五彩科学式铜人新图》。有1930年绘者自印本藏中国中医科学院图书馆。

《项氏耐安延寿针灸图》 1930

项耐安编著,有1930年排印本藏上海中医药大学图书馆。

《针灸穴法病状合编》 1930

佚名。有1930年汉口合记针灸馆铅印本。

《针灸翼》 1930

路嘉霖(字华农,号滋培)编著。有1930年江苏省东南印刷局石印本,

《针灸秘授全书》 1930

周复初撰。有1930、1933、1934年宁波东方针灸学社铅印本,1939年抄本。

《针灸》 约1930

佚名。有民国北京天华馆铅印本及抄本。

《温灸术研究法》 1930

张鸥波编。有1931、1933、1935、1936年宁波东方针灸学社铅印本。

《灸法医学研究》 1931

(日)原志免太郎编,周子叙译,1933年上海中华书局出版。

《(增图编纂)针灸医案》 1930

孙济冈编著。有1930年石印本,1980年杭州古籍书店据1930版影印本。

《针灸医案》 1930

李长泰(书春)撰,四卷。有1930、1936、1939年上海中医书局铅印本,1930年香港医林书局铅印本。

《针灸医案》 1930

悔过居士编。有1930年黑龙江省同生祥针灸医馆石印本。

《正统铜人插针照片》 1931

王易门编摄,共12幅。有1931年摄影本。

《经脉穷源》 1931

王仁叟编。收录于《新中医五种》,子目:《气化真理》《经脉穷源》《症治会通》《病案实录》《药物格要》。有1936年上海中医书局铅印本。

《针灸精华》 1931

赵佩瑶(心玉)撰。有1931年油印本藏广西壮族自治区第二图书馆。

《中国简明针灸治疗学》 1931

温主卿(春阳)撰,两集,初集《针灸简易》,二集《针灸宝筏》。有1931、1934、1935年上海国医书馆石印本,1931、1938年上海万有书局石印本。

《中国针灸治疗学》 1931

承淡安编著。一名《增订中国针灸治疗学》。有1931、1932、1933、1934、1936、1937年无锡中国针灸学研究社铅印本,1937年上海幸福书局铅印本,民国抄本。

《高等针灸学讲义·针治学灸治学》 1931

日本神户延命山针灸学院编纂,缪召予译。《高等针灸学讲义》子目包括针治学灸治学,生理学,病理学,诊断学消毒学,经穴学孔穴学,解剖学。前4种由日本神户延命山针灸学院编纂,缪召予编译,后2种由猪又启岩著,张俊义译。有1931、1932、1933、1936年宁波东方针灸书局铅印本,1937、1941年上海东方医学书局铅印本。

《高等针灸学讲义·经穴学孔穴学》 1931

(日)猪又启岩著,张俊义译。有1931、1932、1933、1936年宁波东方针灸书局铅印本,1937、1941年上海东方医学书局铅印本。

《明堂孔穴针灸治要》 1932

二卷:《明堂孔穴》一卷,附《针灸治要》一卷。

孙鼎宜撰,收录于《孙氏医学丛书》。此丛书共6种,除此书外,另有《伤寒杂病论章句》《伤寒杂病论读本》《难经章句》《脉经钞》《医学三言》5种。有1936年上海中华书局铅印本。

《铜人经络图骨度部位说明书》 1932

赤城医庐编。有民国上海中医书局铅印本。

《中风预防名灸》 1932

(日)吉原昭道原著,陈景岐译述。1932年东方针灸学社(中国译版)初版。

《针灸讲义》 1932年前

山西医学传习所编著。山西医学传习所是山西医科大学的前身,1919年8月时任山西督军兼省长的阎锡山创办了山西医学传习所,兼授中医和西医,学制一年半,以普及医学知识为主。1932年1月,改为私立山西川至医学专科学校。故此书成书当在1932年前。

《实用针灸学》 1932

陈光昌编著。有民国宁波东方针灸学社铅印本。

《最新考正经脉经穴挂图说明书》 1933

包天白编。有1933年上海中国医药社铅印本。

《经络要穴歌诀》 1933

承淡安撰。有1933年中国针灸学研究社铅印本。

《经穴摘要歌诀百症赋笺注合编》 1933

承淡安编。有1934、1937、1951年中国针灸学研究社铅印本。

《针灸治疗实验集》 1933

承淡安编，又名《金针疗病奇书》。有1933、1936、1937年无锡中国针灸学研究社铅印本。

《实用针灸学》 1933

徐益年编著。有广州徐仁甫医庐铅印本。

《金针百日通》 1933

王可贤（亚卿）撰。有1934年宁波东方针灸学社铅印本。

《中国针灸科学》 1933

周伯勤（元咎）撰。有1934、1935、1946年上海中医书局铅印本。

《针灸纂要》 1933

吴炳耀（羲如）撰，吴秀琴（韵桐）编。有1933年吴尚德堂铅印本。

《针灸便览表》 1933年前

罗兆琚撰。成书年代不详，曾于1933年开始陆续发表在《针灸杂志》第1卷第1期至第6期上。

《灸治汇篇》 1933年前

罗兆琚编著。

《实用针灸指要》 1933

罗兆琚撰。曾在《针灸杂志》1934年第2卷第1期至1935年第2卷第6期上陆续发表。现存《针灸杂志》本和1937年手抄本。

《春园氏针灸学编》 1934

王春园撰，二卷。有1934年北平中华印书局铅印本。

《针灸治验百零八种》 1934

曾天治编著。有广州著者铅印本藏广东中山图书馆。

《国术点穴秘诀伤穴治法合刊》 1934

佚名。有1934年上海务本书药社铅印本藏中国中医科学院图书馆。

《针灸医案》 1934

邓宪章等编。有民国北平天华馆铅印本。

《中国针灸治疗学指南》 1934

黄杨明撰。又名《国粹针灸治疗学指南》。有1934年惠广花园国粹研究社铅印本。

《针灸讲义》 1934

夏禹臣编述。有民国北平华北国医学院铅印本。

《针灸科讲义》 1934

李法陀编著。有广东光汉中医药专门

学校铅印本。

《温灸学讲义补编》　1934

张世镳（俊义）编著。有1934、1939、1940年上海东方医学书局铅印本，1935、1936年宁波东方针灸学社铅印本。

《针灸学》　1934

曾天治编著。有广东光汉中医药专门学校铅印本。

《针灸杂志》　1934

中国针灸研究所编著并出版，为《针灸杂志》合订本，一卷。有1934年无锡印刷公司铅印本。

《中国针灸学配穴精义》　1935?

罗兆琚撰。有民国间刘玉阶抄本藏广西壮族自治区第一图书馆。

《中国针灸经穴学讲义》　1935

罗兆琚撰。有1935年稿本藏广西壮族自治区第一图书馆。

《百二十孔穴灸治图说》　1935

余天岸撰。有1935年上海理疗器械行铅印本。

《人体写真十四经经穴图谱》　1935

（日）玉森贞助编绘。有1935年宁波东方针灸学社影印本。

《针灸经穴分寸穴俞治疗歌合编》　1935

罗兆琚撰。曾在《针灸杂志》1935年第3卷第1期至1937年第4卷第8期上陆续发表。现存《针灸杂志》本和民国时期抄本。

《经隧与经脉生理解剖》　1935

张蕴忠撰。有民国江苏省立医政学院铅印本。

《十四经穴分布图》　1935

姚若琴（乐琴）编。有姚若琴诊所铅印本。

《针灸治疗》　1935

温主卿编著，二卷。有1935年上海中医书局石印本，民国雨田抄本。

《针灸医学大纲》　1935

曾天治编著。有1935年广州汉兴国医学校铅印本。

《中国针灸医学》　1935

尧天民撰。有1935、1936、1938年中国针灸医学社铅印本，民国四川国医学院铅印本。

《针灸指南》　1935

余纯（一清道人）编著。有上海明善书局铅印本。

《温灸医报——分类汇编》　1935

张鸥波编纂。1935年宁波东方针灸学社出版。

《针灸经穴图考》　1935

黄维翰（竹斋）。有1935年西安克兴印书馆铅印本，1957年人民卫生出版社重排本。

《针灸经穴歌赋读本》　1936

黄维翰（竹斋）编，二卷。1936年。

《铜人经穴图考》　1936

承淡安、谢建明合撰。有1936年中国

针灸学研究社铅印本。

《俞穴折衷》 1936

(日)安井元越著,二卷。有1936年上海医界春秋社影印本。

《灸法自疗学》 1936

叶劲秋编著。有1936、1947年上海少年医药学社铅印本。

《艾灸方法》 1936

王皋荪编著。现存版本见于《疗疮治疗附录》。

《针灸说明书》 1936

罗兆琚撰。有民国柳州石印本。

《中国针灸学新传》 1936

罗兆琚撰。有1936年石印本藏广西壮族自治区第一图书馆。

《针灸学薪传》 1936

罗兆琚撰。有1936年柳州神州针灸学社石印本藏广西壮族自治区第一图书馆。

《中国针灸外科治疗学》 1936

罗兆琚编著。有1936年无锡中国针灸研究社铅印本。

《实用针灸医学》 1936

曾天治编著。有1936年石印本。

《针灸医学大纲》 1936

张世镳(俊义)编著。有1937、1939、1940上海东方医学书局铅印本。

《针灸精粹》 1936

李文宪撰。有1936、1937、1947年上海中华书局铅印本。

《针灸学讲义》 1936

梁慕周(湘岩)编著。有民国广东中医药专门学校铅印本。又见广东中医药专门学校各科讲义(1936年)。

《中国针灸治疗学讲义》 1936

汕头针灸研究社编。有民国针灸学研究社铅印本。

《子午流注》 1936

徐卓(立孙)撰。有1936年南通三友书店铅印本。

《奇经直指》 1937

刘野樵撰。有1937年宜昌国医针灸学社铅印本。

《针灸医学大纲》 1937

张世镳(俊义)编著,封面印“又名针灸术研究法”,与张氏1936年出版的同名图书有所不同。有1937年上海东方医学书局铅印本。

《古法新解会元针灸学》 1937

焦会元撰,简称《会元针灸学》。有1937北京泰山堂书庄铅印本。

《金针秘传》 1937

方慎庵撰。有1937、1939年上海国医回澜社铅印本。

《实用针灸学指要》 1937

罗兆琚撰。有1937年刘玉阶抄本,藏广西壮族自治区第一图书馆。

《中国灸科学》 1937

杨医亚编著。有1946年7月北平中国

针灸学社铅印本。又见于《近世针灸医学全书》。

《近世针灸学全书》 1937

杨医亚撰，又名《实用针灸治疗学》。有1947、1948年北平国医砥柱月刊社铅印本。本书辑录杨医亚的《实用针灸治疗学》《中国针科学》《针灸经穴学》《中国灸科学》《配穴概论》5种针灸医籍。

《针灸薪传集》 1937

承淡安撰，夏少泉、秦振声等编。有1937年无锡中国针灸医学专门学校铅印本及抄本。

《金针治验录》 1937

赵尔康、王礼君合编。有1948年无锡中华针灸学社铅印本。

《实用针灸学》 1937

实用针灸社编辑部编著，吴牧广校对。实用针灸社出版部出版(民国廿六年十月)，广州中医药大学图书馆藏有此书。

《喉痹针灸》 1937

顾志同编。有1937年稿本藏上海图书馆。

《十二经脉汇辨》 1938

阎德润编撰。

《经穴辑要》 1938

勘桥散人撰。有民国石印本藏广西壮族自治区第一图书馆。

《袖珍针灸经穴便览》 1938

杨医亚撰。1938年2月杨医亚诊所出版。

《仲景针灸图经注》 1938

赵树棠注，二卷。有民国孙世德抄本藏广西壮族自治区第一图书馆。

《针法入门》 1938

罗兆琚撰。有1938年邵阳刘玉阶抄本藏广西壮族自治区第一图书馆。

《中国针科学》 1938

杨医亚编著。有1938年7月杨医亚诊所铅印本。

《中国针灸学讲义》 1938

承淡安编著。有1938、1941、1946年无锡中国针灸学研究社铅印本。

《中国针灸学》 1938

杨医亚撰。有1938年杨医亚诊所铅印本。

《针灸学讲义三种》 1940

承淡安撰，即《经穴学讲义》《针灸治疗讲义》《针灸歌括汇编》。有1940年铅印本。

《经穴学讲义》 1940

承淡安撰，属《针灸学讲义三种》之一。有中国针灸学研究社铅印本。

《针灸治疗讲义》 1940

承淡安编著，属《针灸学讲义三种》之一。有民国铅印本。

《针灸歌括汇编》 1940

承淡安编著，属《针灸学讲义三种》之一。有民国铅印本。

《实用铜人经穴图》 1940

董德懋绘，5幅。有北平中国针灸学研

究社彩印本。

《针灸学》 1940

佚名。有民国富锦文新书局铅印本。

《实用针灸学》 1940

焦永坤编著。有民国北平国医学院铅印本。

《针灸学讲义》 1940

上海新中国医学院编。《新中国医学院讲义四种》之一，油印本。

《科学针灸治疗学 1940

曾天治撰，三卷。原为曾氏在香港主办科学针灸医学院时教材讲义，1940 年整理后在香港出版，由香港科学针灸出版社出版。

《针灸门》 1941

蔡陆仙编。出《中国医药汇海》第七编。有 1941 年上海中华书局排印本。

《中国针灸科学论》 1941

卢觉非撰。有卢觉非痔科医馆印本。

《针灸发微》 1943 年前

罗哲初（树仁）撰。罗哲初（1878—1943），广西近代著名中医，字树仁，号克诚子。《罗树仁手稿三种》之一，子目：《脉纬》《针灸发微》《针灸节要发微》。存抄本藏天津中医药大学图书馆。

《针灸节要发微》 1943 年前

罗哲初（树仁）撰。《罗树仁手稿三种》之一。存抄本藏天津中医药大学图书馆。

《救人利己的妙法》 1943

曾天治撰。

《针灸秘钥》 1943

罗兆琚撰。现存鉴秋医室抄本。

《配穴概论》 1943

杨医亚撰。见于《近世针灸医学全书》。

《科学针灸治疗学》 1944

曾天治撰，三卷。有 1944 年重庆科学针灸医学院铅印本。

《针灸七十二痧辨证刺穴》 1944

著者佚名。有 1944 年抄本藏黑龙江图书馆。

《中国针灸术诊疗纲要》 1945 年前

罗兆琚撰。罗兆琚（1895—1945），晚年号篁竺老人，广西柳州人，我国近代较有成就的针灸学家和中医教育家。罗氏卒于民国年间，其著作自当属民国时期。存抄本。

《经外奇穴学》 1945 年前

罗兆琚撰。现存民国罗惠芬手抄本。

《增订中国针灸经穴学考正辑要（下）》 1945 年前

罗兆琚撰。上册已亡佚，现仅存下册手抄本。

《针灸经穴挂图》 1945

杨医亚绘，4 幅。有 1945 年上海千顷堂书局彩印本。

《汉和古今针灸汇编》 约 1945

顾坤一编著。存抄本，藏上海中医药大学图书馆。

《针灸经穴编》 1946

佚名。有 1946 年盘溪子杭抄本。

《针科学讲义》 1946

杨医亚编著。有1946年北平国医砥柱月刊社铅印本。

《针灸治疗学》 1946

周国基编著。有同文馆1946年抄本。

《百廿孔穴挂图》 1947

杨医亚编绘。

《针灸经穴学》 1947

杨医亚编撰。亦见于《近世针灸医学全书》。

《实用针灸学》 1947

冀南军区卫生部编著。有1947年冀南军区卫生部铅印本。

《针灸学》 1947

冀南军区卫生部编印。有1947年冀南军区卫生部铅印本。

《人体十四经穴图像》 1948

赵尔康绘,4幅。有1948年中华针灸学社彩印本。

《针灸秘笈纲要》 1948

赵尔康撰。有1948年无锡中华针灸学社铅印本。

《针灸传真精义》 1948

赵彩兰(玉青)撰。有1948年北平全民报社铅印本。

《针灸秘开》 1948

(日)玉森贞助撰,杨医亚编译。有1948年北平国医砥柱月刊社铅印本、1956年上海千顷堂书局铅印本。

《针灸学》 1948年前

曾天治编著。曾天治(1902—1948),又名曾贵祥,广东五华人,受业于承淡安先生门下。此书成书年代不详,当在1948年前。原书卷首题为《实验针灸学》,是广东光汉中医专科学校针灸学讲义,广州西湖路流水井珠江承印社印刷,共分5编4册,现存第一、第二编共3册,藏北京中医药大学图书馆。

《十四经经穴总编》 1949年前

佚名,民国抄本。

《部位经脉要略》 1949前

佚名,附《经穴总歌》。存石印本,藏成都中医药大学图书馆。

《中国针灸经穴学》 1949前

承淡安撰,三卷。存抄本。

《人体经穴图四幅》 1949前

承淡安绘。有苏州中国针灸学研究社彩印本。

《十二经证治论》 1949前

佚名,《医部秘抄三种》之一。存抄本。

《秘传灸书》 1949前

佚名。存抄本,藏上海中医药大学图书馆。

《针灸要穴图》 1949前

雪庚编。存抄本,藏上海中医药大学图书馆。

《万应神针》 1949前

王静甫撰著。有民国石印本、民国铅印本。

《太乙神针》 1949前

叶茂青编。存石印本。

《针灸医案》 1949前

佚名。存民国石印本。

《针灸学》 1949前

佚名。存民国四川铅印本，藏四川省图书馆。

《针灸学讲义》 1949前

程烈光编著。存民国重庆石印本，藏重庆图书馆。

《针灸要穴选》 1949

江静波编。存抄本。

《十四经脉歌》 1949

佚名。存抄本。

《十二经脉考》 1949

叶瀚撰。见于《晚学庐丛稿》。

《针灸图》 1949

佚名。存抄绘本。

《脏腑经络各穴部位图》 1949

佚名。存抄绘本。

《十二经治症主客原络》 1949

佚名。存抄本，藏上海中医药大学图书馆。

《铜人俞穴分寸图》 1949

佚名。存抄本。

《奇经八脉病歌》 1949

佚名。存抄本。

《经络说》 1949

佚名，二卷。存日本抄本。

《针灸用图》 1949

佚名。存刻本，藏中国中医科学院图书馆。

《神针简要图》 1949前

佚名。存抄本，藏上海中医药大学图书馆。

《雷火神针前》 1949

张坚斋编。存养生堂石印本、橘泉堂本。

《脉络分明》 1949

佚名。存亦女轩汇抄本。

《针法偶钞》 1949

佚名。存抄本。

《实用科学针灸》 1949

谈镇垚编著，三册。有1949年铅印本。

《(育麟益寿)万应神针》 1949

佚名。

《中风与针灸》 1949

胡子宜撰。苏州胡子宜医室铅印本。

《灸点图解》 1949

佚名。存抄本。

《(秘传)经验灸法》 1949

佚名。存抄本。

《十二经络症治合编》 1949

佚名。存抄本。

《针灸问答》 1949

佚名。存抄本。

《针灸处方集》 1949

杨医亚编译。有1949年北平国医砥柱月刊社铅印本。

《历代针灸医案选按》 1949

孔蔼如撰，二卷。存抄本。

《针灸医案》 1949

佚名，三卷。存抄本。

《针灸治病要诀》 1949

佚名，三卷。存抄本。

《针灸治疗学》 1949

杨医亚编著。

《针灸选要》 1949

许少华编。存抄本。

《针灸腧穴辞典》 1949

陈液华撰。存稿本。

《针灸必读》 1949

周华岳撰。存抄本。

《内外针灸秘传》 1949

任辛岩撰。存抄本。

《内外针灸图解》 1949

任辛岩撰。存抄本。

《针灸歌赋三种》 1949

佚名。存抄本。

《针家正眼》 1949

佚名。存抄本。

《针灸精华》 1949

佚名。存抄本，有民国济南稷门针灸研究所石印本。

《针灸学》 1949

鲁之俊编著。中国人民解放军中原军区卫生部印。

《砭经》 1949

砭道人撰。有民国铅印本。

《经穴图解》 1949

佚名。存抄本，藏上海中医药大学图书馆。

《针灸歌图》 1949

佚名。存抄本，藏上海中医药大学图书馆。

《取穴图解》 1949

佚名。存彩绘本，藏天津中医药大学图书馆。

《针灸穴法》 1949

佚名。存抄本，藏天津市卫生职工医学院图书馆。

《针灸歌图》 1949

佚名。存抄本，藏上海中医药大学图书馆。

《十二经脉图》 1949

佚名，附《经穴歌》《内景赋》。有套色石印本。

《铜人经穴分寸图表》 1949

卫道摹绘。存卫氏宗祠墨线勾摹本。

《同人图四十五幅》 1949

佚名，附《十四经孔穴部位说明》。存刻本。

《大全神针灸诀》 1949

佚名。存抄本。

《针灸要方》 1949

佚名。存抄本。

《针病指要》 1949

佚名。见于《针病指要等医抄六种》，子目:《针病指要》《治妇人胎前十八证》《产后二十一证》《治小儿诸证》《外科独步》《外科正宗》。

《济世金针》 1949

耀如编著。存抄本，藏山西中医研究院图书馆。

《针灸集成》 1949

俞可及撰，马长徵(永清)编，五卷。存抄本，藏浙江省中医研究院。

《博罗针范》 1949

卢恭武撰。存抄本，藏广东省医学科学情报研究所。

《针灸读本》 1949

江静波撰。存抄本，藏广西壮族自治区第一图书馆。

《针灸讲义》 1949

佚名。有民国石印本。

《太乙神针古方》 不详

佚名。

《针灸治疗古义篇》 不详

中国针灸学研究社编著。

《针灸验案汇编》 不详

为《针灸杂志》验案汇编合订本。

《实用针灸学》 不详

周玉冰编著。存抄本。

民国时期国外传入原文针灸图书

《经络学》 1922

(朝)洪钟哲撰。有日本大正十一年壬戌(1922)朝鲜京城启文社铅印本。

《改正孔穴部位图》 1923

日本文部省编。有日本大正十二年癸亥(1923)东京文光堂书店铅印本。

《和类针灸拔萃》 1925

佚名。有日本野屋半兵卫刻本。

《针灸术秘传书》 1928

(日)泽田治津夫。东京神宫馆藏板，有日本昭和十六年辛巳(1941)铅印本。

《图解灸点新疗法》 1929

(日)佐藤良齐编著，有日本昭和四年(1929)东京神易堂藏板。

《现代针灸医学图谱》 1938

大阪日本针灸学院编著，由大阪日本针

灸学院发行。

《针灸医学讲义录》 1939

（日）猪又启岩编著。有东京针灸医学研究所印本。

《针灸の医学》 1940

由日本通俗医学社编撰并出版。

《最新针灸医学讲义录》 1940

东京针灸医学校（校长酒井广治）编，三卷。昭和十五年（1940）九月廿五日由东京针灸医学校出版部发行。

《灸の医学的效果》 1941

（日）田中恭平著。有日本青年馆印本。

《图解针灸医学解剖学讲义》 1941

（日）辰井文隆编。由辰井高等针灸学院出版部发行。

《经穴并孔穴图谱》 1942

（日）板本贡编。有日本昭和十七年壬午（1942）东京高等针灸学校石印本。

《针灸要法》 1942

（日）岩田利齐编著。上书“经络治疗丛书翻刻整体东洋医学”，壬生书院。

《图说针灸实技》 1948

（日）柳谷素灵编著。昭和二十三年（1948）九月初版，医道の日本社。

现存书书名音序索引

K

L

M

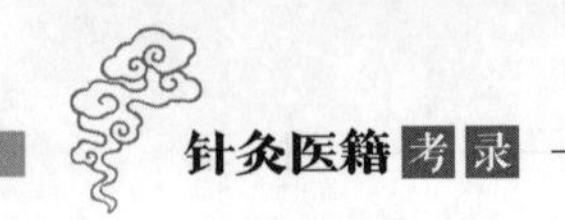

现存书著者音序索引

N

O

P

Q

R

S

T

W

亡佚书书名音序索引

K

L

M

W

X

Y

Z

亡佚书著者音序索引

参考书目

除医学古籍原本、《二十五史》及各地方志之外，本书主要参考书目有：

宋·李昉，李穆，徐铉，等. 太平御览[M]. 北京：中华书局，1985.
宋·王应麟. 玉海[M]. 上海：上海古籍出版社，1992.
清·永瑢，纪昀，等. 四库全书总目[M]. 北京：中华书局，1965.
清·曹禾. 医学读书志[M]. 北京：中医古籍出版社，1981.
清·钱曾. 读书敏求记[M]. 北京：书目文献出版社，1984.
清·陈梦雷. 古今图书集成医部全录[M]. 北京：人民卫生出版社，1988.
日·丹波元胤. 医籍考[M]. 北京：学苑出版社，2007.
日·冈西为人. 宋以前医籍考[M]. 北京：人民卫生出版社，1956.
郭霭春. 中国分省医籍考[M]. 天津：天津科学技术出版社，1987.
严世芸. 中国医籍通考[M]. 上海：上海中医学院出版社，1991.
刘视觉. 中国医籍续考[M]. 北京：人民卫生出版社，2011.
刘视觉. 中国医籍补考[M]. 北京：人民卫生出版社，2017.
《中国医籍大辞典》编纂委员会. 中国医籍大辞典[M]. 上海：上海科学技术出版社，2002.
李经纬. 中医人物辞典[M]. 上海：上海辞书社，1988.
《中医大辞典》编辑委员会. 中医大辞典·医史文献分册[M]. 北京：人民卫生出版社. 1981.
余瀛鳌，李经纬. 中医文献辞典[M]. 北京：北京科学技术出版社，2000.
庄树藩. 中国古文献大辞典·医药卷[M]. 长春：吉林文史出版社，1990.
张灿玾. 中医古籍文献学(修订版)[M]. 北京：科学出版社，2013.
马继兴. 中医文献学[M]. 上海：上海科学技术出版社，1990.
道藏[M]. 北京：文物出版社，1987.
王重民. 敦煌古籍叙录[M]. 北京：商务印书馆，1958.
丛春雨. 敦煌中医药全书[M]. 北京：中医古籍出版社，1994.
曹炳章. 中国医学大成总目提要[M]. 上海：上海大东书局，1936.
王重民. 中国善本书提要[M]. 上海：上海古籍出版社，1983.
王瑞祥. 中国古医籍书目提要[M]. 北京：中医古籍出版社，2009.

萧源，张守知，张永安，等. 永乐大典·医药集[M]. 北京：人民出版社，1986.
裘庆元. 珍本医书集成[M]. 上海：世界书局，1936.
裘庆元. 三三医书[M]. 北京：中国医药科技出版社，2012.
丁福保，周云青. 四部总录医药编[M]. 上海：商务印书馆，1955.
余嘉锡. 四库提要辨正[M]. 北京：中华书局，1980.
胡玉缙撰，王欣夫辑补. 四库全书总目提要补正[M]. 北京：中华书局，1964.
李经纬，孙学威. 四库全书总目提要·医家类及续编[M]. 上海：上海科学技术出版社，1992.
胡玉缙. 续四库全书提要三种[M]. 上海：世纪出版集团·上海书店出版社，2002.
中国科学院图书馆. 续修四库全书总目提要[M]. 济南：齐鲁书局，1996.
孙殿起. 贩书偶记[M]. 上海：上海古籍出版社，1982.
何澄一. 故宫所藏观海堂书目[M]. 北京：故宫博物院，1932.
何清湖. 传世藏书子库医部[M]. 海口：海南国际新闻出版中心，1995.
薛清录. 全国中医图书联合目录[M]. 北京：中医古籍出版社，1991.
中华人民共和国卫生部，中医研究院，北京图书馆. 中医图书联合目录[M]. 北京：北京图书馆，1961.
方春阳. 中国历代名医碑传集[M]. 北京：人民卫生出版社，2009.
陶御风，朱邦贤，洪丕谟. 历代笔记医事别录[M]. 天津：天津科学技术出版社，1988.
尚志钧，林乾良，郑金生. 历代中药文献精华[M]. 北京：科学技术文献出版社，1989.
黄龙祥. 针灸名著集成[M]. 北京：华夏出版社，1996.
高希言. 各家针灸学说[M]. 北京：中国中医药出版社，2012.

后记

针灸类古代文献很早就已出现，如《史记·扁鹊仓公列传》中扁鹊治虢太子尸厥案就是典型的古代针灸专科医案，仓公淳于意的“诊籍”中不少也是针灸医案。同时期的《黄帝内经》架构了中医的理论框架，其中《灵枢》专论针灸理论与治疗。更早的针灸及学术著作，如出土于马王堆的汉简帛书《足臂十一脉灸经》《阴阳十一脉灸经》，专论经络孔穴，间有针灸治疗。

古代并没有出现针灸类古代医籍目录学著作，针灸医籍条目均收录在综合性目录学著作之中，大多题为“明堂经脉”“明堂针经”之类。1985 年湖南科学技术出版社出版了第一部针灸学目录类著作——《中国针灸荟萃·第二分册·现存针灸医籍》(郭霭春主编)，此书收录的书籍分为针灸专科医籍与有针灸专目的综合性医籍两大类。书中载录清代及其前的针灸医籍 130 种；民国期间的医籍以公开发行本为主，间及少数有代表性的稿本、抄本共 53 种；1949 年至 1965 年底，国内出版的代表性著作 120 种，未收录国外出版者所著医籍，图书收录共计 303 种。每书先述书名、成书年代及作者，其后为序跋、目录、提要评价、现存主要版本等。1993 年该书以《中国针灸荟萃·现存针灸医籍之部》再次出版，清代以前著作增加 1 种，国内代表性著作增加 3 种，收入著作为 307 种。

纵观《中国针灸荟萃》中所载针灸医籍，其收载并不全面。随着研究的深入，以及全社会对中医发展的重视，传统中医的传承与发展被提到了国家战略发展的高度，中国古代医籍有了越来越多的新发现，针灸医籍也不例外，编著《针灸医籍考录》就显得尤为重要。

古籍目录学著作，其著录项目除书名一项必不可少外，其他项目并无统一体例，其内容完全取决于作者的个人主观意愿。作者可根据自己著录是书的目的，选择认为重要的项目进行条例化，是叙是录，是著是引，并无一致。总体来说，作者所选书目的范围、书名、著者、卷帙、版本(成书时间)、存佚、内容提要等是所见书目类(目录学)书籍较为重视的类项。《针灸医籍考录》也尽可能从以上几方面对针灸医籍加以考录。

书目选定的范围决定了书的体量，有全书类的，也有专科书类的，由作者自己的爱好而定。《针灸医籍考录》定位为以针灸专科类为主的古代针灸医籍之集成，兼及综合性医籍中有针灸专目之书籍，大致是“提要类”的著述。具体选书时，首先要对所选针灸医籍时间下限进行界定，笔者确定所选医籍为“针灸古籍”。然而对古籍时间下限的界定，各图书馆并无一致的定论，有的图书馆界定到1911年，有的馆则以1949年为下限，还有的馆将所有线装书都归入古籍，所出版的书目就称为“线装书目”。2017年3月，国家中医药管理局发布《国家中医药管理局办公室关于对“古代经典名方目录制定的遴选范围和遴选原则”征求意见的通知》(国中医药办科技函)〔2017〕38号，将古代中医典籍遴选范围界定为“1911年前出版的古代医籍”，这也符合目前学者对古籍的普遍认识，笔者即以此为界遴选，在此以后之医籍则不录。

书名是书目编写的纲要，不录书名就没有书目。问题在于在历史的长河中，书籍传承过程中的讹化、伪托等，使得古籍的书名等情况相当复杂，异名同书、同名异书现象比比皆是。异名同书即不同名称的书籍实则为同一著述。例如，唐代重道教，尊《老子》书，唐玄宗将《老子》分为道、德二经，《老子》即有《道德经》《道德真经》等异名；庄子在唐代尊为南华真人，《南华真经》亦即成为《庄子》一书的异名。更多的异名同书则为因著者的名号不同而有不同的书名。例如，徐灵胎名大椿，《徐灵胎医书》即有《徐氏医书》《徐大椿医书》等异名；又如，三国曹魏曹植，字子建，封陈思王，其文集在《隋书·经籍志》著录为《魏陈思王曹植集》三十卷，宋代《郡斋读书志》作《曹植集》十卷，《直斋书录解题》作《陈思王集》二十卷，而《四库全书总目》作《曹子建集》十卷等。异名同书也有因用全称或简称而成者，如《黄帝内经》与《内经》、《灵枢经》与《灵枢》、《铜人腧穴针灸图经》与《铜人》《铜人针灸经》《铜人针灸图经》等。同名异书顾名思义是指同一名称的图书实则是不同的书籍。首先是不同作者同名同姓造成的文集名称相同，例如汉代作家王褒与北周作家王褒，文集都叫《王褒集》，这种情况较为少见，或许还在于后人对书籍的讹化，更多的是不同时代著述者使用了相同的书名。如《太乙神针》一书，有原题宋杜一针本，有清范毓𬬱本，亦有清亡名氏本，三本虽实质内容一致，但行文完全不一，则视为三种不同的图书。

著者一项较为单一，或相沿于书名之后，或列于书名之前，除去同名同姓著作者外，与书名相考往往可以确认。古代作者有本名、字、号、别字、别号、官名、官所、谥号、籍贯、郡望等，甚至以书斋为名，皆有据可查，不难甄别。由于著述方式的不同，本书在著者项下列为撰、原撰、编著、订正、传、辑、录等。需要注意的是，医学著作或因医家的医名隆盛而被后世追捧，导致著者名讹误，正如《淮南子·修务训》所言：“世俗之人，多尊古而贱今，故为道者必托之于神农、黄帝而后能入说。乱世暗主，高远其所从来，因而贵之。”也有一种是为利所趋而作伪，“已不能有所作，乃直窃人之书，标以己名，据为己作”(张舜徽语)。托名成书者并不少见，即称之为伪书者。如托名吴中医家叶天士、徐灵胎的著作甚多，就需要细细考据。同一著作有不同著作者的，因《针灸医籍考录》大体体例是以著述时间或著作名称首字音序排序，故并未对同一著者的著作相类而列，只是在附录部分列出同一著者在本书中的著作所载页码。

卷帙是计算书籍数量的单位，一般来说，古代计算以简牍为载体的书籍单位称“篇”，以缣帛为载体的书籍单位称“卷”，大抵相当于今天图书的册、本、部、章、节等单位名称。书名之后著录篇卷，标明这一种书的这一版本的分篇、分卷情况，同时标明这一版本在篇卷上与其他版本的异同，成为这一种书的这一版本的标志之一。根据这一种书的版本流传与今存的情况，这个标明篇卷的版本相对可说明它的成书年代与特点，可供了解它是否为完本、善本。一种书籍，尤其是经典古籍，往往被整理、注释、翻刻重印许多次，版本复杂，各类版本的

篇卷数目不一。因此同一图书在不同书目中著录篇卷不同，并不一定是两种版本（当然有的是著录者的差错所致）。更多的是同名异书或不同著者导致卷帙数不同，如本书中收录的亡名氏著《针灸要略》不分卷本与清俞明鉴的八卷本，清高思敬和清汪昂《经络图说》不分卷本与清张明《经络图说》一卷本等。解决书籍卷帙中所关联的问题，最直接、最有效的方法就是查看原书，比较核实。

版本是古籍考录中重要的内容之一。唐代以前中国的古籍大多是手写的，个别为刻在石头上用纸拓下来的。唐代已有雕版印刷品，如敦煌藏经洞的唐咸通九年(868)《金刚经》，五代时开始用雕版印书。宋代开始，雕版印书成为生产书籍的主要形式，活字印刷又增加了印书的便利性，由此产生了版本学。图书的版本，根据刻书单位的不同可分为官刻本、坊刻本、私刻本等；依据刻书地区可分为浙本、蜀本、建本、麻沙本、闽本等；按照刻印时间先后有祖本、原刻本或初刻本、重刻本、翻刻本、初印本、后印本之分；由于雕印质量及方式的差异可分为精刻本、滥刻本、写刻本、影印本、百纳本、递补本等；鉴于非雕板书的不同可分为影写本、拓本、石印本、活字本等；基于流传的情况可分为稿本、底本、抄本、孤本、秘本等；根据其增减和批注情况则又有校勘本、批点本、节本等之别。中医古籍流传至今，大都有几种以上的版本，有的多达数十种，如《临证指南医案》有50余种、《温疫论》版本多达80余种。书目著录版本的考订，大约从《遂初堂书目》开始，其后日益重视，著录愈益详备，出现了专门研究著录版本的版本目录。如钱曾的《读书敏求记》、于敏中等人的《天禄琳琅书目》、黄丕烈的《百宋一廛书录》、邵懿辰的《四库简明目录标注》等。版本内容大致提示了图书的成书年代，至少不会晚于雕刻时间。《针灸医籍考录》并未具体考录针灸医籍的版本内容，仅列所存代表版本所藏机构。

存佚情况的考订对于整理一种古籍的版本源流与版本系统，确定各种版本的关系与价值，都提供了可靠的依据。古代著作经历从写本到刊刻本、排印本的过程，兵火战乱、自然灾害等原因使得原稿、原版不存在所难免。《针灸逢源》李嘉时跋中就叙述了原书雕版存亡过程，仅能"修残补缺，生面重开"。《隋书·经籍志》是今存我国最早的著录存佚状态的史志书目。了解古籍在流传中的存亡佚失的情况，尤其是当下的存佚情况，历来是被前人著述所重视的。南宋郑樵《通志略·校雠略·编次必记亡书论》有言："古人编书皆记其亡阙，所以仲尼定书，逸篇具载。王俭作《七志》已，又条刘氏《七略》及二汉《艺文志》、魏《中经簿》所阙之书为一志。阮孝绪作《七录》已，亦条刘氏《七略》及班固《汉志》、袁山松《后汉志》、魏《中经》、晋《四部》所亡之书为一录。隋朝又记梁之亡书。自唐以前，书籍之富者，为亡阙之书有所系，故可以本所系而求，所以书或亡于前而备于后，不出于彼而出于此。"可谓备述矣。清代朱彝尊《经义考》是著录经典存佚的书目，其书名篇卷下注明存、佚、阙、未见四类，学者称为"四柱法"。笔者以此为例，在现存著作章节中，未具体有言者皆为现存著作，言"阙"或"残"者为残缺不全，"未见"是知其书而经查不曾见书。另列"亡佚针灸医籍"一章，为亡佚针灸医籍之汇要。

黄龙祥教授在其著作《中国针灸史图鉴》中言："要认识与理解针灸学术的发展，只是孤立地研究一部针灸古医籍还不行，必须理解每一部书与其他书之间的关系，也就是说要通过系统的考察确认哪些书是构成中国针灸学术之树的'主干'，哪些是大的'分支'，哪些是小的"分支"，哪些是'树叶'。"笔者不才，窃以为《针灸医籍考录》可以在中国针灸学术之树的"主干”“分支”之间构成纵横的联系。仁者见仁，智者见智，本书可为针灸医籍爱好者、研究者提供寻书、访书之线索。

本书的出版得到了苏州市人民政府吴门医派传承发展专项经费、江苏省中医药科技发展计划重点项目“吴医多著述：吴中医籍汇考”（项目编号：ZD201909）课题资金的资助，深以为谢。

欧阳八四
2022 年 7 月